교원 임용 교육학 논술 대비 〔제1판〕

# 한이수 교육학 요약집

한이수 편저

박문각 임용
동영상강의 www.pmg.co.kr

# 머리말

본 교재는 교육학 기본이론 학습을 마친 예비 선생님들이 본격적인 문제풀이에 들어가기 전, 학습한 내용을 효과적으로 정리하고 체계화할 수 있도록 돕기 위해 제작된 요약집입니다. 임용시험을 준비하는 과정에서 이론을 학습한 이후에도 여전히 내용 정리를 어려워하거나, 전체 구조 속에서 각 이론의 위치를 정확히 파악하지 못해 혼란을 겪는 경우가 많습니다. 이 요약집은 그러한 학습의 공백을 메우고, 이론과 실전을 연결하는 징검다리 역할을 하고자 합니다.

필자는 본 교재를 집필하는 과정에서 다음 세 가지 요소를 중점적으로 고려하였습니다.

첫째, 이론의 핵심을 정확히 파악할 수 있도록 구성하였습니다. 교육학 논술에서 가장 중요한 것 중 하나가 문제에서 요구하는 핵심적인 포인트를 정확히 짚어내고, 이를 중심으로 논지를 전개하는 것입니다. 따라서 이론 중에서도 어떤 부분이 중점이 되는지, 실제 문제에서 어떤 포인트가 요구될 것인지를 명확히 이해하는 것이 선행되어야 합니다. 본 교재는 반드시 알아야 할 핵심 내용을 중심으로 정리하였으며, 이론을 학습하는 과정에서 '이론 속 포인트'를 자연스럽게 찾는 훈련이 이루어질 수 있도록 구성하였습니다.

둘째, 전체 구조를 쉽게 파악하고 빠르게 정리할 수 있도록 하였습니다. 각 영역의 시작 부분에 마인드맵을 수록하여 주요 이론의 흐름과 체계를 한눈에 볼 수 있도록 구성하였고, 이를 바탕으로 세부 내용을 학습할 때도 전체적인 맥락 속에서 내용을 위치 지을 수 있도록 유도하였습니다. 학습 후반기에 들어서면, 자신이 알고 있는 내용이 어떤 이론이나 영역에 속하는지 혼란스러워하는 경우가 많습니다. 마인드맵을 통해 전체 구조를 틈틈이 확인하며 내용을 정리한다면 체계화되고 구조화된 학습이 가능할 것입니다.

셋째, 책의 날개를 활용한 보조 학습 자료를 통해 학습 효과를 높이고자 하였습니다. 날개에는 중요 포인트와 함께 이해를 돕기 위한 보충 설명, 암기법, 핵심 키워드 등을 수록하여 선생님들이 혼자 공부할 때도 혼란 없이 내용을 정리할 수 있도록 배려하였습니다. 날개에 담긴 부가 자료는 단순 암기를 넘어, 학습의 깊이를 더해줄 것입니다.

우리 시험은 이론을 제대로 이해하고 인출한 후, 자신의 언어로 재구성하여 논리적으로 풀어내는 능력이 요구됩니다. 이 요약집은 실전으로 옮기기 전에 학습의 흐름을 정돈하고, 이론의 핵심을 다시 한번 분명하게 각인시키는 데 도움이 될 것입니다.

지금 여러분이 마주하고 있는 교육학 이론은 단지 시험을 위한 도구에 그치지 않습니다. 앞으로 교사가 되어 학생들을 이해하고, 수업을 설계하며, 교육적 판단을 내려야 하는 수많은 순간에 중요한 기준이 되어줄 소중한 자산입니다.

이 책이 여러분의 학습 여정에 든든한 길잡이가 되어, 자신감 있게 실전 학습으로 나아가는 데 힘이 되어주기를 바랍니다. 지금 이 순간에도 묵묵히 자신의 길을 걸어가고 있는 모든 예비 선생님들을 진심으로 응원합니다.

저자 **한이수** 드림

# 교육학 논술 출제 경향 분석

| 학년도 | 형식 | 영역 | 내용 | 문항 |
|---|---|---|---|---|
| 2014 | 대화문 | 교육과정 | 잠재적 교육과정 | 수업에서 소극적으로 행동하는 문제: 잠재적 교육과정 관점에서의 진단 |
| | | 교육사회 | 문화실조 | 수업에서 소극적으로 행동하는 문제: 문화실조 관점에서의 진단 |
| | | 교수·학습 및 공학 | 협동학습 | 협동학습 실행 측면에서의 동기유발 방안 논의 |
| | | 교육평가 | 형성평가 활용 | 형성평가 활용 측면에서의 동기유발 방안 논의 |
| | | 교육행정 | 교사 지도성 행동 (허시와 블랜차드) | 교사 지도성 행동 측면에서의 동기유발 방안 논의 |
| 2014 추시 | 성찰 일지 | 교육사회 | 청소년 비행이론 (차별접촉이론, 낙인이론) | 부적응 행동 원인: 청소년 비행이론 관점에서 설명 |
| | | 생활지도 및 상담 | 행동주의 상담 인간중심 상담 | 적응 향상을 위한 상담: 행동중심 상담, 인간중심 상담 관점에서의 기법 논의 |
| | | 교육과정 | 학문중심 교육과정 – 발견학습 | 수업 효과성: 학문중심 교육과정 이론에 근거한 수업 전략 논의 |
| | | 교육행정 | 장학 | 수업 효과성: 장학 활동 |
| 2015 | 교장연설문 | 교육사 | 자유교육 | 자유교육 관점에서의 교육 목적 논술 |
| | | 교육과정 | 백워드 설계모형 | 교육과정 설계 방식의 특징 3가지 |
| | | 교수·학습 및 공학 | ARCS 모형 | 학습 동기 향상을 위한 학습 과제 제시 방안 3가지 |
| | | 교육행정 | 학습조직 | 학습조직의 구축 원리 3가지 |
| 2015 추시 | 교장연설문 | 교육사회 | 기능론: 학교 교육의 기능 | • 기능론적 관점에서 학교 교육의 선발·배치의 기능 2가지<br>• 기능론적 관점에서 학교 교육의 선발·배치의 한계 2가지 |
| | | 교육행정 | 관료제, 이완조직 | • 학교 조직의 관료제적 특징 2가지<br>• 이완결합체제적 특징 2가지 |
| | | 교수·학습 및 공학 | ADDIE 모형: 분석, 설계 | • 일반적 교수체제설계에서 분석 과정의 주요 활동 2가지<br>• 일반적 교수체제설계에서 설계 과정의 주요 활동 2가지 |
| | | 교육평가 | 준거참조평가 | • 준거참조평가의 개념<br>• 준거참조평가의 장점 2가지 |
| 2016 | 표 | 교육과정 | 경험중심 교육과정 | • '수업 구성'에 나타난 교육과정 유형의 장점 2가지<br>• '수업 구성'에 나타난 교육과정 유형의 문제점 2가지 |
| | | 교육평가 | 형성평가 | • 김 교사가 실시하려는 평가 유형의 기능 2가지<br>• 김 교사가 실시하려는 평가 유형의 효과적인 시행 전략 2가지 |
| | | 교육심리 | 에릭슨: 심리적 유예기<br>반두라: 관찰학습(모델링) | • 에릭슨의 정체성 발달이론에 제시된 개념 1가지(2점)<br>• 반두라의 사회인지학습 이론에 제시된 개념 1가지 |
| | | 교육행정 | 비공식 조직: 순기능, 역기능 | • '학교 내 조직 활동'에 나타난 조직 형태가 학교 조직과 구성원에 미치는 순기능 2가지<br>• '학교 내 조직 활동'에 나타난 조직 형태가 학교 조직과 구성원에 미치는 역기능 2가지 |
| 2017 | 신문 기사 | 교육행정 | 교육기획 | • A 교장이 강조하고 있는 교육기획의 개념<br>• 교육기획의 효용성 2가지 |
| | | 교육과정 | 내용 조직 원리 | • B 교사가 채택하고자 하는 원리 1가지<br>• 그 외 내용 조직의 원리 2가지(연계성 제외) |
| | | 교수·학습 및 공학 | 구성주의: 조나센 CLEs | • C 교사가 실행하려는 구성주의 학습 활동을 위한 학습 지원 도구·자원 2가지<br>• C 교사가 실행하려는 구성주의 학습 활동을 위한 교수활동 각각 2가지 |
| | | 교육평가 | 타당도: 내용 타당도 | • D 교사가 고려하고 있는 타당도의 유형<br>• D 교사가 고려하고 있는 타당도의 개념 |

| 학년도 | 형식 | 영역 | 내용 | 문항 |
|---|---|---|---|---|
| 2018 | 대화문 | 교육과정 | 교육과정 모형:<br>워커 자연주의적 모형 | • 박 교사가 제안하는 워커의 교육과정 개발 모형의 명칭<br>• 이 모형을 교육과정 개발에 적용하는 이유 3가지 |
| | | 교수·학습 및 공학 | 구성주의: 문제중심학습(PBL) | • 박 교사가 언급하는 PBL에서 학습자의 역할 2가지<br>• PBL에 적합한 문제의 특성과 그 특성이 주는 학습 효과 1가지 |
| | | 교육평가 | 준거참조평가, 능력참조평가, 성장참조평가 | • 박 교사가 제안하는 평가유형의 명칭과 이 유형에서 개인차에 대한 교육적 해석 1가지<br>• 김 교사가 제안하는 2가지 평가유형의 개념 |
| | | 교육행정 | 장학: 동료장학 | • 김 교사가 언급하는 교내장학 유형의 명칭과 개념<br>• 그 활성화 방안 2가지 |
| 2019 | 성찰 메모 | 교육심리 | 지능: 가드너 다중지능이론 | • #1과 관련하여 가드너의 다중지능이론 관점에서 A, B학생의 공통적 강점으로 파악된 지능의 명칭과 개념<br>• 김 교사가 C학생에게 제공할 수 있는 개별 과제와 그 과제가 적절한 이유 각 1가지 |
| | | 교육과정 | 타일러: 기회의 원리, 만족의 원리<br>잠재적 교육과정 | • #2와 관련하여 타일러의 학습경험 선정 원리 중 기회의 원리로 첫째 물음을 설명하고 만족의 원리로 둘째 물음을 설명<br>• 잭슨의 잠재적 교육과정의 개념을 쓰고 그 개념에 근거하여 김 교사가 말하는 '생각하지 못했던 결과'의 예 제시 |
| | | 교육평가 | 정의적 특성의 평가: 리커트 척도<br>신뢰도: 문항내적 합치도 | • #3에 언급된 척도법의 명칭과 이 방법을 적용하기 위하여 진술문을 작성할 때 유의할 점 1가지<br>• 김 교사가 사용할 신뢰도 추정 방법 1가지의 명칭과 개념 |
| | | 교육행정 | 지도성: 변혁적 지도성<br>장학, 전문적 학습 공동체, 학습조직 | • #4에 언급된 바스의 지도성의 명칭<br>• 김 교사가 학교 내에서 동료교사와 함께 이 지도성을 신장할 수 있는 방안 2가지 |
| 2020 | 표 | 교수·학습 및 공학 | 구성주의: 사회적 구성주의 | • 비고츠키 지식론의 명칭, 이 지식론에서 보는 지식의 성격 1가지<br>• 교사와 학생의 역할 각각 1가지 |
| | | 교육과정 | 영 교육과정, 중핵 교육과정 | • '영 교육과정'이 교육내용 선정에 주는 시사점 1가지<br>• B 교사가 말한 교육내용 조직방식의 명칭과 이 조직방식이 토의식 수업에서 가지는 장점과 단점 각각 1가지 |
| | | 교수·학습 및 공학 | 구성주의: 정착수업<br>위키 | • C 교사의 의견에서 제시된 토의식 수업을 설계할 때 활용할 수 있는 정착수업의 원리 2가지<br>• 위키를 활용할 때 발생할 수 있는 문제점 2가지 |
| | | 교육행정 | 스타인호프와 오웬스: 기계문화 | • 스타인호프와 오웬스가 분류한 학교문화 유형에 따를 때 D 교사가 우려하는 학교문화 유형의 명칭<br>• 학교 차원에서 그러한 학교문화를 개선하는 방안 2가지 |
| 2021 | 이메일 | 교육과정 | 스나이더 교육실행 관점:<br>충실도, 생성관점 | • 교육과정 운영 관점을 스나이더 외의 분류에 따라 설명할 때, 김 교사가 언급한 자신의 기존 관점의 장점과 단점 각각 1가지<br>• 새롭게 관심을 가지게 된 관점에서 적합한 교육과정 운영 방안 2가지 |
| | | 교육평가 | 자기평가 | • 김 교사가 적용하고자 하는 평가 방식이 학생에게 줄 수 있는 교육적 효과 2가지<br>• 이 평가를 수업에서 실행하는 방안 2가지 |
| | | 교수·학습 및 공학 | 온라인 수업 | • 김 교사가 온라인 수업을 위해 추가로 파악하고자 하는 학생 특성과 학습 환경의 구체적인 예 각각 1가지<br>• 김 교사가 하고자 하는 수업에서 토론 게시판을 활용하여 학생을 지원할 수 있는 구체적인 방안 2가지 |
| | | 교육행정 | 의사결정 모형: 합리모형, 점증모형 | • A안과 B안에 해당하는 의사결정 모형의 단점 각각 1가지<br>• 김 교사가 B안에 따라 학생들의 요구를 반영하기 위해 제안할 수 있는 구체적인 방안 1가지 |

# 교육학 논술 출제 경향 분석

| 학년도 | 형식 | 영역 | 내용 | 문항 |
|---|---|---|---|---|
| 2022 | 대화문 | 교육과정 | 내용 조직원리: 수직적 연계성<br>교육과정 재구성 | • 송 교사가 언급한 교육과정의 수직적 연계성이 학습자 측면에서 갖는 의의 2가지<br>• 송 교사가 계획하는 교육과정 재구성의 구체적인 방법 2가지 |
| | | 교육평가 | 교육평가에 대한 관점: 총평관<br>준거, 능력, 성장참조평가 | • 송 교사가 총평의 관점에서 학생을 진단할 수 있는 실행 방안 2가지<br>• 송 교사가 활용할 수 있는 평가 결과의 해석 기준 2가지를 각각 그 이유와 함께 제시 |
| | | 교수·학습 및 공학 | 딕과 캐리 모형: 교수전략 개발 단계<br>온라인 수업: 고립감 해소 | • 송 교사가 교실 수업을 위해 개발해야 할 교수전략 2가지 제시<br>• 송 교사가 온라인 수업에서 학생의 고립감 해소를 위해 활용할 수 있는 구체적인 교수학습 활동 2가지를 각각 그에 적합한 테크놀로지와 함께 제시 |
| | | 교육행정 | 학교 중심 연수 | • 김 교사가 언급한 학교 중심 연수의 종류 1가지<br>• 학교 중심 연수를 활성화하기 위해 학교 차원에서 지원할 수 있는 구체적인 방안 2가지 |
| 2023 | 분석 결과 | 교육심리 | 자기효능감<br>자기조절학습 | • 평가 보고서에서 자기효능감 형성에 영향을 미친다고 분석한 요인에 따른 교수전략 2가지<br>• 자기조절 과정에서 목표 설정 및 계획 단계 이후의 지원 방안 2가지 |
| | | 교육평가 | 형성평가<br>타당도: 내용 타당도 | • 평가 보고서에서 언급한 형성평가를 교사 측면에서 활용할 수 있는 방안 2가지<br>• 평가 보고서에서 제안한 타당도의 명칭과 이 타당도의 확보 방안 1가지 |
| | | 교육과정 | 경험중심 교육과정: 장점<br>학문중심 교육과정: 내용, 조직 | • 평가 보고서에서 학교 교육과정 편성·운영의 만족도를 높인 것으로 분석한 교육과정 이론의 장점 2가지<br>• 학교 교육과정을 보완하기 위해 제안한 교육과정 이론의 교육내용 선정, 조직 방안 2가지 |
| | | 교육행정 | 관료제: 규칙과 규정 | • 평가 보고서에서 언급한 관료제 이론의 특징 중 '규칙과 규정'이 학교 조직에 미치는 순기능 2가지<br>• 평가 보고서에서 언급한 관료제 이론의 특징 중 '규칙과 규정'이 학교 조직에 미치는 역기능 1가지 |
| 2024 | 대화문 | 교육과정 | 잠재적 교육과정<br>(평가: 탈목표 평가) | • 교사 A의 궁금한 점을 설명할 수 있는 교육과정 유형에 근거하여 학습 목표 설정 시 교사가 고려해야 할 점 각 1가지<br>• 교육내용 구성 시 교사가 고려해야 할 점 각 1가지<br>• 학생 평가 계획 시 교사가 고려해야 할 점 각 1가지 |
| | | 교수·학습 및 공학 | 온라인 수업: 상호작용 | • 전문가 C가 언급한 온라인 수업에서 학습자 상호작용의 어려운 점 1가지<br>• 온라인 수업에서 학습자 상호작용의 유형 3가지와 유형별 서로 다른 기능 각 1가지 |
| | | 교육평가 | 대안적 평가: 능력참조평가<br>컴퓨터 능력적응검사: 특성 | • 전문가 E가 학습자 맞춤형 교육을 위해 제시한 평가 유형의 적용과 결과 해석 시 유의점 2가지<br>• 단순히 컴퓨터를 이용하는 검사 방법과 구별되는 컴퓨터 능력적응검사의 특성 2가지 |
| | | 교육행정 | 학교운영위원회 | • 전문가 G가 언급한 학교운영위원회의 법적 구성 위원 3주체<br>• 3주체 위원 구성의 의의 1가지<br>• 위원으로 학생 참여의 순기능과 역기능 각 1가지 |
| 2025 | 대화문 | 교육과정 | 타일러 합리적 모형 | • 경력 교사가 언급한 '교육철학'을 교육목표 설정에 적용한 사례를 그 이유와 함께 1가지<br>• 경력 교사가 언급한 '학습심리학'을 교육목표 설정에 적용한 사례를 이유와 함께 1가지 |
| | | 교수·학습 및 공학 | 구성주의: 조나센 CLEs | • 경력 교사가 언급한 '문제'의 특성과 역할 각각 1가지<br>• 모델링 이외의 교사의 지원 활동 사례 2가지 |
| | | 교육평가 | 준거참조평가<br>교육평가의 기본 가정 | • 준거참조평가에서 '준거 설정 방법' 1가지<br>• 교육평가의 기본 가정 3가지 |
| | | 교육행정 | 카츠 리더십 이론 | • 경력 교사가 언급한 '이와 관련된 능력'의 명칭<br>• 동료교사와 관련한 이 능력의 구체적 실천 사례 2가지 |

## 논술문 작성 시 유의사항

**01** 답안지 2면이 초안지와 함께 제공됩니다.
  ▸ 답안지 모든 면에 수험정보를 기입하고, 쪽 번호를 마킹합니다.
  ▸ 초안 작성(개요 작성)은 초안지에 합니다. 초안지는 제출하지 않습니다.

**02** 답안을 작성하지 않은 빈 답안지에도 수험정보(성명, 수험번호, 쪽 번호 등)를 기재 및 표기합니다.
  ▸ 답안지는 2매 모두 제출합니다(빈 답안지가 있을 경우 포함).

**03** 답안은 지워지거나 번지지 않는 동일한 종류의 검은색 필기구를 사용합니다.
  ▸ 연필 또는 지워지거나 번지는 펜은 사용할 수 없습니다.

**04** 답안 수정은 반드시 두 줄(=)을 긋고 수정할 내용을 작성합니다.
  ▸ 수정 테이프나 수정액은 사용할 수 없습니다.

**05** 답안란 이외의 공란(옆면, 뒷면 등)에 작성한 부분은 채점되지 않습니다.
  ▸ 내용 수정 시에 수정하는 내용이 답안란을 벗어나지 않도록 주의합니다.

**06** 문항에서 요구하는 내용의 가짓수가 제한된 경우, 요구한 가짓수까지의 답안만 작성합니다.
  ▸ 예를 들어 두 가지를 요구했는데 세 가지를 작성한 경우, 첫 번째와 두 번째 답안만 채점됩니다.

**07** 답안 내용 이외의 것(답안의 특정 부분을 강조하는 밑줄이나 기호 등)을 표시해서는 안 됩니다.
  ▸ 일반적인 교정 부호는 사용 가능합니다.

# 차례

## PART 01 교육사
- chapter 01 서양교육사 … 12
- chapter 02 한국교육사 … 22

## PART 02 교육심리
- chapter 01 학습자의 지적 특성 … 30
- chapter 02 학습자의 발달 … 43
- chapter 03 학습이론 … 58
- chapter 04 학습자의 정의적 특성 … 75
- chapter 05 적응·부적응 … 85

## PART 03 생활지도 및 상담
- chapter 01 생활지도와 상담의 기초 … 90
- chapter 02 상담이론 … 94
- chapter 03 진로상담 … 115

## PART 04 교육행정
- chapter 01 교육행정의 개념과 기초 … 124
- chapter 02 교육행정 이론 … 127
- chapter 03 동기이론 … 135
- chapter 04 지도성 이론 … 143
- chapter 05 조직론 … 156
- chapter 06 장학행정 … 178
- chapter 07 교육기획과 정책 … 185
- chapter 08 학교 경영의 개념과 기법 … 192

## PART 05 교육철학
- chapter 01 교육철학의 기초 … 202
- chapter 02 현대철학과 교육 … 207
- chapter 03 20세기 후반의 교육철학 … 212

## PART 06 교육과정

- chapter 01 교육과정의 유형 … 224
- chapter 02 교육과정 모형 … 234
- chapter 03 교육과정 개발절차 … 249
- chapter 04 교육과정의 실제 … 253

## PART 07 교수·학습 및 교육공학

- chapter 01 교수·학습이론 … 264
- chapter 02 수업목표와 학습과제 분석 … 292
- chapter 03 교수·학습방법 … 295
- chapter 04 교수설계 … 313
- chapter 05 교육공학의 역사적 발달 … 318
- chapter 06 교수매체의 선정과 활용 … 322
- chapter 07 교육혁신과 교육정보화 … 326

## PART 08 교육사회학

- chapter 01 교육사회학 이론 … 334
- chapter 02 사회이동과 교육선발 … 348
- chapter 03 교육과 평등 … 352
- chapter 04 현대사회의 교육 다양화 … 356

## PART 09 교육평가

- chapter 01 교육평가의 기초 … 366
- chapter 02 교육평가 모형 … 371
- chapter 03 교육평가의 유형 … 379
- chapter 04 교육평가의 영역 … 399
- chapter 05 평가문항의 제작 … 406
- chapter 06 평가도구의 질적 요건(양호도) … 412
- chapter 07 문항분석 … 421
- chapter 08 교육통계 … 427

## Mind Map

### 01 서양교육사

- 그리스 사상가
  - 소피스트
  - 소크라테스
  - 플라톤
  - 아리스토텔레스
- 코메니우스
- 로크
- 루소(자연주의)
- 페스탈로치
- 헤르바르트

### 02 한국교육사

- 화랑도 교육(신라)
- 서당(조선)
- 성리학과 교육사상가(조선)
  - 성리학의 기초
    - 이기론
    - 심성론
  - 교육사상가
    - 이황
    - 이이
- 실학교육 사상가(조선)
  - 유형원
  - 정약용

# 교육사

chapter 01 서양교육사
chapter 02 한국교육사

# Chapter 01 서양교육사

## 01 그리스 사상가

### 1. 소피스트

① 사회적으로 활용되는 교육내용을 상품화하여 판매하는 직업교사
② 상대적 진리관 ⊙ 진리란 상황에 따라 구성되며 다양한 기준에 따라 달라질 수 있음
③ 입신양명에 필요한 실제적이고 기술적인 지식을 가르치는 일에 관심
④ 교육내용으로 수사학 및 웅변술 중시

> **PLUS**
> 프로타고라스
> → "인간은 만물의 척도"

### 2. 소크라테스

① 보편적 진리 추구. 보편적, 객관적, 절대적 진리관
② 교육의 목적은 입신출세하는 데 있는 것이 아니라 영원불변의 보편적 진리와 가치를 보는 능력, 즉 이성의 힘을 키우는 데 있음
③ **지행합일**: 지식은 곧 선이며 선은 곧 덕. 덕은 지식, 악행은 무지의 결과
④ **교육방법**: 문답법(대화법)
 ㉠ 반어법(무의식적인 무지 → 의식적인 무지): 여러 질문을 통해 상대로 하여금 스스로 무지를 깨우치게 하는 것
 ㉡ 산파법(무지의 자각 → 참다운 지식, 보편타당한 지식, 합리적 진리): 질문을 통해 상대로 하여금 스스로 새로운 지식을 얻게 하는 방법

### 3. 플라톤

> **PLUS**
> • 이데아의 세계: 초감각적, 초경험의 세계로 불변
> • 현상의 세계: 감각적, 경험적 세계로 늘 변화

① 관념론(이상주의), 이원론적 세계관
② 교육의 궁극적 목표는 불변하는 보편적이고 절대적인 진리인 이데아를 인식하는 것 ⊙ 이성 중시
③ **이상국가론**: 『국가론(Republic)』
 ㉠ 이상국가 안에는 세 계급이 존재함. 또한, 인간의 본성은 욕망, 의지, 이성이라는 세 가지 요소로 구성되어 있다고 봄
  • 제1계급: 통치자 ⊙ (이성) 지혜(智慧)의 덕을 가지고 정치하는 일에 전념

- 제2계급: 수호자(군인) ⊃ (의지) 용기(勇氣)의 덕을 가지고 국방을 수호하는 일에 전념
- 제3계급: 생산자(노동자) ⊃ (욕망) 절제(節制)의 덕을 가지고 생업에만 전념
- ⓒ 세 계급이 자신의 직분과 역할을 충실하게 수행할 때 사회적 정의 실현
④ 철인 통치자 교육론: 교육을 통해 이상사회를 실현할 수 있다고 확신
  ⊃ 귀족교육, 철인교육에 관심
⑤ 교육방법
  ㉠ 변증법(辨證法): 인간의 감각에 의존하지 않고 논증, 대화와 토론을 통해 이데아를 추구하는 것
  ㉡ 상기설(想起說): 교육은 이미 알고 있던 것을 상기하는 것이지 새로운 인식이 아님
⑥ 의의와 비판
  ㉠ 의의: 여성교육 허용, 체계적인 공교육론 주장
  ㉡ 비판: 소수의 엘리트 교육

## 4. 아리스토텔레스

① 실재론(현실주의), 일원론적 세계관
② 실재론: 사물의 본질은 사물을 떠나서는 존재할 수 없으며 개개의 사물에 내재함
③ 교육목적: 인생 최고의 목적으로서의 행복, 시민양성, 진리를 명상할 수 있는 관조적인 삶의 실천
④ 교육의 3요소: 자연적 요소(본성), 습관, 이성
  ⊃ 교육의 단계: 신체교육, 인격교육, 지력교육
⑤ 교육적 특징
  ㉠ 도덕적 습관 훈련과 이성적 능력 계발에 초점
  ㉡ 국가주의적, 귀족주의적 교육 주장, 여성교육 무시
  ㉢ 자유교육의 이념 이론화

**+PLUS**

**행복**
이성의 합리적 행동, 즉 덕에 의해서만 얻어짐(이성적 생활을 하는 것이 행복)

01. 서양교육사

## 02 코메니우스(실학주의)

### 1. 교육방법

(1) 합자연의 원리
① 자연의 질서, 즉 합자연의 원리 강조
② 교육은 외부로부터 무엇을 넣어주는 것이 아니라 인간이 태어날 때부터 가지고 있는 본성과 소질을 계발하여 표출하게 하는 것
③ 교육은 인간의 내면적 자연을 자연의 원리에 따라 발달시켜야 함(객관적 자연주의)

(2) 직관주의 교육
실물에 의한, 직접적인 사물을 통한 교육 ⊙ '언어 이전의 사물'

(3) 범지학(汎知學)
"모든 사람들에게 모든 것을 가르친다."

### 2. 저서

(1) 『세계도회』
시청각 교육의 효시 ⊙ 시청각 교육의 아버지

(2) 『대교수학』
교육에 관련된 세계 최초의 교육학서. 자연의 순리에 따르는 교수가 이루어져야 함을 주장

## 03 로크(계몽주의)

### 1. 백지설(Tabula rasa)
① 태어날 때 인간의 마음은 아무것도 없는 백지 상태
② 유전적 소질보다 환경이 중요하다는 환경결정론적 생각 ⊙ 교육만능론

### 2. 능력심리학(faculty psychology)
① 중세 이래 형식도야설을 강화시키는 결과를 가져옴
  - 형식도야설: 교과 설정의 근거에 관한 학설로 교과는 지각·기억·추리·연상·판단 등과 같은 몇 가지 기본적인 정신기능을 개발하는 수단이며, 각각의 정신기능을 개발하는 데 가장 적합한 교과가 있다고 보는 입장
② 인간의 마음은 본래 백지이지만, 그냥 아무것도 없는 백지가 아니라 감각인상을 받아들이고 처리할 수 있는 몇 가지 능력들, 즉 감각인상을 지각하는 능력, 파지하는 능력, 재생하는 능력, 연상하고 추리하는 능력, 판단하는 능력 등으로 구성되어 있다는 생각
③ 실질적인 가치보다는 훈련도구로서의 가치에 주목

### 3. 로크의 교육관
① 교육목적: 사회적으로 유능한 신사 즉, 도덕적·신체적·지적으로 완전한 인간을 기르는 것
② 습관형성의 중요성 강조

01. 서양교육사

## 04 루소(자연주의)

### 1. 루소의 교육적 특징
① 자연인의 양성을 교육목적으로 삼음. 인간은 본래 선하지만, 자연 상태에서 벗어나 다른 인간과 교류하며 악해진다고 봄
② 루소의 교육방법은 자연주의 교육관을 따름. 자연주의 교육방법은 인간의 교육을 인간 내부의 자연적 발달 순서에 합치시키는 합자연의 원리를 따름
③ 성선설에 근거한 아동존중사상 주장

### 2. 교육목적
개인의 자연적 본성을 잘 보전하고, 사회적 제약으로부터 벗어나 자기 자신의 삶을 살아가는 자연인의 육성

### 3. 교육방법

**(1) 합자연의 원리**
① 교육의 3요소(교육내용)
 ㉠ 자연에 의한 교육: 인간이 날 때부터 자연에 의해 부여받은 모든 특성과 능력
 ㉡ 인간에 의한 교육: 자연적 특성과 능력을 신장시키기 위해 인간이 취할 수 있는 모든 노력과 방법
 ㉢ 사물에 의한 교육: 인간에게 자극을 주는 주위의 모든 경험적 조건과 환경
② 자연에 따르는 교육을 해야 함

**(2) 소극적 교육**
인위적이고 적극적인 교육에 반대

**(3) 실물중심 교육**
① 스스로 경험하고 자발적으로 지식과 진리를 발견하도록 하는 발견학습법 강조. 실물교육을 통해 스스로 발견하게 함
② 교사중심이 아니라 아동중심

---

**PLUS**

**소극적 교육**
덕이나 진리를 가르쳐주는 것이 아니라 심성을 악덕으로부터, 지력을 오류로부터 보존하는 것

⑷ **흥미 위주의 자발성의 원리**
   흥미 위주의 자발성 존중, 자유교육, 개성존중의 원리 중시

⑸ **주정주의 교육**
   생활의 원리를 통한 교육과 감각훈련을 통해 느끼고 깨달아 가는 주정주의 교육 강조

## 4. 주요 저서 : 에밀

---

**PLUS**

**루소 이론의 장단점**
- 장점
  ① 직관주의적 실물 교수 강조
  ② 아동의 주체적 활동 강조
    → 개성, 자유, 자기활동 원리 강조
  ③ 감정적 도야 중심
- 단점
  ① 학교 교육 경시
  ② 자유주의에 대한 지나친 맹신
  ③ 일반도야를 강조한 나머지 직업도야 배척
  ④ 여성교육 반대

01. 서양교육사

## 05 페스탈로치(신인문주의)

### 1. 교육목적

(1) 일차적 목적: 인간성의 도야
① 인간이 태어날 때부터 지니는 자연적 본성은 지적 능력과 기술적 능력, 도덕적 능력 세 가지가 있음
② 이것은 인간의 머리(head), 손(hand), 가슴(heart)의 작용에 상응하는 것으로 이를 발달시켜주는 교육은 지적교육, 노작교육, 도덕교육임. 교육은 인간의 이러한 자연적 본성을 조화롭게 발달시키는 것을 일차적 목적으로 함 ◎ 3H의 조화로운 발달

(2) 이차적 목적: 사회개혁

### 2. 교육내용

① 수(數), 형(形), 어(語)
② 교육내용은 아동이 성인의 수준으로 성장하기 위해 필요한 것
◎ 수, 형, 어가 기본적 요소가 됨

### 3. 교육방법

(1) 합자연의 원리
인간 본성을 발달시키는 활동을 자연의 특성·법칙과 일치하게 하는 교육
① 자발성의 원리: 아동 내부에 있는 자연의 힘을 자발적으로 발전시키는 것
◎ 주입식 방법이 아닌 계발식 방법
② 조화의 원리: 지적, 정의적, 신체적 기능의 조화로운 발달 추구
③ 방법의 원리: 인간성의 자기 발전은 일정한 순서에 따라 단계적으로 실시되므로 이 단계에 따라 교육해야 함
④ 사회의 원리: 페스탈로치는 사회생활의 필요를 말하고 그중에서도 가정생활 중시

(2) 직관 교수의 원리
아동의 직접 경험 또는 직접 체험을 교육의 기본원리로 삼는다는 의미

(3) 노작교육의 원리
교육과 노동, 생활과 노동을 결합

---

**＋PLUS**
- **코메니우스**: 자연의 질서에 따르는 교육
- **루소**: 자연의 질서에 따르는 교육 ＋ 타고난 천성과 개성 중시
- **페스탈로치**: 자연의 질서에 따르는 교육 ＋ 사회적으로 기여할 수 있는 인간

**＋PLUS**
방법의 원리
① 지: 수→형→어
② 덕: 무율→타율→자율
③ 체: 반복연습

01. 서양교육사

## 06 헤르바르트(신인문주의)

### 1. 교육목적

① 철학자로서 교육학을 독자적인 하나의 학문으로 체계화. 교육의 목적은 윤리학에 기초를 두고, 교육방법은 심리학에서 구함
② 교육의 목적은 '도덕적인 품성의 도야'

### 2. 다섯 가지 도덕적 이념(오도념)

도덕적 품성 도야를 위해 불가결한 요소
① 내면적 자유의 이념: 도덕적 행위를 결정하는 개인의 의지는 자유
② 완전성 또는 완벽성의 이념: 하나의 의지가 행동으로 실천될 수 있도록 의지가 강력, 충실, 조화라는 세 가지 조건을 구비하여 활동하는 상태
③ 호의(선의지)의 이념: 자신의 의지로 남을 돕고 그를 행복하게 하려는 것
④ 권리의 이념: 재산문제나 사회제도 문제와 관련되는 것으로, 다른 사람의 의지를 나의 의지와 동등하게 존중하는 것
⑤ 공정성(형평)의 이념: 누구를 막론하고 자신이 행한 선과 악에 따라 응분의 보상 또는 대가를 받아야 한다는 생각

### 3. 표상(表象)심리학

① 인간의 마음을 표상의 결합체로 봄. 새로운 표상이 학습 대상으로 제시되면, 그 표상은 이미 가지고 있는 표상과의 관계에서 파악됨
② 기존의 표상들과 새로운 표상이 조화를 이룰 때는 쾌감이 생기고, 갈등을 이룰 때는 불쾌감이 생김. 표상이 조화를 이루어 쾌감이 생기면 흥미가 일어남
③ 기존 표상들과 조화를 이루어 흥미를 유발하는 표상은 기존의 표상들과 결합하는데, 이것이 통각이며 통각이 곧 학습이 됨. 그리고 이러한 결합을 가능하게 만드는 방법이 연상법
④ 연상적 방법: 기존의 관념들과 새로운 관념이 조화되도록 연결하는 방법

## 4. 교육방법

(1) 관리
① 교수의 예비 단계. 아동의 신체적, 감각적 욕망을 억제하여 일시적인 외적 질서를 유지시켜 교육을 받을 수 있는 소지를 마련하는 것
② 외부적 권위의 힘으로 규제하는 것

(2) 훈육
① 교재를 매개로 하지 않고 직접적으로 아동의 정서와 도덕성을 도야하는 방법
② 명령, 상벌, 교훈, 모범 등. 이 중 교사의 모범이 제일 중요

(3) 교수
① 직접적으로 교육의 목적을 달성하기 위한 가장 중요한 방법
② 단순히 지식과 정보를 제공하는 과정이 아니라 인간의 강한 도덕적 품성 도야를 목적으로 함
③ 수업을 통해 우선적으로 아이들의 흥미를 일깨워주어야 함

## 5. 흥미발생의 조건

(1) 전심(專心, concentration)
일시적으로 다른 모든 것으로부터 사고를 멀리하고 개개의 대상에 집중하여 그것의 개념을 명확히 파악하는 심적 상태
① 정지적 전심: 개개의 대상에 몰입함으로써 한 개념에 대한 명료한 인식을 획득하는 명료화가 이루어짐 ⓞ명료화
② 진동적 전심: 하나의 전심에서 다른 전심으로 전이되어 이미 습득한 표상이 새로운 표상과 결합하여 표상 간에 연합이 이루어짐 ⓞ연합

(2) 숙고(熟考, correlation)
전심에 의해 얻어진 개별적 표상을 올바른 관계로 결합하여 통일하는 작용으로 인격의 기초가 됨
① 정지적 숙고: 연합된 표상이 숙고를 통해 일정한 체계를 이루는 것. 개별 개념들이 일정한 질서를 갖게 되는 것 ⓞ체계
② 진동적 숙고: 정지적 숙고에서 얻은 지식 내용의 체계를 실제 생활 속에 적용하는 방법을 터득하게 되는 것 ⓞ방법

## 6. 교수 4단계설

| | | |
|---|---|---|
| 명료<br>(clearness) | 공부해야 할 대상이 세부 요소들로 쪼개어 제시되고, 학습자는 그 각각의 세부사항에 집중적으로 관심을 기울이는 단계 ⊙ 정지적 전심 | 전심 |
| 연합<br>(association) | 새로운 주제를 학생이 이전에 배운 것들과 관련지어 해석하고 이해할 수 있도록 하는 단계로 낡은 표상과 새로운 표상 사이에 연합이 이루어지는 상태 ⊙ 진동적 전심 | |
| 체계<br>(system) | 새로 배운 내용을 기존의 지식체계 내에 적당히 자리 잡도록 하는 단계 ⊙ 정지적 숙고 | 숙고<br>(치사) |
| 방법<br>(method) | 새로 얻은 지식과 주제를 활용하여 새로운 문제에 적용할 수 있는 능력을 기르기 위한 연습의 과정이며, 새로운 내용을 제대로 배웠는가를 확인하기 위한 과정 ⊙ 진동적 숙고 | |

# Chapter 02 한국교육사

## 01 화랑도 교육(신라)

### 1. 개념
신라 고유 사상에 유·불·선 사상을 조화시켜 만든 청소년 조직체

### 2. 교육내용
① 도의교육(道義敎育) 중시. 도의교육의 핵심은 세속오계(世俗五戒)
② 세속오계는 원광법사가 화랑들에게 지어준 다섯 가지 계율
  ⊙ 사군이충, 사친이효, 교우이신, 임전무퇴, 살생유택

### 3. 교육방법
① 상마이도의(相磨以道義): 서로 도의로써 심신을 단련함
② 상열이가악(相悅以歌樂): 시와 음악을 즐김
③ 유오산수(遊娛山水), 무원부지(無遠不至): 명산과 대천을 찾아다니며 즐김

### 4. 특징
① 평상시에는 명산대천을 다니며 심신 단련, 무술 연마. 전시에는 전사(戰士)로 활동
② 교육과정은 무술이 주된 내용이었으나 정서함양을 위한 시, 춤, 음악 등도 중시 ⊙ 전인적 교육의 성격
③ 교육이 학교 교육으로 형식화되기 이전의 대표적인 비형식적 교육

## 02 서당(조선)

### 1. 개념
① 조선시대 서당은 고려시대의 서당을 계승한 사설 교육기관. 주로 일반 서민 자제들의 교육을 담당
② 초등교육의 역할을 담당

### 2. 교육내용
강독(유교경전 읽고 뜻풀이), 제술(글 짓는 방법), 습자(글씨 쓰기) 등

### 3. 교육방법
① 강(講) 위주의 교육방법 : '강'이란 이미 배운 글을 소리 내어 읽고, 그 뜻을 질의응답하는 교수방법
② 완전학습 : 강은 날마다 실력에 맞게 범위를 정하여 배우고, 그날의 학습량은 숙독하여 읽는 수를 세었음. 그날의 독서량은 다음날 배송하며, 합격한 다음에 새로운 학습으로 나아가는 일종의 완전학습
③ 능력별 수업 : 만약 배송하지 못하는 경우 학업 성취도에 달성할 때까지 반복시켜 완전히 이해시키는 것을 목표로 하였음. 따라서 개인의 능력에 따라 학습 진도가 달랐음
④ 무학년제 수업으로 능력에 따라 교육내용과 진도가 달랐음

### 4. 교육적 특징
① 접장(接長)제도 : 접장은 일종의 조교(助敎)로 훈장을 보조하여 수업을 담당. 서당은 입학시기와 연령이 규정되어 있지 않았기에 다양한 수준의 학습자가 존재하였음. 다양한 학습자의 차이를 훈장의 지도만으로 극복하기 힘들었으므로 이를 보완하기 위해 접장을 중심으로 미진한 학생들을 소규모 그룹별로 모아 개별화된 교육 실시
② 놀이를 이용한 학습 : 놀이를 이용하여 학습효과를 극대화하려고 했음
예 초중장 놀이, 고을 모둠놀이, 조조잡기, 글 대구 맞추기 등

### 5. 교육적 의의
소규모 그룹 학습, 수준별 학습과 개별학습, 계절제 수업 등의 다양한 교육방법으로 운영

02. 한국교육사

# 03 성리학과 교육사상가(조선)

## 1. 성리학의 기초

(1) 이기론(理氣論)

① 주리론(主理論) - 이황
  ㉠ 이기이원론(理氣二元論): 생멸하는 기보다 항존불변하는 이를 중시. 주희의 이기론적 입장을 받아들인 것
  ㉡ 심성론의 입장에서 천부적 선한 본성인 사단(四端)은 이의 발동이고, 선과 악이 섞여 있는 칠정(七情)은 기의 발동이라는 이기호발설(理氣互發說) 주장

② 주기론(主氣論) - 이이
  ㉠ 이기일원론(理氣一元論): 모든 현상은 기가 움직이는 데 따라 다르게 나타나며, 이는 단순히 기를 주재하는 보편적 원리에 불과
  ㉡ 심성론의 입장에서 사단(四端)과 칠정(七情)은 모두 기의 발동이며, 사단은 칠정 가운데 선한 측면만을 가리키는 것에 불과하다는 기발이승일도설(氣發理乘一途說)을 주장

(2) 심성론(心性論)

① 이기론적 원리를 적용하여 인간의 심성을 설명하는 이론
② 주희는 인간에게 부여된 성을 본연지성(本然之性)과 기질지성(氣質之性)으로 나누어 생각하였음. 본연지성은 그 자체로서 선한 것이며, 기질지성은 선악의 구별이 있는 것
  ㉠ 본연지성(本然之性)
    • 모든 인간의 본성에서 우러나오는 마음씨. 선천적이며 도덕적인 능력
    • 측은지심(惻隱之心), 수오지심(羞惡之心), 사양지심(辭讓之心), 시비지심(是非之心)
  ㉡ 기질지성(氣質之性)
    • 인간 본성이 사물을 접하면서 표현되는 인간의 자연적 감정
    • 희(喜), 노(怒), 애(哀), 구(懼), 애(愛), 오(惡), 욕(欲)

---

**PLUS**

**이기론**
• 이(理)와 기(氣)라는 두 개념으로 만물의 생성과 변화, 우주의 본질과 인간의 본성을 설명
• **이(理)**: 만물생성의 근본원리. 보편, 원론, 자연법칙, 도덕법칙, 절대적이며 영원한 것
• **기(氣)**: 만물생성의 근본재료. 형상, 개별적이며 가변적인 것

## 2. 교육사상가

(1) **이황(1501~1570)**

① 기본 입장: 이기이원론, 주리론

② 교육관

㉠ 교육의 목적: 기가 이를 따르되, 이가 가려지지 않도록 인간 본연의 성으로 돌아가게 하는 것, 도덕적으로 완성된 성인이 되게 하는 것

㉡ 위기지학(爲己之學): 학문은 남에게 보이기 위한 것이 되어서는 안 되고 자신의 인간됨을 위한 것이 되어야 한다는 위기지학 강조

㉢ 교육방법
- 거경과 궁리를 바탕으로 학문의 체계를 완성하려 함
  - 거경: 인간의 타고난 순수한 도덕심이 드러날 수 있도록 몸과 마음을 바르게 한다는 의미. 즉, 마음공부의 방법
  - 궁리: 세상과 사물의 이치를 탐구하는 것
  - ⓐ 이황은 수양의 방법으로 '이'를 드러나게 해주는 '경'을 더 중시하였음. 경을 유지한 상태란 마음을 두 갈래, 세 갈래 내지 않고 오로지 하나로 하여 만물의 변화를 살펴보는 것
- 잠심자득(潛心自得)의 원리: 사색을 통한 자기학습법

㉣ 지행호진설(知行互進, 지행병진): 지와 행을 경을 축으로 하는 수레의 두 바퀴와 같은 것으로 보고, 이들이 비록 구분이 되나 같이 나아가야 한다고 보았음

(2) **이이(1536~1584)**

① 기본 입장: 이기일원론, 주기론

② 교육방법

㉠ 입지(立志): 이이의 교육사상은 교육의 가능성을 전제조건으로 하는 입지로부터 성립. 인간 자신의 자율적 선택과 책임을 부각시키고자 하였음

㉡ 성(誠): 주기론의 입장을 취하는 율곡은 사물의 이치를 밝혀내는 궁리를 중시했는데, 궁리에서 우리의 마음이 지녀야 할 자세로 성을 내세웠음. 성이란 참되고 거짓이 없음을 의미. 입지가 확고해지는 길은 스스로 성실을 기르는 길뿐임. 따라서 입지와 성은 따로 떨어져 있는 것이 아님

㉢ 치인(治人)의 중시: 수기(修己)보다 치인에 더 관심

③ 지행합일

㉠ 이이는 성학집요에서 인식과 실천이 결코 분리될 수 없음을 강조

㉡ 아는 것과 행하는 것이 분리될 수 없고, 지적인 교육과 정의적 교육이 분리될 수 없는 통일된 하나의 양면이며, 이 양자가 동시에 조화적으로 진행될 때 궁극적인 진리에 접근할 수 있다고 보았음

02. 한국교육사
## 04 실학교육 사상가(조선)

### 1. 유형원(1622~1673)

① 과거제를 폐지하고 학교 교육을 통해 능력 있는 인물을 관리로 등용할 것을 주장
② 인재등용을 위한 개혁방안: 공거제 ▷학교 교육과 연계된 관리 선발제도
③ 공거제를 위해 근대적 학제의 도입 제안. 행정단위를 중심으로 서울과 지방으로 대별하여 네 단계 학제를 구상하였음. 최종 학부인 태학에서 1년 이상 수학한 우수 학생을 대상으로 학교의 추천과 진사원에서의 시험을 통해 인재를 선발하고, 이들에게 1년간 관리 수습 후 능력과 인격의 차등에 따라 차별을 두어 관리로 임명하자는 것

```
서울: 방상(坊庠) → 사학(四學) → 중학(中學) ↘
                                    태학(太學) → 진사원(進仕院)
지방: 향상(鄕庠) → 읍학(邑學) → 영학(營學) ↗
```

### 2. 정약용(1762~1838)

① **교육적 인간상**: 수기위천하인(修己爲天下人). 자기 수양에 의해 능력을 닦고, 이것을 천하와 국가를 위해 실천궁행하는 사람. 현대적 의미에서 보면 사회적 자아실현인
② **자율적 인간관**: 인간의 심성이 본질적으로 선하거나 악한 것으로 결정되어 있는 것이 아니라 실천을 통하여 형성된다고 보았음. 즉, 인간을 자유의지를 가진 존재로 보았음
③ **치인(治人)의 재해석**: 치인은 정치적 지배행위가 아니라 교육적 행위의 일종
④ **주요 저서**: 『목민심서(牧民心書)』(교민, 흥학, 과예의 장에서 교육문제를 구체적으로 다룸)

# Mind Map

## 01 학습자의 지적 특성

- **지능**
  - 지능과 지능검사
  - 지능이론
    - 스피어만의 양요인설
    - 써스톤의 군집요인설
    - 카텔과 혼의 유동적·결정적 지능
    - 길포드의 3차원적 지능구조설
    - 가드너의 다중지능이론
    - 스턴버그의 삼원지능이론
    - 골먼의 정서지능
  - 특수한 학습자(영재)
    - 영재의 개념
    - 영재 교수방법: 속진, 심화

- **창의성**
  - 창의적인 사람의 특성
  - 왈라스의 창의적 사고과정
  - 창의성 촉진을 위한 방안
  - 창의성 기법
    - 브레인스토밍
    - 시넥틱스
    - 마인드 맵
    - 육색 사고모
    - PMI
    - 속성열거법
    - 체크리스트법
    - SCAMPER
    - 강제결합법

- **인지양식**
  - 장독립형-장의존형
  - 숙고형-충동형
  - 콜브의 학습유형

## 02 학습자의 발달

- **인지발달**
  - 피아제의 인지발달이론
    - 동화와 조절
    - 인지발달단계: 형식적 조작기
  - 비고츠키의 인지발달이론
    - 근접발달영역
    - 비계설정
    - 역동적 평가

- **성격발달**
  - 프로이드의 심리성적 발달이론
    - 성격구조: 원초아, 자아, 초자아
    - 의식 구조: 의식, 전의식, 무의식
    - 성격발달단계: 구강기, 항문기, 남근기, 잠복기, 생식기
  - 에릭슨의 심리사회적 발달이론
    - 정체감 대 역할 혼미
    - 심리적 유예기
  - 마샤의 정체성 지위이론
    - 정체성 혼미
    - 정체성 유실
    - 정체성 유예
    - 정체성 성취

- **도덕성 발달**
  - 콜버그의 도덕발달이론
    - 전인습수준
      - 처벌회피 및 복종 지향
      - 상대적 쾌락주의
    - 인습수준
      - 대인관계 조화 지향
      - 사회질서 및 권위 지향
    - 후인습수준
      - 사회계약 지향
      - 보편적 원리 지향
  - 길리건의 도덕발달이론
  - 래스의 가치명료화 이론

- **사회성 발달**
  - 브론펜브레너의 생태학적 이론
    - 미시체계
    - 중간체계
    - 외체계
    - 거시체계
    - 연대체계
  - 셀만의 사회적 조망수용이론
    - 0. 자기중심적 관점수용단계
    - 1. 주관적 조망수용단계
    - 2. 자기반성적 조망수용단계
    - 3. 상호적 조망수용단계
    - 4. 사회적 조망수용단계

## 03 학습이론

- **행동주의 학습이론**
  - 고전적 조건형성
    - 파블로프의 실험
  - 조작적 조건형성
    - 스키너 박스 실험
    - 강화와 벌
    - 행동수정
  - 반두라의 사회학습이론
    - 관찰학습의 효과
    - 모델링의 과정
    - 인지적 행동수정

- **인지주의 학습이론**
  - 형태주의 심리학 — 파이현상
  - 쾰러의 통찰학습과 레빈의 장이론
  - 톨먼의 기호-형태설
  - 정보처리이론
    - 기억 저장소 — 감각기억, 작업기억, 장기기억
    - 인지처리 과정
      - 주의
      - 지각
      - 시연
      - 부호화
      - 인출
    - 학습전략
      - 작업기억 — 청킹, 자동화, 이중처리
      - 부호화 전략 (작업기억→장기기억)
        - 정교화
        - 조직화
        - 심상전략
        - 기억술
    - 메타인지

- **망각과 전이**
  - 망각
    - 흔적 쇠퇴설(소멸이론)
    - 소멸포섭이론(오수벨)
    - 억압
    - 간섭이론
    - 인출실패이론
    - 왜곡이론
  - 전이
    - 전이의 종류
      - 정적 전이와 부적 전이
      - 일반전이와 특수전이
      - 근접전이와 원격전이
      - 수평적 전이와 수직적 전이
      - 의식적 전이와 무의식적 전이
      - 전향적 전이와 역행적 전이
    - 전이 이론
      - 형식도야설(로크)
      - 동일요소설(손다이크)
      - 일반화설(쥬드)
      - 형태이조설(코프카)
      - 메타인지이론
      - 인출이론
      - 상황학습이론

# 교육심리

## PART 02

chapter 01 학습자의 지적 특성
chapter 02 학습자의 발달
chapter 03 학습이론
chapter 04 학습자의 정의적 특성
chapter 05 적응·부적응

## 04 학습자의 정의적 특성

- 학습동기
  - 매슬로의 욕구위계 이론
  - 귀인 이론
  - 자기효능감 이론
  - 기대X가치 이론
  - 성취동기이론
  - 목표지향성 이론
  - 자기가치 이론
  - 자기결정성 이론
- 정서와 학습
  - 불안
  - 자아개념과 자기결단의 욕구

## 05 적응·부적응

- 갈등
- 방어기제
  - 합리화
  - 동일시
  - 투사
  - 승화
  - 반동형성
  - 치환
  - 퇴행
  - 고착
  - 백일몽

# Chapter 01 학습자의 지적 특성

## 01 지능

### 1. 지능과 지능검사

#### (1) 지능검사의 종류

| 구분 | 유형 | 내용 |
|---|---|---|
| 실시방식 | 개별검사 | • 비네-시몬검사(최초의 지능검사)<br>　⊙ 정신연령: 지능검사 점수를 특정 연령집단의 평균과 비교하여 표시. 비네가 처음 사용. 상대적 의미<br>• 스탠포드-비네검사<br>　⊙ 비율지능지수(터먼): IQ=(정신연령/생활연령)×100<br>• 웩슬러 검사<br>　⊙ 편차지능지수: 동년배의 점수와 상대적으로 비교하여 나타낸 IQ. 표준점수의 일종. 평균 100, 표준편차 15 |
| | 집단검사 | 한 명의 검사자가 여러 피검사자를 대상으로 동시 실시 |
| 문항 표현양식 | | 언어성 검사, 비언어성 검사, 동작성 검사 |
| 문화공정검사<br>(문화와<br>경제적<br>차이 극복) | SOMPA | System of Multicultural Pluralistic Assessment: 웩슬러 아동용 검사 보완. 의료적 요소, 사회적 요소, 문화·인종·사회경제적 배경을 고려한 사회문화척도 포함 |
| | K-ABC | 아동용 카우프만 지능검사(K-ABC): 언어의 영향을 최소화할 수 있는 비언어적 척도 포함 |

> **PLUS**
> **문화공정(공평)검사**
> 문화적 편향은 문항이 특정 문화적 배경을 가진 집단의 아동들에게 불리하게 작용할 때 발생. 이러한 문화적 편향을 고려하여 문화적 영향을 줄 수 있는 요인들을 제거하거나 그 영향을 최소화한 검사

#### (2) 지능지수 해석 시 유의사항
① 지능지수는 상대적 지적 수준을 나타냄
② IQ는 지적 능력을 나타내는 하나의 지표
③ IQ가 동일하더라도 하위요인은 다를 수 있음
④ IQ는 단일점수보다 점수범위로 생각하는 것이 합리적

## 2. 전통적 지능이론

(1) 스피어만의 일반요인 이론(양요인설)
① 기본 입장: 인간의 지능은 g요인과 s요인으로 구성
② 양요인
  ㉠ 일반요인(g요인)
    • 지적 활동 종류를 초월해 공통적으로 영향을 미치는 능력
    • 여러 지적 과제 해결에 고르게 관여
  ㉡ 특수요인(s요인)
    • 상황에 따라 특수하게 요청되는 요인
    • 특정 과제를 해결하는 데만 적용되는 일반성이 낮은 능력

> **PLUS**
> • g요인: general factor
> • s요인: specific factor

(2) 써스톤의 군집요인설
① 기본 입장: 지능은 몇 개의 기본 정신능력(primary mental ability; PMA)으로 구성
② 기본 정신능력(PMA): 언어이해요인, 수요인, 공간(시각화)요인, 지각요인, 기억요인, 추리요인, 단어유창성요인

(3) 카텔과 혼의 유동적·결정적 지능
① 유동적 지능(fluid intelligence)
  ㉠ 유전 및 신경·생리적 영향
  ㉡ 성인기 이후 감퇴
  ㉢ 지각 및 일반적 추리능력, 기계적 암기, 지각속도 등
② 결정적 지능(crystallized intelligence)
  ㉠ 환경 및 경험, 문화적 영향. 가정환경 및 교육의 정도, 직업 등의 영향
  ㉡ 성인기 이후에도 꾸준히 발달
  ㉢ 논리적 추리력, 언어능력, 문제해결력, 상식 등

(4) 길포드의 3차원 지능구조설
① 기본 입장
  ㉠ 인간의 지능에는 세 가지의 기본 범주 혹은 지적 국면이 있다고 주장
  ㉡ 세 가지 차원은 5개의 내용차원과 6개의 조작차원, 6개의 산출차원으로, 세 가지 차원을 조합하여 만들어지는 180개의 기본능력으로 구성
② 지능의 구조
  ㉠ 내용차원
    • 정보의 형태 및 성질. 정보의 내용이 어떠한지를 나타냄
    • 시각적, 청각적, 상징적, 의미론적, 행동적
  ㉡ 조작(인지활동)차원
    • 구별 가능한 정보를 처리하는 데 필요한 지능활동(사고과정)을 의미

- 하위요소
  - 평가: 무엇에 대하여 결정하고 판단을 내리는 것
  - 수렴적 사고: 유일하고 수용가능한 정답을 찾아내는 활동
  - 확산적 사고: 다양하고 창의적인 반응을 생성하는 활동
  - 기억파지: 정보를 기억에 보존하고 인출하는 활동
  - 기억저장: 정보를 기억에 저장하는 활동
  - 인지: 정보를 인식하고 발견하며 이해하는 과정
© 산출(결과)차원
- 내용을 조작하여 처리된 후에 최종적으로 얻어지는 형태
- 하위요소
  - 단위: 한 개의 도형, 한 개의 상징, 한 개의 아이디어(개별적인 정보항목)
  - 유목: 공통적인 특성에 따라 그룹을 짓거나 분류하는 것
  - 관계: 주어진 정보의 종류를 결합시켜 보는 것(정보 간의 연합)
  - 체계: 복잡한 형태의 정보로 2개 이상의 상호 연관된 단위로 구성되어 있는 개체(정보의 조직)
  - 변환: 주어진 정보의 수정
  - 함축: 결과를 예상하거나 주어진 정보로부터 예측할 수 있는 능력. 지식이나 정보가 함축하고 있는 의미(정보에 근거한 추론 혹은 예측)

> PLUS
> - 의의: 지능에 대한 관점을 넓혀줌
> - 한계
>   - 이론 자체가 매우 복잡
>   - 실제로는 180개의 영역이 상호 관련되어 있음이 드러남

### 3. 가드너의 다중지능이론

(1) **기본 입장**
  ① 가드너는 모든 학습자는 서로 다른 능력과 흥미, 동기를 가지고 있다고 주장. 따라서 학습자의 능력 및 동기를 고려한 교수·학습법을 투입해야 함을 주장
  ② 인간에게는 9가지의 비교적 독립적인 지능이 있다는 이론 제시

(2) **지능의 종류**

| 종류 | 내용 |
| --- | --- |
| 언어지능 | 말하기와 읽기, 듣기 영역에 대한 민감성, 언어학습능력, 언어활용 능력 등 |
| 논리 수학지능 | 수리적·논리적 사고와 관련된 지능 |
| 공간지능 | 시각·공간적 세계를 정확히 지각하고, 지각한 내용을 머릿속에서 변형, 회전시킬 수 있는 능력 |
| 신체운동지능 | 자신의 신체적 동작을 완벽하게 통제하고 물체를 능숙하게 다루는 능력 |

| | |
|---|---|
| 음악지능 | 연주·노래하기, 음악적 양식 이해, 작곡 혹은 지휘와 관련된 능력 |
| 대인 간 지능 | 타인의 기분, 기질, 동기, 의도를 잘 파악하고 적절히 대하는 능력 |
| 개인 내 지능 | 자신의 감정을 잘 알고 다스리며 욕구, 불안, 두려움 등을 잘 통제하여 효율적인 삶을 살아나갈 수 있는 잠재력 |
| 자연관찰 지능 | 자연에 존재하는 여러 종을 잘 구분하고, 각 종 사이의 관계성을 인식하고 규정하며, 자연과의 교감을 능숙하게 할 수 있는 능력 |
| 실존지능 | 인간의 존재 이유, 삶과 죽음의 문제 등 철학적이고 종교적인 사고를 할 수 있는 능력. 반쪽 지능 |

(3) 의의

① 지능 종류의 다양성 제시. 음악적·운동적·관계적·개인내적 지능이라는 새로운 지능의 종류 제시
② 개인의 강점 지능을 지속적으로 발달시키고 약점 지능을 보완시킨다는 측면에서 교육적 가치가 있음
③ 각각의 지능은 개별적으로 발달하며, 모든 지능이 발달한 사람은 존재하기 어려움. 개별학습과 재능교육의 이론적 기반 제공

## 4. 스턴버그의 삼원지능이론(삼위일체 지능)

(1) 기본 입장

① 스턴버그는 모든 사람에게 공통적으로 나타날 수 있는 사고과정 강조
② 지능의 독립적인 구조를 강조하는 가드너의 이론과 달리 지능의 작용과정 강조. 성공지능

(2) 지능의 구성요소

| 분석적 지능(요소 하위이론): 문제를 분석, 판단, 평가, 비교, 대조하는 능력 | |
|---|---|
| 메타요소 | 사전계획, 일이 진행되는 동안 점검하는 것, 일을 평가하기 위하여 통제하는 것과 같은 정신과정 |
| 수행요소 | 메타요소가 계획한 것을 실행하는 것과 관련된 과정. 과제 수행을 위해 참고문헌을 조사하고, 자료를 수집하며, 보고서를 작성하는 과정 |
| 지식획득 요소 | 문제해결에 필요한 새로운 정보를 학습하는 과정<br>• 선택적 부호화: 다양한 정보 중에서 적절한 정보를 결정하는 과정<br>• 선택적 결합: 정보들을 통합된 전체로 구성하는 과정<br>• 선택적 비교: 새로운 정보와 기억에 저장된 정보를 비교하는 과정 |

| 창의 지능(경험 하위이론) : 새로운 상황과 문제에 대처하는 능력 ||
|---|---|
| 신기성 | • 통찰력과 새로운 상황을 효과적으로 다루는 창의적인 능력<br>• 지적인 사람은 새로운 장면에서 적절한 정보를 추출해서 적용하기 위해 앞에서 언급한 지식획득요소(선택적 부호화, 선택적 결합, 선택적 비교)를 능란하게 활용 |
| 자동화 능력 | 새로운 해결책을 신속하게 일상적인 과정으로 바꾸어 많은 인지적 노력 없이도 적용할 수 있는 능력 |
| 실제적 지능(상황 하위이론) : 일상생활을 통해 획득. 학업성적과 무관 ||
| 적응 | 환경과 조화로운 관계를 유지하는 것 |
| 변화 | 환경을 수정하는 과정. 환경에 적응하지 못할 경우, 요구나 능력에 맞게 환경을 변화시켜야 함 |
| 선택 | 자신에게 맞는 환경 선택. 환경에 적응할 수 없거나 환경을 변형시킬 수 없을 경우, 새로운 환경 선택 |

+PLUS
• **선택적 부호화** : 새로운 장면에서 적절한 정보에 주의를 기울임
• **선택적 결합** : 아무 관련이 없는 것들을 관련시켜 새로운 것을 만들어냄
• **선택적 비교** : 기존의 것을 완전히 다른 관점에서 파악하여 새로운 것을 유추해냄

## 5. 정서(감성)지능(EQ)

(1) **주요 내용**
① 자신과 타인의 정서를 이해하고 활용하는 능력
② 샐로비와 메이어가 처음으로 개념 정리, 골먼이 대중화

(2) **정서지능의 구성요소(골먼)**

| 정서지능의<br>구성요소 | 내용 |
|---|---|
| 자기인식 | 자신의 정서를 인식하는 능력 : 자신이 느끼는 감정을 재빨리 인식하고 알아차리는 능력 |
| 자기조절 | 정서통제 능력 : 정확한 인식을 토대로 정서를 적절하게 관리하는 능력 |
| 자기동기화 | 동기부여 능력 : 어려움을 참아 내어 자신의 성취를 위해 노력할 수 있는 능력 <small>예</small> 만족지연과 낙관성 등 |
| 감정이입 | 다른 사람의 정서를 인식하는 능력 : 타인이 느끼는 감정을 자신의 것처럼 느끼고, 타인의 감정을 읽어내는 능력 |
| 사회적 기술 | 대인관계 관리능력 : 인식한 타인의 감정에 적절하게 대처할 수 있는 능력 |

## 6. 특수한 학습자(영재)

(1) **영재의 개념(렌줄리의 세 고리 모형)**
  ① 가장 널리 사용되는 영재성의 개념은 렌줄리가 개발한 세 고리 모형을 기본으로 함
  ② 영재성은 ⅰ) 평균 이상의 능력, ⅱ) 평균 이상의 창의성, ⅲ) 평균 이상의 과제집착력의 세 가지 요소가 상호작용하여 발생

(2) **영재 교수방법**
  ① 속진
    ㉠ 스탠리(Stanley)가 주장
    ㉡ 정규교육과정을 받지만, 학습 진도가 매우 빠름
  ② 심화
    ㉠ 정규교육과정 외에 교육경험을 첨가하여 교육내용을 풍부화·다양화
    ㉡ 멘토 프로그램, 토요 프로그램, 독립연구(개별탐구학습), 현장교육, 특수학교 설립 등
  ③ 속진과 심화의 장단점

| 구분 | 장점 | 단점 |
|---|---|---|
| 속진 교육 | • 월반(grade-skip) 가능<br>• 경제적인 면에서 효과적 | • 중요한 기술을 놓칠 수 있음<br>• 교육과정의 수직적 운영으로 인해 폭넓은 학습경험을 제공하지 못함<br>• 과정은 무시하고 내용지식에 치중 |
| 심화 교육 | • 학습자의 관심과 흥미에 따라 연구 과제를 설정, 생활 속 문제를 중심으로 해결해 나가므로 학습자의 동기를 유발시켜 자발적인 학습과 창의적인 결과물을 낼 수 있음<br>• 고차원적인 사고기술 개발 | • 정규교육과정과의 연속성이 결여될 수 있음<br>• 심화과정을 잘 가르칠 수 있는 전문교사 부족<br>• 재정적인 부담<br>• 프로그램의 개발이 쉽지 않음 |

**+PLUS**

**렌줄리 - 3가지 유형의 심화 프로그램**
• 1단계 - 일반적 탐구활동 : 다양한 주제를 접하게 하여 적성에 맞는 분야를 찾아 관심을 높여갈 수 있도록 해줌
• 2단계 - 집단훈련 활동 : 집단훈련 활동을 통해 심화경험 제공
• 3단계 - 개인 및 소집단 실제문제 탐구 활동 : 실제문제에 대한 전문적 연구단계로, 1, 2단계에서 학생이 특별히 관심을 갖게 된 주제에 대해 프로젝트 수행, 생활과 관련된 문제에 관한 지적 산출물을 만들어 내는 단계

01. 학습자의 지적 특성

## 02 창의성

### 1. 창의성

(1) **창의적인 사람의 특성(길포드, 1967) : 지적 특성**
① 민감성: 주변 환경에서 어떤 문제를 지각하는 능력
② 유창성: 가능한 한 많은 양의 아이디어를 산출하는 능력
③ 융통성: 가능한 한 다양한 범주의 아이디어를 산출하는 능력
④ 독창성: 참신하고 독특한 아이디어를 산출하는 능력
⑤ 정교성: 다듬어지지 않은 기존의 아이디어를 보다 세밀하고 치밀한 것으로 발전시키는 능력
⑥ 재구성력(논리성): 기존의 일반적인 생각이나 산물을 다른 목적이나 관점에서 재구성하는 능력

> **PLUS**
> 정의적 특성
> • 새롭고, 복잡하고, 어려운 문제 선호
> • 모호성을 참는 역량
> • 위험부담을 즐기는 경향
> • 관행 동조를 거부
> • 경험에 대해 개방적

(2) **왈라스(Wallas)의 창의적 사고과정**
① 준비단계: 여러 가지 가능성을 탐색하고 다양한 방법으로 해결책을 모색하는 단계
② 배양단계: 인식하지 못하지만 무의식 수준에서 아이디어를 탐색하는 단계
③ 영감단계: 가능한 해결책이나 좋은 아이디어가 갑자기 의식 수준에 나타나는 단계
④ 검증단계: 해결책의 적절성을 검증하거나 아이디어가 실제 작품으로 실행되는 단계

> **POINT**
> 창의적 사고과정
> 준비 → 배양(부화) → 영감(발현, 조명) → 검증(확인)

(3) **창의성 촉진을 위한 방안**
① 학생이 창의성에 가치를 부여하도록 함. 기발한 아이디어와 행동에 보상을 주거나 교사가 창의적인 활동에 몸소 참여
② 창의적 사고를 유발하는 질문을 함. 새로운 관점에서 생각할 수 있는 질문을 받으면 창의적으로 사고할 확률이 높아짐
③ 학생에게 자유를 부여하고, 안전감을 느끼도록 실수를 허용. 창의성은 실패의 부담이 적은 상황에서 발현. 평가를 하지 않는 상황에서 활동을 하게 하거나, 실패와 실수가 불가피하다는 것을 주지시키는 것도 하나의 방법
④ 창의성을 발휘할 수 있도록 충분한 기회와 시간을 제공. 새로운 아이디어를 산출하고, 그 아이디어를 실험하는 데는 상당한 시간이 소요됨
⑤ 창의적인 모델을 제공. 각 분야에서 창의적인 인물을 모델로 제시하거나 교사 자신이 모델이 될 수 있음

## 2. 창의성 기법

(1) 브레인스토밍(오스본, Osborn)
   ① 개념: 여러 사람의 아이디어를 결합해서 합리적인 해결책을 모색하는 기법(Osborn, 1963)
   ② 브레인스토밍의 주요 원리
      ㉠ 다다익선: 많은 아이디어를 질적 수준에 관계없이 내놓도록 격려
      ㉡ 자유분방: 어떤 아이디어라도 거리낌 없이 내놓을 수 있도록 자유분방한 분위기 조성
      ㉢ 비판금지: 아이디어가 모호하거나 부적절한 것처럼 보여도 판단하거나 비판하지 않음
      ㉣ 결합권장: 아이디어를 결합하고 개선방안 모색

(2) 시넥틱스(고든, Gordon)
   ① 개념: 당연하게 생각하고 있던 대상이나 요소를 이상한 것으로 파악하거나 반대로 이상하게 여기던 것을 친숙한 것으로 받아들이는 경험을 통해 사고의 민감성을 높이는 기법
   ② 유추방법
      ㉠ 대인 유추: 자신이 만약 그 사물이라면 어떻게 느끼고 행동할지 추측해 보는 것
         예 내가 만일 새롭게 고안된 병따개라면 어떤 모양이 되고 싶은가?
      ㉡ 직접적 유추: 두 가지 사물, 아이디어, 현상, 개념들을 직접적으로 연관
         예 신문과 지하철은 어떤 면에서 서로 비슷한가?
      ㉢ 상징적 유추: 두 개의 서로 모순되어 보이는 단어로 어떤 현상을 기술
         예 뚱뚱하고 날씬한 사람, 친숙한 낯선 사람, 천둥치는 침묵
      ㉣ 환상적 유추: 현재와 다른(현실세계를 넘어서는) 것을 상상하거나 유추
         예 날으는 양탄자

(3) 마인드 맵(토니 부잔, Tony Buzan)
   ① 개념: '마음의 지도(mind map)'란 뜻. 무순서, 다차원적인 생각을 종이 한 가운데에 이미지로 표현해 두고 가지를 쳐서 핵심어, 이미지, 컬러, 기호, 심볼 등으로 방사형으로 펼침으로써 사고력, 창의성 및 기억력을 높이는 두뇌개발법
   ② 장점: 복잡한 아이디어 생성과정을 그림으로 분명하게 나타낼 수 있으며, 아이디어들 간의 관계가 명확히 드러남
   ③ 활용법: 중심 이미지를 중앙에 그리고, 주가지를 그려서 가장 큰 주제를 나타낸 다음, 주가지에는 부가지를 붙여서 주가지를 설명함. 그리고 부가지에 다시 세부가지를 붙여 부가지를 설명. 이런 식으로 가지에 가지를 계속 붙여 나가면서 생각이나 아이디어 확장

**+PLUS**

**브레인라이팅**
- **방법**: 의견을 쓸 수 있는 구분란이 그려진(또는 포스트잇을 여러 개 붙인) 종이를 인원수만큼 만들어서 구성원에게 한 장씩 나눠준 후, 아이디어를 1개씩 적은 다음 계속해서 돌려가면서 아이디어를 적음. 아이디어를 모두 적은 다음 같은 주제로 분류하고, 좋은 아이디어를 선정하여 정교화
- **장점**
  - 많은 사람이 한꺼번에 말하는 도중에 아이디어가 손실되는 일 방지
  - 아이디어 차단효과를 줄일 수 있음
  - 아이디어를 분류하기 쉬움

(4) 여섯 가지 사고모자(6색 사고모)(드보노, De Bono)
  ① 개념
    ㉠ 사고를 하는 데 어려움을 겪는 주된 이유는 한 번에 여러 가지를 동시에 고려하기 때문
    ㉡ 여섯 가지 모자 색깔이 나타내는 사고 내용에 따라 한 번에 한 가지 사고만 하도록 함으로써 창의적 사고 촉진
  ② 모자색별 사고의 유형
    ㉠ 백색모자: 중립적이고 객관적인 사실, 자료, 정보
    ㉡ 적색모자: 감정, 느낌, 직관
    ㉢ 흑색모자: 부정적인 판단
    ㉣ 황색모자: 낙관적이고 긍정적 측면
    ㉤ 녹색모자: 창의적이고 다각적인 해결방안
    ㉥ 청색모자: 요약, 결론, 사고에 대한 강조

(5) PMI(드보노, De Bono)
  ① 제안된 해결방안 중에서 어느 것이 최선책인지 결정할 수 있도록 돕는 기법
  ② 긍정적인 측면(plus), 부정적인 측면(minus), 흥미롭거나 재미있는 측면(interesting)을 차례로 생각하도록 하여 사고의 방향을 유도

(6) 속성열거법(크로포드, Crawford)
  ① 문제의 대상이나 아이디어의 다양한 속성을 목록으로 작성하여 세분된 각각의 속성에 주의를 기울이도록 하는 방법
  ② 각 대상의 속성을 분석하면서 개선-수정-탐색의 과정을 거치게 됨
  ③ 속성열거법은 ⅰ) 대상의 주요 속성 열거하기, ⅱ) 속성을 변경시킬 수 있는 방법 열거하기, ⅲ) 한 대상의 속성을 다른 대상의 속성을 변경하는 데 이용하기 등으로 이루어짐
  ④ 대상의 속성은 크게 명사적 속성, 형용사적 속성, 동사적 속성 세 가지로 구분

(7) 체크리스트법(오스본, Osborn)
  ① 문제 해결 방법의 기준을 미리 정해 놓고 폭넓은 각도로 점검해 다양한 사고를 유발시키는 기법
  ② 일정 기준을 세우고 하나씩 체크하면서 질문하면 더욱 효과적으로 아이디어를 창출할 수 있음

(8) SCAMPER(에벌, Eberle)
   ① 개념
      ㉠ 오스본의 질문 목록을 재조직하여 만든 것
      ㉡ 질문 목록에 따라 체계적으로 새로운 아이디어를 자극하는 방법
   ② 종류
      ㉠ S(substitute): 다른 것으로 바꾸기(대체)
      ㉡ C(combine): 다른 것과 결합하기(결합)
      ㉢ A(adapt): 맞도록 고치기(적용)
      ㉣ M(modify, magnify, minify): 새롭게 변화시키기(변경, 최대, 최소)
      ㉤ P(put to other uses): 다른 용도 찾기(다른 용도)
      ㉥ E(eliminate): 축소하거나 제거하기(제거)
      ㉦ R(rearrange, reverse): 새로운 방식으로 배열하기(재배열, 역방향)

(9) 강제결합법
   ① 개념: 별로 관계가 없어 보이는 대상을 강제로 연결시켜 새로운 아이디어를 얻고자 하는 방법
      예 상가-아파트, 모터-자전거, 히터-에어컨 등을 서로 결부시키는 것
   ② 유형
      ㉠ 목록표 작성법: 문제를 제시한 후 여러 사물이 목록화된 표를 나누어 줌 → 목록표의 사물들을 문제와 연결 → 아이디어 평가(발전 및 수정, 실행 가능 여부 평가)
      ㉡ 카탈로그 기법: 목록표 작성법과 유사. 목록표 대신 카탈로그 사용
      ㉢ 임의의 강제 결합법: 문제의 진술 불필요. 무작위로 단어나 사물을 두 개 뽑아 억지로 연결시켜 생각해 보는 것

01. 학습자의 지적 특성

## 03 인지양식

### 1. 장독립형-장의존형

(1) 기본 입장
① 위트킨(Witkin)은 전체 장(field)에서 구성요소를 별개 항목으로 지각하는 정도에 대해 연구 ▶ 사람에 따라 정보처리양식이 다르다는 사실 발견
② 장독립형과 장의존형은 장의 구조가 구성요소의 지각에 영향을 주는 정도, 장의 구성요소를 별개로 지각하는 정도, 정보를 분석적으로 지각하는 정도가 다름
③ 잠입도형검사를 통해 측정

> **PLUS**
> **잠입도형검사**
> 장독립형-장의존형 인지양식 판별을 위해 위트킨 등이 개발한 '숨은 도형 찾기 검사'

(2) 인지양식 유형

| 장독립형 | 장의존형 |
| --- | --- |
| • 장(배경)의 영향을 별로 받지 않는 인지양식 | • 배경의 영향을 많이 받는 인지양식 |
| • 분석적으로 정보 처리 | • 전체적으로 정보 처리 |
| • 구조의 영향을 거의 받지 않음 | • 구조의 영향을 많이 받음 |
| • 비구조화된 과제 수행 용이 | • 비구조화된 과제 수행 곤란 |
| • 경쟁을 즐기고 개인적 인정을 추구 | • 타인의 비판에 민감 |
| • 과제지향적 | • 외부단서(사회적 정보) 중시 |
| • 대인관계에 무관심 | • 대인관계 중시 |

(3) 학생 동기화 방법

| 장독립형 | 장의존형 |
| --- | --- |
| • 점수를 통해 | • 언어적 칭찬을 통해 |
| • 경쟁을 통해 | • 교사를 돕는 것을 통해 |
| • 활동의 선택, 개인 목표를 통해 | • 외적 보상을 통해(별, 스티커, 상) |
| • 과제가 얼마나 유용한지 보여주는 것을 통해 | • 다른 사람에게 과제의 가치를 보여줌으로써 |
| • 구조를 디자인할 자유 제공 | • 윤곽과 구조를 제시하는 것을 통해 |

> **POINT**
> • **숙고형**: 긴 반응잠시, 적은 오류
> • **충동형**: 짧은 반응잠시, 많은 오류

### 2. 숙고형-충동형

(1) 기본 입장
① 케이건(Kagan)은 과제에 대한 반응속도와 반응에서 틀린 수로 개념적 속도라는 학습유형 차원 제시
② MFFT(matching familiar figures test, 같은 그림 찾기) 검사로 판별

(2) 인지양식 유형

| 숙고형(사려형) | 충동형(속응형) |
| --- | --- |
| • 신중하게 생각하는 유형<br>• 반응잠시가 더 길고, 반응오류가 적음<br>• 정확성에 주안<br>• 어려운 과제를 해결해야 할 때 유리 | • 신중하게 생각하지 않고 실수가 많은 유형<br>• 반응잠시가 더 짧고, 반응오류가 많음<br>• 속도에 주안<br>• 과제를 신속하게 수행해야 할 때 유리 |

(3) 지도방법
① 숙고형: 과제를 시간 내에 완성할 수 있도록 어려운 문제는 건너뛰는 전략 사용
② 충동형
  ㉠ 과정을 말로 표현하는 방법 사용
  ㉡ 선다형 문제를 풀 때 오답이라고 생각하는 것에 연필로 먼저 표시하는 방법 사용

## 3. 콜브의 학습유형

(1) 분류 기준
① 정보지각방식
  ㉠ 구체적 경험을 통해 지각하는 유형
    • 직접 경험하고 깨달은 일을 통해 학습
    • 사람들과 더불어 일하기를 좋아하며 사람들과의 관계 중시
  ㉡ 추상적으로 개념화하는 유형
    • 논리와 아이디어를 사용하여 학습하면서 문제해결에 접근
    • 체계적으로 계획을 수립하며 이론을 개발하고, 정확하고 논리적 사고를 하며, 추상적 생각이나 개념을 중요시함
② 정보처리방식
  ㉠ 숙고적으로 관찰하는 유형
    • 판단하기 전에 주의 깊게 관찰하며, 여러 관점에서 사물을 조망하고 아이디어를 냄
    • 행동보다 관찰을 좋아하고, 정보를 수집하여 범주를 창출
  ㉡ 능동적으로 실험하는 유형
    • 문제를 지켜보기만 하는 것이 아니라 실제로 문제에 접근하고자 하고 실험 시도
    • 문제해결, 실제적 결론을 찾아내는 것, 기술적 과제를 좋아함

**PLUS**
• **정보지각방식**: 구체적 경험(feel), 추상적 개념화(think)
• **정보처리방식**: 숙고적 관찰(watch), 능동적 실험(do)

| 암기비법 |
| --- |
| 적·확(분)·수·융(동) |

## (2) 학습유형

|  | 구체적 경험 | |  |
|---|---|---|---|
|  | 적응자 | 확산자 |  |
| 능동적 실험 | 구체적인 경험을 통해 지각하고, 능동적 실험을 통해 학습정보나 상황 처리 | 구체적인 경험을 통해 지각하고, 숙고적으로 관찰하며 정보처리 | 숙고적 관찰 |
|  | 수렴자 | 융합자 |  |
|  | 추상적으로 개념화하여 지각하고, 능동적으로 실험하면서 정보처리 | 추상적으로 개념화하여 지각하고, 숙고적으로 관찰하며 정보처리 |  |
|  | 추상적 개념화 | |  |

① 적응자(조절자)
  ㉠ 구체적인 경험을 통해 지각하고, 능동적으로 실험하는 유형
  ㉡ 계획실행이 뛰어나며, 새로운 경험을 추구하고 새로운 상황에 잘 적응
  ㉢ 논리적 분석보다는 감각적이며 느낌에 따라 행동
  ㉣ 생각하기보다 실천하기를 더 좋아함
② 확산자(분산자, 발산자)
  ㉠ 구체적인 경험을 통해 지각하고, 숙고적으로 관찰하는 유형
  ㉡ 상상력이 풍부하고 한 상황을 여러 관점에서 조망. 아이디어가 많음
  ㉢ 흥미 분야가 넓어 다양한 분야의 정보를 수집
③ 수렴자
  ㉠ 추상적으로 개념화하여 지각하고, 능동적으로 실험하면서 정보처리
  ㉡ 아이디어와 이론을 실제적으로 응용해 낼 수 있어 의사결정이나 문제해결능력이 뛰어남
  ㉢ 혼자 일하는 것을 선호
④ 융합자(동화자)
  ㉠ 추상적으로 개념화하여 지각하고, 숙고적으로 관찰하며 정보처리
  ㉡ 논리성과 치밀성이 뛰어나고, 추상적
  ㉢ 프로젝트보다 토론식 수업을 더 좋아함

# Chapter 02 학습자의 발달

## 01 인지발달

### 1. 피아제의 인지발달이론

**(1) 인지발달**
① 인지적 보편성 강조(모든 아동이 거의 동일한 인지발달특성을 가짐)
② 인지발달이란 환경과의 상호작용을 통한 도식 혹은 인지구조를 정교화하고 변형하는 과정

**(2) 인지발달의 기제**
① 조직(체제화): 여러 요소(신체적 요소, 인지적 정보, 지각적 정보)를 일관성 있고 논리적으로 상호 관련된 틀(인지구조) 속으로 체제화하고 결합하는 과정 예 '사과'와 '귤'을 더 큰 범주인 '과일'의 하위범주로 생각하는 것
② 적응(순응): 욕구 충족을 위해 자기 자신이나 환경을 수정하고 조정하는 경향성
  ㉠ 동화: 외부 요소를 기존 도식이나 구조에 통합하는 과정
  ㉡ 조절: 외부 환경의 요구에 따라 기존 도식이나 구조를 수정하는 과정. 기존 도식으로 해결(동화)할 수 없는 정보에 직면할 때 나타남
③ 평형: 인지구조의 균형을 유지하려는 정신과정. 동화와 조절 두 기능의 통합 과정

**(3) 인지발달단계**

| 감각운동기(0~2세) |
|---|
| • 감각과 운동을 통해 자신의 주변 세계를 탐색·이해 |
| • 후기에 대상영속성 개념 획득(대상영속성: 사물이 보이지 않더라도 존재한다는 것을 인식하는 능력) |
| **전조작기(2~7세)** |
| • 정신활동이 가능하지만, 논리성과 체계성을 갖추지 못한 단계 |
| • 특징적 사고: 물활론, 자기중심성, 인공론, 목적론, 전환적 추론 등 |
| **구체적 조작기(7~11세)** |
| • 직접 경험할 수 있는 사상에 한해 논리적으로 사고 |
| • 가역성 획득: 가역성이란 변형된 형태가 그 반대 절차에 따라 다시 현재 상태로 되돌아갈 수 있음을 의미. 보존개념, 분류조작, 서열조작을 통해 잘 드러남 |

**＋PLUS**
**전환적 추론**
서로 관련이 없는 두 사건을 원인과 결과 관계로 연결하는 것

**PLUS**

**엘킨드 청소년기의 자기중심성**
- **상상적 청중**: 자신의 행동과 외모 등이 타인들의 집중적인 관심과 주의의 대상이 되고 있다고 생각하는 것. 상상적 청중에 대한 의식은 누구나 조금씩 경험하는 현상이지만 특히 청소년 초기에 강하게 나타남
- **개인적 우화**: 청소년이 자신을 특별한 존재로 여기는 경향. 자신의 경험과 사고 및 감정은 너무 독특한 것이어서 다른 사람들은 제대로 이해하지 못할 것이라고 생각하거나, 자신은 특별한 사람이기 때문에 특정 위험으로부터 안전할 것이라고 생각하는 것

---

**형식적 조작기(11세 이후)**

- 완전히 가설적이고 추상적인 사상과 개념을 논리적으로 다룰 수 있고, 형식논리에 의해 사고 가능
- '지금 여기'의 상황뿐 아니라 가능성까지 논리적으로 생각할 수 있게 됨으로써 논리적 사고능력이 완전하게 기능. 사실과 반대되는 명제를 형성하고 다룰 수 있음
  - 추상적 사고: 추상적 개념을 사용해서 논리적으로 사고하는 능력. '사고에 대한 사고'가 가능하고, 사고내용에 대해 성찰할 수 있음. 사고에 대한 사고, 즉 내적 성찰 과정을 반성적 추상화라고 함
  - 가설연역적 사고: 문제를 해결하기 위해 가설을 설정, 검증함으로써 결론을 도출하는 사고가 가능
  - 명제적 사고: 명제를 구성하고 명제 간의 관계에 대해 논리적으로 추론 가능. 명제적 사고란 'A인 동시에 B', 'A이지만 B는 아님', 'A도 아니고 B도 아님'과 같은 3개의 명제를 바탕으로 가설을 설정하고 논리적으로 추론하는 능력
  - 조합적 사고: 문제를 해결할 수 있는 모든 경우의 수를 논리적이고 체계적으로 숙고하는 사고

(4) **피아제 이론의 시사점**
① 교사는 아동들에게 지식을 직접 전수하기보다 아동이 능동적이고 적극적으로 주변 세계를 탐색하며 지식을 스스로 발견할 수 있도록 도움을 주는 학습환경을 조성해야 함
② 아동의 각 발달단계와 인지발달 수준에 맞추어 교육과정이 계열화되어야 하며, 교사는 아동의 인지발달 수준에 적절하게 교육 자료와 활동을 구성하고 개발해야 함
③ 학습상황 제공 시 학생들의 인지적 성장을 고무하기에 적절한 정도의 불평형이 유지되어야 함. 문제가 너무 단순해서 학생들이 지루해해서도 안 되고, 교수내용을 이해할 수 없어서 뒤처져서도 안 됨

## 2. 비고츠키의 인지발달이론

(1) **근접발달영역**
① 발달수준의 구분
  ㉠ 실제적 발달수준: 아동이 주위의 도움 없이 스스로 문제를 해결할 수 있는 수준
  ㉡ 잠재적 발달수준: 도움을 받아서 문제를 해결할 수 있는 더 높은 수준
② 개념
  ㉠ 이 두 수준 사이에 존재하는 영역이 근접발달영역(zone of proximal development; ZPD)
  ㉡ 혼자서는 해결할 수 없지만, 성인의 안내를 받거나 친구와 협동하면 성공적으로 문제를 해결할 수 있는 영역

③ 교수·학습에 대한 시사점: 교수·학습활동은 근접발달영역에 주안을 두어야 함. 실제적 발달수준이 낮더라도 근접발달영역을 고려하여 지도하면 잠재적 발달수준이 실제적 발달수준으로 바뀌므로 근접발달영역은 끊임없이 상향적으로 확장됨

④ 사회적 상호작용 촉진: 사회적 상호작용은 근접발달영역의 상한계를 결정하는 데 중요한 역할. 근접발달영역의 하한계는 실제적 발달수준에 의해 고정되어 있지만, 상한계인 잠재적 발달수준은 아동과 성인의 상호작용을 통해 창조됨. 교사는 발달잠재력을 활성화시킬 수 있도록 사회적 상호작용을 촉진해야 함

**+PLUS**
**교수·학습의 주안점을 근접발달영역에 두어야 하는 이유**
실제적 발달수준에서는 학습이 필요 없으며, 근접발달영역을 초월하는 영역에서는 학습이 일어나지 않기 때문

(2) **비계설정(발판화, scaffolding)**
① 개념
㉠ 혼자 해결하기 어려운 과제를 해결하도록 근접발달영역에서 교사를 비롯한 유능한 사람이 도와주는 과정
㉡ 비계설정의 목적은 혼자 학습하기 어려운 지식이나 기능을 획득하도록 도움을 주는 것
㉢ 문제해결을 위한 교사의 힌트 또는 친구들과의 협동학습은 학습자의 인지발달을 앞당길 수 있음

② 비계설정 시 유의점
㉠ 근접발달영역을 감안하여 실제적 발달수준보다 약간 높은 수준의 과제를 제시한 다음 도움을 주어야 함. 과제의 수준이 매우 중요
㉡ 능력이 높아짐에 따라 도움을 점진적으로 줄이고, 마지막에는 도움을 받지 않고 혼자 문제를 해결할 수 있게 함

**+PLUS**
**비계설정의 유형**
시범, 모델 제공, 오류교정, 틀린 개념 발견·수정, 피드백 제공, 질문 등

(3) **역동적 평가**
① 개념
㉠ 근접발달영역의 개념에 근거하여 발달잠재력을 확인하기 위한 평가
㉡ 새로운 상황에서 학습할 수 있는 잠재력을 평가하려는 접근
• 고정적 평가: 실제적 발달수준을 확인하기 위한 평가. 학교현장에서 실시되는 대부분의 평가
• 역동적 평가: 무엇을 얼마나 학습했는가는 물론 앞으로 무엇을 어느 정도 학습할 수 있는가를 확인하기 위한 평가. 실제적 발달수준을 파악하기 위한 평가와 잠재적 발달수준을 파악하기 위한 평가를 포함

② 역동적 평가의 구체적 방안
　㉠ 학습 잠재력 평가를 위해 검사를 실시하는 상황에서 의도적인 교수활동을 실시하고, 평가상황을 수정하기도 함
　　예 평가과제 바꾸기, 피드백 제공, 자기점검기능 활용 권장, 영역특정전략 또는 일반적 문제해결전략 가르침
　㉡ 힌트 제공. 힌트 활용 능력은 잠재력의 정도를 나타냄
③ 역동적 평가의 특징
　㉠ 교육목표 달성도는 물론 향상도도 평가. 출발점 행동과 도달점 행동을 모두 측정하므로 향상도 평가 가능
　㉡ 학습 결과뿐만 아니라 학습 과정도 평가
　㉢ 지속적이고 종합적인 평가 중시. 수업을 통해 무엇을 어떻게 수행하고 변화하는지 평가하므로 평가가 수업의 전 과정에 걸쳐 반복적으로 실시됨
　㉣ 학생 개인의 학습활동을 개선하고 교육적 지도 및 조언 제공을 중시 (고정적 평가는 학생을 선발·분류하기 위한 목적으로 실시)
　㉤ 평가상황: 다양하고 융통성 있는 상황, 맥락적인 상황

(4) **언어**
① 언어가 인지발달에 중요한 역할을 한다고 봄
② 언어는 스스로 문제를 해결할 수 있도록 도움. 혼잣말의 형태로 나타나는 언어를 사적 언어(private speech)라고 함
③ 사적 언어는 자신의 생각을 조절하고 반영하는 수단
④ 성장하면서 사적 언어는 내적 언어로 변환

(5) **비고츠키 이론의 시사점**
① 교사는 아동의 근접발달영역을 찾아낸 후 근접발달영역 내에서 수업을 이끌어 나가야 함
② 협동학습 적극 활용. 친구들과의 상호작용은 근접발달영역 내에서 이루어지며, 서로에게 좀 더 발전된 모델 제공
③ 문제해결을 위해 사적 언어를 활용하도록 지도. 아동이 사적 언어 사용을 부끄러워하지 않고 적극적으로 활용하도록 지도
④ 비계설정을 활용. 학생들이 문제해결에 어려움이 있을 때 교사는 부분적으로 해답을 제공하거나, 적극적으로 시범을 보여주거나, 학생들이 자신의 사고과정을 소리 내어 말할 수 있도록 허용해야 함

## 3. 피아제와 비고츠키의 공통점과 차이점

(1) **공통점**
① 발달에서 개체와 환경(사회)의 상호작용 중시
② 학습자를 능동적인 존재로 파악
③ 발달을 급격한 변화로 구성된 역동적인 과정으로 간주

(2) **차이점**
① 인지발달과 학습 : 피아제는 발달이 학습에 선행, 비고츠키는 학습이 발달에 선행하며 발달을 주도한다고 주장
② 발달의 원동력
  ㉠ 피아제에 따르면 발달은 학습자가 주체적으로 인지구조를 조직·재조직·변형하는 과정에서 일어남. 따라서 사회 및 문화 환경은 발달에 거의 영향을 미치지 않음 ⊙ 인지적 구성주의
  ㉡ 비고츠키는 사회 및 문화 환경이 발달에 결정적인 영향을 미친다고 봄. 학습자는 사회적 상호작용을 통해 문화적으로 결정된 지식을 내면화하므로 환경에 따라 인지발달이 크게 달라짐 ⊙ 사회적 구성주의
③ 인지발달과 언어
  ㉠ 피아제는 언어를 인지발달의 부산물로 봄. 비고츠키는 인지발달과 언어발달이 상호 독립적이며, 언어를 학습과 발달을 매개하는 중요 요인으로 봄
  ㉡ 혼잣말에 대한 관점 : 피아제는 혼잣말이 미성숙하고 자기중심적인 성향을 대변한다고 봄. 비고츠키는 혼잣말을 사적 언어라고 표현하며, 자신의 사고와 행동을 지도하기 위한 수단, 문제해결을 위한 사고의 도구로서 기능한다고 봄

> **POINT**
> - **피아제**
>   - 발달이 학습에 선행
>   - 언어는 사고의 징표에 불과
>   - 인지적 구성주의
> - **비고츠키**
>   - 학습이 발달에 선행
>   - 언어는 사고발달에 핵심 역할
>   - 사회적 구성주의

## 02 성격발달

### 1. 프로이드의 심리성적 발달이론

**(1) 이론의 특징**
① 모든 행동은 무의식의 표출. 인간의 거의 모든 행동은 무의식의 지배를 받음
② 태어나서 5세까지의 유아기 경험이 성격발달에서 가장 중요
③ 성격발달에 가장 영향력이 큰 것이 성 본능이며, 성적 에너지인 리비도(libido)가 일생 동안 정해진 순서에 따라 다른 신체 부위에 집중
④ 각 단계에서 아동이 성적 쾌감을 충분히 느끼지 못해 욕구불만이 생기거나 지나치게 몰두하면 고착(fixation)현상을 일으켜 다음 단계로 순조롭게 발달이 이루어지지 못함

**(2) 성격구조**
① 원초아(id)
  ㉠ 성욕 및 공격성과 같은 본능적 충동
  ㉡ 태어날 때부터 가지고 있는 정신 에너지의 원천적 저장고로, 완전히 무의식에서 작동
② 자아(ego)
  ㉠ 성격의 현실적이고 합리적인 부분
  ㉡ 원초아의 욕구가 현실적이고 합당한 방법으로 만족을 얻을 수 있는 방도를 모색하고 계획함
③ 초자아(super-ego)
  ㉠ 성격의 도덕적인 부분으로, 무엇이 옳고 그른가를 판단하는 원천이 되며 행동을 규제함
  ㉡ 도덕적 표준과 이상을 대표함

**(3) 인간의 의식 구조**
① 의식(conscious) : 현재 인식할 수 있는 사고, 감정, 지각 등으로 구성
② 전의식(preconscious) : 원할 때 쉽게 의식화할 수 있는 기억, 사고, 꿈으로 구성
③ 무의식(unconscious) : 전혀 의식할 수 없는 부분으로, 정신의 가장 큰 부분을 차지

---

**PLUS**
리비도
무의식 속에 쾌락을 추구하는 성적 충동 에너지

**PLUS**
성격구조
• **원초아** : 쾌락을 따르는 원초적 충동
• **자아** : 본능의 충동을 억제하고 합리적인 방법으로 쾌락을 얻으려는 것. 현실의 원리 추구
• **초자아** : 자아가 이상적인 목표를 향하도록 하는 것. 도덕의 원리 추구

(4) 성격발달단계
　① 구강기(0~1세)
　　㉠ 리비도가 입과 구강 부위에 집중되는 시기. 입과 입술을 통해 욕구를 충족시키려 함
　　㉡ 구강기의 성격적 결함은 손가락 빨기, 손톱 물어뜯기, 과식과 과음, 흡연, 약물남용 등의 특성을 나타냄. 구강기 욕구가 적절히 충족되면 낙천적이고 먹는 것을 즐기는 성격이 됨
　② 항문기(2~3세)
　　㉠ 리비도가 항문에 집중되는 시기. 배설물을 보유하고 배설을 통해 욕구 충족
　　㉡ 이 시기를 잘 보내지 못하면 대소변을 더러운 것으로 생각하는 반동형성이 생겨서 지나치게 규율을 준수하는 결벽성을 갖게 됨
　③ 남근기(3~5세) : 리비도가 성기에 집중. 남녀의 신체 차이, 아기의 출생, 부모의 성역할 등에 대해 관심을 갖게 됨. 남자아이가 어머니에 대해 갖는 애정을 오이디푸스 콤플렉스라 하고, 여자아이가 아버지에 대해 갖는 애정을 엘렉트라 콤플렉스라고 함
　　㉠ 남자 아이들은 아버지가 자신의 성기를 없앨까 봐 염려하는 거세불안을 갖게 됨
　　㉡ 여자 아이들은 자신에게 남근이 없음을 알게 되고 부러워하는 남근선망을 갖게 됨
　　㉢ 콤플렉스를 극복하는 과정에서 동일시 현상이 나타남
　④ 잠복기(6~11세) : 리비도가 잠복되어 성적인 관심이 감추어지는 시기. 성적 욕구는 억압되고 초자아는 더욱 발달
　⑤ 생식기(11세 이상)
　　㉠ 사춘기에 접어들면서 급격한 신체적 성장과 성적 성숙이 나타남. 이성에 대한 관심과 함께 성행위의 추구 시작
　　㉡ 이 시기에 청소년들은 서로 다른 성적 정체감을 인식하면서 성적 욕구와 대인관계 욕구를 충족할 방법을 찾음

(5) 프로이드 이론의 비판점
　① 가설적 실험 검증보다는 성인 정신병 환자의 치료 과정에서 얻어진 자료에 근거하여 추론된 것이어서 비과학적이라는 비판
　② 성적 욕구를 지나치게 강조
　③ 성격발달이 5세경에 완성된다는 주장에 대한 비판
　④ 인간의 본성을 부정적으로 기술
　⑤ 프로이드가 여성에 대해 편견을 갖고 있다는 비판

## 2. 에릭슨의 심리사회적 발달이론

### (1) 기본 견해

① 발달에는 자아가 핵심역할을 함. 자아는 위기를 경험하고 극복하는 과정에서 중추역할을 함
② 발달에는 심리사회환경이 중요함. 문화적 목표, 기대, 사회제도와 같은 사회 환경 중시
③ 발달은 일생 동안 이루어짐
④ 발달은 단계별로 이루어짐
⑤ 점진적 분화의 원리에 의해 심리사회적 발달이 이루어짐
⑥ 심리사회적 위기의 극복을 중시. 개체가 일련의 전환점, 즉 심리사회적 위기를 성공적으로 해결하면 긍정적인 성격 발달

> **PLUS**
> 각 위기에는 출현할 수 있는 바람직한 것과 그에 상응하는 바람직하지 않은 특성이 있음

### (2) 발달단계

① **신뢰감 대 불신감(0~18개월)** : 부모를 비롯한 타인에게 지속적 사랑과 관심을 받으면 신뢰감 발달, 지속적이고 일관된 보살핌을 받지 못하면 불신감을 느낌
② **자율성 대 수치심(18개월~3세)** : 부모가 자율적으로 할 수 있도록 잘 이끌어 줄 때 자율적 태도 획득. 지나치게 엄격한 배변훈련이나 사소한 실수에 대한 벌 등은 수치심을 느끼게 함
③ **주도성 대 죄책감(3~6세)** : 자유롭게 움직이는 것을 허락하는 부모와 가족에 의해 주도성을 격려받게 됨. 반면, 부모가 아동의 주도성을 비난하거나 질책하면 죄책감을 느끼게 됨
④ **근면성 대 열등감(6~12세)** : 교사와 또래의 영향력 중요. 실패 경험이 많아지면 열등감에 빠지게 되고, 학습상황에서 높은 성취와 성공을 하면 긍정적인 자아 개념을 갖게 됨
⑤ **정체감 대 역할 혼미(12~18세)**
  ㉠ 청소년은 자신의 신체조건, 역할 등을 인정하고 받아들이며 자신의 가치를 발견하도록 노력해야 함. 적절한 제한 속에서 스스로 독립적으로 행동하는 시도를 하게 될 때 정체감이 발달
  ㉡ 이 단계에서 긍정적인 자아정체감이 확립되면 이후의 심리적 위기를 적절히 넘길 수 있지만, 방황이 계속되면 부정적인 정체감을 형성
    • **정체성**: 자기 자신이 누구이고, 삶에서 무엇이 중요한가에 대해서 스스로 구성한 정의. 자기 자신이 어떤 존재인가에 대한 확고한 인식
    • **심리적 유예기**: 자아정체성이 확립되기 전 탐색 기간. 정체성 탐색을 위해 아동기와 성인기 사이에 자신에 대한 결정을 잠시 보류하고 주변으로부터 일시적으로 해방되는 시기

> **PLUS**
> **심리적 유예기 지도방안**
> 장기적 목표를 추구하는 과정에서 단기적 목표에 주안점을 두도록 격려

⑥ 친밀감 대 고립감(19~24세) : 성인 전기에 해당. 배우자나 직장 동료 등 다른 사람과 친밀성을 이루는 것이 중요한 과업. 친밀성이 획득되면 인간관계에서 만족을 얻을 수 있는 반면, 친밀한 인간관계를 성립하지 못하면 고립감에 매몰됨
⑦ 생산성 대 침체성(25~54세) : 자녀를 양육하는 역할이나 지식과 기술을 다음 세대로 전수하는 직업 활동을 통해 생산성을 경험. 생산성을 확립하지 못하면 침체감에 빠지게 됨
⑧ 통합성 대 절망감(54세 이상) : 통합성이란 자신의 삶에 후회가 없으며 열심히 살았고 가치 있었다고 생각하는 사람이 지니는 특성. 반면, 자신이 살아온 길이 후회스럽고 무가치하다고 생각하는 사람은 절망감에 빠지게 됨

### 3. 마샤의 정체성 지위이론

(1) **정체성 지위의 분류 기준**
① 위기(탐색) : 정체감을 갖기 위해 노력하는가, 자신에게 무엇이 중요한지 알기 위해 다양한 신념, 가치, 행동을 탐색하고 있는가
② 전념 : 과업에 대한 전념. 무엇인가에 헌신하고 있는가
⊙ 위기와 전념에 따라 네 가지로 분류

(2) **정체성 지위**
① 정체성 혼미(위기×, 전념×)
  ㉠ 방향성이 결여된 상태. 다른 사람이 어떤 일을 하는지, 내가 이 일을 왜 하는지에 대한 관심이 없음
  ㉡ 정체성 위기를 느끼지 않으며, 미성숙하여 자아존중감이 낮고, 혼돈에 빠져있어 정체성 지위 중 가장 낮은 단계
② 정체성 유실(폐쇄)(위기×, 전념○)
  ㉠ 정체성 위기를 경험하지 않고서도 정체성이 확립된 것처럼 행동하는 상태
  ㉡ 다양한 대안을 탐색하지 않은 채 대부분 부모가 부여하는 가치에 순응하는 태도를 보임. 정체성 형성을 위해 노력하지 않고, 부모가 기대하거나 선택해 준 생애과업을 그대로 수용
  ㉢ 청년기를 안정적으로 보내는 것처럼 보이나 성인기에 들어 뒤늦게 정체성 위기를 경험하는 경우가 많음
③ 정체성 유예(위기○, 전념×)
  ㉠ 정체성 위기를 경험하고 있지만, 역할과 과업에 몰두하지 못하는 상태
  ㉡ 정체성 성취에 이르는 과도기적 단계이므로 대부분 시간이 지나면 정체성을 확립. 정체성 성취와 함께 건강한 상태로 간주

**POINT**
유실과 유예 잘 구분하기
→ 유실은 '잃어버린 것', 유예는 '미뤄두는 것'

④ 정체성 성취(위기○, 전념○)
　㉠ 정체성 위기를 경험한 다음 확고한 개인적 정체성을 확립한 단계
　㉡ 자기에 대한 다양한 가능성을 검토한 다음 자기를 정확하게 인식하고, 인생행로를 분명하게 확립한 상태

02. 학습자의 발달

# 03 도덕성 발달

## 1. 콜버그의 도덕발달이론

### (1) 도덕발달단계

① 전인습수준: 도덕적 가치는 외적이고 물리적인 결과에 의존하며 자기중심적

  ㉠ 제1단계 – 처벌회피 및 복종지향: 선과 악은 행위의 결과에 따라 결정. 처벌받는 행위를 나쁜 행위로, 처벌을 받지 않는 행위를 옳은 행위로 간주함. 들키지 않으면 정당하다고 생각

  ㉡ 제2단계 – 상대적 쾌락주의(개인적 욕구 충족 지향): 자신이나 타인의 욕구 충족 여부를 기준으로 도덕판단. 순진한 도구적 상대주의. 공평성, 상호성 중시

② 인습수준: 자아중심성이 감소하고 타인의 관점에서 세상을 조망하는 능력이 발달함에 따라 다른 사람의 판단과 의견을 고려하는 도덕적 추리가 가능. 인습수준이라고 부르는 이유는 사회의 인습이나 규칙에 동조하기 때문

  ㉠ 제3단계 – 대인관계 조화(착한 소년/소녀) 지향: 다른 사람을 도와주고 기쁘게 하는 행위나 다른 사람의 인정을 받는 행위가 옳은 행위. 행동은 의도에 의해 판단되기 시작

  ㉡ 제4단계 – 사회질서 및 권위 지향: 법과 질서를 기준으로 도덕판단. 의무를 다하고 권위를 존중하고 사회질서를 유지하는 행동을 도덕적이라고 생각

③ 후인습수준: 개인이나 사회적 차원을 넘어 보편적 원리와 윤리에 초점을 두어 도덕판단. 후인습수준은 사회 인습의 기저를 이루고 있는 도덕적 원리를 이해한다는 것을 의미

  ㉠ 제5단계 – 사회계약 지향: 개인의 권리를 존중하고 사회 전체가 인정하는 기준을 지키는 행동이 도덕적이라고 생각. 법은 고정불변의 것이 아니라 유동적인 것이며, 법이 사람들의 요구를 충족시키지 못할 경우, 상호합의와 민주적인 절차를 통해 변경 가능하다고 생각

  ㉡ 제6단계 – 보편적 원리 지향: 도덕성은 스스로 선택한 도덕적 원리에 기반을 둔 양심에 따라 결정. 보통 사람에게서는 거의 찾아볼 수 없는 단계로 극히 소수만이 도달

**POINT**

4단계인 사회질서 및 권위 지향 단계에서 법을 지키는 것은 처벌을 피하기 위한 것(1단계 – 처벌회피 및 복종지향)이 아닌 법이 사회질서를 유지하는 데 기여하기 때문

(2) 콜버그 이론에 대한 비판
① 도덕판단 수준이 높다고 해서 도덕적으로 행동하는 것은 아님
② 후인습수준은 개인의 존엄성을 중시하는 서구사회의 가치를 반영하고 있어 문화적으로 편향[충효(忠孝)를 중시하는 중국 성인 남성 대부분이 도덕적 딜레마에서 1단계 반응을 나타냄]
③ 도덕발달단계가 질적으로 다르다는 주장과 달리, 도덕발달단계가 질적인 측면에서 뚜렷하게 구분되지 않음
④ 콜버그는 도덕성 발달단계의 순서는 불변적이며 어떤 단계도 뛰어넘거나 낮은 단계로 퇴보하는 경우는 없다고 주장하였으나, 실제로 도덕적 퇴행현상 발생
⑤ 연구대상의 10%만이 5단계에 도달했고 6단계에 도달한 사람은 거의 없었다는 연구결과는 후인습적 도덕성이 도덕발달의 이상적인 방향을 제시하고 있을 뿐 실제적 지침으로 부족하다는 것을 시사함
⑥ 남성의 도덕발달은 적절하게 설명할 수 있으나 여성의 도덕발달은 제대로 설명하지 못한다는 비판

(3) 콜버그 이론의 교육현장에서의 시사점
① 연령과 인지 수준에 따른 도덕교육에 대한 구체적 행동지침 제시. 인지발달 수준보다 높은 도덕적 판단을 기대할 수 없으므로 연령에 따른 행동과 도덕 판단 수준을 이해하고 그에 따라 대응해야 함
② 콜버그는 토론식 도덕교육 방법을 학교 교육에 제안. 구체적 행동을 나열하기보다 왜 그렇게 해야 하는지 생각해보게 하여 다양한 상황에서 스스로 판단하여 도덕적 행동을 하도록 하는 것이 바람직함
③ 현재 추론단계보다 한 단계 높은 추론을 해 볼 수 있는 기회 제공
④ 역할극을 도덕교육에 활용. 역할극을 통해 등장인물의 입장이 되어 보게 함으로써 높은 수준의 도덕적 추론을 할 수 있도록 도움

## 2. 길리건의 도덕발달이론

(1) 이론의 특징
① 콜버그의 주장이 여성의 도덕발달을 적절하게 설명하지 못하고 있다고 비판
② 동정과 배려는 여성의 도덕성을 규정짓는 가장 중요한 특징

(2) 여성의 도덕성 발달단계
　① 자기지향(이기적인 단계) : 자신의 이익과 생존에 자기중심적으로 몰두하는 단계. 어느 쪽이 자신에게 중요한가가 판단의 준거가 됨
　　• [제 1전환기](이기심에서 책임감으로) : 애착과 다른 사람과의 관계 형성이 중요해짐. 도덕적 판단 기준이 독립적이고 이기적인 것에서 관계와 책임감으로 옮겨가기 시작
　② 다른 사람에 대한 책임 인식(자기희생으로서의 선) : 사회적 조망 발달, 자신의 욕구를 억제하고 타인의 요구에 응하려 노력. 자기희생과 타인에 대한 배려를 선한 것으로 간주
　　• [제 2전환기](선에서 진실로) : 왜 다른 사람을 위해 자신을 희생해야 하는가에 대한 의문을 가짐. 도덕적 판단 기준이 주변 타인과의 일치에서 보다 넓은 범위의 타인의 욕구와 통합되는 것으로 발전
　③ 자기와 타인에 대한 평등(비폭력적 도덕성) : 개인의 권리 주장과 타인에 대한 책임이 조화를 이룸. 비폭력, 평화, 박애 등은 이 시기 도덕성의 주요 지표

## 3. 래스의 가치명료화 이론

(1) 개념

가치명료화란 여러 가지 가치 중에서 특정 가치를 선택하고 수용하여 그 가치에 따라 행동함으로써 가치를 내면화하는 과정

(2) 가치명료화 단계
　① 가치선택하기(choosing)
　　㉠ 가치 탐색 : 자유로운 상황에서 가치 탐색
　　㉡ 가치 선택 : 대안들로부터 가치 선택
　　㉢ 가치 검토 : 선택한 가치에 대한 검토
　② 가치 선택을 소중히 여김(prizing)
　　㉣ 가치 존중 : 가치 선택을 기쁘게 생각하고 소중히 여김
　　㉤ 가치 재확인 : 가치 선택을 타인에게 기꺼이 공언함
　③ 실천하기(행동하기, acting)
　　㉥ 가치 실천 : 선택한 가치에 따라 행동을 실천함
　　㉦ 가치 내면화 : 선택한 가치가 자신의 생활양식으로 굳어지도록 계속적으로 반복 실천함

02. 학습자의 발달

# 04 사회성 발달

## 1. 브론펜브레너의 생태학적 이론

### (1) 생태학적 이론
① 사회적 맥락에서 개인의 발달을 이해하는 이론
② 가족, 친구, 지역사회, 문화 등 생태환경을 구조화하고, 이 환경체제가 발달에 미치는 영향 분석
③ 개인에게 직접적인 영향을 주는 가족과 여러 수준의 환경체계를 제시하여 개인과 환경의 다양한 상호작용을 보여줌

### (2) 생태환경
① 미시체계: 아동이 직접 접하는 환경으로 가정, 학교, 부모, 친구, 선생님 등이 포함. 미시체계에서의 관계는 양방향적. 아동은 부모에게 영향을 주고, 부모는 아동에게 영향을 줌
② 중간체계: 미시체계 간의 상호관계. 부모와 친구의 관계, 부모와 학교의 관계 등. 중간체계에서의 관계도 양방향적. 교사는 부모에게 영향을 주고, 부모는 교사에게 영향을 주는데, 이러한 상호작용이 아동에게 영향을 미침
③ 외체계: 아동이 직접적으로 접촉하고 있지는 않지만, 아동에게 영향을 주는 환경. 부모의 직장이나 가족의 친구, 교육청, 지역정부기관 등
④ 거시체계: 아동이 속해 있는 사회의 가치, 법률, 관습 등과 같은 문화적 영향. 예를 들어, 정부의 아동보호에 대한 기준이 높게 책정되어 있을 경우 아동이 보다 쾌적한 경험을 할 수 있음
⑤ 연대체계(시간체계): 아동의 환경에서 발생하는 사건들의 양식과 생애에서 전환점이 되는 사건 등을 의미. 시간의 차원으로 일생 동안 일어나는 인간의 변화와 사회·역사적 환경의 변화를 포함

> **POINT**
> **외체계와 거시체계 구분하기**
> 외체계는 아동이 직접 접촉하지 않는 외부에 있는 체계, 거시체계는 사회·문화와 관련된 큰 체계를 의미

## 2. 셀만의 사회적 조망수용이론

### (1) 조망수용능력
① 타인의 마음, 생각, 느낌, 행동을 그 사람의 관점에서 이해할 수 있는 능력
② 자신과 타인, 사회관계, 사회조직에 대한 '사회인지'

### (2) 사회적 조망수용능력의 발달단계
① 0단계: 자기중심적 관점수용단계(3~6세)
  ㉠ 타인이 자신과 다른 관점(생각, 느낌)을 가지고 있다는 것을 전혀 이해하지 못함
  ㉡ 다른 사람의 입장을 물어보면 자신의 입장을 말함

> **PLUS**
> 사회적 조망수용능력은 가정환경, 사회적 상황 등의 영향을 받으면서 발달하므로 나이에 상관없이 발달이 이루어짐. 청소년이나 성인도 0단계나 1단계에 머무를 수 있음

② 1단계: 주관적 조망수용단계(5~9세)
　㉠ 타인의 조망이 자신의 조망과 다를 수 있다는 것까지는 이해하지만 아직도 자기의 입장에서 이해하려고 함
　㉡ 자신의 행동을 다른 사람의 조망을 통해 평가하기 어려움. 타인의 의도, 감정, 사고를 추측할 수 있으나 숨은 의도나 감정을 알아차리지는 못함
③ 2단계: 자기반성적 조망수용단계(7~12세)
　㉠ 다른 사람이 자신의 행동에 대해 어떻게 생각하는지 알 수 있으며, 다른 사람이 서로 다르게 생각하고 느낀다는 것을 알게 됨
　㉡ 다른 사람의 입장에서 그 사람의 의도와 목적, 행동을 이해할 수 있으나, 동시 상호적으로 하지는 못함
④ 3단계: 상호적 조망수용단계(10세~15세)
　㉠ 동시 상호적으로 자기와 타인의 조망을 할 수 있음
　㉡ 다른 사람과의 관계 혹은 상호작용 속에서 발생하는 문제에 대해 제3자의 입장에서 객관적으로 생각하게 됨
⑤ 4단계: 사회적 조망수용단계(12세~성인)
　㉠ 동일 상황에 대해 다른 생각을 한다고 해서 그 조망이 틀렸다고 인식하지 않으며, 자신이 다른 사람의 조망을 완전하게 이해하지 못한다는 것을 인식
　㉡ 제3자의 입장을 확장하여 사회 구성원이 갖는 일반화된 관점에서 이해

# Chapter 03 학습이론

## 01 행동주의 학습이론

### 1. 고전적 조건형성이론(조건반사이론, S-R이론)

(1) 실험
① 실험 전
  ㉠ 침: 고기를 보면 무조건 침 흘림 ◉ 무조건 반응(UR; unconditioned response)
  ㉡ 고기: 무조건 반응(침)을 일으킴 ◉ 무조건 자극(US; unconditioned stimulus)
  ㉢ 처음의 종: 침 분비와 상관없음 ◉ 중성 자극(NS; neutral stimulus)
② 실험: 종소리를 들려주고 그때마다 고기를 줌
③ 실험 후: 개는 종소리만 들려줘도 침을 흘림
  ㉠ 실험 후의 종: 조건이 형성되어 침을 흘리게 함
    ◉ 조건 자극(CS; conditioned stimulus)
  ㉡ 종소리 후의 침: 종과 조건형성
    ◉ 조건 반응(CR; conditioned response)

| 조건형성 전 | 조건형성 과정 | 조건형성 후 |
|---|---|---|
| 음식(US) ◉ 침 분비(UR)<br>종소리(NS) ◉ 무반응 | 종소리 + 음식<br>◉ 침 분비 | 종소리(CS)<br>◉ 침분비(CR) |

+PLUS
**조건형성**
조건이 만족되면, 그에 따르는 결과가 나타나도록 만들어 주는 것

(2) 조건반사의 원리
① 시간의 원리: 조건 자극을 무조건 자극보다 먼저 제시하고, 두 자극 간의 시간 간격이 짧게 즉시 제공되어야 함
② 강도의 원리: 무조건 자극(음식)의 심리적 강도가 조건 자극(종소리)의 강도와 같거나 커야 함
③ 일관성의 원리: 어떤 자극을 줄 경우, 그 자극은 일관성이 있어야 함
④ 계속성의 원리: 조건 자극과 무조건 자극의 결합이 계속적으로 반복되어야 함

### (3) 조건화의 학습현상

① **자극의 일반화**: 조건화 초기단계에서 유사한 다른 자극에 대해서도 반응하는 것
② **변별**: 연습이 반복되면서 일반적 자극에는 반응하지 않고 최초의 자극에만 반응하는 현상
③ **소거**: 고전적 조건화에서는 무조건 자극 없이 조건 자극만 계속될 때 발생. 조작적 조건화에서는 행동에 대해 강화를 멈추었을 때 발생
④ **자발적 회복**: 이미 학습된 조건반사가 잠재적으로 남아 있기 때문에 음식이 뒤따르지 않는 조건 자극에도 일시적으로 조건 반응을 보이는 현상
⑤ **고차조건화**: 이미 형성된 조건 자극을 무조건 자극으로 삼아 새로운 조건을 형성하는 것

### (4) 고전적 조건형성의 응용

① **소거**: 무조건 자극을 주지 않고 조건 자극만 반복 제시하여 바람직하지 않은 조건 반응을 약화시키려는 절차
② **역조건형성**: 특정 조건 자극에 대한 바람직하지 못한 조건 반응을 바람직한 조건 반응으로 대치하는 방법
　　**예** 비둘기를 두려워하는 소년이 초콜릿을 먹으며 즐거워하고 있을 때 비둘기를 가까이 가져가는 과정을 반복
③ **노출법**: 반복적인 노출을 통해 자극에 대한 불안을 감소하고 둔감화하는 방법(불안장애나 공포증 해결에 많이 활용)
　　㉠ 불안 자극에 직접적으로 노출시키는 실제 상황 ◉ 노출법
　　㉡ 상상을 통해 불안자극을 노출시키는 상상 노출법 ◉ 내폭요법
　　㉢ 처음부터 강한 불안을 느끼는 상황에 지속적으로 노출시키는 급진적 노출법 ◉ 홍수법
　　㉣ 서서히 노출의 강도를 높여가는 점진적 노출법 ◉ 체계적 둔감법
④ **혐오치료**: 바람직하지 않은 반응을 유발하는 조건 자극과 혐오자극을 함께 제시하여 조건 자극을 회피하도록 하는 방법
⑤ **체계적 둔감법**: 역조건형성을 이용하여 공포를 일으키는 조건 자극에 점진적으로 노출시켜 공포를 소거시키려는 방법. 공포에 상반되는 반응은 이완
　　㉠ **불안위계 작성**: 불안을 일으키는 자극들을 불안을 일으키는 정도에 따라 순서대로 배열
　　㉡ **이완훈련**: 이완훈련을 통해 이완상태를 경험. 즐거운 장면을 상상하면서 이완하는 학습
　　㉢ **상상하면서 이완하기**: 완전히 이완된 상태에서 불안위계의 가장 약한 불안을 일으키는 자극을 상상하도록 함. 이 상태에서 불안을 경험하면 그 자극에 관한 상상을 중지하고 이완. 충분히 이완되면 불안을 유발하는 자극을 상상하면서 이완하도록 훈련

**PLUS**
고전적 조건형성은 정서적, 불수의적 행동이 학습됨
→ 정서적 반응, 태도 등

## 2. 스키너의 조작적 조건화이론(R-S)

### (1) R-S
반응의 통제 즉, 능동적 행동이 중요 개념. 파블로프의 행동 형성은 수동적인 조건화 즉, 자극을 주면 반응하는 S-R인데 비해 스키너의 행동 형성은 능동적인 조건화, 즉 반응을 함으로써 자신이 원하는 자극을 얻는 R-S

### (2) 강화
행동의 빈도를 증가시키는 요소

① 정적 강화와 부적 강화

| | |
|---|---|
| 정적 강화 | 어떤 행동 후에 만족스러운 강화물을 제공함으로써 의도한 행동의 빈도와 강도를 증가시키고 유지하는 것 |
| 부적 강화 | 어떤 행동 후에 싫어하는 자극을 제거함으로써 의도한 행동의 빈도와 강도를 증가시키는 것 |

② 일차적 강화물과 이차적 강화물

| | |
|---|---|
| 일차적 강화물 | 그 자체로 강화능력을 가지고 있어 욕구를 충족해 주는 것. 음식물이나 물 등 |
| 이차적 강화물 | 그 자체로 강화능력을 가지지 않는 중성 자극이 강화능력을 가지고 있는 자극과 결합되어 강화의 속성을 갖는 것. 돈, 토큰(별도장, 스티커 차트 등) |

③ 강화계획

> **Keyword**
> • 고정: 규칙적인
> • 변동: 불규칙한
> • 간격: 시간
> • 비율: 횟수

| | |
|---|---|
| 고정간격 강화계획 | 반응횟수와 상관없이 일정 시간이 지날 때마다 강화가 주어지는 방법. 강화 시기 예측 가능 ⊙ 규칙적인 시간 |
| 변동간격 강화계획 | 강화가 제시되는 시기를 예측할 수 없도록 설정하여 행동의 빈도를 증가시키고 유지하는 방법 ⊙ 불규칙한 시간 |
| 고정비율 강화계획 | 일정한 수량의 반응을 해야 강화가 주어지는 방법. 예측이 가능하기 때문에 강화 후 잠시 행동의 빈도가 줄어드는 경향 ⊙ 규칙적인 횟수 |
| 변동비율 강화계획 | 불규칙한 횟수에 따라 강화가 주어지는 방법. 강화물을 얻기 위해 수행해야 하는 수행 횟수를 예측할 수 없음 ⊙ 불규칙한 횟수 |

### (3) 소거와 벌
① 소거: 강화를 중단하여 행동 빈도를 낮추어 결국에는 반응행동을 제거시키는 과정
  ㉠ 소거폭발: 보상을 중지했을 때 반응이 일시적으로 잠시 증가하는 것
  ㉡ 소거에 주의해야 할 일반적인 원칙
    • 소거는 상반행동에 대한 강화와 동시에 사용해야 효과적. 상반행동이란 소거하고자 하는 행동의 반대행동에 대한 강화를 말함

- 강화자극 이외의 외적 자극을 잘 통제
- 상반행동에 사용되는 강화는 지속적인 강화가 효과적

② 벌: 바람직하지 않은 행동의 빈도를 감소시키는 역할
  ㉠ 벌의 종류

  | 수여성 벌<br>(정적 벌) | 바람직하지 않은 행동의 빈도를 감소시키기 위해 혐오하는 자극을 제공하는 것 |
  |---|---|
  | 제거성 벌<br>(부적 벌) | 바람직하지 않은 행동을 감소시키기 위해 학생이 좋아하는 자극을 제거하는 것 |

  ㉡ 벌을 사용할 때 고려해야 할 사항
    - 벌을 받아야 하는 원인을 알려주고 동의를 받아야 함
    - 벌 받은 직후 정적 강화를 제공하지 말아야 함
    - 벌의 상반행동에는 즉시 강화를 해야 효과적
    - 벌은 자주 주어서는 안 되며, 한번을 주더라도 강하게 주어야 함

(4) 행동수정(응용행동분석)

조작적 조건형성의 기법을 이용해서 행동을 변화시키려는 절차

> ▣ **행동수정의 단계**
> ① 목표행동 결정
> ② 목표행동의 기저선 측정하기. 비교할 수 있는 기준을 세우기 위해 행동의 발생 빈도를 측정
>   **예** 학생이 한 주 동안 욕설을 몇 번 했는지, 다른 학생을 몇 번 때렸는지 파악
> ③ 강화인을 선택하고 필요 시 처벌인도 선택
> ④ 목표행동의 변화 측정
> ⑤ 행동이 향상되면 강화인의 빈도를 점점 감소시킴

① 바람직한 행동을 증가시키는 방법
  ㉠ 행동조성(조형, shaping)
    - 강화를 이용해서 목표행동을 점진적으로 형성하는 기법. 형성하고자 하는 목표행동을 작은 단위의 하위행동으로 세분한 다음, 목표행동에 접근하는 행동에만 강화를 하여 목표행동을 점진적으로 형성. 복잡한 행동을 단계적으로 형성시키고자 할 경우 적합
    - 행동조성의 절차
      ❶ 바람직한 목표행동 선정 → ❷ 일상적인 조건에서 목표행동이 나타나는 빈도(기저선, baseline) 확인 → ❸ 강화물 선택 → ❹ 목표행동을 소단위의 행동으로 구분한 다음 순서대로 배열 → ❺ 연속강화계획에 따라 목표행동에 접근하는 행동을 할 때마다 강화 → ❻ 목표행동을 할 때마다 강화 → ❼ 변동강화계획에 따라 목표행동에 강화

◆ POINT

**행동조성(조형)**
의도한 행동에 근접한 행동을 강화하여 새로운 행동을 학습시키는 방법

> ⓒ 행동연쇄: 다수 반응을 순서대로 연결하는 것. 일련의 반응이 단계별로 구성되어 있으므로 선행반응이 후속반응의 단서가 됨
> 　예 댄스 동작의 학습
> ⓒ 단서철회(용암법): 반응에 도움을 주는 단서나 강화물을 점진적으로 줄여가는 절차
> ⓔ 프리맥(Premack) 원리: 빈도가 높거나 선호도가 높은 활동을 강화물로 이용해서 빈도나 선호도가 낮은 활동을 증가시키려는 원리
> ⓜ 변별학습/자극통제: 자극을 활용하여 행동을 통제하는 기법
>   • 변별학습: 변별자극의 학습을 의미. 변별자극은 특정 행동이 강화를 받을 것인지 아니면 강화를 받지 못할 것인지에 대해 알려주는 기능을 하는 자극
>   • 자극통제: 변별자극을 이용해 행동을 통제하는 기법. 변별자극을 제시하여 바람직한 행동을 증가시키거나 변별자극을 제거하여 바람직하지 못한 행동을 감소시킴
> ⓗ 토큰경제: 토큰을 이용해서 바람직한 반응의 확률을 증가시키려는 기법. 토큰이란 그 자체로는 아무 가치가 없지만 다른 물품을 구입하거나 교환하는 데 사용 가능. 포인트, 쿠폰, 별표, 스티커, 스탬프, 칩 등이 흔히 토큰으로 사용됨
> ⓢ 수행 계약: 특정 행동을 하면 다른 사람(교사, 부모, 상담자 등)이 강화를 제공해야 한다는 것을 명시한 계약을 이용해서 행동을 수정하는 기법

② 바람직하지 못한 행동을 감소시키는 방법
> ⓐ 차별강화: 여러 행동 중 어느 하나만 골라 선택적으로 강화하는 방법
>   • 상반행동 (차별)강화: 문제행동과 상반된 바람직한 행동에 보상
>   • 다른 행동 차별강화: 문제행동 이외의 다른 행동을 하거나 문제행동을 하지 않을 때 보상
>   • 저율행동 차별강화: 평상시보다 문제행동을 덜 했을 때 보상
> ⓑ 포만: 문제행동을 지칠 때까지 반복하도록 하여 문제행동을 감소시키려는 방법
> ⓒ 타임아웃: 바람직하지 못한 행동을 감소시키거나 제거하기 위해 정적 강화를 받을 수 있는 기회를 박탈하거나 강화를 받을 수 있는 장면에서 일시적으로 추방하는 방법
> ⓓ 반응대가: 바람직하지 않은 행동을 할 때 정적 강화물을 회수하는 것. 수업시간에 소란행위를 할 때 자유시간을 박탈하는 것이 해당됨
> ⓔ 과잉교정: 바람직하지 못한 행동을 할 때 싫어하는 행동을 하도록 하는 처벌기법. 싫어하는 행동은 바람직하지 않은 행동과 유사해야 함

**POINT**
프리맥 원리
강화의 상대성 이용, 활동이 강화물

**POINT**
토큰경제
바람직한 행동을 했을 때 토큰(스티커, 칩, 쿠폰 등)을 제공하고, 획득한 토큰을 바람직한 보상과 교환하여 줌

- 배상적 과잉교정 : 바람직하지 않은 행동을 하기 전보다 환경을 더 좋은 상태로 개선하도록 하는 방법
  예 책상에 낙서를 했을 때 원래보다 깨끗하게 지우도록 하는 것
- 긍정적 과잉교정 : 적절한 반응을 반복하도록 하는 기법
  예 철자법이 틀린 학생에게 정확한 철자를 반복해서 쓰도록 하는 것

## 3. 반두라의 사회학습이론(사회인지이론)

### (1) 사회학습이론
① 직접적인 강화 없이 관찰을 통해 모델의 행동을 모방하고 새로운 행동을 학습하는 것
② 조작적 조건형성의 원리를 이용해서 사회학습을 설명하면서도 인지과정의 중요성을 인정

### (2) 주요 개념
① 기대 : 행동주의자들은 강화인과 처벌인을 행동의 직접적인 원인으로 간주하지만, 사회인지 학습이론가들은 이러한 요인들이 기대를 형성하게 한다고 봄
  ㉠ 어떤 행동을 했을 때 수반된 강화(혹은 처벌)에 대한 기대가 과거의 강화(혹은 처벌) 경험보다 더 중요하다는 것
    예 수업 중에 소란을 피워서 벌을 받는 급우를 본 학생은 수업 중에 떠들면 동일한 벌을 받을 것이라고 기대하여 조용히 할 것
  ㉡ 사회인지 학습이론의 관점에서 인간은 이전의 강화조건에 따라 자동적으로 행동하기보다는 강화에 대한 기대를 형성하는 존재
② 모델링
  ㉠ 긍정적 결과를 받을 것이라고 기대되는 행동은 나타날 확률이 높음
  ㉡ 행동이 변화되지 않아도 학습은 이루어짐(수행과 학습은 구분)
  ㉢ 인지과정은 학습에 중요한 역할. 행동 후 강화(혹은 처벌) 받을 것이라는 기대, 주의, 파지와 같은 인지과정은 학습에 영향을 미침
  ㉣ 대리적 조건형성 : 다른 사람이 행동했을 때 나타나는 결과를 관찰함으로써 자신이 그러한 행동을 했을 경우를 예측하여 행동하는 것. 직접적인 조건 형성이 어려운 위험도가 높은 학습의 경우 효과적으로 활용될 수 있음

### (3) 관찰학습의 효과
① 관찰학습 효과(모델링 효과) : 관찰자가 모델을 관찰하여 새로운 행동이나 기능을 학습하는 것
② 금지효과(제지 효과) : 특정 행동을 한 모델이 처벌받는 것을 관찰한 학습자가 그 행동을 금지하거나 억제하는 것 ⊃ 일벌백계

**+PLUS**

**모델링**
모델에 대한 관찰을 통해 발생하는 인지적, 정의적, 행동적 변화

③ 탈제지효과: 금지된 행동을 한 모델이 보상을 받거나 처벌 받지 않는 것을 관찰한 후 평소 억제하고 있던 행동을 하는 현상
④ 기존 행동 촉진: 이미 학습한 행동을 촉진하는 기능

(4) **효과성 있는 모델**
학습자와 성(gender), 연령, 문화 등에서 유사성을 가지고 있거나, 사회적으로 유능하거나 높은 위치에 있는 모델

(5) **모델링의 과정**
① 주의 단계: 학습자가 모델의 행동에 관심을 갖고 주의집중을 하는 단계
② 파지 단계: 주의집중을 통해 얻은 모델의 행동이 정신적으로 언어화되거나 시각적으로 표현되어 학습자의 기억에 전이되는 단계
③ 재생 단계: 기억된 모델의 행동을 능숙하게 재생하는 단계
④ 동기화 단계: 관찰한 반응이 자신에게 이익이 될 수 있는 상황이라고 판단될 때 동기유발이 잘 될 것

**PLUS**
동기화 과정
• **직접 강화**: 자기 행동의 결과로 획득하는 강화
• **대리 강화**: 모델에게 제공되는 강화에 의해 영향을 받는 것
• **자기 강화**: 스스로 특정 행동에 강화를 주는 것

(6) **인지적 행동수정**
① 학습자의 내재적 인지과정을 조작하여 외현적 행동을 수정하려는 기법. 자신의 행동을 점검, 관리, 조절하도록 하는 데 주안점을 둠
② 외현적 행동 변화를 목적으로 하고 강화원리를 활용한다는 점에서 스키너의 조작적 조건형성과 유사하지만, 행동을 변화시키기 위해 인지과정을 조작한다는 점에서 사회인지이론을 응용한 것
③ 인지론과 행동주의 원리를 통합적으로 적용하여 자기조절능력을 향상시키는 데 주력. 학습에 대한 학습자의 통제력을 높이기 위해 i) 학습목표를 설정하고, ii) 자신의 행동을 점검하며, iii) 자신의 행동을 평가하고, iv) 스스로의 행동을 강화하는 등 행동에 관해 상당한 책임을 지도록 요구
④ 마이켄바움(1977)의 언어적 자기교수 프로그램에 잘 구현되어 있음
  ㉠ 모델링 과정을 사용하고, 교사가 내용 및 자기교수 단계를 결정하며, 외적 단서를 통해 내적 자기통제를 유도
  ㉡ 특히 자기강화를 강조
  ㉢ 조작적 조건형성의 원리와 관찰학습의 원리를 모두 활용

**PLUS**
자기교수 프로그램
• 비고츠키의 혼잣말 활용
• 충동형 수정에 널리 사용

| 단계 | 과정 |
|---|---|
| 인지적 모델링 | 교사는 과제를 수행하면서 해야 할 행동을 큰 소리로 학생에게 말해줌<br>예 교사는 덧셈문제를 풀면서 풀이과정을 큰 소리로 말함 |
| 외현적 외적 지도 | 학생은 교사의 지도를 받는 상태에서 큰 소리로 말하면서 과제를 수행<br>예 큰 소리로 말하면서 덧셈을 함 |

| 외현적 자기지도 | 학생은 자신에게 큰 소리로 말하면서 과제를 수행<br>예 자신에게 큰 소리로 말하면서 덧셈을 함 |
|---|---|
| 외현적 자기지도의 축소 | 학생은 속삭이면서 과제를 수행<br>예 속삭이면서 덧셈을 함 |
| 내재적 자기지도 | 학생은 내적 언어를 사용하면서 과제를 수행<br>예 속으로 말하면서 덧셈을 함 |

(7) **자기조절**
  ① 모델링의 궁극적 목적은 학습자가 자기조절을 하도록 하는 데 있음
  ② 자기조절이란 목표를 달성하기 위해 자신의 사고, 감정, 행동을 체계적으로 관리하고 통제하는 것
  ③ 자기조절은 크게 메타인지조절, 인지조절, 동기조절로 구성
    ㉠ 메타인지조절: 인지과정을 인식하고 통제하는 것
    ㉡ 인지조절: 학습정보를 부호화, 저장, 인출하기 위한 인지전략을 통제하는 것
    ㉢ 동기조절: 감정과 동기를 적절하게 관리하는 것

03. 학습이론

## 02 인지주의 학습이론

### 1. 형태주의 심리학(Gestalt psychology)

**(1) 개념**
① 정신의 내재적인 조직화 경향과 전체적인 성질을 강조하는 인지심리학의 초기 접근
② 형태심리학에 따르면 인간의 의식이나 인지는 단순한 요소들의 합으로 환원될 수 없음

**(2) 형태심리학의 기본 견해**
① 지각은 실재(현실)와 다름. 유기체는 대상을 있는 그대로 인식하는 것이 아니라 나름대로 해석함
② 전체는 부분의 합보다 큼
③ 유기체는 경험을 능동적으로 구조화하고 조직함

**(3) 파이현상**
① 정지해 있는 물체를 움직이는 것으로 지각하는 일종의 운동 착시현상(가현운동)
② 파이현상에 근거하여 형태심리학은 "전체는 부분들의 합보다 더 크다."는 명제를 정립. 형태심리학의 핵심명제는 '지각이나 이해는 부분이 아니라 전체에 의해 결정'된다는 것

**(4) 지각형성의 예**
근접의 법칙, 유사의 법칙, 폐쇄성의 법칙, 단순의 법칙, 연속의 법칙

### 2. 쾰러의 통찰학습과 레빈의 장이론

**(1) 쾰러의 통찰학습**
① 통찰(insight): 문제해결책을 갑자기 이해하는 것. 학습은 통찰을 통해 이루어지며, 통찰이 일어나면 흔히 '아하' 현상을 경험하게 됨
② 행동주의 이론의 한계점 지적: 쾰러는 문제해결은 여러 번의 시행착오를 통해 이루어지는 것이 아니라 단번의 통찰을 기초로 하여, 어떤 관계를 지각함으로써 해결된다고 봄
③ 통찰학습: 문제 상황에서 관련 없는 여러 요인이 갑자기 완전한 형태로 재구성되어 문제를 해결하는 것

## (2) 레빈(Lewin)의 장이론

① 인간의 행동을 개인과 환경의 함수로 보아 장이론 제시
② B=f(P·E). 인간의 행동(behavior)은 개체(person)와 환경(environment)의 함수관계. 인간 행동은 개체와 개체를 둘러싸고 있는 여러 가지 물리적·심리적 환경에 의해 결정된다는 것
③ 장(場)은 개인을 둘러싸고 그의 행동에 역동적인 힘을 가하는 주관적인 심리적 생활공간(life space)과 독립적인 의미를 가지면서 장의 한 구성요소인 개인 자신과의 통합체
④ 장은 개인을 포함하고 있으며 비심리적 환경과는 구분됨
⑤ 레빈에 의하면 행동은 개인과 그가 처한 환경과의 상호작용의 결과로 나타나는 역동적이며 전체적인 총합체에 의한 결과. 그러므로 행동의 방향은 양립하는 '환경적인 힘의 강도'와 '개인의 요구(욕구)'와의 관계에 의해서 형성되는 방향가(vector)에 의해 결정됨
⑥ 개인과 환경의 역동적 관계에 의해 형성되는 장을 통해 인지구조가 새롭게 형성되거나 기존의 인지구조가 재구조화되는 과정이 학습됨

## 3. 톨먼의 기호-형태설

### (1) 기호-형태

① 학습상황에서 목표를 달성하는 수단을 '기호(sign)', 그 목표를 '형태(의미체)'라고 하여, 이 양자의 관련성을 기호-형태라고 칭함
② 행동은 목적을 지향. 학습이란 행동을 하면 결과(강화)를 얻을 것이라는 기대를 학습하는 과정
③ 학습이란 행동 자체를 습득하는 것이 아니라 목표 달성에 관한 기호를 인지하는 것으로 간주. 학습이란 일련의 경험을 통해 수단-목표-기대, 즉 "무엇을 하면 어떻게 될 것이다"라는 관련성을 파악함으로써 결과적으로 문제해결에 대한 인지를 획득하는 것

### (2) 학습

① 인지학습(장소학습)
  ㉠ 환경에 대한 인지도(cognitive map)를 학습. 인간은 목표에 도달하기 위해 하나하나의 반응 또는 개개의 길을 보는 것이 아니라 전체적인 상황에 대한 인지도를 발달시켜 가장 짧은 길이나 가장 비용이 적게 드는 길을 선택
  ㉡ 인지도가 정신구조 속에 형성됨으로써 수단-목표-기대의 관계가 형성
    예 미로실험: 반복 경험을 통해 미로를 통과한 쥐에게 미로의 중간지점에 장애물을 설치해 통행을 방해 ⊙ 두 번째로 가깝고 쉬운 미로를 통해 곧바로 목표지점 도달

**+PLUS**

**인지도**
환경의 특성과 구조를 그림이나 지도의 형태로 정신적으로 표상하는 것

> **PLUS**
> 잠재학습
> 외적인 행동으로 전환되지 않은 학습

② 잠재학습
  ㉠ 행동으로 나타나지 않고 있지만 이미 학습한 지식. 행동주의의 주장과 달리, 잠재적 학습은 반응을 하지 않아도 학습이 이루어진다는 것을 시사함
  ㉡ 학습은 단순히 자극-반응의 연합이 아니라, 어떤 행동을 하면 특정한 결과를 얻을 것이라는 기대를 학습하는 과정이고, 그 결과를 얻기 위해 행동함
  예 쥐에게 미로학습을 시키며 첫날부터 10일째까지는 강화를 제공하지 않다가 11일째부터 강화 제공 ◎ 11일째부터 실수가 급격하게 줄어듦

### 4. 정보처리이론

(1) 개념
  ① 컴퓨터의 정보처리과정에 기초하여 인간의 인지과정을 밝힌 이론
  ② 외부 정보에 주의를 기울이고, 그 정보를 저장하며, 필요할 때 인출하는 인지과정을 분석하는 접근

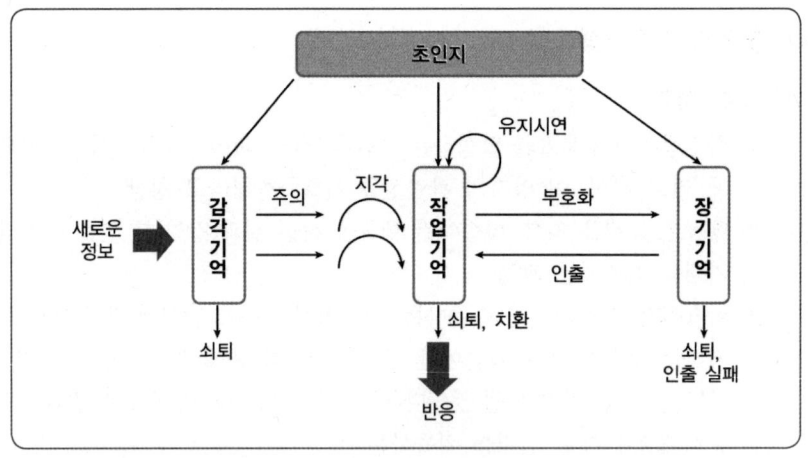

| 정보처리 모형 |

> **PLUS**
> • 쇠퇴: 기억 속의 정보가 시간이 지남에 따라 점점 희미해지는 것
> • 치환: 새로운 정보가 이전 정보를 교체하는 것

> **PLUS**
> 기억 저장소
> 정보를 때에 따라 잠시 혹은 영구적으로 담는 저장고
> → 감각기억, 작업기억, 장기기억

(2) 기억 저장소
  ① 감각기억(감각 등록기)
    ㉠ 환경으로부터 들어온 자극 또는 정보를 원래의 형태 그대로 잠시 보존
    ㉡ 용량은 상당히 크지만, 즉시 처리되지 않으면 정보는 금세 사라짐. 정보가 보존되는 시간은 1~4초 정도임
  ② 작업기억
    ㉠ 새로운 정보를 조작하여 저장하거나 행동적인 반응을 하는 곳으로, 의식적으로 활성화

ⓛ 작업기억에 들어온 정보는 기억전략을 쓰지 않을 경우 약 10~20초 동안만 유지되고, 용량은 7±2로 제한됨. 따라서 오래 기억되어야 할 정보는 부호화의 과정을 통해 장기기억으로 이동되어야 함
ⓒ 작업기억에 정보를 유지할 수 있는 방법으로는 유지시연이 있음
③ 장기기억
㉠ 작업기억의 정보는 부호화 과정을 통해 장기기억에 저장. 용량이 무제한이며 저장기간도 영구적
ⓛ 장기기억은 비활성화 상태. 정보를 인출하려면 저장된 정보가 작업기억으로 이동해야 함
ⓒ 장기기억의 유형은 정보를 정신적으로 표상하는 형식에 따라 서술적 지식과 절차적 지식으로 구분. 정신적 표상이란 정보를 기억에 저장하는 방식
- 서술적 지식
  - 일화기억: 주로 개인의 경험을 보관하는 저장소
  - 의미기억: 사실에 관한 지식으로, 어떤 사건과 관련되지 않음
- 절차적 지식: 일을 어떻게 수행하느냐에 대한 지식. 어떤 것을 하는 방법을 기억하고 운동기술과 인지기술을 학습하는 것

**(3) 인지처리 과정**

정보를 하나의 저장소에서 다른 저장소로 옮기는 내부적이고 지적인 활동
① 주의: 자극에 반응하는 것. 주의를 받은 정보는 감각기억에서 작업기억으로 이동되고, 주의를 받지 못한 정보는 소멸됨
② 지각: 유입된 자극(정보)의 의미를 파악하고 해석하는 과정. 감각기억에 들어온 자극에 일단 주의집중을 하면 지각됨
③ 시연
㉠ 작업기억 안에서 이루어지는 처리과정. 정보를 소리 내어 읽든지 속으로 되풀이하든지 계속해서 반복하는 것. 작업기억으로 들어온 정보는 시연을 통해 파지가 되기도 하고 장기기억으로 전이될 수도 있음
- 유지형 시연: 정보를 단순히 되뇌는 전략. 효과는 일시적, 망각되기 쉬움
- 정교형 시연: 연합과 심상을 이용하여 새로운 정보를 기존지식과 연관 짓는 과정. 회상을 촉진하는 데 도움을 주는 단서가 추가됨
ⓛ 시연은 할수록 기억이 향상됨. 집중학습보다 분산학습이 더 효과적
ⓒ 초두성 효과와 신근성 효과를 적절하게 설명
- 초두성 효과는 목록에 포함된 항목 중 첫 부분에 제시된 항목을 가장 잘 회상하는 현상
- 신근성(최신) 효과는 목록에서 가장 나중에 제시된 항목을 더 잘 회상하는 현상

**PLUS**
- **서술적 지식**: 선언적 지식, 명시적, '무엇'에 대한 지식
- **절차적 지식**: 암묵적, '어떻게'에 대한 지식

**PLUS**

**계열위치효과**
처음과 마지막에 제시되는 정보를 중간에 있는 다른 정보보다 더 잘 기억하는 경향성

**PLUS**
- **부호화 특수성 원리(Tulving)**: 인출조건이 부호화 조건과 일치할수록(시험조건이 학습조건과 일치할수록) 인출이 촉진됨
- **상태의존학습**: 특정 정서 상태에서 학습한 내용은 같은 정서 상태에서 더 잘 회상되는 현상. 부호화 특수성과 긴밀하게 관련됨. 기분이 좋을 때 학습한 단어는 즐거울 때 더 잘 회상되고, 슬픈 상태에서 학습한 단어는 슬플 때 더 잘 회상됨

**PLUS**
**인지부하**
특정 과제의 수행을 위해 필요한 정신적 자원의 양

**PLUS**
**이중부호화이론(Paivio)**
장기기억에서는 정보가 언어적 형태와 시각적 형태(심상)로 저장될 수 있는데, 정보에 따라 어느 한 가지 방식으로 표상되기도 하고 두 가지 방식으로 표상되기도 함. 이중부호화 이론은 두 가지 방식으로 표상되는 정보가 한 가지 형식으로 표상된 정보보다 더 잘 기억된다고 주장

④ 부호화(약호화)
  ㉠ 새로운 정보를 유의미하게 만들고 장기기억에 저장되어 있는 정보와 연결하고 결합. 이러한 과정을 통해 새로운 정보는 작업기억에서 장기기억으로 이동
  ㉡ 정교화, 조직화, 심상, 기억술을 통해 촉진
⑤ 인출: 장기기억에 저장되어 있는 정보에 접근하는 과정. 효과적으로 부호화되지 않으면 효과적인 인출이 될 수 없음. 설단 현상은 장기기억에 존재하는 특정한 정보에 대해 정확하게 접근할 수 없는 것을 가리킴

(4) **학습전략**

| 작업기억의 용량 한계 극복방법 |
|---|

① 청킹: 주어진 정보를 보다 큰 단위로 묶는 것. 작업기억의 용량은 7±2이지만 청킹(chunking)을 통해 확장 가능
② 자동화: 주의나 정신적 노력을 기울이지 않고 무의식적으로 정보를 처리할 수 있는 상태
③ 이중처리: 작업기억에서 언어정보와 시각정보를 함께 처리하는 방법. 언어정보와 시각정보는 별개의 인지체제에 저장되므로 언어적 설명과 함께 시각자료를 보여주면 인지부하를 극복할 수 있으며, 재생도 쉬움 ➡ 페이비오의 이중부호화이론

| 부호화 전략 |
|---|

① 정교화 전략: 정보에 의미를 추가하거나 정보를 기존지식에 관련짓는 인지전략
② 조직화 전략: 정보를 의미적으로 관련되고 일관성 있는 범주로 묶는 기법. 정보를 유의미한 범주나 군집으로 조직화하면, 정보가 체계적으로 관련되어 인출을 할 때 특정 정보가 다른 정보를 회상하는 단서 역할을 함
③ 심상전략: 정보의 형태에 대한 정신적 그림 떠올리기. 이중부호화이론의 지지를 받음
④ 기억술: 장소법, 핵심단어법, 두문자법, 문장작성법, 연결법, 운율법

(5) **메타인지(초인지)**
① 개념
  ㉠ 메타인지(초인지, metacognition)는 사고과정에 대한 지식, 즉 내가 무엇을 알고 모르는지에 대한 지식임
  ㉡ 기억체계의 과정 전체를 지각하고 통제. 어떤 정보에 주의를 기울여야 하는지, 시연을 사용할 것인지 혹은 부호화 전략을 사용할 것인지, 어떠한 부호화 전략을 잘 활용하는지, 학습하는 데 얼마나 많은 시간이 필요한지, 그리고 새로운 학습이 장기기억에 잘 저장되었는지를 확인하는 것 모두 메타인지적 활동
  ㉢ 인지과정 전체를 계획하고 점검하며 평가하는 역할

② 메타인지의 요소
  ㉠ 인지에 관한 지식(메타인지 지식)
    • 자신의 인지에 관한 지식: 자신의 능력과 약점에 관한 지식. 그러므로 메타인지는 자신의 기억력, 주의집중능력, 학습능력, 문제해결능력 등에 관한 지식을 포함
    • 전략에 관한 지식: 특정 인지전략이 적합한 과제나 상황에 관한 지식
  ㉡ 인지를 조절하고 통제하는 능력
    • 계획: 목표를 설정하고, 관련자원을 활성화하며(시간계획을 세우고), 적절한 인지전략을 선택하는 과정
    • 점검: 학습 도중 진전 상황을 확인하고 전략이 효과가 없을 경우 적절한 전략을 선택하는 과정
    • 평가: 학습 후 이해수준을 판단하는 과정
③ 메타(초)인지적 학습자의 학업 성취도가 높은 이유
  ㉠ 메타인지적 학습자는 목표와 동기를 계획하고 통제하며 이끄는 방법을 알고 있음
  ㉡ 정보에 주의를 기울이고, 변형하고, 조직하고, 정교화하고, 재생하는데 도움을 주는 여러 인지전략(심상화, 정교화, 조직화)의 사용방법을 알고 익숙함
  ㉢ 주의집중의 중요성을 지각하고 자신에게 효과적인 학습환경을 조성
    예 교실 앞자리에 앉거나, 공부하는 동안 휴대전화를 꺼 놓는 행동

## 03 망각과 전이

### 1. 망각

#### (1) 개념
기억에 저장되어 있는 정보를 상실하거나 의식하지 못하는 현상

#### (2) 망각의 원인
① 흔적 쇠퇴설(소멸이론)
  ㉠ 기억이란 학습한 것이 기억흔적으로 남은 것. 망각은 이 기억흔적이 쇠퇴하는 현상
  ㉡ 기억흔적이 시간경과에 따라 소실된 결과 망각이 일어남. 시간경과가 망각의 원인

② 소멸포섭이론(오수벨)
  ㉠ 새로운 정보가 기존 인지구조에 융합되어 변별력을 상실한 결과 분리도가 0이 되어 망각된 상태
  ㉡ 시간경과에 따라 구체적인 정보가 상위수준의 정보에 흡수되는 현상 (소멸이론의 변형)

③ 억압
  ㉠ 억압은 고통스럽거나 불쾌한 경험을 무의식으로 추방하는 과정
  ㉡ 정신분석학에 따르면 망각은 억압으로 인해 일어남. 불안은 불쾌하고 고통스럽기 때문에 불안을 유발하는 기억을 회피

④ 간섭이론: 기억에 저장된 정보들의 혼동으로 인해 망각이 일어남
  ㉠ 순행간섭: 선행학습이 후속학습의 회상을 방해하는 현상. 선행학습과 후속학습이 유사할수록 순행간섭이 많이 일어남
  ㉡ 역행간섭: 후속학습이 선행학습의 기억을 방해하는 현상

⑤ 인출실패이론: 장기기억에 저장되어 있는 정보를 인출할 수 없어서 망각이 일어남
  ㉠ 설단현상은 인출실패로 인한 망각을 잘 설명
    • 설단현상: 기억하고 있는 정보임에도 혀끝에서 맴돌면서 잘 회상되지 않는 현상
  ㉡ 회상과 재인의 개념을 통해서도 확인 가능
    • 회상(재생): 단서나 도움 없이 장기기억의 정보를 인출해내는 것
    • 재인: 단서나 도움이 제공되는 상황에서 장기기억의 정보를 인출해내는 것
  ㉢ 회상보다 재인이 쉬우며, 사람들은 회상보다 재인을 더 잘함. 이는 회상하지 못한다고 해서 모두 망각된 것은 아님을 의미

---

**PLUS**
에빙하우스 망각곡선
1시간 경과 후 50%, 48시간 후 70% 망각

⑥ 왜곡이론
  ㉠ 망각이 기억의 왜곡에서 비롯된다고 주장. 경험의 모든 측면들을 완전히 기억할 수 없기 때문에 왜곡되는 것
  ㉡ 인간의 기억은 경험의 모든 측면을 정확하게 복사해서 저장하는 것이 아니라, 경험의 얼개만 저장하고 나머지는 선행지식이나 신념에 근거하여 보충하고 재구성하며 추론함

## 2. 학습의 전이

(1) **개념**
  선행학습이 새로운 학습에 영향을 미치는 현상

(2) **전이의 종류**
  ① 정적 전이와 부적 전이
    ㉠ 정적 전이: 이전 학습이 새로운 학습 촉진
    ㉡ 부적 전이: 이전 학습이 새로운 학습 방해
  ② 일반전이와 특수전이
    ㉠ 일반전이: 학습한 것을 완전히 새로운 장면에 적용
    ㉡ 특수전이: 학습한 것을 매우 유사한 장면에 적용
  ③ 근접전이와 원격전이
    ㉠ 근접전이: 원리와 표면적 모습 모두 유사
    ㉡ 원격전이: 원리는 유사하지만 표면적 모습이 상이
  ④ 수평적 전이와 수직적 전이
    ㉠ 수평적 전이: 선행학습과 후속학습 수준이 비슷
    ㉡ 수직적 전이: 학습과제 간 위계관계가 분명
  ⑤ 의식적 전이와 무의식적 전이
    ㉠ 의식적 전이: 선행학습의 지식·전략을 새로운 학습에 의식적으로 적용
    ㉡ 무의식적 전이: 유사한 문제 해결에 자동적으로 적용
  ⑥ 전향적 전이와 역행적 전이
    ㉠ 전향적 전이: 선행학습이 후속학습에 영향을 줌
    ㉡ 역행적 전이: 후속학습이 선행학습 이해에 영향을 줌

(3) **전이 이론**
  ① 형식도야설(로크): 정신능력이 훈련으로 도야될 수 있으며, 도야된 정신능력이 광범위한 영역으로 전이됨. 20세기 초 성립된 능력심리학의 전이 이론으로, 학교에서 인문교과를 가르치는 이론적 근거 제공
  ② 동일요소설(손다이크): 두 학습 사이에 전이가 발생하려면 학습자료 간에 동일요소(목적, 내용, 방법, 기능, 절차 등)가 있어야 함

**+PLUS**
**능력심리학**
인간의 정신은 기억, 주의력, 추리력, 의지력, 상상력과 같은 기초능력(마음의 근육, 心筋)으로 구성되어 있고, 신체훈련으로 근육을 단련시킬 수 있는 것처럼 정신능력도 훈련으로 연마할 수 있으며, 일단 연마된 정신능력은 다양한 장면으로 광범위하고 자동적으로 전이된다는 주장

③ **일반화설(쥬드)**: 선행학습에서 획득된 원리나 법칙을 후속학습에 활용할 수 있을 때 전이가 일어남
④ **형태이조설(코프카)**: 전이의 결정요인은 통찰(insight). 한 학습장면에 관한 관계나 형태의 전체적인 이해가 다른 학습장면으로 전이됨. 즉, 두 학습장면의 형태나 그 자료 내의 관계성에 공통성이 있을 때 전이됨
   예 쾰러의 닭 모이 실험: 닭에게 명암의 차이에 따라 먹이가 주어지는 실험
⑤ **메타인지이론**: 메타인지가 전이의 결정요인. 문제를 이해하고, 학습전략 중에서 문제를 해결할 수 있는 적절한 전략을 선택하며, 그 전략이 문제를 해결하는 데 제대로 적용되는지 점검할 수 있을 때 전이가 일어남
⑥ **인출이론**: 선행학습에서 획득한 지식과 기능을 새로운 장면에 적용하려면 장기기억에 저장되어 있는 관련 지식 및 기능을 적절한 시점에 인출할 수 있어야 하고, 작업기억이 두 장면의 특징을 동시에 파지해야 함
⑦ **상황학습이론**: 대부분의 학습은 상황과 긴밀한 관련을 맺고 있으므로 전이가 일어나려면 새로운 장면이 원래 학습장면과 비슷해야 함

# Chapter 04 학습자의 정의적 특성

## 01 학습동기

### 1. 동기의 개념

**(1) 개념**
① 동기(motive): 유기체로 하여금 어떠한 특정 방향으로 행동하도록 만드는 요소
② 동기화(motivation): 유기체로 하여금 특정한 행동을 하도록 만드는 것

**(2) 외재적 동기와 내재적 동기**
① 외재적 동기: 행동의 동인이 행동 외부에 존재. 어떤 목적을 달성하기 위한 수단으로 행동하려는 동기
② 내재적 동기: 행동의 동인이 행동 내부에 존재. 행동 자체를 목적으로 하는 동기
③ 내재적 동기와 외재적 동기의 관계

| 관계 | • 상호독립적. 내재적 동기가 높다고 해서 외재적 동기가 반드시 낮은 것도 아니며, 그 반대도 아님<br>• 내재적 동기가 없을 경우에는 외재적 동기를 갖고 있는 것이 동기가 전혀 없는 것보다는 나음 |
|---|---|
| 효과 | 내재적 동기가 더 효과적. 외재적으로 동기화된 행동은 외적 보상이 없으면 중단되지만, 내재적으로 동기화된 행동은 지속성이 높기 때문 |
| 발달 | 내재적 동기는 학년이 올라갈수록 감소. 학년이 높을수록 성공을 절대적인 성취수준에 비추어 정의하지 않고, 동급생들과 비교한 상대적 성취수준에 비추기 때문 |
| 과정당화 효과 | • 외적 보상이 내재적 동기를 손상시킬 수 있음<br>• 내재적 흥미를 가진 과제에 보상을 주면, 그 과제가 보상을 위한 수단으로 인식되면서 내재적 동기가 감소할 수 있음 |

> **PLUS**
> • 외재적 동기: 돈, 칭찬, 인정, 경쟁, 성적, 취업, 인센티브 등 외적 보상과 관련
> • 내재적 동기: 성취감, 유능감, 도전감, 호기심, 흥미, 즐거움 등 내적 보상과 관련

> **PLUS**
> **과정당화 효과**
> 내재적 흥미 때문에 시작한 행동이 외적 결과와 연결되면 그 행동에 대한 흥미가 떨어지는 것

## 2. 매슬로의 욕구위계 이론

### (1) 욕구의 위계

| | | | |
|---|---|---|---|
| 성장욕구 | 자아실현의 욕구 | 자기충족감과 자신의 잠재력 실현 | 충족될수록 욕구가 강해짐 |
| | 심미적 욕구 | 조화, 완성, 아름다움 추구 | |
| | 지적 욕구 | 알고 싶고 이해하고 싶음 | |
| 결핍욕구 | 자아존중감(존경)의 욕구 | 자기존중, 타인으로부터의 존중 | 충족되면 긴장감 감소 |
| | 소속감과 애정의 욕구 | 타인과 친밀한 관계 | |
| | 안전 욕구 | 안전, 안정, 보호 | |
| | 생리적 욕구 | 배고픔, 갈증, 수면 | |

### (2) 특징
① 하위 단계 욕구가 충족되지 못하면 상위 단계 욕구가 발현되지 못함
② 하위 단계 욕구는 상위 단계 욕구보다 더욱 빈번하게 일어나며, 하위 단계의 욕구가 충분히 실현되어야 비로소 상위 단계의 욕구가 발현됨
③ 결핍욕구와 성장욕구
  ㉠ 결핍욕구: 생리적 욕구, 안전 욕구, 소속감과 애정의 욕구, 자아존중감의 욕구 ⓐ 긴장의 이완이 최종목표, 완전충족 가능
  ㉡ 성장욕구: 지적 욕구, 심미적 욕구, 자아실현의 욕구
    ⓐ 긴장 자체를 즐기는 것이 목표, 완전충족 불가능

### (3) 시사점
① 교사는 학생의 욕구상태를 끊임없이 점검해야 함. 결핍욕구가 어느 정도 충족되지 않은 학생들에게 지적 욕구를 추구하도록 기대하는 것은 어려움
② 학생이 추구하는 욕구와 교사가 학생에게 요구하는 욕구 수준 간에 갈등이 있을 수 있음. 교사는 학생에게 요구하는 욕구 수준과 학생들이 추구하는 욕구 간의 불일치 여부를 항상 점검해야 함
  예 학생들은 특정 또래집단에 속하거나 또래로부터 인정받기를 좋아하는데, 교사가 또래집단의 규칙과 어긋나는 행동을 하도록 기대할 경우

## 3. 귀인 이론

### (1) 개념
① 귀인: 어떤 사건이나 결과의 원인에 대한 개인의 추론
② 와이너(Weiner)에 따르면 귀인 이론이란 학교에서 학생들이 그들의 성공과 실패를 어떻게 설명하는가에 대해 체계적으로 이해하려는 이론

---

**PLUS**

비판점
- 동시에 서로 다른 욕구에 의해 동기화될 수 있음
- 상위 욕구 충족을 위해 하위 욕구를 거부하는 경우가 있음

### (2) 귀인 이론의 인과적 차원

① 원인의 소재: 성공과 실패의 원인을 내부로 돌리느냐, 외부로 돌리느냐의 차원
② 안정성: 성공과 실패의 원인이 변할 수 있느냐 없느냐의 차원
③ 통제 가능성: 통제 가능성 차원은 행위자가 그 원인을 통제할 수 있느냐 없느냐의 문제

| 요소 | 원인의 소재 | 안정성 | 통제 가능성 |
|---|---|---|---|
| 능력 | 내적 | 안정 | 통제불가 |
| 노력 | 내적 | 불안정 | 통제가능 |
| 운 | 외적 | 불안정 | 통제불가 |
| 과제 난이도 | 외적 | 안정 | 통제불가 |

### (3) 귀인 결과와 동기

① 학습자의 기대(expectation)에 영향
  ㉠ 성공(또는 실패)을 안정적 요인으로 귀인시킨 학생은 미래 유사한 과제에도 성공(또는 실패)을 기대할 것, 불안정 요인으로 귀인시킨 학생은 장래 유사한 과제에 성취결과가 달라질 것으로 기대할 것
  ㉡ 노력이 부족했기 때문에 실패했다고 생각하는 학생은 좀 더 노력하면 다음번에는 성공할 수 있을 것이라는 희망을 가질 것

② 학습자의 정서적 반응에 영향
  ㉠ 성공의 원인을 능력으로 귀인시킨 학생은 자부심이나 유능감 경험, 실패의 원인을 노력으로 귀인시킨 학생은 자책감이나 수치심 경험
  ㉡ 성공의 원인을 외부 요인(타인, 운)으로 귀인시킨 학생은 고마움을 느끼지만, 실패의 원인을 외부 요인으로 귀인시킨 학생은 화를 내거나 분노

③ 학습된 무기력(learned helplessness) 유발
  ㉠ 학습된 무기력이란 아무리 노력해도 실패할 수밖에 없다는 신념 때문에 노력을 하지 않는 것 ⓐ 거듭된 실패로 노력해도 결과를 통제할 수 없다는 신념
  ㉡ 학습된 무기력 현상을 나타내는 학생들은 실패를 불충분한 노력이나 부적절한 학습전략과 같이 통제 가능한 요인보다는 능력 부족과 같이 통제 불가능하면서도 안정적인 내부 요인으로 귀인
  ㉢ 이들은 또한 자신의 성공을 행운이나 쉬운 과제와 같이 통제 불가능하거나 불안정적인 외부 요인으로 귀인시키는 경향이 있음

**PLUS**
귀인훈련(귀인변경) 프로그램
바람직하지 못한 귀인성향을 바람직한 귀인성향으로 수정해주는 훈련

### (4) 귀인훈련(귀인변경) 프로그램
귀인을 변화시켜 동기를 높이려는 프로그램
① 노력귀인으로 갈 수 있도록 함 ◉ '실패 → 능력부족 → 무력감 → 성취감소'의 귀인유형을 '실패 → 노력 부족 → 죄책감과 수치심 → 성취증가'의 형태로 바꿈
② 노력귀인이 적절하지 않은 경우 ◉ 전략귀인으로 가도록 함(충분히 노력한 학생에게 '노력이 부족하다'는 말은 오히려 좌절을 줄 수 있음)
③ 포기 유도. 학습자의 기대를 수정하고 새로운 길을 모색할 수 있게 함

### 4. 자기효능감 이론

#### (1) 자기효능감(self-efficacy)
① 개념
  ㉠ 특정한 과제를 성공적으로 수행하기 위한 자신의 능력에 대한 판단
  ㉡ 어떠한 과제를 성공적으로 조직하고 실행하는 자신의 능력을 지각하는 특성
② 효과: 자기효능감이 높을수록 학습활동에 적극적으로 참여하고, 더 많이 노력하며, 지속성이 높고, 효과적인 학습전략을 사용하며, 스트레스와 불안을 잘 통제 ◉ 성취도가 높음

#### (2) 자기효능감 판단의 단서
① 실제 경험: 과제를 직접 수행해 본 결과에 따른 성패 경험에 의해 자기효능감이 달라짐
② 대리 경험: 타인을 통해 자신의 능력에 관한 정보를 습득하는 것 또한 효능감에 대한 자기지각에 영향을 미침
③ 언어적 설득: 부모나 교사 등 중요한 인물이 믿어주고, 격려하고 설득하는 것
④ 생리적 상태: 특정한 과제를 수행하는 동안 일어날 수 있는 생리적 현상 또는 정서적 반응은 효능감 판단의 단서가 될 수 있음
  예 심장 박동수, 땀 등

**PLUS**
교사의 자기효능감
• 개념: 학생들을 잘 가르칠 수 있다는 개인적 신념
• 높은 교사효능감을 가진 교사의 특징: 도전적 과제 개발, 학생의 성공을 위한 도움 제공, 학생의 학습을 촉진할 수 있다는 신념에 따라 열정적으로 가르침

#### (3) 자기효능감 향상을 위한 방안
① 성공적인 과제 수행경험을 하게 함
② 또래모델을 활용하여 학생의 자기효능감을 향상시킴
③ 다양한 형태의 피드백을 통하여 학습자의 자기효능감을 높일 수 있음
④ 교사 자신도 학생의 학습을 도와줄 수 있는 교사 자신의 능력에 대한 판단을 높게 가져야 함 ◉ 교사의 자기효능감

## 5. 기대×가치이론

(1) **이론의 주장**
   ① 특정한 과제를 수행할 때의 동기에 두 가지 변수가 존재한다고 주장
      ㉠ 기대와 가치(Atkinson; Wigfield & Eccles)
   ② 목표에 대한 기대와 가치가 모두 높을 때 동기화됨
   ③ 행동의 경향성은 그 행동을 통해 목표를 달성할 수 있는 확률(기대)과 목표에 대해 부여하는 가치에 따라 좌우됨
   ④ 만일 목표가 매력적이고 그것을 달성할 수 있다고 생각하면 행동이 나타나겠지만, 둘 중 하나가 없다면 목표를 향해 행동할 동기는 사라짐

(2) **기대와 가치**
   ① 기대
      ㉠ 목표를 달성할 수 있는 확률
      ㉡ 적당한 양의 노력을 하면 성공적으로 수행할 수 있다는 믿음
   ② 가치
      ㉠ 활동 또는 활동의 결과에 부여하는 것
      ㉡ 과제를 수행하는 것에서 발생하는 직·간접적인 이익에 대한 믿음, 즉 과제 자체 또는 결과물에서 찾을 수 있는 가치

|  |  | 기대(성공 가능성) | |
|---|---|---|---|
|  |  | 낮음 | 높음 |
| 과제의 가치 | 낮음 | 과제거부 | 노력최소화 |
|  | 높음 | 무능감추기(자기방어) | 과제 수행 |

> **PLUS**
> **영향을 주는 요인**
> • 기대
>   - 과제 난이도
>   - 자기도식
> • 가치
>   - 습득가치(과제의 중요성): 개인적으로 중요하다고 평가되기 때문에 가치 부여
>   - 내재적 가치(흥미): 즐거움이나 기쁨을 주기 때문에 가치 부여
>   - 효용가치: 미래 목표를 달성하기 위한 수단이기 때문에 가치 부여
>   - 비용가치: 특정 활동을 선택함으로써 발생하는 기회상실이나 심리적 부담

## 6. 성취 동기 이론

(1) **성취 동기**
   ① 도전적이고 어려운 과제를 성공적으로 수행하려는 욕구
   ② 머레이(Murray)에 의해 처음 제시되었고, 맥클리랜드(D. McClelland)와 앳킨슨(J. Atkinson)에 의해 체계화

(2) **성공 추구 동기(Ms)와 실패 회피 동기(Maf)(앳킨슨)**
   ① 성공 추구 동기가 높은 학생들은 실패 회피 동기가 높은 학생들에 비해 중간 정도의 난이도 과목에 접근하려는 경향 ⓒ 비현실적으로 어려운 과제에 도전하지 않음
   ② 실패 회피 동기가 높은 학생들은 과목에 대한 실패를 감수하면서도 어려운 과목을 선택하는 경향성이 있음 ⓒ 실패를 과목의 난이도에 귀인시키기 위함

> **PLUS**
> • **성공 추구 동기가 높은 사람의 특징**
>   - 적절한 모험성을 가짐
>   - 높은 자신감과 책임감을 가짐
>   - 과업지향적
> • **실패 회피 동기가 높은 사람의 특징**
>   - 아주 쉽거나 지나치게 어려운 목표 시도
>   - 최선을 다하지 않음

| 구분 | Ms > Maf | Ms < Maf |
|---|---|---|
| 성공 | 동기 감소 | 동기 증가 |
| 실패 | 동기 증가 | 동기 감소 |

(3) **학생의 동기화**
① 높은 성공 추구 동기를 갖는 학생: 도전적인 과제물, 높은 기준, 명백한 피드백, 재도전의 기회 제공
② 높은 실패 회피 동기를 갖는 학생: 성공을 위한 여러 강화, 자유로운 평가, 실패로 인한 당황으로부터의 방어 제공

## 7. 목표지향성(성취목표) 이론

(1) **개념**
① 학생들이 어떤 목표를 설정하느냐에 따라 투입하는 노력이나 시간의 양, 그리고 사용하는 학습전략이 달라짐. 학습자가 과제에 참여하는 이유를 탐구하는 이론 중 하나가 성취목표 이론
② 성취상황에서 학생들이 지닌 목표와 동기를 연결시켜 설명하는 이론

(2) **목표의 유형**
① 숙달목표와 수행목표
  ㉠ 숙달목표: 과제의 숙달 및 향상, 이해 증진 등 학습 과정 자체에 가치 부여. 자신의 유능감을 발전시키는 것을 중요하게 생각. 높은 내재동기
  ㉡ 수행목표: 다른 사람보다 상대적으로 유능하다는 것을 입증하거나 반대로 무능하다는 평가를 피하는 데 주안점을 두는 목표유형. 쉬운 과제를 선호하고 도전적 과제는 회피

■ **숙달목표지향과 수행목표지향의 특징**

| 기준 \ 목표 | 숙달목표지향 | 수행목표지향 |
|---|---|---|
| 성공의 정의 | 향상, 진보 | 높은 점수, 타인보다 잘하는 것 |
| 가치의 설정 | 노력 및 학습 | 규준적으로 높은 능력 |
| 만족에 대한 이유 | 열심히 공부하는 것, 도전 | 다른 학생들보다 잘하는 것 |
| 실수나 오류에 대한 견해 | 학습의 일부 | 실패, 능력 부족의 근거 |
| 관심의 초점 | 학습 과정 | 다른 학생들과의 비교를 통한 수행 |
| 노력에 대한 이유 | 새로운 것을 학습하는 것 | 다른 학생들보다 높은 점수, 수행 |
| 평가 기준 | 절대적, 향상 | 규준적 |
| 능력에 대한 관점 | 노력을 통해 변화한다고 봄 | 타고난, 고정된 것으로 봄 |

> **PLUS**
> **유능성의 정의 방식**
> • **숙달목표**: 유능성을 절대적인 성취수준 또는 과거 성취수준보다 향상된 정도에 비추어 정의
> • **수행목표**: 유능성을 다른 사람들과 상대적으로 비교하여 정의

② 하위유형
  ㉠ 숙달-접근목표: 절대적인 성취수준이나 과거 성취수준에 비추어 유능성을 높이고 과제를 마스터하는 데 주안점을 두는 목표지향성
  ㉡ 숙달-회피목표: 절대적인 과제 성취수준이나 과거 성취수준에 비추어 자신이 무능하다는 부정적 판단을 회피하려는 목표지향성. 실수를 용납하지 않는 완벽주의자
  ㉢ 수행-접근목표: 다른 사람들보다 상대적으로 유능하다는 것을 입증하는 데 주안점을 두는 목표지향성
  ㉣ 수행-회피목표: 다른 사람들보다 상대적으로 무능하다는 부정적 평가를 피하는 데 주안점을 두는 목표지향성(수행회피목표를 가진 학생이 실패를 반복하면 학습된 무기력 상태의 학습자가 됨)
  ㉤ 사회적 목표: 성취와 무관한 목표. 특정한 사회적 결과나 사회적 상호작용을 달성하려는 목표. 학습동기를 증가시킬 수도 있고, 감소시킬 수도 있음
  ㉥ 과제회피목표: 최소한의 노력으로 열심히 공부하지 않고 과제를 대충 수행하는 것이 목표. 과제가 쉽거나 별다른 노력 없이 할 수 있을 때 성공적이라고 느낌

> ■ 드웩(Dweck)의 암묵적 이론
> 능력에 관한 신념을 실체론과 증진론으로 구분
> • 실체론(entity theory): 능력이 고정되어 있다는 신념. 지능이 양적으로 존재하고 일생 동안 매우 안정되어 있으므로 아무리 노력해도 능력을 높일 수 없다고 봄(= 고정 마인드셋)
> • 증진론(incremental theory): 능력이 고정된 것이 아니라 경험과 노력을 통해 바꿀 수 있다는 신념(= 성장 마인드셋)
> ⊙ 목표지향성 이론과 긴밀하게 관련
>   - 실체론을 갖고 있는 학생들은 성취장면에서 수행목표 추구
>   - 증진론을 갖고 있는 학생들은 성취장면에서 숙달목표 추구

## 8. 자기가치 이론

### (1) 자기가치의 개념
① 자기가치란 자신의 가치에 대한 평가를 의미
② 코빙턴은 사람들이 자신을 가치 있는 존재로 인식하려는 욕구를 갖고 있으며 자기가치를 보존하기 위해 최선을 다한다고 가정
③ 자기가치 이론의 핵심동기원은 자기가치를 보존하는 것

### (2) 자기가치 보존을 위한 전략
① 자기장애 전략: 성취를 방해하는 장애물을 의도적으로 만들어 학업실패의 원인을 능력이 아닌 장애물로 귀인하려는 전략(실패원인을 능력으로 귀인하면 자기가치가 손상되기 때문)
  예 시험 전날 의도적으로 공부하지 않거나, 술을 마시는 것

**PLUS**

**자기가치**
사회에서 개인의 자기가치는 성취와 동일시됨. 또 노력보다 개인의 능력에 가치를 두므로 사람들은 자신의 능력이 높다는 지각을 유지하기 위해 최선을 다함

② 방어적 비관주의: 비현실적으로 낮은 표준을 설정하여 자기가치를 보호하려는 전략

> 예 수강한 과목에서 기대 학점을 C학점으로 설정한 학생. 표준이 낮으면 실패확률도 낮아지므로 실패했을 때 경험할 수 있는 자기가치의 손상 방지

(3) 시사점

시험실패의 원인을 노력부족으로 귀인하는 이유를 잘 설명(노력을 했는데도 실패하면 능력이 낮다는 것을 시사하여 자기가치 손상)

### 9. 데시와 라이언 자기결정성 이론

(1) 기본심리욕구이론

> 암기비법
> 자·유·관

① 자율성 욕구
  ㉠ 자신이 원하는 것에 따라 행동하려는 욕구. 스스로 목표를 세우고, 자신에게 중요하고 가치 있는 것을 결정하기를 원하는 것
  ㉡ 충족 방안: 자율성이 지지되는 학습환경 제공
    • 학습과제와 활동을 선택할 수 있는 기회 제공
    • 과외활동에 상당한 자율성 부여

② 유능감 욕구
  ㉠ 능력 있는 사람이기를 원하고 자신의 능력이나 재능을 향상시키기를 원하는 욕구. 환경과 상호작용하면서 자신의 능력을 사용하고 성취하는 경험을 할 때 충족
  ㉡ 충족 방안
    • 도전감을 줄 수 있는 과제 제시. 학생들의 현재 인지적 수준과 약간의 불일치를 조장할 수 있는 도전감 있는 과제 제공
    • 학습자가 성공을 경험할 수 있는 기회를 지속적으로 제공

③ 관계성 욕구
  ㉠ 다른 사람과 정서적 유대와 애착을 형성하고자 하는 욕구. 내재동기를 유지하는 데 중요
  ㉡ 충족 방안
    • 교사와 학생 간의 친밀한 유대관계 형성(학생에 대한 관심, 배려, 존중)
    • 협동학습과 긍정적인 상호작용을 통해 과제해결 기회 제공

> **PLUS**
> 외재동기
> • **외적 조절동기**: 외적 보상을 위해 또는 처벌을 피하기 위해 행동
> • **내사된 조절동기**: 자신이나 타인의 인정을 추구하며 죄책감이나 비난을 피하기 위해 행동
> • **확인된 조절동기**: 개인적 중요성이나 자신이 설정한 목표를 추구하기 위해 행동
> • **통합된 조절동기**: 자신의 가치체계에 통합하여 발현

(2) 동기의 유형(유기적 통합 이론)
① 동기의 변화과정은 무동기에서 외재적 동기를 거쳐 내재적 동기로 발달
② 외재동기는 개인이 지각하는 상대적인 자율성 정도에 따라 달라지므로 스스로의 사고와 행동을 조절하는 자기조절의 정도에 따라 다양한 외재적 동기들이 존재
③ 무동기 → 외적 조절동기 → 내사된 조절동기 → 확인된 조절동기 → 통합된 조절동기 → 내재동기

04. 학습자의 정서적 특성

# 02 정서와 학습

## 1. 불안

### (1) 개념
① 불확실한 결과를 가져오는 상태에 대한 불편한 감정과 염려
② 불안은 위협의 대상이 모호한 것으로 구체적인 위협에 대한 반응인 공포와 구분됨

### (2) 불안의 영향
① 불안(각성)과 성취의 관계
  ㉠ 불안(각성)과 성취는 ∩형 관계
  ㉡ 불안수준이 너무 낮거나 너무 높으면 성취수준이 낮고, 불안수준이 중간 정도일 때 성취수준이 가장 높음
② 과제 곤란도 수준에 따라 불안이 과제 수행에 미치는 효과
  ㉠ 불안이 과제 수행에 미치는 효과는 과제의 곤란도 수준에 따라 다름
  ㉡ 과제의 수행수준은 어려운 과제에서 불안이 낮을 때 높고, 쉬운 과제에서는 불안이 높을 때 높음

> **PLUS**
> - **촉진불안**: 적응적 기능을 하는 불안. 동기를 높이고 과제해결 노력을 증가시켜 성취도를 높임
> - **방해불안**: 부적응적 기능을 하는 불안. 과도한 긴장감과 부정적 사고를 유발하고 자신감을 감소시킴

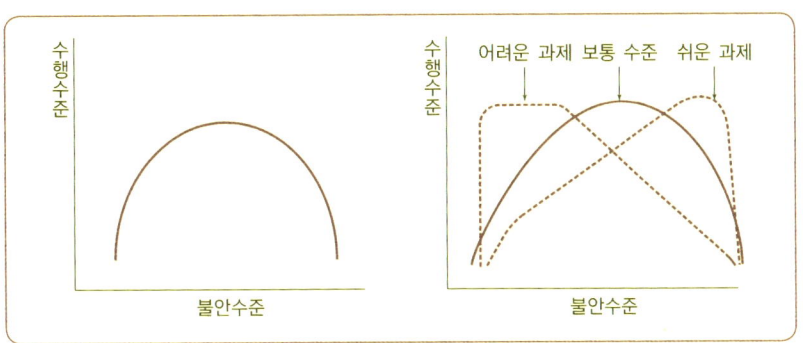

| 불안과 학습의 관계 |

## 2. 자아개념과 자기결단의 욕구

### (1) 자아개념
① 개념
  ㉠ 개인이 자기 자신에 대해 갖는 태도
  ㉡ 인간은 환경과의 상호작용을 통해 자신에 대해 내재화된 상을 갖게 됨
② 학교에서 일관성 있게 성공을 경험하는 경우: 효능감, 유능감, 성취감, 근면감, 만족감 등을 느끼며, 자아의 증진이 이루어져 긍정적 자아개념 형성

> **PLUS**
> 사람들은 자아개념과 일치하는 방식으로 행동
> - **학업적 자아개념이 긍정적인 학생**: 학습에 적극적으로 참여, 효과적인 인지전략을 사용하여 성취도가 높음
> - **학업적 자아개념이 부정적인 학생**: 학습에 무관심하고 효과적인 학습전략을 사용하지 않아 낮은 성취도를 나타냄

③ 실패적인 경험을 계속하는 경우: 무능감, 열등감, 패배감, 좌절감, 불쾌감 등을 느끼며 '학습된 무기력'을 갖게 되며, 이것은 자아의 손상으로 이어져 부정적 자아개념 형성

**(2) 자기결단의 욕구와 통제소재 이론**
① 자기결단: 무엇을 어떻게 할 것인지에 대한 선택의 욕구. 외부보상이나 압력보다 스스로 자신의 행동을 결정하기를 바라는 욕구
② 통제소재: 행동이나 강화를 자신이 통제할 수 있는가에 대한 일반적인 신념이나 기대. 로터(Rotter)는 내적 통제소재와 외적 통재소재로 구분
　㉠ 내적 통제소재: 행동이나 강화를 자신이 통제할 수 있다는 신념. 삶을 통제할 수 있고, 행동이 강화를 받을 것이라고 기대
　㉡ 외적 통제소재: 다른 사람이나 운 또는 상황이 행동이나 강화를 결정한다는 신념. 자신이 통제할 수 없는 운이나 다른 사람이 삶에 결정적인 영향을 미친다고 생각
③ 드샴(DeCharms): 자율적 행위자와 타율적 행위자
　㉠ 자율적 행위자(the origin, 주인): 자기결단, 내적 통제소재
　㉡ 타율적 행위자(the pawn, 꼭두각시): 타인결단, 외적 통제소재

+PLUS
**자이가르닉 효과 (Zeigarnik effect)**
완성되지 못한 일에는 긴장이 계속되고 긴장 상태가 심리적 과정에 계속적으로 에너지를 부여하여 기억에 오래 남는 현상

# Chapter 05 적응·부적응

## 01 갈등

### 1. 개념
둘 혹은 그 이상의 상반된 욕구 중에서 양자택일을 해야 할 때 일어나는 일종의 심리적 불안상태

### 2. 갈등의 유형
① 접근-접근 갈등: 긍정적 유인가를 가진 두 개의 목표가 동시에 존재할 때 생기는 갈등
   - 예 공부도 하고 싶고, 동시에 운동도 하고 싶은 경우
② 회피-회피 갈등: 두 가지 행동목표가 모두 하기 싫은 것인데도 그중 하나를 선택해야 하는 경우
   - 예 학교에도 가기 싫고, 결석 후 선생님께 야단맞는 것도 싫은 경우
③ 접근-회피 갈등: 상충되는 긍정적인 욕구와 부정적인 욕구 간에 나타나는 갈등으로, 긍정적 유의성과 부정적 유의성 간의 갈등
   - 예 시험에는 합격하고 싶으나, 공부는 하기 싫은 경우
④ 이중 접근-회피 갈등: 두 가지 행동목표가 각각 긍정적 및 부정적 유인가를 동시에 지니고 있을 때 일어나는 갈등
   - 예 두 명의 결혼 대상자를 두고 그들이 지닌 장단점을 비교하며 선택을 망설이는 경우

05. 적응·부적응

## 02 방어기제

### 1. 방어기제

**(1) 개념**

원초아의 충동과 이에 대립되는 초자아의 압력으로부터 자아를 보호하기 위한 전략

**(2) 유형**

① 보상: 정신적·신체적 부족이나 열등감을 방어하기 위하여 자신의 다른 장점이나 특기를 내세우는 행동
  - 예 신체적 결함이 있는 아동이 학업 면에서 뛰어나려고 노력한다든지, 용모에 자신이 없는 여성이 복장이나 소지품으로 다른 사람의 눈을 끌려고 하는 것

② 합리화: 자기변명이나 그럴듯한 이유를 들어서 정서적인 불안이나 당면하고 있는 난처한 입장, 결점 등을 은폐함으로써 사회적으로 용인받으려는 행동
  ㉠ 신 포도형: 어떤 행동목표를 달성하려 했으나 실패한 사람이 자기는 처음부터 그것을 원하지 않았다고 변명하는 것
    - 예 끈질긴 구애에도 상대방이 미동도 하지 않자 마침내 포기하고 돌아서서 "나는 처음부터 그 여자(남자)가 마음에 들지 않았어."라고 말하는 경우
  ㉡ 달콤한 레몬형: 자신이 인정하고 싶지 않은 상황을 할 수 없이 받아들여야 할 때 그것이 마치 바라던 일인 것처럼 과대평가함으로써 자기만족을 얻으려는 것
    - 예 남편의 수입이 적어서 불만인 여자가 수입이 많은 남자는 대개 바람이 나고 탈선하니, 차라리 수입이 적지만 착실한 자신의 남편이 낫다고 말하는 경우

③ 동일시: 다른 사람의 특성(가치, 태도, 행동 등)을 무의식적으로 내면화하여 자신의 일부로 통합하는 과정
  - 예 자기 아버지를 자랑함으로써 우쭐대는 경우, 소설 혹은 연극의 주인공처럼 행동하는 경우

④ 투사: 자기의 불만이나 불안을 해소시키는 방법으로, 그 이유를 다른 사람이나 다른 장면과 연결시킴으로써 자기를 방어하려는 기제
  - 예 자기 내부에 증오심이 있는데도 다른 사람이 자기를 증오하고 있다고 생각하는 사람, 다른 사람이 자기를 해치려 한다고 믿는 편집증 환자

⑤ 승화: 성적 충동이나 공격적 충동을 사회적으로 용인되는 바람직한 형태나 방식으로 전환하는 치환의 일종
  - 예 주먹대장이 권투선수로 출세한 경우

**PLUS**

합리화 - 전가형
변명거리를 내세워 자신이 한 행동결과를 정당화하려는 유형
- 예 학교 오는 도중 차가 고장나서 늦었다.

**PLUS**

투사
- 불쾌하고 받아들이거나 감당할 수 없는 충동을 내부에 담아두지 않고 그것이 외부에 있는 것처럼 반응하는 것
- 사회적으로 인정받을 수 없는 자신의 행동과 생각을 외적 요인으로 전가
  - 책임전가: 어떤 일의 원인을 다른 사람(사물) 탓으로 여김
    - 예 시험실패의 원인을 시험문제나 담당 교사에게 전가
  - 감정의 투사: 감정의 주체는 자신인데, 주체를 타인 또는 객체의 형식으로 바꾸는 것

⑥ 반동형성: 수용하기 힘든 심리상태와 정반대되는 행동을 함으로써 회피하는 것. "미운 아이 떡 하나 더 준다."
  예 무의식에서 공격적 충동이 강한 사람이 폭력을 반대하거나 음주욕구가 강한 사람이 금주운동에 참여하는 경우
⑦ 치환(전치): 욕구를 충족시킬 수 있는 대상이 존재하지 않을 때 다른 대상으로 욕구를 충족시키는 과정. "종로에서 뺨 맞고 한강에서 화풀이한다."
  예 아버지의 꾸중을 들은 후 동생에게 화풀이하는 형이나 문을 쾅 소리가 나도록 세게 닫는 학생, 어머니가 없을 때 어머니를 닮은 여성으로부터 욕구를 충족시키려는 남성

> **PLUS**
> **반동형성**
> 내면의 욕구와 상반되는 행동과 태도를 드러냄으로써 자신의 욕구나 동기를 은폐하려는 것

## 2. 도피기제

### (1) 개념

욕구불만에 의해 발생된 정서적 긴장이나 불안감 해소를 위해 비합리적 행동을 하거나 비현실적 세계로 떠나 정서적 안정을 추구하는 현상

### (2) 유형

① 고립: 열등감을 느끼거나 자신이 없는 경우 다른 사람과의 접촉을 피해 자기의 내적 세계로 들어가 현실의 불만족으로부터 피하려고 하는 기제
  예 대학시험에 실패한 학생이 자기 방에서 나오지 않음으로써 남과 마주치는 것을 피하는 경우

② 퇴행: 발달과정에서 경험하는 불안을 해소하기 위해 초기 발달단계로 후퇴하는 현상
  예 초등학교 입학 첫날 극심한 학교공포를 경험한 아이가 오줌을 싸거나 손가락을 빠는 경우

③ 고착: 상위 단계로 이행할 때 경험하는 불안이나 좌절로 인해 정상적인 발달이 일시적 혹은 영구적으로 중단되는 현상

④ 억압: 불안을 유발하는 충동, 사고, 기억이 의식화되지 않도록 무의식적으로 차단하는 과정

⑤ 부인: 특정의 외적 현실(현상이나 사건)에 직면하기가 너무 불쾌하거나 통제 또는 극복이 전혀 불가능하게 될 때 그것을 인정하지 않는 것
  예 심한 질병으로 어쩔 수 없이 죽게 될 아이를 가진 부모가 아이의 질병을 잘 알고 있음에도 전혀 심각하지 않다고 주장하면서, 심각성을 부인하는 경우

⑥ 백일몽: 현실적으로 도저히 충족할 수 없는 욕구나 소원을 상상의 세계를 통해 만족을 얻으려고 하는 행동
  예 대학시험에 실패한 학생이 마치 그 대학에 합격한 것처럼 상상하면서 앞으로의 대학생활을 마음속으로 설계하는 것

# Mind Map

## 01 생활지도와 상담의 기초

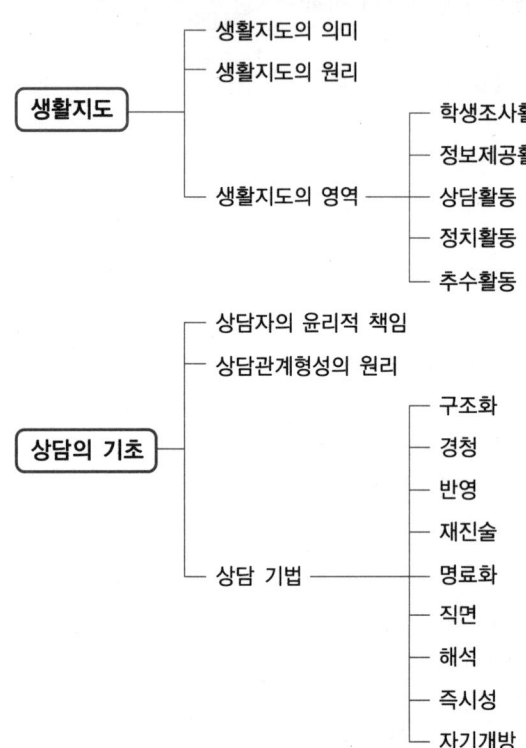

- 생활지도
  - 생활지도의 의미
  - 생활지도의 원리
  - 생활지도의 영역
    - 학생조사활동
    - 정보제공활동
    - 상담활동
    - 정치활동
    - 추수활동
- 상담의 기초
  - 상담자의 윤리적 책임
  - 상담관계형성의 원리
  - 상담 기법
    - 구조화
    - 경청
    - 반영
    - 재진술
    - 명료화
    - 직면
    - 해석
    - 즉시성
    - 자기개방

## 02 상담이론

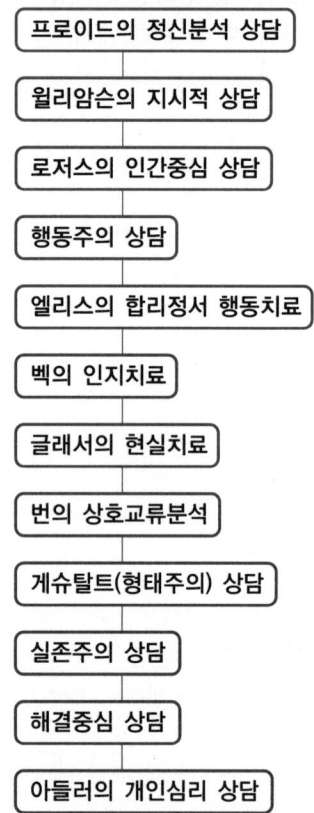

- 프로이드의 정신분석 상담
- 윌리암슨의 지시적 상담
- 로저스의 인간중심 상담
- 행동주의 상담
- 엘리스의 합리정서 행동치료
- 벡의 인지치료
- 글래서의 현실치료
- 번의 상호교류분석
- 게슈탈트(형태주의) 상담
- 실존주의 상담
- 해결중심 상담
- 아들러의 개인심리 상담

## 03 진로상담

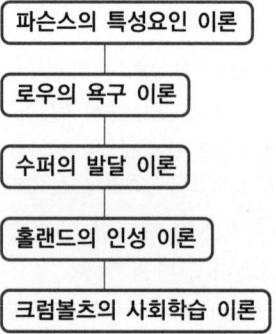

- 파슨스의 특성요인 이론
- 로우의 욕구 이론
- 수퍼의 발달 이론
- 홀랜드의 인성 이론
- 크럼볼츠의 사회학습 이론

# 생활지도 및 상담

chapter 01 생활지도와 상담의 기초
chapter 02 상담이론
chapter 03 진로상담

# Chapter 01 생활지도와 상담의 기초

## 01 생활지도

### 1. 생활지도의 의미
① 학교 교육에서 교과활동 이외의 모든 교육을 지칭
② 학생의 학업, 진로, 문제행동 등과 관련하여 전문적인 도움을 주는 활동뿐만 아니라 예절교육, 청결위생, 생활습관 등과 관련한 전반적인 지도를 하는 비교적 비전문적 활동 모두 포함

### 2. 생활지도의 원리
① 전인적 발달 도모. 지·덕·체의 조화로운 발달을 도모하며, 지적 발달뿐만 아니라 심신의 균형 잡힌 발달을 추구
② 모든 학생이 대상. 학생의 성장과 발달을 조력하기 위한 활동이므로 신체적·정신적으로 건강한 학생도 대상
③ 처벌보다는 지도를 강조. 처벌은 바람직하지 않은 행동을 일시적으로 억압하는 효과가 있지만, 부작용이 수반되므로 바람직하지 않음. 생활지도는 처벌보다 지도에 주안을 두어야 함
④ 치료보다 예방에 중점. 생활지도는 문제가 발생하지 않도록 사전에 예방하는 지도활동
⑤ 상식적 판단이 아닌 과학적이고 객관적인 기초 위에서 이루어져야 함. 상식에 근거한 생활지도는 오류를 범할 소지가 있음
⑥ 학생의 자율성과 책임 강조. 학생 스스로 문제를 해결할 수 있는 능력을 길러 주는 데 주안을 두어야 함
⑦ 학교 교육의 일부로 통합되어야 함. 교과지도와 생활지도는 상호 밀접한 관계를 가지며 중첩적이므로 교과지도와 생활지도의 조화가 요구됨

## 3. 생활지도의 영역

### (1) 학생조사활동
학생을 정확하게 이해하는 데 필요한 각종 자료를 수집하는 활동. 가정환경을 비롯해 학업성적, 지적 능력, 신체적 특성, 성격, 흥미, 적성, 교우관계, 장래 계획 등 생활지도를 하는 데 필요한 각종 정보를 수집

### (2) 정보제공활동
학생, 교사, 학부모 등에게 필요한 정보를 수집해서 제공하는 활동. 정보의 종류는 교육정보, 직업정보, 개인·사회적 정보로 구분
① 교육정보: 입학요건, 교과과정, 과외활동 등에 대한 자료
② 직업정보: 직업의 종류, 직무, 취업요건, 근무조건, 보수, 진급 등에 대한 정보
③ 개인·사회적 정보: 자신과 다른 사람을 이해하는 데 도움을 주는 정보. 이성교제, 여가활동, 금전관리 등

### (3) 상담활동
생활지도의 핵심적인 활동으로, 도움이 필요한 내담자와 전문적인 지식을 가진 상담자 사이의 인간관계를 통해 문제해결능력을 신장시키고 정신건강을 증진시키며 적응을 도와주기 위한 활동

### (4) 정치활동
학생을 능력이나 흥미에 맞게 적재적소에 배치하는 활동. 학생을 능력수준에 따라 배치하는 일. 진급·전학·진학·월반 조력·과외활동 선택 조력, 직업 선택 조력 등

### (5) 추수활동
생활지도를 받은 학생의 추후 적응상태를 지속적으로 관찰하여 효과적으로 적응하도록 도와주는 활동

---

**POINT**

**생활지도의 영역**
- 학생조사활동
- 정보제공활동
- 상담활동
- 정치활동
- 추수활동

01. 생활지도와 상담의 기초

## 02 상담의 기초

### 1. 상담자의 윤리적 책임

① 비밀유지: 상담초기 상담의 구조화 과정에서 상담내용은 본인의 허락 없이는 아무에게도 말하지 않을 것이라는 점을 분명히 함. 단, 미성년자인 청소년들에게 신변의 위험이 생길 수 있는 위험요인이 인지될 경우, 제3자에게 가해지는 명백한 위험요소가 인지될 경우, 법정에서의 요구가 있을 경우 등에는 상담내용의 비밀유지에 대한 예외 적용

② 상담자의 능력: 상담자는 자신이 어느 정도까지 상담을 진행할 수 있는지에 대해 판단해야 하며, 어느 시점에서 다른 전문가에게 의뢰해야 하는지 정확하게 평가하여야 함

### 2. 상담관계형성의 원리

① 공감적 이해: 내담자의 입장에서 그들의 내면세계를 이해하는 것
② 무조건적 존중: 상담자는 내담자의 행동이나 감정·사고를 무조건적으로 존중하며, 내담자를 하나의 전체적인 인간으로 아끼고 사랑할 수 있어야 함
③ 신뢰성: 내담자는 상담자를 신뢰할 때 상담자에게 자신을 의뢰할 수 있음
④ 안전성: 내담자는 상담자와의 관계에서 안전함을 느낄 수 있어야 함

### 3. 상담 기법

① 구조화: 상담자가 상담 시작 단계에서 내담자에게 상담에 필요한 제반 규정과 상담의 한계에 대해 설명하는 것
② 경청: 내담자의 언어적 메시지뿐만 아니라 비언어적 메시지(자세, 태도, 표정 등)까지 관심과 주의를 집중하여 듣는 것
③ 반영: 내담자의 말과 행동에서 표현된 기본적인 감정, 생각 및 태도를 상담자가 다른 참신한 말로 부연해 주는 것. 내담자의 자기이해를 도와줄 뿐만 아니라, 내담자로 하여금 자기가 이해받고 있다는 인식을 주게 됨

> 예) 학생: 담임선생님께서 이번 시험에 성적이 오른 학생들만 모아서 영화를 보러 간대요.
> 교사: 너도 이번 시험에 성적이 올라서 선생님의 인정도 받고 친구들과 어울려 지내고 싶었는데 잘 안 돼서 속상하겠다.

**PLUS**

**학생상담의 한계**
- 책임의 한계: 문제해결에 대한 책임이 학생에게 있음을 명백히 함
- 시간의 한계: 시간에 대한 규정과 한계에 대해 설명. 상담시간의 길이와 빈도, 약속 시간의 변경이 필요한 경우의 조치 등을 포함
- 행동의 한계: 학생이 자신이나 타인을 해치거나 방화 또는 범죄행동이 임박했다고 판단되는 경우, 비밀유지 원칙을 파기할 수 있음을 미리 설명
- 애정의 한계: 교사와 학생의 관계 이외의 관계는 이중관계에 해당. 교사는 역할 갈등이 없도록 상담자 윤리강령에 저촉되지 않는 범위 내에서 행동해야 할 의무가 있음

④ 재진술: 내담자의 진술 중 내용 부분을 상담자가 다른 동일한 의미의 말로 바꾸어 기술하는 기법. 내담자가 말한 내용을 다시 한번 잘 정리하여 전달하되 조금 더 간단명료하게 되풀이해 주는 것. 반영이 내담자의 주관적인 감정의 측면에 강조점을 둔다면, 재진술은 내담자의 인지적 측면 또는 사실적인 측면 강조

> 예 학생: 친구들이 저만 따돌리고 선생님들께서도 저에게 관심이 없어요.
> 교사: 친구들이 너만 따돌리고 선생님들께서도 관심이 없단 말이구나.

⑤ 명료화: 내담자의 모호한 진술 다음에 사용되는 질문형태의 기법. 내담자의 말 속에 내포되어 있는 것을 명확하게 해주는 것

> 예 학생: 선생님, 영희 걔는 정말 재수 없는 아이예요.
> 교사: 재수 없다는 말은 영희가 싫다는 뜻이니?

⑥ 직면: 내담자가 모르고 있거나 인정하기를 거부하는 생각과 느낌에 대해 주목하도록 하는 것. 내담자의 언어적 진술과 비언어적 진술, 또는 언어적 진술들 사이에 불일치하거나 상충되는 부분이 있을 때 상담자가 이러한 모순점을 진술

> 예 학생: 저는 이 세상에서 우리 아빠를 누구보다도 사랑하고 존경해요 (온몸이 경직되면서 두 주먹을 불끈 쥔다).
> 교사: 너는 아빠를 사랑한다고 말 하면서도 아빠에 관한 이야기를 할 때마다 온몸이 긴장되는 것 같구나.

⑦ 해석: 내담자가 진술한 말과 행동보다는 상담자가 학생이 거기에 무엇이 함축되어 있는지를 생각하게 할 때 사용. 보통 명료화, 재진술, 반영, 요약 등에 이어서 사용

> 예 교사: 철수가 등교를 자주 하지 않고 흡연과 과음을 하는 것은 자신을 인정해 주지 않는 주위 어른들에 대한 항의의 표현으로 보이는구나.

⑧ 즉시성(즉시적 반응): 상담자가 내담자와의 관계에서 상담자 자신, 내담자 또는 치료적 관계에 대한 즉각적인 감정을 표면화하여 드러내는 것. 또, 상담자가 내담자의 대인관계 양식을 파악하는 기법. 내담자가 상담자와 관계를 맺는 방식을 통해 일상생활에서의 대인관계를 알 수 있음

⑨ 자기개방: 상담자가 내담자의 문제와 비슷한 유형의 문제를 일부분 개방하여 내담자가 자신만이 겪고 있는 문제가 아님을 알게 하고 문제의 해결책에 대한 모델링을 할 수 있도록 돕는 것

+PLUS

**해석**
내담자의 말과 행동 간의 관계나 의미에 대해 가설을 제공하는 것. 과거와 다른 각도에서 생각, 행동, 내면 세계를 파악해 보도록 하는 기법

# Chapter 02 상담이론

## 01 프로이드의 정신분석 상담

### 1. 주요 주장

① 인간의 마음은 원초아(id), 자아(ego), 초자아(super-ego)로 구성. 이러한 심리적 세력 간의 정신역동에 의해 인간 행동 결정
② 인간의 행동은 어릴 때의 경험에 의해 좌우되며(결정론), 마음의 대부분은 무의식으로 이루어져 있다고 가정. 무의식적 갈등은 심리적인 문제와 신체적인 징후의 주요 원인으로 작용. 정신분석 상담이론의 목적은 무의식을 의식화하는 것

> **POINT**
> - 인간 행동의 많은 부분이 무의식에 존재하는 심리적 요인에 의해 결정
> - 핵심은 무의식에 억압되어 있는 심리적 요인을 의식 수준으로 끌어올려 깨닫게 하는 것

### 2. 상담기법

① 자유연상(free association) : 내담자로 하여금 마음에 떠오르는 생각, 감정, 기억을 있는 그대로 이야기하도록 하는 방법
② 꿈 분석(analysis of dream) : 꿈의 내용보다는 꿈에 상징적으로 나타나 있는 동기상의 갈등에 초점
③ 전이(transference) : 내담자가 과거 중요한 인물에 대해 느꼈던 감정을 상담자에게 표출하는 것
④ 저항(resistance) : 내담자의 무의식이 의식화되는 과정에서 내담자가 보이는 비협조적이고 저항적인 행동
⑤ 해석(interpretation) : 상담자가 꿈, 자유연상, 전이 등의 의미를 내담자에게 지적하고 설명하는 것

### 3. 방어기제

원초아의 충동과 이에 대립되는 초자아의 압력으로부터 자아를 보호하기 위한 전략

## 02 윌리암슨의 지시적 상담

### 1. 주요 내용

① 원래 직업 상담에서 출발
② 상담이란 내담자에게 정확하고 객관적인 정보를 제공하고, 합리적으로 문제를 해결할 수 있도록 가르치는 활동
③ 부적응행동의 근원은 내담자 자신이 미성숙하고 자신의 문제를 해결하는 데 필요한 정보가 없기 때문이라고 봄

### 2. 특징

① 특성요인 이론에 기초
② 상담자의 적극적·주도적 역할을 강조
③ 상담의 결과는 내담자의 문제해결
④ 내담자의 문제해결을 조력하는 데 지적 과정을 중시

### 3. 상담의 진행과정

① 분석: 내담자를 이해하기 위해 내담자의 모든 정보와 자료를 수집하는 단계
② 종합: 수집된 자료, 분석된 자료를 체계적으로 재조직·정리하여 적응·부적응 상태 검토
③ 진단: 정리한 자료를 바탕으로 내담자가 지닌 문제점을 파악하고 그 원인을 추정하여 결론을 내림
④ 예진: 문제해결을 위한 내담자의 성공이나 실패 가능성 예측. 문제의 정도나 조건이 앞으로 어떻게 진전될 것이라고 예측
⑤ 상담: 상담자가 내담자의 최적의 적응을 위해 문제를 해결하도록 도와주는 과정
⑥ 추후지도: 상담결과의 계속적인 평가와 확인의 과정

02. 상담이론

# 03 로저스의 인간중심 상담

## 1. 주요 내용
① 비지시적 상담, 내담자중심 상담
② 내담자의 무의식 세계보다는 의식적 경험이 더 중요
③ 객관적 현실보다는 내담자가 지각하는 주관적 현실 강조

## 2. 상담 목표: 충분히 기능하는 인간(fully functioning person)
① 충분히 기능하는 인간은 잠재력을 인식하고 실현한 사람
② 충분히 기능하는 인간의 주된 특징: ⅰ) 경험에 대한 개방성, ⅱ) 실존적인 삶, ⅲ) 자기 자신의 유기체에 대한 신뢰, ⅳ) 자유감, ⅴ) 창조성 등

## 3. 주요 개념
① 통합된 유기체로서의 인간: 인간은 신체적 기능과 감각, 감정, 사고, 동기 등의 심리적 기능이 하나의 통합적 조직체계로 환경과 상호작용하면서 유기체적 경험을 함
② 실현 경향성: 유기체를 보전·유지하거나 향상시키기 위해서 모든 잠재 능력을 발휘하려는 천부의 성향. 인간은 스스로 자신 내면의 잠재력을 펼치며 성장과 성숙을 향해 나아가려는 실현 경향성을 지님
③ 자기개념: 개인이 자신에 대해 가지고 있는 지속적인 체계적 인식. 자기개념은 세상을 경험해 가는 과정에서 서서히 점차적으로 확립. 자기개념을 형성하는 데 자신을 대하는 다른 사람들의 태도가 중요
④ 자기와 경험의 불일치: 개인이 유기체로서 소망하여 경험하는 것들과 자기존중감을 느끼기 위해 추구하는 것들 간에 불일치가 생길 때 부적응적인 감정이 발생

**POINT**
심리적 문제 발생 원인
→ 자기와 경험의 불일치

## 4. 상담자가 지녀야 할 태도(상담기법)
① 진솔성(진실성): 상담자가 있는 그대로 자신의 모습에 솔직하게 표현하고 열린 자세로 자신을 수용하려는 것
② 무조건적 긍정적 존중: 내담자의 행동이나 감정, 사고에 대해 상담자의 가치관이나 관점을 기준으로 평가하지 않고, 있는 그대로 조건 없이 수용하고 존중하는 것

③ 공감적 이해 : 상담자가 마치 내담자가 된 것처럼 그의 심정을 느끼는 것을 의미하는 것으로, 내담자의 주관적인 경험세계를 정확하고 깊이 있게 이해하는 것

02. 상담이론

## 04 행동주의 상담

### 1. 행동주의 상담

① 행동주의 심리학에 근거하고 있는 상담이론으로, 학습의 원리와 법칙을 상담에 적용하여 행동을 수정하려는 접근
② 행동의 원인보다는 행동 자체를 강조하고, 부적응행동도 정상적인 행동과 같은 원리에 따라 학습되기 때문에 학습 원리를 이용하면 수정 또는 교정될 수 있다고 가정
③ 관찰할 수 있는 행동에만 관심을 두는 행동적 상담은 무의식이나 자기개념 혹은 인지과정과 같이 관찰이 불가능한 가설적인 개념에는 관심을 기울이지 않음

> **PLUS**
> **행동주의 상담의 인간관**
> 인간을 내적 과정에 의해 영향받기보다는 외부의 환경적 사건과 조건의 영향을 받아 행동을 결정하는 존재로 봄

### 2. 상담 목표

적응문제를 해결하기 위해 바람직한 행동을 증가시키거나 바람직하지 못한 행동을 바람직한 행동으로 변화시키는 것

### 3. 상담기법

(1) 부적응행동을 감소시키는 기법
① 소거: 부적응행동이 반복적으로 나타나게 강화하는 요인을 제거하는 것
② 노출법: 내담자가 두려워하는 자극이나 상황에 반복적으로 노출하여 직면하게 함으로써 이러한 자극상황에 대한 불안을 감소시키는 방법
③ 체계적 둔감법: 불안을 일으키는 여러 자극 중 가장 약한 것에서 가장 강한 자극까지 점차 자극력을 감소시켜 나가는 방법
④ 혐오적 조건형성: 내담자의 부적응행동을 제거하기 위해 그 행동이 나타날 때마다 불쾌하고 혐오스러운 경험을 동시에 제시

(2) 적응행동을 증진시키는 방법
① 행동조성: 새로운 행동을 만들어 주는 것. 최종 목표행동을 몇 개의 작은 단위로 나누어 목표로 하는 행동에 근접한 행동을 계획해서 점진적으로 강화
② 모델링: 모델의 적응행동을 관찰하고 모방하게 함으로써 적응행동을 학습하게 하는 방법
③ 토큰경제: 토큰, 스티커 등이 일정 개수 모이면 실제적 강화물로 교환하는 방법을 통해 바람직한 행동을 유도

## 05 엘리스의 합리적·정서 행동치료(REBT)

### 1. 주요 주장

① 어떤 사건을 자신이 이미 가지고 있는 기존의 생각들에 비추어 비합리적으로 해석하기 때문에 그 결과 정서적 문제를 경험하게 됨
② 정서적 건강을 회복하려면 비합리적인 생각을 합리적인 생각으로 변화시켜야 함

> **POINT**
> - **정서적 문제의 원인**: 비합리적 신념
> - **상담 목표**: 비합리적 신념 → 합리적 신념

### 2. 상담 목표

내담자가 가지고 있는 자기 파괴적이고 비합리적인 사고와 신념을 합리적인 사고와 신념으로 바꾸는 것

### 3. 상담의 방법과 진행과정(ABCDE 모형)

- A – antecedents : 내담자가 노출되었던 문제 장면이나 선행사건
- B – beliefs : 문제 장면에 대한 내담자의 신념
- C – consequences : 선행사건 A 때문에 생겼다고 내담자가 보고하는 정서적 또는 행동적 결과
- D – disputes : 비합리적 신념에 대한 상담자의 적극적인 논박
- E – effects : 비합리적 신념을 논박 또는 직면한 결과

① 내담자가 겪는 심리적 문제(C)는 선행사건(A) 때문이 아니라, 그 사건에 대해 내담자가 가지는 신념체계(B) 때문
② 상담 과정에서 상담자는 내담자의 비합리적 신념(irrational Beliefs ; irB)의 부당성을 적극적으로 논박(D)하여 그것을 합리적인 신념(rational Beliefs ; rB)으로 변환함으로써 정서적 건강을 되찾게 하는 효과(E)를 얻음

### 4. 상담기법

#### (1) 인지적 기법

① 비합리적 신념 논박하기 : REBT의 가장 핵심적인 치료기법으로 내담자의 비합리적 신념을 포착하여 논박하는 것
② 유추 : 내담자의 문제행동이 자신의 어떤 특성 때문인지 유추해 보도록 하는 기법

(2) **정서적 기법**
① **합리적 정서 심상법**: 내담자가 문제 상황에서 느낄 수 있는 적절하고 건강한 정서를 찾을 수 있도록 돕는 방법
② **합리적 역할극**: 내담자가 심리적 고통을 겪었거나 그러할 것으로 예상되는 상황을 상담자와 함께 역할연기를 통해 체험해 보고, 역할극이 끝난 후 내담자에게 어떤 생각과 감정이 들었는지 질문
③ **유머**: 내담자의 비합리적 신념을 극단적으로 과장하여 우스꽝스러운 결론에 도달하게 함으로써 그 어리석음을 익살스럽게 깨닫도록 하는 방법
④ **수치심 공격하기**: 주변으로부터 비난받을까 두려워하거나 수줍음 때문에 하지 못했던 행동을 해보게 하여 다른 사람들이 생각한 만큼 크게 반응하지 않는다는 사실을 알게 하는 기법

(3) **행동적 기법**
① **행동적 과제부과**: 행동지향적인 숙제 부과
② **자극통제**: 상담자가 내담자에게 특정 자극을 통제하는 방법을 보여줌으로써 내담자의 역기능적 행동의 가능성을 줄이는 기법

02. 상담이론

# 06 벡의 인지치료

**Keyword**
#자동적 사고
#역기능적 인지도식
#인지적 오류

## 1. 주요 개념

### (1) 자동적 사고
① 어떤 사건에 당면할 때 자신의 의지와는 상관없이 자동적으로 떠오르는 생각
② 심리적 문제는 스트레스 사건을 경험했을 때 자동적으로 떠올리는 부정적인 내용의 생각들로 인해 발생
③ 자동적 사고는 크게 다음과 같은 세 가지 내용으로 구성 ⊃ 인지삼제
  ㉠ 자기에 대한 비관적 생각 <예> '나는 무가치한 사람이다.'
  ㉡ 앞날에 대한 염세주의적 생각 <예> '나의 앞날은 희망이 없다.'
  ㉢ 세상에 대한 부정적 생각 <예> '세상은 살기 매우 힘든 곳이다.'

### (2) 역기능적 인지도식
① 세상을 살아가는 과정에서 삶에 관한 이해의 틀을 형성한 것이 인지도식. 사람마다 인지도식의 내용은 다름. 개인의 인지도식이 부정적인 성질의 것일 경우 ⊃ 역기능적 인지도식
② 역기능적 인지도식을 가지고 있는 사람이 일상생활에서 스트레스 사건을 경험하게 될 때 부정적인 내용의 자동적 사고를 자신도 모르게 떠올리게 되고, 그 결과 심리적 문제 발생

**PLUS**
**역기능적 인지도식**
현실적응에 도움이 되지 않는 내담자의 기본적인 생각의 틀과 내용

### (3) 인지적 오류
① 역기능적 인지도식은 자동적 사고뿐 아니라 인지적 오류를 발생시킴
② 인지적 오류란 현실을 제대로 지각하지 못하거나, 사실이나 그 의미를 왜곡하여 받아들이는 것
③ 인지적 오류의 대표적 종류
  ㉠ 흑백논리: 사건의 의미를 이분법적인 범주의 둘 중 하나로 해석하는 오류
  ㉡ 과잉 일반화: 한두 번의 사건에 근거하여 일반적인 결론을 내리고 무관한 상황에도 그 결론을 적용하는 오류
  ㉢ 선택적 추상화: 상황이나 사건의 주된 내용은 무시하고 특정한 일부 정보에만 주의를 기울여 전체의 의미를 해석하는 오류
  ㉣ 의미 확대 및 의미 축소: 사건의 중요성이나 의미를 지나치게 과장하거나 축소하는 오류
  ㉤ 임의적 추론: 어떤 결론을 내리기에 충분한 근거가 없는데도 최종적인 결론을 성급히 내려버리는 오류

**PLUS**
**인지적 오류**
그릇된 가정이나 잘못된 개념화로 이끄는 생각의 체계적 오류. 정보처리가 부정확하거나 비효과적일 때 나타남

## 2. 상담의 주요 기법

### (1) 문제 축약 기법

문제 증상들을 몇 가지 중요한 것들로 묶어서 다루는 방법

① 여러 증상에 기저하는 공통 요소 찾기
- 예 내담자가 엘리베이터 타기, 터널 지나기, 빨리 걷거나 뛰기, 강한 바람에 공포를 가진 경우 ⊙ 공통 요소는 '희박한 공기로 인한 호흡 곤란'. 개별 증상을 다루기보다는 질식에 대한 공포 해소에 상담의 초점

② 문제 증상들의 발달 연쇄에서 초기에 발생한 문제 증상들에 초점
- 예 주의집중이 안 되어 공부를 할 수 없고, 그로 인해 시험 성적이 낮아지고, 열등감으로 친구관계도 소원해지고, 그 결과 심한 외로움과 우울감을 겪는 내담자 ⊙ 주의집중 문제를 먼저 다루게 되면 결과적으로 발생한 증상들은 별도로 다루지 않아도 상당 부분 해소

### (2) 빈틈 메우기 기법

사람들이 경험하는 스트레스 사건과 그 결과 경험하는 정서적 혼란 사이의 빈틈을 확인하여 채우는 방법
- 예 사람들을 만날 때마다 화가 나는 정서적 경험을 하는 경우, 상담자는 '사람들을 만났을 때 어떤 생각이 스쳐 지나갔습니까?', '그때 머리에 떠오른 생각들은 무엇이죠?' 등의 질문으로 내담자의 자동적 사고를 확인함. '사람들이 나를 무시한다.', '사람들이 나를 차별 대우한다.' 등과 같은 부정적 사고를 확인하고, 그 자동적 사고가 현실적으로 적절한 것인지, 다른 대안적 사고는 없는지 검토

### (3) 칸 기법

빈틈 메우기 기법을 좀 더 확장한 방법으로 빈 종이를 여러 개의 칸으로 나누어서 스트레스 사건, 정서적 경험, 자동적 사고, 대안적인 사고, 정서적 변화 등을 기록하는 방법

02. 상담이론

# 07 글래서의 현실치료

## 1. 주요 주장

① 통제이론에 근거한 상담이론
   - **통제이론**: 인간이 자신과 환경을 통제할 수 있고, 행동은 물론 자기 자신에 대해 책임을 질 수 있는 존재라는 사실 강조
② 인간의 모든 행동은 결국 자기 자신이 선택한 것이므로 선택에 대한 책임도 전적으로 자신에게 있다는 점을 강조

> **PLUS**
> 문제의 원인: 기본적 욕구가 무엇인지 정확하게 인식하지 못하거나 욕구가 제대로 충족되지 않을 때 문제 발생

## 2. 상담 목표

① 내담자가 기본적인 욕구를 제대로 충족시킬 수 있는 방법을 찾도록 도와줌으로써 궁극적으로 자신의 삶을 효과적으로 선택하고 통제할 수 있도록 하는 것
② 내담자가 자신의 삶에서 제대로 선택을 하도록 가르치고 타인에게 피해를 주지 않는 방식으로 기본적인 욕구를 충족시키도록 도와주는 것

## 3. 특징

① 행동, 책임, 현재를 강조
② 3R 강조 ⊙ 바람직한 방법으로 욕구를 충족시키기 위해 3R, 즉 책임감(responsibility), 현실(reality), 옳고 그름(right or wrong)을 강조

## 4. 현실치료의 진행절차: WDEP모델(우볼딩)

① W – Wants(바람): 내담자가 진정으로 원하고 있는 것이 무엇인지 확인
② D – Doing(행동): 내담자가 욕구 충족을 위해 무엇을 하고 있는지 확인
③ E – Evaluation(평가): 현재 행동이 자신이 원하는 것을 충족시키는 데 도움이 되는지 평가
④ P – Planning(계획): 내담자가 자신의 소망과 욕구를 충족시킬 수 있는 새로운 행동을 계획하고 실천하도록 도움

## 5. 주요 개념

(1) **기본욕구**

소속의 욕구, 힘의 욕구, 자유의 욕구, 즐거움의 욕구, 생존의 욕구

(2) **좋은 세계(quality world)**

개인의 욕구와 소망이 충족되는 세계. 글래서는 이를 '우리가 원하는 모든 것으로 이루어진 세계'라고 칭함

(3) **전 행동(total behavior)**

① 인간이 생각하고, 느끼고, 행동하고, 생리적으로 반응하는 모든 것의 총칭
② 인간은 전 행동의 요소 중 행동은 거의 완벽하게 통제할 수 있고, 사고도 얼마간의 통제력이 있으나 감정은 거의 통제하기 어렵고, 생리적 반응은 더욱더 통제력이 없음. 그러므로 행동을 변화시키면 나머지 세 요소는 자동적으로 변화가 유발됨

## 08 번의 상호교류분석

[02. 상담이론]

### 1. 주요 주장

① 상담에서 교류는 사람 사이에 일어나는 사회적 상호교섭(의사소통)의 한 단위. 따라서 교류분석은 의사소통을 이해하고 분석하는 방법을 일컬음
② 교류분석에 따르면 어릴 적 부모에게 부정적인 말을 들으며 자란 아동은 부정적인 메시지를 토대로 부모의 관심과 인정(스트로크)을 받기 위해 잘못된 초기결정을 내리게 됨
③ 그러한 결정은 타인과 진실하지 못한 상호작용방식(게임)을 형성시켜 결국 인생각본(무의식적인 인생계획)으로 자리 잡음
④ 부정적 메시지가 누적되어 형성된 부적응적인 인생각본은 어느 한쪽 혹은 양쪽에 부정적인 영향을 미침

### 2. 인간행동의 동기

#### (1) 생리적 욕구
물, 공기, 음식과 같이 생명을 유지시켜 주는 것과 관련된 욕구

#### (2) 심리적 욕구
① 자극욕구: 타인으로부터 인정자극(stroke)을 받으려는 욕구. 타인에 의한 신체적 접촉과 심리적 인정. 부정적인 인정자극도 전혀 없는 것보다는 나음
② 구조욕구: 자극욕구가 충족되지 않을 때 자극욕구 충족을 위해 자신과 관계된 사회적 상황을 인정욕구의 가능성을 높이는 방향으로 자신의 시간과 생활을 수단화하는 것
  ㉠ 철수: 타인과의 관계 상황에서 물러나서 혼자 시간을 보내는 시간 구조화 방식으로 타인과 격리시키는 시간방식
  ㉡ 의식: 사회적으로 인정되고 예측이 가능한 정형화되고 고정된 방식으로 서로를 대할 수 있는 행동양식. 간단한 아침인사, 의식, 예배와 같은 종교의식 등
  ㉢ 소일담: 사회적으로 수용될 수 있는 방식으로 특별한 목적 없이 다른 사람과 얘기하며 시간을 보내는 것
  ㉣ 활동: 확실한 목표가 있는 사람에게서 나타나며, 외적 현실을 다루는 시간구조화 방식으로 흔히 일(work)을 말함
  ㉤ 게임: 무의식 속에 숨겨져 있는 만성 문제감정에 의해 갚음하기가 동반되는 이중적 대화로, 표면행동과는 달리 숨은 의도가 있는 시간 구조화 방법

ⓑ 친밀성 : 자극의 욕구를 가장 만족스럽게 충족시켜 줄 수 있는 시간 구조화 방법
③ 자세의 욕구 : 자신의 삶을 유지하는 어떤 결정을 확고하게 유지시키고자 하는 욕구. 초기결단으로 인해 가지는 생활자세

### 3. 생활자세 유형

① I'm OK-You're OK(자기긍정-타인긍정) : 건강한 자세
② I'm not OK-You're OK(자기부정-타인긍정) : 우울한 자세
③ I'm OK-You're not OK(자기긍정-타인부정) : 편집적 자세
④ I'm not OK-You're not OK(자기부정-타인부정) : 무력한 자세

### 4. 자아상태(P-A-C)

① 부모 자아(P) : 어린 시절 부모나 어른들의 말과 행동을 통해 학습하고 내면화한 자아상태
② 성인 자아(A) : 감정과 도덕이 배제. 객관적, 합리적, 분석적
③ 어린이 자아(C) : 어린 시절에 느꼈거나 행동한 것과 같은 감정이나 행동을 나타내는 상태

**PLUS**
- 부모 자아
  - 양육적 부모 자아
  - 비판적 부모 자아
- 어린이 자아
  - 자유로운 어린이 자아
  - 순응하는 어린이 자아
  - 어린이 교수 자아

### 5. 의사교류 유형

| | |
|---|---|
| 상보적 의사교류 | • 자극과 반응이 평행을 이루는 의사교류<br>• 한 개인의 자아상태가 상대의 자아상태에 보낸 자극에 따라 원하는 반응을 하는 것 |
| 교차적 의사교류 | • 의사소통의 방향이 평행이 아니고 서로 어긋날 때 이루어지는 교류<br>• 기대했던 상대방의 자아상태에서 반응이 나오지 않고, 다른 자아상태가 반응하기 때문에 의사소통의 방향이 서로 어긋남 |
| 암시적 의사교류 | 겉으로 나타나는 사회적 자아와 실제로 기능하는 심리적 자아가 서로 다른 의사교류 |

### 6. 상담 목표

① 부모의 금지령에 따라 내린 초기결단을 이해하게 하고, 각성시켜 게임에서 벗어나 새로운 결단을 하게 함
② 자기긍정-타인긍정의 생활각본을 갖게 함
③ 자아의 배타가 없이 상황에 따라 부모 자아, 성인 자아, 어린이 자아가 적절히 기능하게 함
④ 시간에 대한 구조욕구를 적절히 달성하게 함
⑤ 암시적 교류에서 벗어나게 함

## 09 게슈탈트 상담(형태주의 상담)

### 1. 주요 개념

(1) **게슈탈트**

자신의 욕구나 감정을 하나의 의미 있는 전체로 조직화하여 지각한 것. 인간은 자신에게 필요한 게슈탈트를 끊임없이 형성하면서 살아감

(2) **전경과 배경**
   ① 건전한 유기체는 매 순간 자신에게 가장 필요한 욕구의 순서대로 자연스럽게 게슈탈트를 형성
   ② 어떤 대상을 지각할 때 관심 있는 부분은 지각의 중심 부분으로 떠오르고, 나머지 부분은 배경으로 물러남. 전경으로 떠올렸던 게슈탈트가 해소되고 나면 이는 배경으로 사라짐. 그리고 다음으로 관심 가는 것을 전경으로 떠올리게 됨

(3) **미해결 과제**

전경과 배경이 자연스럽게 교체되지 못하는 것. 개체가 게슈탈트를 형성하지 못했거나 게슈탈트를 형성했지만 제대로 해소하지 못했을 경우 계속 전경으로 떠오르려 하며 미해결 과제로 남게 됨

(4) **알아차림(자각, 각성, 인식)**

자신이 생각하고, 느끼고, 감지하고, 행동하는 것을 인식하는 것. 게슈탈트 상담은 특정 상황에서 자신에게 일어난 것을 정확하게 자각하면 문제를 해결할 수 있다고 가정

(5) **접촉 및 접촉경계 장애**
   ① 접촉
      ㉠ 전경으로 떠오른 게슈탈트를 해소하기 위해 다양한 방식으로 접촉하는 것(환경과 상호작용하는 행위)
      ㉡ 접촉을 통해 게슈탈트 순환이 계속됨
   ② 접촉경계 장애: 온전하고 진실하게 현재를 경험하는 것을 방해

| 접촉경계 장애 | 내용 |
|---|---|
| 내사 | 타인의 신념, 행동양식, 감정, 평가, 기준을 무비판적으로 수용하는 것 |
| 투사 | 자신의 자아상에 맞지 않아 받아들일 수 없는 생각, 태도, 느낌, 감정, 행동 등을 다른 사람에게 전가하는 것 |
| 반전 | 대인관계에서 자신의 감정을 표현하지 못하고 자신에게 감정을 표현하는 것 |
| 융합 | 자신과 타인, 또는 자신과 환경 사이가 분리되지 않고 경계가 없이 하나가 되는 것 |
| 편향 | 감당하기 힘든 내적 갈등이나 외부자극에 노출될 때 자신의 감각을 둔화시켜 환경과의 접촉을 약화시키는 것 |

## 2. 상담기법

① 빈 의자 기법: 내담자에게 중요한 의미를 갖는 사람이 의자에 앉아 있다고 상상하면서 자신이 하고 싶은 말과 행동을 하게 하는 것
② 꿈 작업: 꿈을 일상 속으로 가져와서 마치 그것이 지금 일어난 것인 양 꿈의 모든 부분을 경험하게 하여 꿈을 재창조하고 재생

**+PLUS**

**빈 의자 기법**
내담자가 가진 문제를 빈 의자에 투사하게 함으로써 감정을 스스로 체험하고 각성할 수 있게 하는 기법

## 10 실존주의 상담

### 1. 주요 주장

① 인간의 본질, 현재 세계의 인간존재, 개인에 대한 인간존재의 의미에 관심
② '실존은 본질에 앞선다' 하여 개인의 개별성과 주관성을 강조
③ 내담자의 심리적 문제는 자신의 실존적 조건을 직면하지 못한 채 회피하거나 무력감을 느끼는 상태와 관련
④ 인간은 죽음, 고독, 자유, 무의미라는 실존적 조건을 용기 있게 직면하고 수용함으로써 진실한 삶을 살 수 있음

### 2. 주요 개념

① 자유와 책임: 인간은 근본적으로 자유롭기 때문에 삶의 방향을 지시하고 운명을 이루어 나가는 데 책임을 져야 함
② 실존적 소외: 인간관계에서 느끼는 소외나 자기 자신의 내적 소외가 아닌 보다 근본적인 소외
③ 무의미: 인간은 던져진 존재이며, 개인에게 미리 예정된 삶은 없음
④ 실존적 불안: 실존적 불안은 정상적 불안이며, 오히려 성장을 자극하는 건설적 불안

### 3. 상담 목표

① 자신의 유일성을 발견하도록 함
② 삶의 의미를 찾도록 함
③ 불안을 긍정적 의미로 활용하도록 함
④ 선택하고 그 선택에 대해 책임을 지도록 함

02. 상담이론

# 11 해결중심 상담(단기상담)

## 1. 주요 내용

① 드 세이져와 김인수에 의해 개발
② 문제보다는 해결을 중시
③ 문제의 원인, 역기능, 병리현상보다는 내담자의 강점과 자원을 탐색하고 구체적인 해결방안을 적극 모색

## 2. 특징

① 목표 지향적, 시간 제한적, 해결 중심적. 실천 토대
② 내담자는 변화를 유발할 수 있는 타고난 잠재력과 힘이 있으며, 중요한 변화가 신속하게 일어날 수 있다고 믿음
③ 학생과 교사의 제한된 시간 때문에 학교상담에서 유용한 도구로 활용됨. 학교에서 학생상담 시간은 확보하기도 어려울 뿐만 아니라 교사가 지도해야 할 학생 수가 많기 때문
④ 인격의 변화보다는 구체적인 문제나 증상에 초점. 상담을 시작하면서 예상되는 회기 수를 정하고, 제한된 기간 내에 상담목표를 달성하고자 상담전략을 계획
⑤ 내담자의 문제점이나 약점을 분석하여 들추어내기보다는 강점이나 자원을 찾아내어 스스로 문제해결에 주도적이고 적극성을 띠는 것에 역점

## 3. 질문법

① 상담 전 변화에 대한 질문: 내담자에게 상담에 오기 전까지 문제의 심각한 상태가 어떻게 나아졌는지를 질문. 내담자의 답변에 따라 어떤 방식이든 무의식적이라도 시도한 방법에 관해 인정하고 칭찬
② 기적질문: 내담자에게 마치 기적이 일어난 것처럼 문제가 해결된 상황을 가상적으로 상상해 보라고 권함
③ 예외질문법: 모든 문제 상황이 24시간 동안 진행되는 것은 아니므로 문제가 일어나지 않은 상황에 초점을 돌리게 함. 예외상황을 발견하여 강화, 유지, 확대에 초점
④ 척도질문법: 자신의 문제 상태, 심각성, 치료목표, 성취 정도, 변화 동기를 구체적인 숫자로 표현하도록 함

⑤ **대처 및 극복 질문법**: 내담자가 생존하기 위해서 나름대로 최선의 방책을 했다는 것을 알게 해주는 질문법. 문제로 인해 오랫동안 절망하거나 좌절한 상태의 내담자들에게 더 효과적
⑥ **관계성 질문**: 내담자와 중요한 관계에 있는 사람들이 갖고 있는 생각, 의견 등에 대한 질문. 주변인들이 어떻게 서로 반응하는지 상호작용과 관계성을 알 수 있음

02. 상담이론

# 12 아들러의 개인심리 상담

## 1. 인간관
① 인간은 사회적인 관계 속에서 자신이 선택한 목표와 가치를 추구하는 존재
② 인간은 하나의 통합된 존재로서 자신의 목표를 향해 통일성 있게 살아간 다는 분리불가능성(indivisibility)을 강조. 자신의 이론을 '개인심리학'이라고 명명
③ 인간은 미래의 목표를 향해 나아가는 목표지향적인 존재

## 2. 주요 개념

### (1) 허구적 최종목적론
① 인간은 누구나 자신의 인생에서 실현하고자 하는 궁극적인 목적을 지니는데 이것이 '허구적 최종목적'
② 인간은 누구나 허구적인 이상을 추구하며 살아가는데, 이러한 허구적 이상은 현실세계와 동떨어진 관념에 불과하지만, 개인의 삶을 이끌어가는 데 큰 영향력을 미침

### (2) 열등감
① 사회적 존재로서 인간이 다른 사람과 자신을 비교하여 자신이 부족하다고 느끼는 것
② 자기완성을 위한 필수요인으로, 극복되어야 함
③ 열등감은 하나의 동기가 되어 불완전한 자신을 극복하고 자기완성을 이루고자 노력하게 함

### (3) 우월성 추구
① 자신의 발전을 위한 근간이 열등감이지만 열등감 해소와 동기화의 궁극적 원인이 되는 것은 우월성 추구
② 자신의 가능성을 더 많이 실현하고 완성하고자 하는 자기완성과 자아실현을 의미

(4) 생활양식
① 개인의 기본적인 삶의 지향 또는 성격. 상담 과정에서 내담자의 생활양식을 이해하는 것은 내담자의 삶의 목표와 동기를 이해하는 데 아주 중요한 요소가 됨
② 사회적 관심과 활동수준이라는 2가지 기준에 의한 생활양식의 유형

| 구분 | 내용 |
| --- | --- |
| 지배형 | • 지배하고 통제하는 독재형 양육에 의해 형성. 독단적이고 공격적<br>• 사회적 관심↓, 활동 수준↑ |
| 기생형 | • 부모가 과잉보호하여 독립심을 키워주지 못했을 때 나타남. 의존적<br>• 사회적 관심↓, 활동 수준↓ |
| 회피형 | • 부모가 기를 꺾는 양육법을 사용했을 때 나타남<br>• 자신감이 없으며, 매사 소극적, 부정적, 적극적인 직면 피함<br>• 사회적 관심↓, 활동 수준↓ |
| 사회적 유용형 | • 자신과 타인의 욕구를 동시에 충족. 성숙, 긍정적, 심리적으로 건강<br>• 사회적 관심↑, 활동 수준↑ |

**PLUS**
• 사회적 관심 : 인간에게 이타적이고 사회발전에 협동적인 면
• 활동수준 : 개인이 나타내는 에너지의 양

(5) 사회적 관심
개인의 내면적 인식체계를 사회적인 환경적 요구에 맞추어 조화를 이루도록 조절하는 심리적 태도. 사회에 참여하여 타인에 기여하는 이타적인 면

(6) 출생순서와 가족구조
아들러는 개인의 생활양식과 성격발달에 기여하는 요인으로 가족구조와 출생순위를 매우 중요하게 여김

## 3. 상담기법

① 즉시성 : 현재 지금 이 순간에 무엇이 일어나고 있는지를 내담자가 스스로 깨닫도록 하는 방법
② 격려 : 내담자에게 용기를 북돋워 주는 과정이며 '있는 그대로의 존재' 자체를 인정해 주는 것
③ 마치 ~인 것처럼 행동하기 : 내담자가 현재 겪고 있는 문제 중에 스스로 할 수 없다고 생각하는 것을 실제로 성취할 수 있는 것처럼 행동해 보도록 유도하는 방법
④ 악동피하기(수렁피하기) : 내담자가 자신의 자기패배적인 행동을 유지하기 위해 상담자를 조작하려 할 때 이러한 악동을 피하고, 성장을 촉진하는 행동을 격려하는 것

⑤ **자기모습 파악하기**: 내담자가 목표로 하는 행동으로 변화하기 위해 현재 자신의 모습을 있는 그대로 파악할 수 있게 하는 것
⑥ **단추 누르기**: 내담자에게 어떤 상황에서 느끼는 다양한 감정들을 느끼게 한 후, 내담자 자신이 적응적인 방식으로 행동할 수 있는 적절한 감정을 스스로 선택할 수 있음을 깨닫게 하는 것. 스스로 감정(단추)을 선택할 수 있음을 깨닫게 함
⑦ **수프에 침 뱉기**: 내담자가 반복적으로 자기패배적인 행동이나 감정을 표현할 때 그 속에 내재되어 있는 동기를 밝혀냄으로써 내담자가 얻으려고 했던 효과를 얻지 못하도록 하는 것
⑧ **역설적 의도**: 상담 장면에서 내담자가 보이는 저항에 동조하는 것. 내담자의 저항에 반대하여 극복하려고 하지 않고 내담자가 드러내는 저항에 동조함으로써 내담자의 행동을 덜 매력적으로 만들어 버리는 기법

---

**PLUS**

**단추 누르기**
유쾌한 경험과 불쾌한 경험을 번갈아 생각하게 해서 각 경험과 관련된 감정에 관심을 갖게 하고, 스스로 원하는 감정을 선택하여 만들어낼 수 있음을 알게 하는 기법

**PLUS**

**수프에 침 뱉기**
내담자가 유익하지 못한 목적과 대가를 위해 하는 행동에 대해 그 행동이 손해 보는 행동임을 분명하게 보여 주어 그 행동을 반복하지 않게 하는 데 목적이 있음

# Chapter 03 진로상담

## 01 파슨스의 특성요인 이론

### 1. 주요 주장
① 사람마다 특정 직업 또는 몇 가지 직업에 알맞은 특성과 요인을 지니고 있음
② 교육적이고 지시적이어서 상담자는 내담자의 특성, 즉 능력과 흥미를 각종 검사를 통해서 평가하고, 이에 적합한 진로 선택을 하게 하는 명료하고 합리적인 과정을 사용
③ 상담을 통해 보다 효과적이고 효율적으로 직업을 선택할 수 있음

### 2. 진로지도의 과정
① 개인의 특성을 이해하기 위해 각종 심리검사 실시·해석
② 적합한 직업을 선택하기 위해 다양하고 광범위한 직업정보를 수집
③ 적절한 직업을 선택할 수 있도록 직업상담

> **POINT**
> - 개인에 대한 이해
> - 직업세계에 대한 이해
> - 합리적인 선택

03. 진로상담

## 02 로우의 욕구 이론

Keyword
#부모의 양육방식

### 1. 주요 주장

① 부모의 양육방식이 자녀의 직업 선택에 영향을 미침
② 친근한 부모-자녀의 관계에서 성장한 사람은 어렸을 때부터 어떠한 필요나 욕구가 있을 때 사람들과의 접촉을 통해 만족시키는 욕구충족 방식을 배우게 됨
  ◎ 인간 지향적인 직업(서비스직, 비지니스직, 단체직, 문화직, 예술직) 선택
③ 냉담한 부모-자녀 관계에서 성장한 사람은 부모의 배려나 관심을 받지 못하고 자라, 자신에게 문제가 생겼을 때 부모나 주위의 도움을 요청하지 않고 사람들과의 접촉이 개재되지 않는 다른 수단을 통해 해결하는 방법 터득
  ◎ 비인간 지향적인 직업(기술직, 옥외 활동직, 과학직) 선택

### 2. 부모의 양육방식에 따른 자녀의 직업 선택

| 부모의 양육방식 유형 | | 자녀의 직업 선택 | |
| --- | --- | --- | --- |
| 정서 집중형 | 과보호형 | 서비스, 예술, 연예활동 관련 직업 | 인간 지향적 |
| | 과요구형 | 일반 문화, 즉 법조인, 교사, 학자, 도서관 사서나 예술과 연예 관련 직업 | |
| 수용형 | 애정형 | 서비스나 비즈니스와 관련된 직업(세일즈맨) | 비인간 지향적 |
| | 무관심형 | 기술직(엔지니어, 항공사, 응용 과학자)이나 단체에 속하는 직업(은행원, 회계사, 점원) | |
| 회피형 | 무시형 | 과학과 옥외에서 활동하는 직업 | |
| | 거부형 | 과학 관련 직업 | |

03. 진로상담

# 03 수퍼의 발달 이론

## 1. 주요 주장

① 수퍼는 진로발달은 인간의 총체적 발달의 일부라는 점을 강조하는 발달 이론을 발표
② 진로발달을 인간의 발달과정과 마찬가지로 인생의 초기에 시작되어 일정한 단계를 거치면서 인생의 말기까지 연속적으로 이어지는 지속적인 과정으로 설명
③ 일련의 발달단계는 인생의 큰 주기(maxicycle)로 이루어짐

## 2. 자아개념

① 수퍼 이론의 기저를 이루고 있는 것. 인간은 자아 이미지와 일치하는 직업을 선택
② 자아개념은 직업발달에 매우 중요. 직업의 선택은 자기의 표현이라고 볼 수 있음
③ 진로발달 과정은 근본적으로 자아개념을 발달시키고 실천하는 과정

**PLUS**

**진로 자아개념**
- 진로발달이란 진로에 관한 자아개념의 발달
- 아동기부터 일의 세계에 관한 여러 경험을 하면서 일과 관련된 자아개념을 형성하게 됨

## 3. 진로발달 과정

■ 수퍼의 진로발달 과정에 따른 특징

| 단계 | | 연령 | 특징 |
|---|---|---|---|
| 1 | 성장기 | 출생~14세 | • 가정이나 학교에서 주요 인물과 동일시하며 자아개념 발달<br>• 초기에는 욕구와 환상이 지배적이며 사회참여와 현실검증이 증가함에 따라 흥미와 능력을 중요시하게 됨 |
| 2 | 탐색기 | 15~24세 | • 학교, 여가활동, 시간제 일 등을 통해서 시행착오를 겪음<br>• 자기검증, 역할수행, 직업적 탐색을 함(진로에 대한 구체적 탐색) |
| 3 | 확립기 | 25~44세 | 자신에게 적합한 직업분야를 발견하고 그 분야에서 안정적인 위치를 확보하려고 노력 |
| 4 | 유지기 | 45~64세 | 직업세계에서 확고한 위치가 확립되어 이를 유지하기 위해 노력 |
| 5 | 쇠퇴기 | 65세 이상 | • 신체적·정신적 힘이 쇠퇴함에 따라 직업활동에 변화가 오고 급기야 중단<br>• 새로운 역할 개발<br>• 처음에는 선별적으로 참여하다가 결국 관망하는 정도의 역할을 담당 |

03. 진로상담
## 04 홀랜드의 인성 이론

**Keyword**
#성격 #RIASEC

### 1. 주요 내용
① 진로발달에서 성격적인 측면 강조. 직업의 선택을 각 개인의 성격 표현으로 보고, 성격유형과 진로 선택의 관계를 강조
② 대부분의 사람들은 여섯 가지 유형, 즉 실재적, 탐구적, 예술적, 사회적, 설득적, 관습적 유형의 하나로 분류될 수 있음(RIASEC)

### 2. 직업적 성격유형에 따른 특성
① 실재형(realistic type ; R): 솔직하고 성실하며 검소하고 단순함. 지구력이 있으며 신체적 기술을 잘 활용 ⓞ 기술자, 정비사, 엔지니어, 운동선수
② 탐구형(investigative type ; I): 탐구심이 많고, 논리적·분석적·합리적이며, 정확하고 지적 호기심이 많음 ⓞ 과학자, 의료기술자
③ 예술형(artistic type ; A): 상상력이 풍부하고 감수성이 강하며 자유분방. 개방적이고 감정이 풍부하고. 독창적이며 개성이 강함 ⓞ 음악가, 작가, 배우, 디자이너, 미술가
④ 사회형(social type ; S): 사람들과 어울리기를 좋아하고, 친절하고 이해심이 많으며, 남을 잘 도와주고, 봉사적이고 감정적이며 이상주의적 ⓞ 교육자, 사회복지사, 상담사
⑤ 설득형(enterprising type ; E): 지배적이고, 통솔력이나 지도력이 있음. 말을 잘하고 설득력이 있고 경쟁적이고 야심적. 외향적·낙관적·열정적 ⓞ 기업경영인, 영업사원
⑥ 관습형(conventional type ; C): 정확하고 빈틈없고 신중하고 세밀하며 계획성이 있음. 새로운 것이나 변화를 좋아하지 않으며 완고하고 책임감이 강함 ⓞ 회계사, 세무사

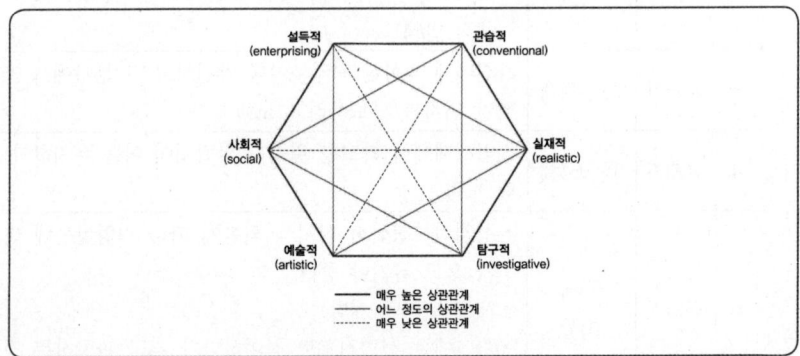

| 직업적 성격의 관계모형 |

03. 진로상담

## 05 크럼볼츠의 사회학습 이론

### 1. 주요 주장

① 개인의 성격과 행동은 독특한 학습경험에 의해 가장 잘 설명할 수 있다고 가정
② 진로의사결정에 영향을 미치는 요인들의 상호작용을 밝히고 있음
　㉠ 상호작용의 결과 '자기관찰 일반화, 세계관 일반화, 과제접근기술, 행위의 산출'로 분류

### 2. 진로에 영향을 주는 요인

(1) **유전적 요인과 타고난 능력**

타고난 유전적 재능, 인종, 성별, 신체적 모습과 특징, 지능, 예술적 재능, 근육의 기능 등이 포함

(2) **환경적 상황과 여러 가지 일들**

① 개인이 속해 있는 사회의 다양한 여건들
② 일의 기회, 사회정책, 직업에 제공되는 보상, 노동법, 물리적 여건, 자연환경, 기술의 발전, 사회조직의 변화, 가족자원, 교육체제, 공동체 및 지역사회 영향 등 12가지 환경조건의 범주 제시

(3) **학습경험**

① 어떤 경험을 했는가에 따라 A라는 직업에 호감을 가질 수도 있고, 그렇지 않을 수도 있음
② 학습경험은 크게 '도구적 학습경험'과 '연합적 학습경험', 두 가지 유형으로 구분
　㉠ 도구적 학습경험(조작적 조건화): 행동의 결과로 긍정적인 것을 경험했는가 부정적인 것을 경험했는가에 따라 어떤 일에 대한 호감 여부가 달라질 수 있음
　　예 수업시간에 발표를 했는데(행동) 선생님으로부터 말을 조리 있게 잘한다는 칭찬을 들음(긍정적 결과) ⇒ 아나운서와 같은 직업에 관심을 갖게 됨
　㉡ 연합적 학습경험(고전적 조건화): 이전에는 중립적이던 자극이 정서적으로 긍정적 또는 부정적 자극과 함께 짝지어 경험되면서 부정적 또는 긍정적인 자극의 성격을 띠게 되는 것
　　• 고전적 조건화
　　　예 자동차는 그 자체로는 중립 자극이지만 자동차 사고를 경험한 사람은 자동차에 대해 부정적인 느낌을 갖게 되고, 자동차와 관련된 직업에 대해서도 싫어하는 태도를 보일 수 있음

- 관찰
  예 교사나 버스기사 등의 직업 수행 관찰 ▶ 긍정적 관찰경험: 직업에 대해 호감, 부정적 관찰경험: 싫어하는 경향

(4) **과제접근기술(당면한 여러 가지 문제들을 다루는 기술)**
개인이 어떤 당면한 문제를 성취하기 위해 동원하는 기술. 문제해결 기술, 작업 습관, 정신적 상태, 정서적 반응, 인지적 반응과 같은 개인이 개발한 기술

# Mind Map

## 01 교육행정의 개념과 기초

- 교육행정의 정의
  - 국가통치권론
  - 조건정비론
  - 행정과정론(행정관리론)
  - 협동행위론
  - 교육지도성론
- 교육행정의 원리

## 02 교육행정 이론

- 과학적 관리론
- 행정관리론(행정과정론)
- 관료제론
- 인간관계론 ─ 호손실험
- 행동과학론 ─ 버나드와 사이몬의 행정이론
- 체제론
  - 개방체제
  - 사회과정 이론 (사회체제 이론)
    - 역할과 인성의 상호작용 모형
    - 겟젤스와 구바의 사회과정 모형
    - 겟젤스와 셀렌의 수정모형
    - 카우프만의 체제접근모형

## 03 동기이론

- 내용이론
  - 매슬로의 욕구위계 이론
    - 자아실현의 욕구
    - 존경의 욕구
    - 사회적 욕구
    - 안전의 욕구
    - 생리적 욕구
  - 허즈버그의 동기-위생이론
    - 동기요인과 위생요인
    - 직무재설계
      - 직무풍요화
      - 경력단계 프로그램
  - 앨더퍼의 ERG이론
    - 생존욕구
    - 관계욕구
    - 성장욕구
- 과정이론
  - 브룸의 기대이론
    - 유인가
    - 성과기대
    - 보상기대
  - 포터와 로울러의 성과-만족이론
  - 아담스의 공정성 이론
    - 투입 조정
    - 성과 조정
    - 투입과 성과에 대한 인지적 왜곡
    - 비교 대상의 투입과 성과의 변경
    - 비교 대상의 변경
    - 조직 이탈(퇴직)
  - 로크의 목표설정이론
    - 목표의 내용·강도가 동기유발 요인
    - 효과적인 목표의 특장(Steers)

## 04 지도성 이론

- 특성론과 행위론
  - 특성론
  - 행위론
    - 아이오 대학의 연구
    - 오하이오 주립대학의 연구
    - 미시간 대학의 연구
    - 블레이크와 머튼의 관리망이론
- 상황적 리더십론
  - 피들러의 상황이론
  - 하우스의 행로-목표이론
  - 레딘의 삼차원 리더십 모형
  - 허시와 블랜차드의 상황적 리더십 유형
- 현대의 지도성 이론
  - 리더십 대용 상황모형
  - 변혁적 리더십
  - 카리스마적 리더십
  - 슈퍼 리더십
  - 분산적 리더십
  - 문화적 리더십
  - 도덕적 리더십
  - 감성 리더십
  - 기타 리더십

## 05 조직론

- 조직의 특성과 유형
  - 조직의 특성
  - 조직의 구조
    - 공식 조직과 비공식 조직
    - 계선 조직과 참모 조직
  - 조직의 유형
    - 파슨스의 사회적 기능 유형
    - 블라우와 스콧의 1차적 수혜자 유형
    - 칼슨의 봉사조직 유형
    - 에치오니의 순응 유형
    - 카츠와 칸의 본질적 기능 유형
- 조직 풍토론
  - 할핀과 크로프트의 학교풍토론
  - 개정된 초등학교용 OCDQ
  - 리커트의 관리체제이론
  - 마일즈의 조직건강론
- 조직 문화론
  - 맥그리거의 X-Y이론
  - 아지리스의 미성숙-성숙이론
  - 오우치의 Z이론
  - 세티아와 글리노우의 문화유형론
  - 스타인호프와 오웬스의 학교문화 유형론
- 학교조직의 특성
  - 전문적 관료제
  - 조직화된 무질서 조직
  - 이완조직
  - 이중조직
  - 홀의 관료적 구조론
  - 학습조직
- 조직과 갈등 ─ 토마스의 갈등처리방안(갈등해결 전략)
- 의사소통
  - 조해리의 창
  - 의사소통의 원칙

## 06 장학행정

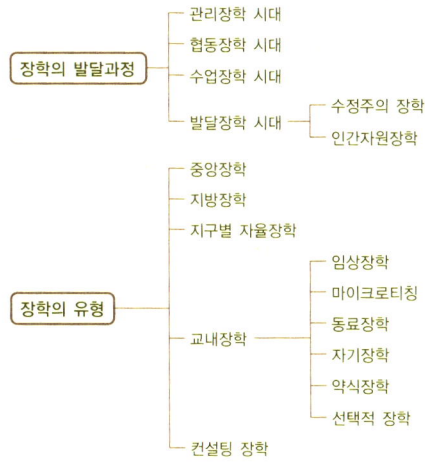

- 장학의 발달과정
  - 관리장학 시대
  - 협동장학 시대
  - 수업장학 시대
  - 발달장학 시대
    - 수정주의 장학
    - 인간자원장학
- 장학의 유형
  - 중앙장학
  - 지방장학
  - 지구별 자율장학
  - 교내장학
    - 임상장학
    - 마이크로티칭
    - 동료장학
    - 자기장학
    - 약식장학
    - 선택적 장학
  - 컨설팅 장학

## 07 교육기획과 정책

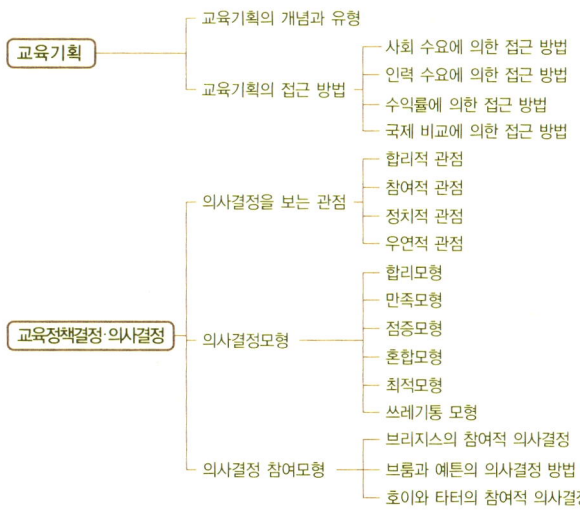

- 교육기획
  - 교육기획의 개념과 유형
  - 교육기획의 접근 방법
    - 사회 수요에 의한 접근 방법
    - 인력 수요에 의한 접근 방법
    - 수익률에 의한 접근 방법
    - 국제 비교에 의한 접근 방법
- 교육정책결정·의사결정
  - 의사결정을 보는 관점
    - 합리적 관점
    - 참여적 관점
    - 정치적 관점
    - 우연적 관점
  - 의사결정모형
    - 합리모형
    - 만족모형
    - 점증모형
    - 혼합모형
    - 최적모형
    - 쓰레기통 모형
  - 의사결정 참여모형
    - 브리지스의 참여적 의사결정
    - 브룸과 예튼의 의사결정 방법
    - 호이와 타터의 참여적 의사결정

## 08 학교 경영의 개념과 기법

- 학교 경영의 최근 동향
  - 단위학교 책임경영제
  - 학교운영위원회
  - 총체적 질 경영
  - 학교회계제도
- 학교 경영 기법
  - 목표관리기법
  - 정보관리체제
  - 과업평가계획기법
  - 조직개발기법(OD)
- 예산 편성 기법
  - 품목별 예산제도
  - 성과주의 예산제도
  - 기획예산제도
  - 영기준 예산제도

# PART 04

# 교육행정

chapter 01 교육행정의 개념과 기초
chapter 02 교육행정 이론
chapter 03 동기이론
chapter 04 지도성 이론
chapter 05 조직론
chapter 06 장학행정
chapter 07 교육기획과 정책
chapter 08 학교 경영의 개념과 기법

# Chapter 01 교육행정의 개념과 기초

## 01 교육행정의 정의

### 1. 국가통치권론(국가공권설) : 교육에 관한 행정

① 교육행정을 총체적인 국가행정의 관점에서 파악. 교육행정은 국가행정 작용 중 '교육에 관한 행정'이라고 보는 입장
② 교육행정은 일반행정의 한 영역으로 간주되므로 중앙집권적인 형태. 행정이 교육보다 우위를 차지
③ 교육행정의 특수성과 전문성을 무시하고 행정의 관료성과 획일성을 강조. 교육의 정치적 중립성과 자주성을 간과하고 있다는 문제점이 있음

### 2. 조건정비론 : 교육을 위한 행정

① 교육행정은 교육목표를 효율적으로 달성하기 위해 필요한 인적·물적 제 조건을 정비·확립하는 수단적·봉사적 활동
② 민주적 교육행정을 설명하는 데 가장 많이 이용되는 정의
③ 교육행정을 목적이 아닌 수단으로 보는 입장으로, 행정은 교육을 위해 존재
④ '교육을 위한 행정'의 관점은 교육활동의 특수성과 전문성을 강조하며 교육행정은 일반행정과 구별됨

### 3. 행정과정론

① 행정과정은 계획 수립에서 실천, 평가에 이르는 행정의 전체 경로를 가리킴과 동시에 이 경로 속에서 이루어지는 행정 작용의 제 구성요소를 의미
② 행정의 일반적 기능이 무엇이며, 행정은 어떠한 순환적 경로를 밟아 이루어지고 있는가에 초점을 두고 교육행정을 정의하는 관점

### 4. 협동행위론

① 행정 활동을 합리성을 토대로 한 집단적 협동행위로 보는 견해. 행정 작용을 주로 행정행위, 그중에서도 의사결정과정에 초점을 두고 정의하는 방식
② 행정의 본질은 조직 속에서 각자 맡은 역할을 책임 있게 수행하면서 전체적인 목적달성을 위하여 협동하도록 하는 것

---

**PLUS 국가통치권론**
- 행정>교육. 교육행정을 여러 행정 영역 가운데 하나로 보는 관점
- 교육행정의 공권적 해석, 법규적 해석
- '위에서 아래로'의 전통적인 권위주의 행정

**PLUS 조건정비론**
- 행정<교육. 교육활동을 위한 행정
- '아래에서 위로'의 민주적인 교육행정

**POINT 협동행위론**
교육행정은 교육목적의 능률적, 효과적 달성을 위한 여러 사람의 협동행위

## 5. 교육지도성론

① 교육행정은 교육목적을 효과적으로 달성하기 위해 교육지도성을 발휘하는 활동이라고 정의하는 방식
② 교육지도성이란 교육과 관련된 활동을 하는 과정에서 교육의 목적을 효과적으로 달성하기 위해 발휘되는 지도성을 의미

01. 교육행정의 개념과 기초

## 02 교육행정의 원리

### 1. 민주성의 원리

국민의 의사를 교육행정에 반영하고 국민을 위한 교육행정을 해야 한다는 것

### 2. 효율성의 원리

투입되는 시간, 노력, 인적 및 물적 자원이 투입된 양에 비해 많은 성과를 거둘 수 있도록 교육행정을 해야 한다는 것

### 3. 합법성의 원리

교육행정의 모든 활동이 합법적으로 제정된 법령, 규칙, 조례 등에 따르는 법률적합성을 가져야 한다는 것

### 4. 기회균등의 원리

국민들이 교육을 받을 수 있는 기회가 균등하게 제공될 수 있도록 교육행정을 시행해야 한다는 것

### 5. 지방분권의 원리

교육행정의 권한이 중앙 정부에 집중되지 않고, 각 지역에 권한 이양이 이루어지도록 실시해야 한다는 것

### 6. 자주성의 원리

교육행정이 일반행정으로부터 분리되고 독립되어야 하며, 특히 정치적 그리고 종교적 지배를 받지 않고 독립성을 유지할 수 있어야만 한다는 것

### 7. 안정성의 원리

교육정책이나 프로그램들이 한 번 시행되면 어느 기간까지는 장기적이고 안정적으로 유지되도록 교육행정을 해야 한다는 것

### 8. 전문성의 원리

교육행정에 관한 이론과 실제 그리고 경험적으로 잘 이해하고 있는 사람이 교육행정을 수행해야 한다는 것

# Chapter 02 교육행정 이론

## 01 테일러의 과학적 관리론

### 1. 기본 관점
① 인간을 기계와 같이 프로그램화하면 생산성을 높일 수 있음
② 노동자들은 경제적 요인만으로도 과업동기가 유발되고 생리적 요인에 의해 성과가 크게 제한받음
③ 과학적 관리론의 창시자 : 테일러
  ㉠ 개별 작업을 요소 동작으로 분리하여 각 요소 동작의 형태, 순서, 소요 시간을 시간연구와 동작연구에 의해 표준화
  ㉡ 노동자들은 높은 임금을 원하고, 고용주는 노동자들에게 낮은 임금을 주고 싶어 함

### 2. 주요 원리
최대의 일일 작업량, 표준화된 조건, 성공에 대한 높은 보상, 실패에 대한 책임, 과업의 전문화

### 3. 공헌과 비판
① 공헌 : 조직과 인간 관리의 과학화를 주창함으로써 능률을 극대화하는 데 기여
② 비판 : 인간성을 배제하고 인간을 기계처럼 취급. 동기요인, 심리·정서적 요인, 인간 간의 상호작용 등을 무시

### 4. 과학적 관리론과 교육행정학(보빗)
① 가능한 모든 시간에 교육시설 활용
② 교직원의 작업능률을 최대한 유지하고, 교직원의 수를 최소로 감축
③ 교육에서의 낭비를 최대한 제거
④ 교원은 학생을 가르치는 데 전념하고, 별도의 행정가가 학교행정을 책임져야 함

> **PLUS**
> **학교 교육에의 적용**
> • 수업목표의 명세적 설정과 측정
> • 표준화된 교육과정의 개발과 운영
> • 관리직과 교수직의 분화
> • 교원의 자격 명시, 과학적 선발과 체계적인 훈련

02. 교육행정 이론

## 02 행정관리론(행정과정론)

**암기비법**
기·조·명·조·통

### 1. 페이율의 산업관리론

행정의 과정을 다섯 가지 요소로 정리
① 기획(planning): 미래를 예측하고 행동계획을 수립하는 일
② 조직(organizing): 인적·물적 자원을 조직하고 체계화하는 일
③ 명령(commanding): 구성원이 과업을 수행하도록 하는 일
④ 조정(coordinating): 모든 활동을 통합하고 상호 조정하는 일
⑤ 통제(controlling): 정해진 규칙과 명령에 따라 일이 이루어지고 있는가를 확인하는 일

**PLUS**
POSDCoRB
기획, 조직, 조정은 페이율의 관리 요소를 그대로 이용한 것, 지휘는 페이율의 명령을, 보고와 예산편성은 통제를 구분·변경한 것, 인사배치는 페이율의 조직에서 일부 분리한 것

### 2. 굴릭과 어윅의 행정관리론(POSDCoRB)

페이율의 행정 과정 5요소를 확장·발전
① 기획(planning): 조직의 목적 달성을 위해 행동의 대상과 방법을 개괄적으로 확정하는 일
② 조직(organizing): 공동의 목적 달성을 위해 공식적 권한 구조를 설정하고 직무 내용을 배분·규정하는 일
③ 인사 배치(staffing): 설정된 구조와 직위에 적격한 직원을 채용·배치하고 작업에 적합한 근무조건을 유지
④ 지휘(directing): 조직의 장이 의사를 결정하고 그것을 각 부서에 대한 명령과 지시 등의 형태로 구체화
⑤ 조정(coordinating): 각 부서별 업무 수행의 관계를 상호 관련시키고 원만하게 통합·조절
⑥ 보고(reporting): 작업 진척 상황에 대한 기록, 조사, 연구, 감독 등을 통해 조직의 장이 자신과 하위 직원들에게 정보를 제공
⑦ 예산편성(budgeting): 조직의 목표 달성에 소요되는 제반 예산을 편성하고 회계, 재정 통제, 결산 등을 함

## 03 관료제론

### 1. 개념
① 베버는 관료제를 하나의 이상적인 형태 또는 순수한 형태의 조직으로 개념·정의
② 관료제는 합리성을 최대로 보장해 주는 조직의 형태로, 조직 안의 '인간'보다는 '구조' 자체를 강조

### 2. 관료제의 특징(호이와 미스켈)
① 분업과 전문화
② 몰인정성
③ 권위의 위계
④ 규정과 규칙
⑤ 경력 지향성

| 관료제의 특징 | 순기능 | 역기능 |
| --- | --- | --- |
| 분업과 전문화 | 전문성 향상 | 권태감의 누적 |
| 몰인정성 | 합리성 증진 | 사기 저하 |
| 권위의 위계 | 순응과 원활한 조정 | 의사소통 장애 |
| 규정과 규칙 | 계속성과 통일성 확보 | 경직과 목표 전도 |
| 경력 지향성 | 안정적 업무수행 | 실적중심 경시 |

### 3. 학교조직의 관료제적 특성
① 분업과 전문화: 초·중등학교의 분리, 교과지도와 생활지도 활동의 구분, 수업과 행정 분리, 교사가 담당하는 교과목이나 학년별 학급담임·부서별 사무분장 분리
② 몰인정성: 학생의 학적 관리, 출석 기록, 성적 평가·처리에 있어 정확하고 엄격한 기준 적용. 교원의 인사행정이나 교원평가에서도 사적인 편견 배제
③ 권위의 위계: 기구표 내지 직제표상 명확하고 엄격하게 규정되어 있는 위계구조
④ 규정과 규칙: 학교에는 교원이 지켜야 할 각종 법률과 시행령 등이 있음. 「교육공무원법」, 「초·중등교육법」, 「사립학교법」 등
⑤ 경력 지향성: 교사는 전문적 능력에 기초하여 채용되며, 대부분의 경우 전문적 경력으로 이어짐. 승진은 연공서열과 업적에 의해 결정되고 경력에 따라 일정한 급여를 받음

02. 교육행정 이론

## 04 인간관계론

### 1. 호손실험

① 메이요와 뢰슬리버거의 미국 호손공장에서의 연구. 조직의 효율성 및 효과성에 인간관계가 강력한 영향을 미침을 널리 알리게 되는 계기가 됨
② 실험의 주요 내용
  ㉠ 조명실험: 작업장의 조도와 작업능률과의 관계 분석 ▶ 조도와 상관없이 생산량 증가
  ㉡ 전화계전기 조립 실험 ▶ 작업조건과 상관없이 생산량 증가
  ㉢ 면접 프로그램: 직원들은 이성보다는 감정에 의해 행동, 자신의 의견을 우회적으로 표현, 자신의 입장에서 사태를 파악하는 경향
  ㉣ 건반배선 조립 관찰실험: 생산성은 비공식 조직에서 정해 놓은 작업표준량에 의해 좌우됨

### 2. 의의

경제적 요인만이 중요한 동기유발 요인은 아님
① 근로자들은 비공식 집단의 일원으로서 경영자에게 반응
② 생산 수준은 개인의 능력보다는 비공식 조직의 사회규범에 더 영향을 받음
▶ 경제·물리적 여건만을 중시하던 시각에서 벗어나 인간의 사회적·심리적 여건의 중요성을 확인하고 그에 관심을 갖도록 함

---

**PLUS**

**교육조직에 미친 영향**
• 비공식 조직이나 소집단의 중요성 인정
• 구성원의 참여를 바탕으로 지도하는 민주적 지도성 중시
• 구성원들의 사회·심리적 필요 충족을 위해 구성원 간의 의사소통 강조

## 05 행동과학론

### 1. 행동과학론의 출현
과학적 관리론과 인간관계론 모두 조직 속에서 인간을 목적으로 대하기보다는 수단으로 취급 ⊙ 과학적 관리론과 인간관계론의 장점들을 통합, 두 이론의 단점을 극복

### 2. 주요 내용
① 개인이나 집단의 외현적 행동에 초점을 두는 연구방법
② 조직 내의 인간 행동을 연구, 행정의 효율성을 향상시키려 함
③ 신운동(New Movement) ⊙ 교육행정에 대한 이론화 운동을 이끌었음

### 3. 행정이론
(1) 버나드
① 조직 내 비공식적 조직의 중요성과 공식적 조직과의 불가피한 상호작용 설명
② 노동자의 열망, 기대와 상호작용하면서 조직의 목적과 요구를 충족시켜야 함을 주장

(2) 사이몬
① 조직의 유인과 구성원의 기여가 조화를 이루는 조직 균형 개념 정립
② 경제적 인간(합리성만 추구)과 행정적 인간(만족스러운 범위 내에서 제한된 합리성 추구)으로 인간형 구분 ⊙ 효과적 의사결정을 위해서는 행정적 인간이 필요

> **POINT**
> 행동과학론
> • 개인과 조직 모두에 관심
> • 개인과 조직의 상호작용 연구

02. 교육행정 이론

# 06 체제론

## 1. 체제의 개념

① 여러 부분으로 이루어진 전체 혹은 여러 요소의 총체
② 특정한 목적을 위한 하나의 단위로 기능하는 요소들 간의 일련의 상호작용

## 2. 개방체제

(1) 개념

① 개방체제: 생존을 위해 환경 또는 다른 체제와 자유로운 상호작용. 학교는 개방체제
② 폐쇄체제: 상호작용 관계가 없는 체제. 사실상 상호작용이 전혀 없는 체제는 없으므로, 폐쇄체제란 환경의 변화를 수용하지 않으려는 체제로 볼 수 있음

(2) 개방체제의 구성

투입, 과정, 산출 및 환경이라는 개념으로 구성

> **PLUS**
> **개방체제의 특징**
> • 체제는 환경과 상호작용함. 투입과 산출이 있음
> • 균형상태를 스스로 유지하려는 경향이 있음
> • 최종 결과를 동일하게 하려는 경향을 가짐

## 3. 사회과정 이론(사회체제 이론)

(1) 역할과 인성의 상호작용 모형

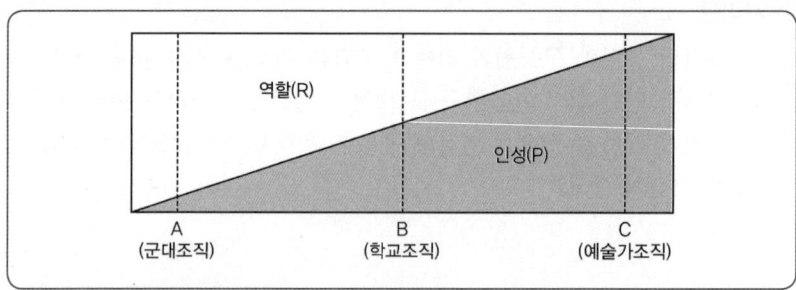

- 겟젤스(Getzels)와 구바(Guba)에 의해 제안. 사회체제 내의 인간행위를 인성과 역할의 상호작용, 즉 B=f(P·R)로 표현. 행동에 영향을 주는 역할과 인성의 상호작용은 집단의 성격에 따라 큰 차이를 나타냄

(2) 겟젤스와 구바의 사회과정 모형

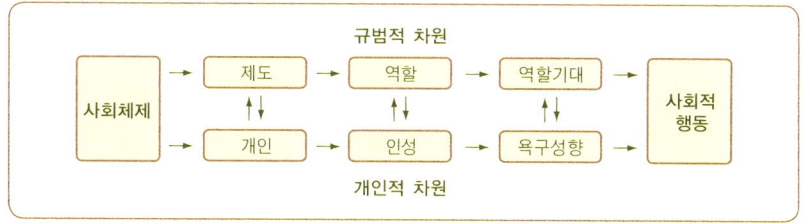

역할과 인성의 상호작용을 기반으로, 사회체제 속에서 인간의 행동은 규범적 차원과 개인적 차원의 상호작용으로 나타난다고 봄

(3) 겟젤스와 셀렌의 수정모형

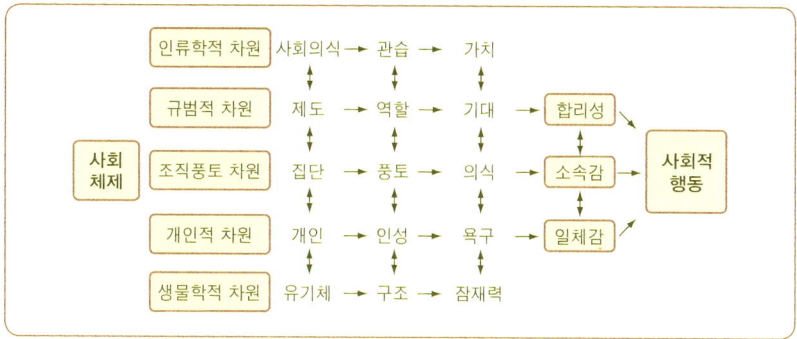

겟젤스와 구바의 모형을 보완·발전시킨 모형. 겟젤스와 구바의 모형에 인류학적·조직풍토·생물학적 차원을 추가

(4) 카우프만의 체제접근모형

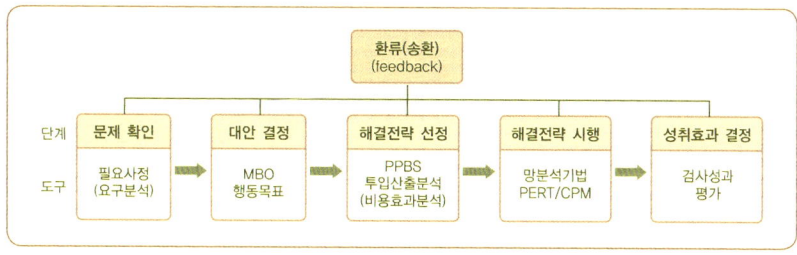

① 주요 주장
　㉠ 카우프만은 체제접근을 교육 분야의 문제해결 도구로 보았음
　㉡ 체제접근의 절차는 효과적, 능률적으로 목표를 달성하기 위해 거쳐야 할 단계를 말함

+PLUS
- **인류학적 차원**: 사회가 여러 제도의 조직으로 이루어진다는 점에 주목. 제도에 소속된 개인의 행동은 보다 큰 차원의 사회의식의 영향을 받음
- **생물학적 차원**: 유기체로서 인간의 신체구조와 내적 잠재력이 개인의 인성과 욕구에 영향
- **조직풍토 차원**: 역할과 인성의 상호작용이 상황에 의존한다는 점을 강조하기 위한 것

② 모형의 단계
  ㉠ 문제 확인: 무엇이 문제인가를 확인하는 단계. '있어야 할 것'과 '있는 것' 사이의 불일치를 분석함으로써 문제를 분명히 함
  ㉡ 대안 결정: 문제의 본질을 파악하고 해결해야 할 목표와 과업을 밝히는 과정을 포함. 측정 가능한 용어로 일반적 목적과 구체적 목적을 기술하고, 문제해결을 위한 대안을 탐색
  ㉢ 해결전략 선정: 설정된 목표성취를 위한 여러 방안 설정. 여러 대안들을 비교, 분석하여 최적안을 선택
  ㉣ 해결전략 시행: 결정된 해결방안을 실제에 적용
  ㉤ 성취효과 결정: 정해진 목표에 대한 실행성과 측정
  ㉥ 수정(환류): 평가결과를 토대로 문제점을 수정, 보완하여 다시 실행하는 데 정보를 제공

# Chapter 03 동기이론

## 01 내용이론

### 1. 매슬로의 욕구위계 이론

**(1) 기본 가정**
① 인간의 욕구는 보편적이며 위계적인 순서로 배열
② 하위 단계 욕구가 먼저 충족된 후에 상위 단계 욕구가 나타나고, 이를 충족하기 위해 행동이 유발됨

**(2) 욕구위계**
① 생리적 욕구: 인간이 생존하는 데 가장 기본적인 욕구. 인간의 신체적·물질적 욕구와 관련
② 안전의 욕구: 위험으로부터의 보호, 경제적 안정, 질서, 예측 가능한 환경의 선호 등으로 표현되는 욕구. 조직 생활과 관련하여 가정, 직장과 작업 환경의 안정을 추구하는 것과 관련
③ 사회적 욕구(사랑과 소속의 욕구): 사회적이고 사교적인 동료의식을 조성하기 위한 욕구로서 애정, 귀속, 우정, 사랑 등을 포함
④ 존경의 욕구(인정의 욕구): 타인으로부터 인정받고자 하는 욕구. 성취, 능력, 지위, 인정이 존경의 욕구를 충족시킬 수 있음
⑤ 자아실현의 욕구: 삶에서 매우 가치 있고 중요하다고 생각하는 목표를 추구하며, 그 대상에 헌신하여 스스로의 잠재능력을 극대화하고 자기완성을 이루려는 욕구

> **PLUS**
>
> **욕구위계 이론의 비판점**
> - 욕구의 순차적 계층성은 고정되어 있는 것이 아님
> - 여러 욕구가 복합적으로 작용할 수 있음
> - 욕구 발생과 관련된 조직요인이나 환경요인을 고려하지 않음
> - 욕구 요인의 중요성과 가치는 개인에 따라 다름

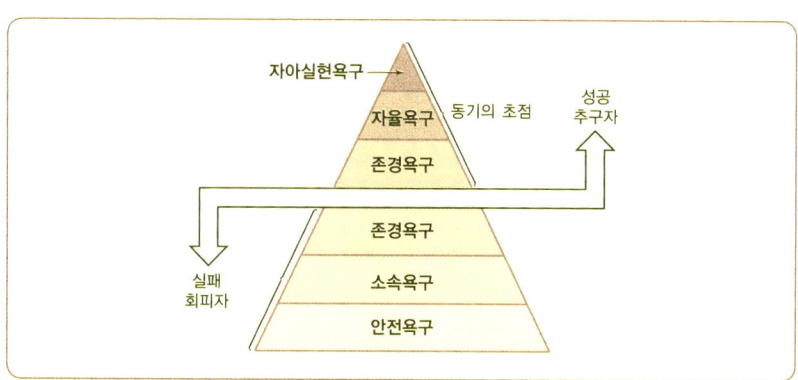

| 실패회피자와 성공추구자의 차이 비교 |

(3) 실패회피자와 성공추구자(서지오바니와 카버)
① 실패회피자: 낮은 자아개념. 자기보호와 자아방어를 위해 에너지 소모
② 성공추구자: 자율과 자아실현의 표현은 물론 자신의 능력 욕구 강화를 계속적으로 추구

(4) 포터
매슬로가 자율욕구를 강조하지 않은 한계에 착안. 생리적 욕구를 제외하는 대신 자율욕구를 자아실현욕구의 밑에 설정

**PLUS**
**자율욕구**
자신의 환경이나 운명을 통제하고자 하는 욕구

## 2. 허즈버그의 동기-위생이론

(1) 주요 주장
① 직무상황에서 '만족을 주는 요인'과 '불만족을 주는 요인'이 서로 다르다고 주장
② 직무만족과 직무불만족은 서로 독립(분리)된 별개의 차원이며, 각 차원에 작용하는 요인 역시 별개라는 관점을 취함
③ 만족의 반대는 불만족이 아니라 '만족이 없는' 무만족이며, 불만족의 반대는 만족이 아니라 '불만족이 없는' 무불만족이라는 사실 발견

(2) 동기요인과 위생요인
① 동기요인(만족요인)
  ㉠ 만족을 가져다주는 요인. '직무 그 자체'와 관련
  ㉡ 일을 하는 과정에서의 성취감이나 책임감 등
  ㉢ 충족되지 않아도 불만은 없지만, 충족되면 만족
② 위생요인(불만족 요인)
  ㉠ 직무 수행 환경과 관련된 요인
  ㉡ 회사 정책과 행정, 감독, 임금, 대인관계, 작업조건 등
  ㉢ 위생요인의 충족은 불만족의 감소만 가져올 뿐 직무만족에 작용하지는 못함

**POINT**
• 동기요인(만족요인)
  - 직무와 관련된 요인
  - 주로 내적·심리적 요인
• 위생요인(불만족요인)
  - 직무 외적인 환경요인
  - 주로 외적·물리적 요인

(3) 학교조직에의 시사점(직무재설계)
동기-위생이론은 교사들로 하여금 직무만족과 직무성과를 제고하는 방안에 대한 철학적 토대 제공. 직무재설계 프로그램으로 구현
① 직무풍요화
  ㉠ 직무수행에 다양한 작업내용이 포함되고, 보다 높은 수준의 지식과 기술을 필요로 하며, 자신의 성과를 계획·지휘·통제할 수 있는 자율성과 책임을 많이 부여하고, 개인적 성장과 의미 있는 작업경험에 대한 기회가 제공될 수 있게끔 직무의 내용을 재편성하는 것
  ㉡ 교사들이 직무 수행상의 책임 증가, 권한과 자유재량권 부여, 직무수행의 과정에서 도전·보람·흥미·심리적 보상을 얻도록 함

② 경력단계 프로그램
　㉠ 자격과 단계를 세분화. 직무의 다양성과 책임을 증가시켜 교직의 보람과 만족을 경험하게 하려는 것
　㉡ '수석교사제'가 그 예. 교사들이 한정되어 있는 교감·교장직으로의 진출을 최종 목적으로 삼지 않고, 계속적 자기연마와 전문성 개발을 통해 교직수행 능력을 증진하고 교직의 만족을 얻도록 하고자 함

## 3. 엘더퍼의 ERG이론

### (1) 기본 가정
① 인간은 욕구를 가지고 있으며, 이 욕구는 체계적으로 배열될 수 있고, 낮은 수준의 욕구와 높은 수준의 욕구 간에는 근본적인 차이가 있음
② 욕구는 조직에서 피고용자의 동기를 결정하는 중요 요인
③ 인간의 욕구를 생존의 욕구, 관계의 욕구, 성장의 욕구 세 가지로 제시하고, 세 가지 욕구의 앞 문자를 모아 ERG이론이라고 함

### (2) 욕구의 종류
① 생존욕구(existence needs): 생존을 위해 필요로 하는 욕구. 보수, 부가급부, 직업안정, 근무조건 등 ⊙ 매슬로의 생리적 욕구와 안전욕구에 해당
② 관계욕구(relatedness needs): 인간이 사회적 존재로서 타인과 관계를 맺고자 하는 욕구 ⊙ 매슬로의 사회적 욕구와 존경 욕구에 해당
③ 성장욕구(growth needs): 인간이 성장·발전하고 잠재력을 최대한으로 발휘하고자 하는 욕구 ⊙ 매슬로의 자아실현욕구와 존경욕구에 해당

### (3) 매슬로 이론과의 차이
① 매슬로의 이론은 하위 단계의 욕구가 만족되어야 다음 단계의 욕구가 발생한다고 본 반면, ERG이론은 하위 단계 욕구가 충족되지 않아도 상위 단계의 욕구가 발생할 수 있다고 주장
② 매슬로는 강도가 큰 우세한 욕구만 나타난다고 보았으나, ERG이론은 여러 욕구를 동시에 경험할 수 있다고 봄
③ 매슬로 이론에서는 충족된 욕구는 더 이상 동기 요인이 될 수 없음. 그러나 엘더퍼는 상위 욕구의 계속적인 좌절은 낮은 수준의 욕구로 귀환한다고 주장

**PLUS**
**수석교사**
일정 경력과 능력을 가진 교사 중 일정 인원을 선발하여, 학생을 가르치는 일 외에 학교·교육청 단위에서 수업코칭을 하거나 교육과정, 교수·학습, 평가 방법을 개발하고 보급하며, 신임교사를 지원하고 지도

**PLUS**
**ERG이론의 시사점**
두 가지 이상의 욕구가 동시에 작용할 수 있음
→ 직무수행 과정에서 생존욕구가 완전히 충족되지 않더라도 일 자체에서 흥미와 도전감을 느끼게 되면 성장욕구를 충족하게 되어 동기부여가 가능

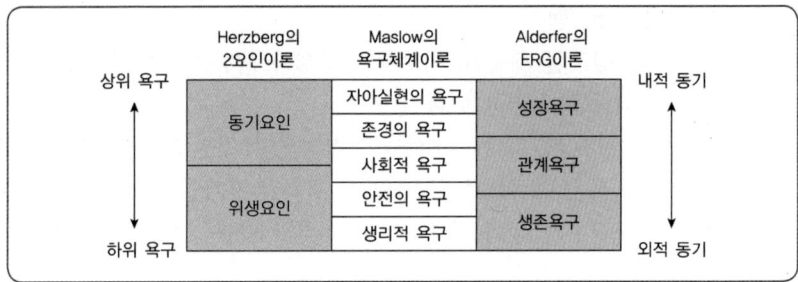

| 동기의 내용이론 간의 관계 |

[ 03. 동기이론 ]

# 02 과정이론

## 1. 브룸의 기대이론

### (1) 주요 주장
① 기본 가정: 인간은 사고와 이성을 지닌 존재로 현재와 미래의 행위에 대해 의식적인 선택을 한다고 가정함으로써 동기화 과정에서 개인의 지각이 중요함을 강조
② 이론의 구성: 유인가, 보상기대, 성과기대의 개념을 중심으로 틀 구성
　㉠ 동기를 어떤 행동이 특정한 결과를 가져올 것이라는 기대(성과기대)와 그 결과가 가치 있는 다른 결과와 관련한 수단성(보상기대)과의 결합으로 개념화
　㉡ 기대와 수단성은 모두 결과에 대한 유인가에 의해 영향을 받음

### (2) 동기의 구성요소
① 유인가(목표의 매력성): 과업수행에 대한 목표, 결과, 보상에 대해 개인이 부여하는 주관적 가치
② 성과기대(노력과 성과의 연계): 과업에 관련된 노력이 어떤 수준의 성과를 가져올 것인가에 대한 신념의 강도
③ 보상기대(성과와 보상의 연계): 좋은 과업수행은 주목을 받고 또 보상을 받을 것이라고 지각된 확률

| 브룸의 기대이론 |

### (3) 시사점
학교조직에서는 보상기대, 즉 성취와 보상의 연결 정도를 구체화하고, 교사들이 생각하는 보상에 대한 매력의 정도를 증진시켜야 함

> **POINT**
> **강한 동기 유발 상황**
> 높은 긍정적 유인가, 높은 성과기대, 높은 보상기대가 조합된 경우

## 2. 포터와 로울러의 성과-만족이론

(1) **개요**
① 브룸의 기대이론을 기초로 발전
② 직무성과가 직무만족에 영향을 미친다는 사실을 강조하여 성과-만족이론이라 함

(2) **내용 체계**

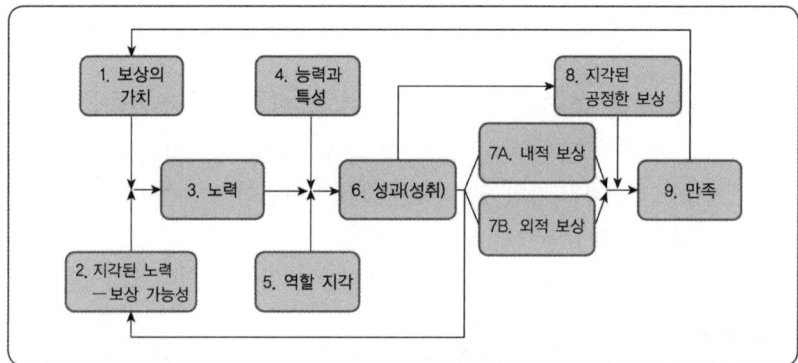

| 성과-만족이론 모델 |

| 요소 | 내용 |
| --- | --- |
| 보상의 가치 | 기대이론의 유인가와 같은 개념으로, 하나의 결과가 얼마나 매력적인가를 의미 |
| 지각된 노력-보상 가능성 | 기대이론에서 성과기대와 보상기대(수단성)의 개념을 합한 것 |
| 노력 | 어떤 과업 수행에 드는 에너지(힘) |
| 능력과 특성 | 한 개인이 갖고 있는 장기적 관점에서의 특성 |
| 역할지각 | 효과적 직무수행을 위해 요구되는 자신의 역할에 관한 정확한 인식 |
| 성과 | 여러 과업들에 대한 개인적 성취 |
| 보상 | 과업을 수행한 결과로 얻게 되는 파생물. 내적 보상과 외적 보상으로 구분 |
| 보상의 공정성 지각 | 공정하다고 생각하는 보상의 양(정도) |
| 만족 | 받을 보상이 지각된 공정성 수준에 부합되거나 이를 초과하는 정도 |

(3) 이론의 특징(이론의 요약)
① 직무수행 노력은 과업성취와 거기에 결부된 보상에 부여하는 가치, 그리고 어떤 노력이 보상을 가져다줄 것이라는 기대에 의해 좌우됨
② 노력에 의한 성과가 개인에게 만족을 줄 수 있는데, 만족을 주는 힘은 결부된 내재적, 외재적 보상에 의해 강화
③ 내재적, 외재적 보상이 있더라도 그것이 공정하다고 지각되어야 만족을 줄 수 있음

(4) 공헌점
① 산출로부터 기대되는 결과와 그 결과에 의한 만족감이 동기에 작용하는 역할을 중시함으로써 동기에 대한 이해를 증진
② 성과 및 보상에 대한 기대감을 중심으로 적절한 인센티브의 중요성 강조
③ 노력과 성과에 대한 기대감을 중심으로 구성원의 능력 및 기술 개발을 강조하여 동기유발의 실제에 많은 도움 제공

## 3. 아담스의 공정성 이론

(1) 주요 주장
① 자신이 남과 비교해 얼마나 공정한 대우를 받느냐에 관한 지각이 개인의 동기에 영향을 미치게 됨
② 자신의 투입 대 성과를 타인과 비교하여 공정하다고 느끼면 만족, 불공정성을 지각하게 되면 공정성을 회복하는 방향으로 행동하게 됨

(2) 공정성 회복을 위한 행동 유형
① 투입 조정: 비교 대상에 비해 낮은 봉급을 받고 있다고 느끼면 직무에 대한 시간과 노력을 감소시키고, 과대 보상을 받는다고 느끼면 직무수행의 양과 질을 높임
② 성과 조정: 노력이나 투입의 증가 없이 보수, 근무조건, 노동시간을 개선할 것을 요구
③ 투입과 성과에 대한 인지적 왜곡: 타인이 자신보다 불균형하게 높은 성과를 받을 경우 자신보다 많은 직무 지식이나 지능을 가지고 있는 것으로 추론하여 자신의 지각 왜곡. 반대로 자신이 불균형하게 많이 받을 경우, 자신이 타인보다 많은 경험이나 지식을 가지고 있다고 정당화
④ 비교 대상의 투입과 성과의 변경: 비교 대상에게 투입이나 산출을 감소 또는 증가시키도록 압력을 가하거나 떠나도록 압력을 넣음
⑤ 비교 대상의 변경: 비교 대상을 다른 쪽으로 변경함으로써 심리적인 불공정성을 줄임
⑥ 조직 이탈(퇴직): 전보를 요청하여 부서를 옮기거나 조직을 완전히 떠남

**PLUS**
사회적 비교이론
한 개인이 타인에 비해 얼마나 공정한 대우를 받고 있다고 느끼는가에 초점을 두고 정립된 이론
→ 공정성 이론은 사회적 비교이론의 하나

**PLUS**
- 투입: 교육 정도, 훈련, 기술, 직무에 대한 노력 등
- 성과: 보상, 급여, 작업조건, 승진, 직업 안정성 등

**PLUS**
자신의 투입-성과 비율을 타인의 투입-성과 비율과 비교
- 비율이 동등할 때: 공정한 거래를 하고 있다고 느끼며, 직무에 만족을 느낌
- 불공정하다고 느낄 때: 직무에 불만을 갖거나 불안을 느낌

> **PLUS**
> 학생 지도에 시사점
> 교사 입장에서 모든 학생들이 공정하다고 느끼게 만들어야 학생의 동기 유발이 가능

(3) 시사점
  ① 정책집행자들은 교사들을 공정하게 대우하도록 노력해야 함
  ② 학교경영자는 교사의 동기유발 시 지각의 중요성을 인식해야 함
  ③ 공정성 또는 불공정성에 관한 결정은 교직 내의 다른 사람뿐만 아니라 교직 이외의 직종에 종사하는 사람들과도 비교할 수 있음

### 4. 로크의 목표설정이론

(1) 주요 주장
  ① 조직구성원 개개인에게 구체적이고 뚜렷하게 설정되는 목표에 따라 구성원의 행위나 행동은 달라짐. 목표는 직원의 행위에 막대한 영향을 미침
  ② 인간에게는 자신이 설정한 목표를 성취하려는 의도가 가장 중요한 동기의 힘이 될 수 있음

(2) 목표의 중요 요인(목표의 특성)
  ① 목표의 내용: 하려고 하는 활동이나 얻고자 하는 성과와 관련
  ② 목표의 강도: 개인이 목표에 대해 부여하는 중요성의 정도와 관련

(3) 목표가 행동을 유발하는 메커니즘
  ① 목표는 개인의 과제에 대한 주의력을 증가시킴
  ② 목표는 행동에 투입하는 노력을 증진시킴
  ③ 목표가 명료하게 확립된 후에는 포기하려는 유혹을 줄여 주기 때문에 지속성 증대
  ④ 과업을 수행하는 방법을 효율화함으로써 과업수행 전략을 개발하는 데 도움
  ⊙ 따라서 성공적인 과업수행을 위해서는 성공적인 목표설정이 필요

(4) 효과적인 목표의 특징(Steers, 1984)
  ① 막연한 목표보다는 구체적인 목표가 성과를 높일 수 있는 행동을 불러일으킴
  ② 쉬운 목표보다는 다소 어려운 목표가 동기유발에 효과적
  ③ 구성원이 목표설정 과정에 참여함으로써 성과 향상
  ④ 노력에 대해 피드백이 주어질 때 성과가 올라감
  ⑤ 목표 달성에 대한 동료 간 경쟁이 성과를 높일 수 있음
  ⑥ 일방적으로 강요된 목표보다는 구성원이 자발적으로 수용한 목표가 더 큰 동기를 유발

# Chapter 04 지도성 이론

## 01 특성론과 행위론

| 특성론 | • 지도자의 독특한 선천적 특성 또는 자질에 초점<br>• 지도자는 선천적인 지도자적 특성을 지니고 있다고 보고, 지도자가 공통적으로 가지고 있는 특성과 자질을 연구 |
|---|---|
| 행위론 | • 지도자가 어떠한 행동을 하는가에 관심<br>  - 아이오와 대학 연구: 권위적·민주적·자유방임적 리더십<br>      ⓘ 학생들은 민주적 지도자를 선호<br>  - 오하이오 주립대학 연구: 구조성과 배려성 차원에 의한 4가지 지도성 유형<br>      ⓘ 가장 효과적인 유형은 배려성과 구조성 모두 높은 유형<br>  - 미시간 대학 연구: 직무중심과 종업원 중심 리더십<br>      ⓘ 생산성이 높은 부서의 감독자들은 종업원 중심 지도자<br>• 블레이크와 머튼의 관리망이론<br>  ① 지도자 성향의 양 차원을 생산에 대한 관심과 인간에 대한 관심으로 규정<br>  ② 관리망에서는 81개의 유형 가능. 의미 있는 유형은 5가지<br>    ㉠ 1.1 태만형: 최소한으로 요구되는 과업만 수행. 누구와도 접촉을 삼가고 비개입적 태도를 취함<br>    ㉡ 9.1 권위형(과업형): 권력, 권위, 통제를 통하여 생산을 극대화하는 데 관심<br>    ㉢ 1.9 사교형(컨트리클럽형): 구성원의 사회·심리적 욕구충족을 중시하면서 원만한 인간관계를 중심으로 조직을 유지해 나가려 함<br>    ㉣ 5.5 중도형: 지도자는 현상에 순응하고 중도를 유지하는 데 집중<br>    ㉤ 9.9 팀형: 집단 구성원의 광범위한 참여를 통해 양적·질적 개선을 꾀하기 위한 목표 중심적 접근 방법을 활용<br>  ③ 블레이크와 머튼은 팀형을 가장 이상적인 유형으로 봄<br>  ④ 호이와 미스켈: 초등학교 교장의 성공적인 지도성 유형은 5−9이며, 중등학교 교장은 9−5라고 함 |

**+ PLUS**

**카츠(Katz) 리더십**
- **상황 파악 능력**: 과업을 전체적으로 조망하고 파악하는 능력
- **인간관계능력**: 사람들과 함께 일을 하는 데 필요한 지도자의 능력과 판단
- **사무 능력**: 구체적인 과업 수행을 위해 지식, 방법, 기술을 활용하는 능력

04. 지도성 이론

# 02 상황적 리더십론

## 1. 피들러의 상황이론

### (1) 주요 주장
① 조직의 효과성은 지도자 유형과 상황의 호의성 간의 결합에 의해 결정된다고 가정
② 지도자 유형 측정을 위해 '가장 싫어하는 동료 척도(LPC)'를 개발하고, 그 점수에 따라 지도성 유형을 과업 지향형과 관계 지향형으로 구분
③ 리더십 유형과 효과성의 관계는 상황적 요소인 지도자-구성원 관계, 과업구조, 지위 권력의 세 가지에 따라 달라지며, 어떤 상황에서는 관계 지향형 지도자가 보다 효과적이고 다른 상황에서는 과업 지향형 지도자가 보다 효과적이라는 것을 보여줌

### (2) 상황의 호의성
상황이 지도자로 하여금 집단에 대하여 영향력을 발휘할 수 있도록 하는 정도
① **지도자와 구성원의 관계**: 지도자가 가지고 있는 구성원에 대한 신뢰, 지도자에 대한 구성원의 존경도 등
② **과업구조**: 과업이 명확하게 규정되고 수행 방법이 체계화되어 있으면 구조화되었다고 하며, 그렇지 않은 경우에는 비구조화되었다고 함
③ **지도자의 지위 권력**: 지도자가 합법적·보상적·강압적 권력을 가지고 구성원의 행위에 영향을 줄 수 있는 능력을 소유한 정도

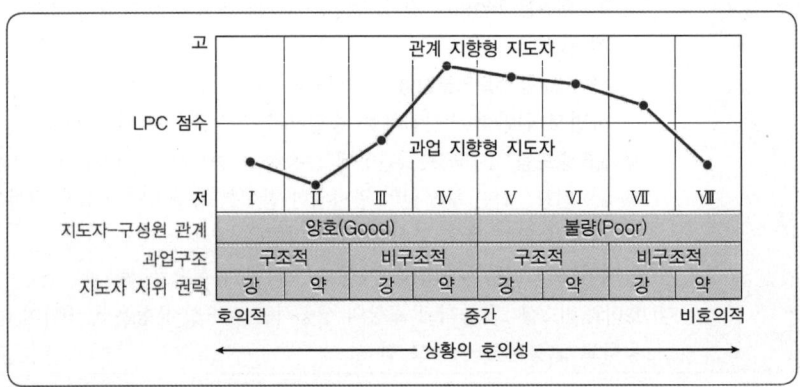

| 피들러의 상황에 따른 효과적인 리더십 유형 |

### (3) 과업 지향형과 관계 지향형
① **과업 지향적 지도자**: 영향력이 대단히 크거나 작은 극단적인 상황에 효과적
② **관계 지향적 지도자**: 지도자의 권력과 영향력이 중간 정도인 상황에 효과적

---

**PLUS**

LPC점수
• LPC점수가 높은 지도자
 : 관계 지향형
• LPC점수가 낮은 지도자
 : 과업 지향형

## 2. 하우스의 행로-목표이론

(1) 주요 주장

① 동기에 대한 기대이론에 근거를 두고 있음
② 지도자 요인과 상황 요인에 대한 조직구성원의 지각에 따라 지도성 성과의 정도가 달라짐
③ 지도자의 행동은 하위자들의 기대에 영향을 줄 수 있는 범위 내에서 그들을 동기부여시킬 수 있음
④ 지도자가 상황적 요인을 고려하여 바람직한 보상(목표)을 받게 되는 하위자의 행동(경로)을 제시할 때, 하위자가 그것을 어떻게 지각하느냐에 따라 효과성이 달라짐

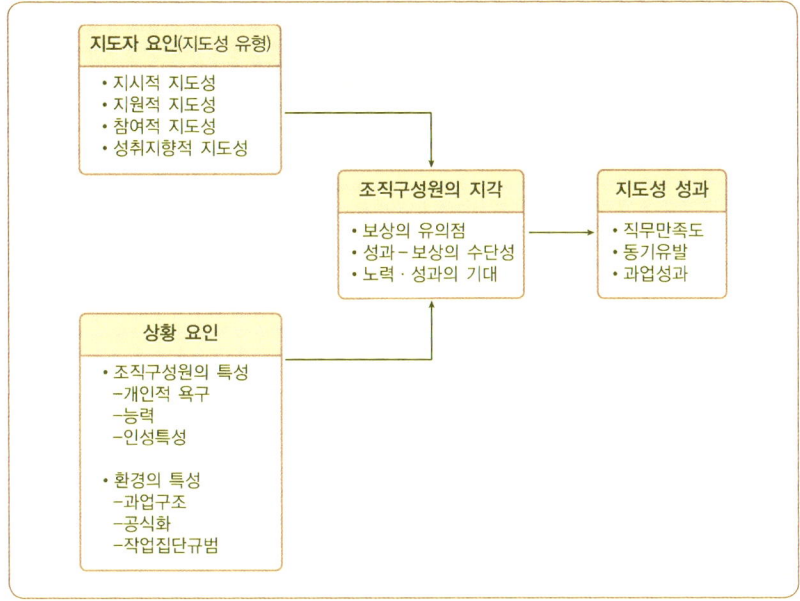

| 행로-목표이론 모형 |

(2) 이론의 요소

① 지도자 요인(지도성 유형)
  ㉠ 지시적 지도성: 조직구성원의 업무활동을 지시하고 통제하며 조정하는 지도행위
  ㉡ 지원적 지도성: 인화적 측면을 강조. 구성원의 복지를 증진시키고 문제해결에 관심을 가지며, 즐겁고 우호적인 업무분위기를 조성해 주는 지도행위
  ㉢ 참여적 지도성: 조직구성원과 접촉하고 정보자료를 많이 활용하여 그들의 의견을 의사결정에 반영. 팀 또는 집단 위주의 관리를 중요시하는 지도행위

② 성취지향적 지도성: 높은 수준의 목표를 설정하고 조직구성원이 최선의 업적을 달성하도록 촉구하는 지도행위
② 상황요인
  ㉠ 구성원 특성: 개인적 욕구, 능력, 인성특성
  ㉡ 환경 특성: 과업구조, 공식화, 작업집단 규범
③ 구성원의 지각: 유인가, 성과기대, 보상기대
④ 지도성 성과: 직무만족도, 동기유발, 과업성과

(3) 결론
① 지도자 요인과 상황 요인에 대한 조직구성원의 지각에 따라 지도성 성과의 정도는 달라짐
② 지도자는 조직구성원의 동기유발을 위해 그들의 욕구에 가장 적합한 지도성 유형을 활용해야 함

### 3. 레딘의 삼차원 리더십 유형

(1) 이론의 배경

오하이오 주립대학 연구에서 제시한 리더십의 '구조성 차원'과 '배려성 차원'에 '효과성 차원'을 추가하여 리더십 유형과 특수한 환경적·상황적 요구의 통합을 시도

(2) 주요 내용
① 특정 지도자 유형이 상황에 적절할 경우에는 효과적이고, 상황에 부적절할 경우에는 비효과적이라는 모델 제시

**PLUS**
- **과업 차원**: 조직의 목표 달성을 위해 힘쓰는 지도자의 행동
- **관계성 차원**: 구성원에게 신뢰, 존경, 정서적 배려를 하고 인간관계를 중요시하는 지도자의 행동
- **효과성 차원**: 지도자가 자신의 책임하에 있는 목표를 달성하는 정도. 현실적으로 지도성이 발휘되는 지도자의 환경을 의미

| 레딘의 삼차원 리더십 모형 |

② 지도성 유형

| 지도자 유형 | 비효과적 | 효과적 |
|---|---|---|
| 통합형<br>(관계↑과업↑) | 타협자<br>부당한 압력에도 지나치게 영향을 받는 보잘것없는 의사결정자. 제약과 문제에 너무 쉽게 굴복하는 자 | 경영자<br>부하직원에게 동기를 부여하고, 높은 표준을 설정하며, 개인차에 관심을 두고 팀 접근 방법을 선호하는 자 |
| 분리형<br>(관계↓과업↓) | 도망자<br>무관심하면서 때로는 남의 일에 간섭하며, 책임을 포기하는 자 | 행정관료<br>공명정대하고, 규칙과 규정을 성실하게 수행하는 자 |
| 헌신형<br>(관계↓과업↑) | 독재자<br>무감각하고 고압적이고 완고하고 타인을 불신하며, 단지 현안 문제에만 관심을 가진 자 | 선한 군주<br>해야 할 일을 알고, 적개심을 유발하지 않으면서 그것을 효율적으로 하는 역동적이고 적극적인 추진자 |
| 관계형<br>(관계↑과업↓) | 선동자<br>기본적으로 조화에 관심을 두나, 조직이 목적 없이 표류하는 동안에도 선의만을 떠드는 자 | 개발자<br>타인을 신뢰하는 온화한 인간이며, 타인의 개인적 발전에 관심을 가진 자 |

## 4. 허시와 블랜차드의 상황적 리더십 유형

(1) **주요 내용**
① 조직구성원의 성숙도를 상황적 요인으로 설정하여 구성원의 성숙도에 따라 지도성 유형이 다르게 적용될 때 지도성의 효과가 높아진다고 보았음
② 구성원의 성숙도에 따라 지도성 유형을 네 가지로 분류

(2) **지도자 행동**
① 과업 중심 행동: 부하 직원에게 무슨 과업을 언제, 어떻게 수행해야 할 것인가를 지시함으로써 일방적 의사소통에 전념
② 관계 중심 행동: 사회·정서적 지원, 즉 심리적 위로를 제공하고 일을 촉진하는 행동을 함으로써 쌍방 의사소통에 전념

(3) **구성원의 성숙도**
① 직무 성숙도: 직무수행 능력
② 심리적 성숙도: 동기 수준

**PLUS**

**상황적 리더십 모형의 의의**
지도자가 구성원의 성숙도에 따라 지도성 유형을 변화시켜 나감으로써 지도성 효과를 극대화할 수 있다는 점을 제시

(4) **리더십 유형**

① **지시형**: 높은 과업중심 행동, 낮은 관계중심 행동을 보이는 유형
  ⊙ 구성원의 동기와 능력이 낮을 때 효과적
② **지도형**: 높은 과업중심 행동, 높은 관계중심 행동을 보이는 유형
  ⊙ 구성원이 능력은 낮으나 동기가 높을 때 효과적
③ **지원형**: 낮은 과업중심 행동, 높은 관계중심 행동을 보이는 유형
  ⊙ 구성원이 높은 능력을 갖고 있으나 동기가 낮은 경우 효과적
④ **위임형**: 낮은 과업중심 행동, 낮은 관계중심 행동을 보이는 유형
  ⊙ 구성원이 높은 능력과 동기를 가지고 있는 경우 효과적

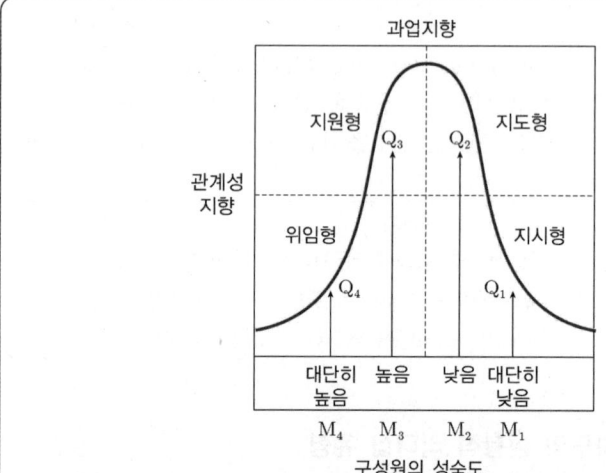

| $M_4$ | $M_3$ | $M_2$ | $M_1$ |
|---|---|---|---|
| 능력↑<br>동기↑ | 능력↑<br>동기↓ | 능력↓<br>동기↑ | 능력↓<br>동기↓ |

- 성숙도 낮을 때($M_1$), 지시형: 높은 과업, 낮은 관계 중심 행동
- 성숙도 중간일 때($M_2$), 지도형: 높은 과업, 높은 관계 중심 행동
- 성숙도 중간일 때($M_3$), 지원형: 낮은 과업, 높은 관계 중심 행동
- 성숙도 높을 때($M_4$), 위임형: 낮은 과업, 낮은 관계 중심 행동

## 03 현대의 지도성 이론

### 1. 리더십 대용 상황모형

**(1) 주요 내용**
① 상황적 리더십 이론은 리더십이 상황에 의존하기는 하지만 여전히 공식적 리더십이 필요하고 중요하다는 점을 가정
② 커와 저미어는 지도자의 리더십을 대체하거나 억제하는 리더십 대용 상황 모형을 개발

**(2) 상황변인**
① 대체요인(substitutes, 대용상황)
  ㉠ 리더의 행동을 불필요하고 중복되게 만듦
  ㉡ 구성원이 역할을 명확하게 이해하고 있으며, 업무를 어떻게 수행하는지를 알고, 매우 동기부여되고, 직무에 만족하도록 만드는 부하 특징, 과제특징 또는 조직특징들이 포함
② 중화요인(neutralizer, 억제상황)
  ㉠ 리더가 어떤 명시된 방식으로 행동하지 못하도록 하거나 리더행동의 효과를 무력화시키는 과제 또는 조직의 특징들
  ㉡ 효과적인 수행에 대해 리더가 보상을 줄 수 있는 권한의 부족은 중화요인으로 작용하는 상황 제약요인인 반면, 리더가 제공하는 인센티브에 대한 부하의 관심부족은 리더행동을 무의미하게 만드는 조건
③ 상황 변인: 구성원의 특징, 과제의 특징, 조직의 특징

**■ 대체요인과 중화요인**

| 특징 | 대체요인/중화요인 |
| --- | --- |
| 구성원 특징 | |
| 1. 경험, 능력, 훈련 | 대체요인 |
| 2. 전문직 성향 | 대체요인 |
| 3. 보상에 대한 무관심 | 중화요인 |
| 과제특징 | |
| 1. 구조화되며 일상적인 과제 | 대체요인 |
| 2. 과제가 제공하는 피드백 | 대체요인 |
| 3. 내적 만족을 주는 과제 | 대체요인 |
| 조직특징 | |
| 1. 응집력이 높은 집단 | 대체요인 |
| 2. 지도자의 낮은 권력 | 중화요인 |
| 3. 높은 공식화(역할과 절차) | 대체요인 |
| 4. 조직의 유연성 부족(규칙과 정책) | 중화요인 |
| 5. 지도자와 구성원 간의 물리적 거리 | 중화요인 |

**+ PLUS**

**리더십 대용 상황모형의 의의**
지도자의 행동이 어떤 상황에서는 중요한 영향을 주는 반면, 다른 상황에서는 왜 아무런 영향을 주지 못하는지 이해하는 데 도움을 줌

## 2. 변혁적 리더십

### (1) 개념
① 배스(Bass)에 의해 발전. 넓은 의미에서 거래적 지도성과 대비되는 지도성
② 구성원의 성장 욕구를 자극하여 동기화시킴으로써 구성원의 태도와 신념을 변화시켜 자신감을 갖게 하고, 더 많은 노력과 헌신을 이끌어내며, 기대 이상의 성과를 달성하게 하는 지도성을 의미. 지도자가 구성원의 잠재능력을 계발하도록 도움을 주고 내재적 만족감을 갖게 함

### (2) 특징
① 변혁적 지도자는 추종자의 신념, 가치관, 목적과 조직 문화를 변혁시켜 그들로 하여금 기대 이상의 직무수행을 하도록 동기유발
② 추종자의 욕구 목록을 확대시키고, 과업의 중요성과 가치를 인식시키며, ⅰ) 추종자의 고급 욕구를 자극함으로써, ⅱ) 추종자의 과업달성에 대한 유인가를 높이고, ⅲ) 조직 문화를 변화시킴으로써, ⅳ) 추종자가 과업 달성을 위한 동기 수준을 높이도록 자극

### (3) 'I'를 조합한 네 가지 개념(변혁적 리더십의 구성요소)
① 이상적인 완전한 영향력(idealized influence): 지도자가 ⅰ) 높은 기준의 윤리적·도덕적 행위를 보이고, ⅱ) 목표 수행 과정에서 발생하는 위험을 구성원과 함께 분담하며, ⅲ) 자신보다는 타인의 욕구를 배려하고, ⅳ) 개인의 이익이 아니라 조직의 이익을 위해 행동하는 것을 토대로 구성원의 존경과 신뢰를 받음
② 감화력(inspirational motivation): 조직의 미래와 비전을 창출하는 데 사람들을 참여시키고, 구성원이 바라는 기대를 분명하게 전달함으로써 조직의 문제를 해결할 수 있고, 조직이 발전할 수 있다고 믿도록 구성원의 동기를 변화시켜 단체정신, 낙관주의, 열성과 헌신 등을 이끌어 냄
③ 지적인 자극(intellectual stimulation): 일상적인 생각에 대해 의문을 제기하고 문제들을 재구조화하며 종래의 상황을 새로운 방식으로 접근함으로써 구성원들이 혁신적이고 창의적이 되도록 유도
④ 개별적인 배려(individualized consideration): 개개인의 욕구에 관심을 보임으로써 새로운 학습 기회를 만들어 구성원이 잠재력을 계발하고 자신의 개인적 발전을 모색하며, 그에 대해 책임을 지도록 함

---

**PLUS**

**거래적(교환적) 리더십**
지도자가 구성원들의 노력과 봉사에 대한 보상을 제공하면서 그들을 동기화하고, 구성원들은 지도자의 보상을 기대하고 순응하는 거래적 관계에 기초하여 성립되는 지도성

**PLUS**

**변혁적 리더십**
- 거래적 리더십과 대비되는 리더십 이론
- 기대 이상의 직무 수행을 가능하게 하는 리더십

**POINT**

**변혁적 리더십의 특징**
- 이상적 영향력
- 감화력(영감적 동기유발)
- 지적 자극
- 개별적 배려

## 3. 카리스마적 리더십

### (1) 개념
① 다른 사람들의 신념, 가치, 행동, 그리고 수행에 강력한 영향력을 행사하고 확산시키는 지도자의 능력
② 탁월한 비전, 가능성 있는 해결책, 압도하는 인간적 매력을 소유한 지도자가 구성원의 헌신적인 복종과 충성을 바탕으로 나타내는 강력한 영향력
③ 변혁적 지도성과 유사성을 지니고 있고 여러 논자들에 의해 변혁적 리더십의 중요한 한 부분이 되어 논의되고 있을 만큼 밀접한 관계가 있음

### (2) 카리스마적 지도자의 인성 특성
① 성취 지향성
② 창의성과 혁신성
③ 높은 열정과 참여
④ 자신감
⑤ 높은 사회적 욕구
⑥ 높은 수준의 업무 참여와 모험 성향
⑦ 민감성과 배려심

### (3) 카리스마적 지도자의 행동
① 미래 비전의 제시
② 인상관리
③ 자기희생
④ 개인적인 모험 감수
⑤ 구성원들이 모방할 행동모형의 제시
⑥ 탈인습적인 행동
⑦ 권력의 분담

### (4) 의의와 한계
① 의의
  ㉠ 위기, 격동, 변화 요구가 높은 조직 상황에서 큰 효과를 발휘할 수 있음
  ㉡ 일부 지도자들이 구성원들에게 미치는 특별한 영향력을 효과적으로 설명
② 한계
  ㉠ 지도자와 구성원의 관계에 과도하게 초점이 맞추어져 있음
  ㉡ 리더십을 제한하고 촉진하는 상황적 변인이 무시되거나 간과되었다는 비판

---

**+PLUS**

**베버의 권력의 원천 중 카리스마적 권위**
카리스마적 권위는 리더의 개인적 인력과 어떤 특별한 매력이 추종자들을 움직이는 사회적 지배양식이며, 리더십의 요소를 내포

## 4. 슈퍼 리더십(초우량 리더십)

### (1) 개념
① 만즈(Manz)와 심스(Sims)에 의해 제안. 구성원 각자가 스스로를 지도할 수 있도록 만드는 리더십
② 부하가 자기 자신을 스스로 이끌어 갈 수 있도록 해 주는 리더로, 부하에게 자율성과 권한을 부여하여 셀프 리더로 만드는 리더

### (2) 전통적인 리더와 슈퍼 리더의 행동 차이점

| 전통적인 리더의 행동 | 슈퍼 리더의 행동 |
|---|---|
| 목표를 강조 | 자기강화를 격려 |
| • 팀을 감독하고 정보를 제공하며, 해결방안 제시<br>• 문제를 일일이 꼬집어 말함 | 자기관찰 및 평가, 자기기대, 자기목표 설정 격려 |
| • 영향력을 행사<br>• 대화를 자주 함 | 자기비판 격려 |

출처: Manz & Sims(1989), p.89

### (3) 학교조직에의 시사점
전문직 종사자들은 직무수행 과정에서 독립적으로 일하며, 과업 특성상 자율성과 책임이 수반, 자율적 리더십이 매우 필요

### (4) 슈퍼 리더십 신장방안
① 외적 통제보다는 구성원이 자기주도적으로 통제할 수 있도록 내적 동기 부여
② 스스로 지도자로서의 능력 개발을 할 수 있는 기회 제공

## 5. 분산적 리더십

### (1) 개념
① 엘모어에 의해, 한 사람이 조직 변화에 책임을 지는 가정에서 벗어나 다양한 개인이나 집단이 지도성을 대체하거나 공유할 수 있다고 보는 가정에서 시작
② 지도자 개인의 역량이나 시스템 안에 머물러 있는 것이 아니라 교장, 교사 그리고 학교 상황, 교사의 상호작용에 의해 리더십이 분산되어 발휘되는 것

---

**POINT**
• 슈퍼 리더십: 구성원들이 스스로 지도할 수 있는 능력을 계발하도록 하는 리더십
• 리더의 역할: 구성원들이 스스로 생각하여 해결책을 찾고 의사결정하도록 도와주는 사람

**POINT**
리더십은 어떤 특정인의 영역이 아니라 조직 안에서 여러 지위에 놓인 구성원들의 환경과의 다양한 상호작용의 결과

(2) 분산적 리더십의 실행(구성요소)
① 지도자
㉠ 다수의 지도자들에 의해 지도성 실행
㉡ 지도자들은 독립적 업무를 수행할 때도 있지만 각각의 업무는 상호의 존적이며, 공통의 목표를 위해 서로 상호작용하면서 지도성 실행
② 구성원
㉠ 구성원들은 상황에 따라 지도자의 역할을 맡기도, 구성원의 역할을 맡기도 함
㉡ 지도자들이 구성원에게 영향을 미치는 것과 마찬가지로 구성원 역시 지도자에게 영향력을 행사
③ 상황
㉠ 지도자들은 상황과 상호작용
㉡ 학교조직에서는 새로운 도구나 정해진 업무 루틴 등의 업무를 수행하는 데 필요한 수단들이 지도성 실행의 성격을 변화시킴
⊚ 지도성의 실행은 지도자, 구성원, 상황 세 요인이 서로 상호작용하면서 이루어짐

(3) 한계점
① 민주적 의사결정 과정이 오히려 교사들에게 스트레스를 줄 수 있음
② 책임과 권력 분산이 조직경영의 효과성을 오히려 저해할 수 있음

## 6. 문화적 리더십

(1) 개념
① 서지오바니, 독특한 학교문화를 창출하는 것에서 나오는 지도성
② 조직 지도자의 주요한 역할 중 하나는 조직이나 집단의 문화와 풍토를 창조하고 개발하는 것
③ 문화적 리더십은 조직구성원 개개인에게 초점을 두기보다는 조직의 문화에 초점을 두는 관점

(2) 학교조직에서 효과적인 문화를 형성할 수 있는 구성요소(컨닝햄과 그레소)
버티컬 슬라이스, 결핍보다는 비전, 동료 관계, 신뢰와 지원, 권력과 지위보다는 가치와 흥미, 폭넓은 참여, 지속적 성장, 장기적 전망에 따른 현재의 생활, 질 높은 정보에 대한 용이한 접근, 개선의 유지와 지속, 개인적인 권한부여
⊚ 이러한 문화 형성을 통해 학교조직의 수월성을 높일 수 있음

**+PLUS**

**서지오바니 리더십의 영향력 위계**
- 문화적 리더십: 독특한 학교문화 창출에서 나오는 리더십
  → 성직자
- 상징적 리더십: 학교의 중대사에 다른 사람의 주의를 환기시키는 데서 나오는 리더십
  → 대장
- 교육적 리더십: 교육에 대한 전문적 지식에서 나오는 리더십
  → 현장교육 전문가
- 인간적 리더십: 유용한 사회적·인간적 자원을 활용하는 데서 나오는 리더십
  → 인간공학 전문가
- 기술적 리더십: 견고한 경영관리 기술에서 나오는 리더십
  → 전문 경영자

**+PLUS**

**버티컬 슬라이스**
조직에서 각 계층 대표자들이 직위에 관계없이 허심탄회하게 토론하고 조정하는 의사소통 방법

## 7. 도덕적 리더십

**(1) 개념**
① 지도자의 개인적 자질에 기반을 둔 영향력으로, 타인으로부터의 존경이나 동일시 대상으로서 구성원에게 영향을 미치게 되는 지도성
② 서지오바니는 문화적 지도성 이론을 확대하여 학교에서의 지도성을 도덕적 지도성으로 개념화하고 학교의 가치와 효율성에 대한 논의를 전개
③ **명제창**: 도덕적 리더십을 "리더십의 과정에서 리더의 도덕성과 추종자들의 자율성 확보를 통하여, 리더가 자신의 도덕적 품성과 능력을 바탕으로 추종자의 존경과 신뢰를 획득하고 나아가 추종자의 능력을 계발하고, 추종자의 자율적 직무수행을 조장하여 추종자들을 '셀프리더'가 되도록 자극하고, 리더 자신은 '리더들의 리더'가 되어 궁극적으로 효과적이고 도덕적인 조직이 될 수 있도록 하는 리더십 기제"라고 하였음

**POINT**
학교를 도덕적 측면에서의 '선의'와 관리적 측면에서의 '성공'이란 두 차원을 조합한 네 가지 유형을 통해 설명

**(2) 학교 유형**
① 학교를 도덕적 측면의 '선의'와 경영관리 측면의 '성공'이라는 두 개의 축을 토대로 네 개의 유형으로 구분

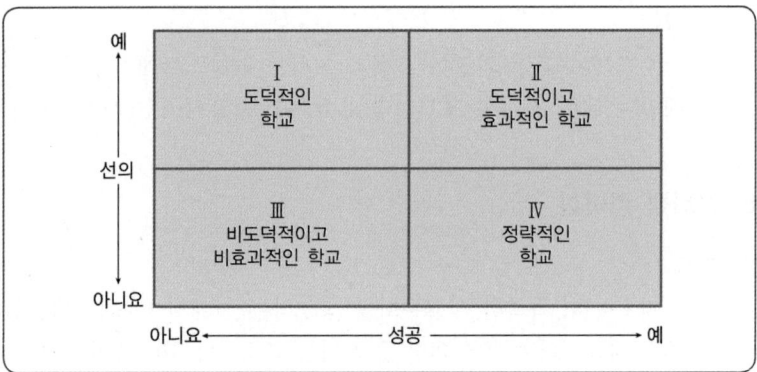

| 서지오바니의 네 가지 학교 유형 |

　㉠ Ⅰ수준(도덕적인 학교)
　㉡ Ⅱ수준(도덕적이고 효과적인 학교)
　㉢ Ⅲ수준(비도덕적이고 비효과적인 학교)
　㉣ Ⅳ수준(정략적인 학교)

② 교장이 지향해야 할 도덕적 리더십은 Ⅰ수준과 Ⅱ수준의 학교를 만드는 리더십. 서지오바니에 의하면 학교는 바람직한 가치를 전수하는 곳이며, 행정이란 도덕적 기술이므로 Ⅰ수준과 Ⅱ수준만이 본질적인 의미에서의 학교임

## 8. 감성 리더십

(1) **개념**
  ① 골먼, 감성지능이 지도성 유효성에 중요한 요소이며 특히 팀을 이끄는 리더에게 더욱 중요하다고 주장
  ② 조직의 상위계층으로 갈수록 감성지능이 더욱 중요

(2) **구성요인**

| 구성요인 | 세부요인 | 정의 | 하위요인 |
|---|---|---|---|
| 개인 역량 | 자기인식 능력 | 자신의 감성을 명확하게 이해하는 능력 | • 감성이해력<br>• 정확한 자기평가<br>• 자신감 |
| | 자기관리 능력 | 자기 자신의 감성을 효과적으로 관리하는 능력 | • 자기통제력<br>• 신뢰성, 자기관리 및 책임의식, 적응력<br>• 성과달성지향, 주도성 |
| 사회적 역량 | 사회적 인식능력 | 다른 사람의 감성을 명확하게 이해하는 능력 | • 감정이입, 조직 파악력<br>• 고객 서비스 정신 |
| | 관계관리 능력 | 다른 사람의 감성을 효과적으로 관리하는 능력 | • 영감을 불러일으키는 능력<br>• 영향력, 타인 지원성, 연대감 형성<br>• 커뮤니케이션, 변화촉진력, 갈등관리능력 |

## 9. 기타 리더십

(1) **피그말리온 리더십(pygmalion leadership)**
  학교장의 열성과 기대가 조직구성원의 성취에 그대로 반영되는 리더십

(2) **서번트 리더십(servant leadership)**
  지도자의 강한 리더십 발휘보다는 솔선수범과 헌신적인 봉사를 강조하는 리더십

(3) **팀 리더십(team leadership)**
  구성원의 협동적 노력을 유발하고 활성화하는 리더십을 강조

# Chapter 05 조직론

## 01 조직의 특성과 유형

### 1. 조직의 특성

(1) 행정조직의 원리

① 계층의 원리: 조직의 목표 달성을 위한 업무 수행에 있어 권한과 책임의 정도에 따라 직위가 수직적으로 서열화·등급화되어 있는 것
② 분업의 원리: 업무의 효율을 높이기 위해 업무를 성질별로 나누어 가능하면 한 사람에게 한 가지의 주된 업무를 분담시키는 것
③ 조정의 원리: 조직 내에서 업무의 수행을 조절하고 조화로운 인간관계를 유지함으로써 협동의 효과를 최대한 거두려는 것
④ 적도집권의 원리: 중앙집권제와 분권제 사이에 적정한 균형을 도모하려는 것
⑤ 명령 통일의 원리: 한 사람의 상관에게서만 명령을 받고, 또 그에게만 보고한다는 원리
⑥ 통솔 범위의 원리: 한 지도자가 직접 통솔할 수 있는 부하의 수에는 한계가 있다는 것

(2) 조직의 구조

① 공식 조직과 비공식 조직
  ㉠ 공식 조직: 공식적인 조직표나 기구표상에 나타나는 조직
  ㉡ 비공식 조직: 공식 조직 내에 존재하면서 공식 조직에 의해 충족되지 못하는 여러 가지 심리적 기능을 수행하고, 공식 조직의 기능에 직접·간접적인 영향을 미치는 조직 내의 조직. 자연발생적으로 발생
  ㉢ 비공식 조직의 순기능과 역기능
    • 순기능
      – 공식 조직의 경직성 완화에 기여
      – 구성원들 간 원활한 협동관계와 지식·경험의 공유, 집단적 결정에 참여 그리고 유기적인 상호의존관계를 가능하게 함
      – 구성원들의 누적된 심리적 욕구불만의 해소처가 되어 귀속감과 안정감 부여
      – 공식적 구조만으로는 부족하기 쉬운 의사전달을 비공식적 의사전달의 통로를 통하여 보충해 줌으로써 의사전달의 원활화에 기여

---

**PLUS**

**분업의 원리**
- **장점**: 작업능률 향상, 도구 및 기계의 발달 촉진, 신속한 업무 처리
- **단점**: 일에 대한 흥미·창의성 상실, 시야가 좁아짐, 조정의 곤란

**PLUS**

**적도집권의 원리**
- **중앙집권제**
  - **장점**: 효율적 행정처리 가능, 강력한 통솔력, 위기에 신속한 대처, 통합적 조정 가능
  - **단점**: 획일주의, 전제주의
- **지방분권제**
  - **장점**: 지방행정의 특수성 살림, 행정의 민주화
  - **단점**: 능률적 집행 저하

**PLUS**

- **공식 조직**: 인위적 발생, 공적 성격, 합리성에 의한 대규모 형태
- **비공식 조직**: 자연발생적, 사적 성격, 인간관계에 의한 소규모 형태

- 공식 조직의 책임자에 대한 자문기관이나 협조자의 역할
- 구성원 간의 행동기준 확립에 도움
- 역기능
  - 파벌 조성의 위험
  - 공식 조직의 목표와 배치되는 의견을 가짐으로써 공식 조직의 효율성을 떨어뜨릴 수 있음
  - 비공식적 접촉을 통해 개인적 이익 도모
  - 비공식적 의사전달에 따른 왜곡된 정보 및 구설

② 계선 조직과 참모 조직
  ㉠ 계선 조직: 행정의 수직적인 지휘명령계통이 명확히 정립되어 업무를 직접 수행하는 1차적인 조직
  ㉡ 참모 조직(막료조직): 계선 조직의 기능을 원활하게 추진하도록 기획·자문·협의·경고·정보수집·통제·인사·조사·연구 등의 기능을 수행하는 조직. 조직의 목적 달성을 위해 간접적으로 기여할 뿐, 명령·집행·결정을 직접 행사할 수는 없음

| 구분 | 계선 조직 | 참모 조직 |
| --- | --- | --- |
| 형태 | 계층적, 수직적 | 수평적 |
| 기능 | 목적 수행, 실제 집행 | 전문적 권고, 지원, 보조 |
| 권한과 책임 | 직접적인 지시와 명령권, 결과에 대한 책임 | 간접적인 권한 행사와 책임 |
| 업무 강조점 | 통일성, 능률성, 책임성 | 전문성, 개혁성 |

## 2. 조직의 유형

### (1) 파슨스(Parsons)의 사회적 기능 유형
조직이 수행하는 사회적 기능에 따라 분류(AGIL)

| 조직의 유형 | 기능 | 예시 |
| --- | --- | --- |
| 생산조직 | 사회 적응기능(Adaptation)<br>⊙ 환경에 적응하기 위해 필요한 자원과 시설 공급 | 기업체 조직 등 |
| 정치적 목표 지향조직 | 목표 달성기능(Goal attainment)<br>⊙ 사회의 공동목표 설정 및 달성 | 정부기관, 은행 등 |
| 통합조직 | 사회통합기능(Integration)<br>⊙ 구성원 간 결속과 통일 유지 | 법원, 정당, 사회통제기관 등 |
| 유형유지조직 | 잠재적 유형유지기능(Latent pattern maintenance)<br>⊙ 체제의 문화유형을 유지하고 새롭게 하는 잠재 기능 수행 | 공립학교, 대학, 교회, 박물관 등 |

> **POINT**
> 조직의 유형 분류 기준
> - **파슨스**: 조직이 수행하는 사회적 기능
> - **블라우와 스콧**: 조직의 수혜자
> - **칼슨**: 조직과 고객의 선택 가능 여부
> - **에치오니**: 조직이 사용하는 권력과 개인이 조직에 참여하는 형태
> - **카츠와 칸**: 조직의 본질적 기능

### (2) 블라우(Blau)와 스콧(Scott)의 1차적 수혜자 유형

조직의 혜택을 받는 주요 수혜자가 누구냐에 따라 분류

| 조직의 유형 | 1차적 수혜자 | 예시 |
|---|---|---|
| 호혜조직 | 구성원. 참여를 보장받는 데 관심 | 노동조합, 정당, 전문가 단체 |
| 사업조직 | 조직의 소유자. 이윤획득이 목표 | 산업체, 도매상, 소매상, 은행 |
| 공공조직 | 일반대중 | 군대, 경찰, 소방서 |
| 봉사조직 | 조직과 직접적으로 접촉하는 일반대중. 고객에게 서비스 제공 | 학교, 병원, 사회사업기관 |

### (3) 칼슨(Carlson)의 봉사조직 유형

조직과 고객이 서로를 선택할 수 있는 정도에 따라 분류

|  |  | 고객의 참여결정권 | |
|---|---|---|---|
|  |  | 유 | 무 |
| 조직의 고객선택권 | 유 | 유형 Ⅰ<br>야생조직(사립학교, 개인 병원, 공공복지기관 등) | 유형 Ⅲ<br>(이론적으로는 가능하나 실제는 없음) |
|  | 무 | 유형 Ⅱ<br>(주립대학) | 유형 Ⅳ<br>사육조직(공립학교, 정신병원, 형무소 등) |

| 조직의 유형 | 선택권 | 예시 |
|---|---|---|
| 유형 Ⅰ<br>(야생조직) | 조직과 고객 모두 독자적인 선택권을 가짐 ▶ 살아남기 위해 경쟁이 필수적 | 사립학교와 대학교, 개인병원, 공공복지기관 등 |
| 유형 Ⅱ | 조직이 고객을 선발할 권리는 없고 고객이 조직을 선택할 권리만 있는 조직 | 미국의 주립대학과 지역사회 대학 |
| 유형 Ⅲ | 조직은 고객선발권을 가지나 고객이 조직선택권을 가지고 있지 않는 조직 | 실제 존재하지 않음<br>(이론적으로만 가능) |
| 유형 Ⅳ<br>(사육조직) | 조직이나 고객 모두 선택권을 갖지 못하는 조직 ▶ 법적으로 존립을 보장받음 | 공립학교, 정신병원, 형무소 등 |

### (4) 에치오니(Etzioni)의 순응 유형

① 순응: 부하직원에게 행사하는 권력과 그 결과 부하직원이 조직에 참여하는 수준 간의 관계
② 행사권력과 참여 수준
  ㉠ 행사권력: 강제적 권력, 보상적 권력, 규범적 권력
  ㉡ 참여 수준: 소외적 참여, 타산적 참여, 헌신적 참여

|  | 행사 권력 |  | 참여 수준 |
|---|---|---|---|
| 강제적 권력 | 물리적 제재와 위협 | 소외적 참여 | 부정적 태도로 소극적으로 참여 |
| 보상적 권력 | 물질적 보상 | 타산적 참여 | 온건한 태도로 타산적으로 참여 |
| 규범적 권력 | 상징적 보상 | 헌신적 참여 | 긍정적 태도로 적극적으로 참여 |

③ 아홉 가지 순응 유형 중 1, 5, 9의 유형만이 효과적인 조직 유형

|  |  | 참여 수준 | | |
|---|---|---|---|---|
|  |  | 소외적 | 타산적 | 헌신적 |
| 행사 권력 | 강제적 | 1<br>강제조직 | 2 | 3 |
|  | 보상적 | 4 | 5<br>공리조직 | 6 |
|  | 규범적 | 7 | 8 | 9<br>규범조직 |

| 에치오니의 순응 유형 |

㉠ 강제조직: 부하직원의 활동을 통제하기 위한 수단으로 물리적 제재나 위협을 사용, 구성원은 소외적 참여. 목표는 질서 유지 ▶ 형무소, 정신병원
㉡ 공리조직: 부하직원에게 물질적 보상체제를 사용하여 조직을 통제, 구성원은 타산적으로 참여. 목표는 이윤 추구 ▶ 공장, 일반 회사, 농협 등
㉢ 규범조직: 규범적 권력을 사용, 구성원의 높은 헌신적 참여 유도. 목표는 새로운 문화의 창출과 계승, 활용을 중시 ▶ 종교단체, 종합병원, 전문직 단체, 공립학교 등

(5) **카츠(Katz)와 칸(Kahn)의 본질적 기능 유형**

| 조직의 유형 | 기능 | 예시 |
|---|---|---|
| 생산적(경제적) 조직 | 부를 창조하고 물품을 제조하며 용역 제공 | 1차 산업(농업, 어업, 축산업 등), 2차 산업(건설업, 제조업 등), 3차 산업(서비스업, 통신 분야 등) |
| 유지적 조직 | 사회화에 공헌 | 학교, 병원, 종교기관 |

| 적응적 조직 | 지식을 창출하고, 이론을 개발·검증하며, 사회문제 해결에 정보 적용 | 대학, 연구·조사기관 |
|---|---|---|
| 관리적(정치적) 조직 | 사회의 인적·물적 자원 분배, 하위체제에 대한 통제·조정·해결 | 정부 기관, 정당, 노동조합 |

## 02 조직풍토론

### 1. 할핀과 크로프트의 학교풍토론

(1) 특징
① 학교의 조직풍토를 설명하고 기술할 수 있는 조직풍토기술척도(organizational climate description questionnaire ; OCDQ)를 개발하여 학교풍토 연구
② OCDQ는 교사집단의 특징과 교장의 행동에 대한 교사들의 지각을 조사하여 학교의 조직풍토를 기술한 것. 교사들의 학교조직에 대한 관심도이자 교사들의 자기평가

+PLUS

학교 조직풍토
학교 구성원들이 공유하는 가치관, 신념, 행동의 표준이 되는 특성

(2) OCDQ의 구성요인

| 주체 | 유형 | 내용 |
|---|---|---|
| 교사<br>행동 특성 | 장애 | 교사들이 교장을 자기 일을 도와주는 사람이라기보다는 방해하는 사람으로 지각하는 정도 |
| | 친밀 | 교사들이 업무 외에 다른 교사들과 우호적인 인간관계를 유지하면서 사회적 욕구를 충족시키는 정도 |
| | 방임 | 교사들이 주어진 업무에 헌신하지 않고 이탈하려 하는 정도 |
| | 사기 | 교사들이 과업수행에서 욕구충족과 성취감을 느끼는 정도 |
| 교장<br>행동 특성 | 과업 | 교장이 직원에게 행사하는 적극적인 감독의 정도 |
| | 냉담 | 교장이 공식적이고 엄정한 행동을 나타내는 정도 |
| | 인화 | 교장이 따뜻하고 친절한 행동을 보이는 정도 |
| | 추진 | 교장이 역동적으로 학교를 잘 운영해 나가는 정도 |

(3) 학교풍토의 유형
① 개방적 풍토 : 목표를 향해 움직이고 학교 성원의 사회적 욕구를 충족시켜 주는 활기차고 생기 있는 조직풍토 ⓥ 사기, 추진↑
② 자율적 풍토 : 교장이 교사들 스스로가 상호 활동구조를 마련하도록 분위기를 조성하고, 사회적 욕구 충족을 위한 방법을 모색하도록 보장하는 자유보장적 풍토 ⓥ 친밀, 냉담↑
③ 통제적 풍토 : 과업수행을 강조하고 교사들의 사회적 욕구 충족을 소홀히 하는 풍토 ⓥ 장애, 과업↑
④ 친교적 풍토 : 교장과 교사 간 우호적이고 사회적 욕구는 잘 충족되나 목표성취 활동은 부족한 풍토 ⓥ 방임, 인화↑
⑤ 간섭적 풍토 : 교장이 공정성을 결여하고, 교사들에게 과업만을 강조하여 과업성취나 욕구충족 모두에 부적합한 풍토 ⓥ 방임, 과업, 인화↑
⑥ 폐쇄적 풍토 : 일상적이고 불필요한 일을 강조하고, 교사들의 불만이 고조된 비효율적 풍토 ⓥ 방임, 냉담↑

암기비법
개·자·통·친·간·폐

## 2. 개정된 초등학교용 OCDQ(호이와 미스켈)

### (1) 교사와 교장의 행동 특성

| 주체 | 유형 | 내용 |
|---|---|---|
| 교사<br>행동 특성 | 단체적 | 교사 간에 이루어지는 지원적이고 전문적인 상호작용의 정도 |
| | 친밀한 | 학교 안팎에서 교사들 간에 형성된 긴밀한 개인적 관계의 정도 |
| | 일탈적 | 교사들 간에 조성된 소외감과 격리감의 정도 |
| 교장<br>행동 특성 | 지원적 | 교사들에게 진실한 관심을 보이고 지원하는 정도 |
| | 지시적 | 교사들의 개인적 욕구에 전혀 관심을 두지 않는 엄격한 과업 지향의 정도 |
| | 제한적 | 교사들이 업무를 수행할 때 장애를 주는 정도 |

### (2) 학교풍토

|  |  | 학교장의 행동 | |
|---|---|---|---|
|  |  | 개방 | 폐쇄 |
| 교사의 행동 | 개방 | 개방풍토<br>(open climate) | 몰입풍토<br>(engaged climate) |
|  | 폐쇄 | 일탈풍토<br>(disengaged climate) | 폐쇄풍토<br>(closed climate) |

| 호이와 미스켈의 OCDQ-RE에 의한 학교풍토 유형 |

① 개방풍토 : 학교구성원 간 협동, 존경, 신뢰가 형성되고, 교장은 교사의 의견과 전문성을 존중하며, 교사는 과업에 헌신하는 풍토
② 몰입풍토 : 교장은 비효과적인 통제를 시도하지만, 교사는 이와는 별개로 높은 전문적 업무수행을 하는 풍토
③ 일탈풍토 : 몰입풍토와 반대로 학교장은 개방적이고 지원적인 반면, 교사는 학교장을 무시하거나 무력화하려 하고, 교사 간에도 불화하고 편협하며, 헌신적이지 않은 풍토
④ 폐쇄풍토 : 개방풍토와 반대로 교장은 일상적이거나 불필요한 잡무만을 강요하고 엄격한 통제를 나타내는 반면, 교사는 교장과 불화하고 업무에 대한 관심 및 책임감이 없고, 헌신적이지 않은 풍토

## 3. 리커트의 관리체제이론

**(1) 주요 내용**
① 학교를 포함한 조직의 특성을 측정하여 네 유형으로 구분
② 생산성이 낮을수록 체제 1에 가깝고 생산성이 높을수록 체제 4에 가까움

**(2) 유형**
① 체제 1-착취적이고 권위주의적 경영체제: 경영자는 부하를 신뢰하지 않고, 의사결정과 통제권이 최고경영자에게 집중된 형태
② 체제 2-자선적이고 권위주의적 경영체제: 경영자는 부하들에게 자선적인 태도와 신뢰를 가지고 정중하나 부하들은 의사결정에 거의 참여하지 않는 형태
③ 체제 3-자문적인 경영체제: 경영자는 부하를 완전치는 않으나 신뢰하고, 의사소통이 상하로 이루어지며 통제권이 아래로 위임된 형태. 주요 정책은 경영자가 결정하되, 구체적 의사결정은 부하에게 많이 위임
④ 체제 4-참여적 경영체제: 경영자는 부하를 완전히 신뢰하고 통제과정과 책임이 분산되고 참여에 의한 동기유발과 의사결정이 이루어지는 형태

## 4. 마일즈의 조직건강론

**(1) 개념**
① 조직건강이란 인간의 건강에 대응하는 것으로, 조직이 자체 유지능력을 가지고 환경과 역동적인 상호작용을 통해 구성원의 사기를 진작시키고 생산성을 제고할 수 있는 능력을 기술하는 지표
② 건강한 조직은 높은 생산성을 유지하고 새로운 환경에 적절히 적응하면서 발전. 건강하지 못한 조직은 생산성이 점차 낮아지고 환경에 대한 대처능력이 떨어져 결국 소멸
③ 조직건강의 핵심적인 관심은 변화에 대처해 나가고, 미래에 적응하기 위한 조직의 능력을 지속적으로 향상시키는 데 있음
④ 학교조직의 건강측정 변인을 과업달성변인, 조직유지변인, 성장발전변인의 세 가지로 구분하여 제시

> **PLUS**
> **조직건강**
> 조직체제의 기능을 효과적으로 발휘하고, 그 기능을 충분히 발휘할 수 있는 조직체제로 성장·발전할 수 있는 능력

(2) **조직건강 요인**

| | | |
|---|---|---|
| 과업달성 변인 | 목표에 대한 관심 | 조직목표가 합리적이고 명료하며 구성원에 의해 잘 수용됨 |
| | 의사소통의 적절성 | 수직적·수평적 의사소통이 이루어지며, 외부 환경과의 정보교신이 원활하게 이루어짐 |
| | 권력의 적정한 분산 | 영향력의 배분이 비교적 공정함 |
| 조직유지 변인 | 자원의 활용 | 구성원들을 효과적으로 활용 |
| | 응집력 | 조직과 구성원에 대한 신뢰를 바탕으로 끈끈한 애착이 있음 |
| | 사기 | 구성원이 행복과 만족감을 느낌 |
| 성장발전 변인 | 혁신성 | 새로운 절차를 만들고, 새로운 목표를 향해 움직이며, 새로운 산출을 만들고, 조직을 끊임없이 다양화하려 함 |
| | 자율성 | 외부의 요구에 수동적으로 반응하지 않고 환경의 요구에 주체적으로 반응 |
| | 적응력 | 조직의 자원으로 환경의 요구에 부응할 수 없을 때 스스로 조직 구조를 조정하며, 환경의 요구를 변화시켜 나감 |
| | 문제해결력 | 건강한 조직은 문제를 감지하고, 가능한 해결책을 강구하며, 효과성 측정을 위한 구조와 절차를 가지고 있음 |

05. 조직론

## 03 조직 문화론

### 1. 맥그리거의 X-Y이론

(1) 주요 주장
① 관리자가 구성원들을 어떻게 보는가에 따라 조직의 구조뿐만 아니라 조직의 운영이 달라짐
② 조직구성원을 바라보는 관리자의 관점을 인간 본성에 대한 두 가지 기본 가정에 기초하여 전개

(2) 조직의 구분
① X이론
  ㉠ 기본 가정: 인간은 일하는 것을 싫어하고, 회피하려 함. 지시받고 통제받는 것을 더 좋아함 ⊙ 인간을 부정적, 수동적으로 봄
  ㉡ 경영전략: 권위적이고 강압적인 리더십을 행사하거나(적극적 방법), 온정적 행정을 통해 설득하는 방법(온건한 방법)을 사용 ⊙ 강압, 통제, 지시
② Y이론
  ㉠ 기본 가정: 일하는 것은 놀거나 휴식을 취하는 것처럼 자연스러운 것. 인간은 적합한 조건하에서 책임감 추구 ⊙ 인간을 긍정적, 적극적으로 봄
  ㉡ 경영전략: 행정가는 구성원의 노력을 촉진시키고 지원하기 위해 조직의 조건과 운영방법을 정비 ⊙ 지원, 환경 정비

> **PLUS**
> • X이론적 문화: 외적 통제에 대한 믿음과 가정을 기초로 함
> • Y이론적 문화: 자율적 통제와 자기지향에 대한 가정을 바탕으로 함

### 2. 아지리스의 미성숙-성숙이론

(1) 주요 주장
① 조직 관리자는 조직구성원을 성숙한 인간으로 취급하고 그러한 문화풍토 조성을 위해 노력해야 함
② 미성숙한 인간(조직)과 성숙한 인간(조직)은 연속적으로 변화함

(2) 조직별 특성
① 미성숙 조직풍토(관료적 가치체제)
  ㉠ X이론에 바탕
  ㉡ 인간을 미성숙한 존재로 취급 → 의심 많은 인간관계가 형성되어 대인관계 능력을 저하시킴 → 집단 간 갈등 야기 → 조직의 문제해결력 저하

> **POINT**
> 효과적인 관리자 또는 지도자는 사람들이 미성숙한 상태에서 성숙한 상태로 발달하는 것을 도와주어야 함

② 성숙 조직풍토(인간적 가치체제)
  ㉠ Y이론에 바탕
  ㉡ 인간을 성숙한 존재로 취급 → 신뢰할 수 있는 대인관계 형성 → 대인관계 능력, 집단 간 협동, 융통성 증가 → 조직의 효과성 증대

| 미성숙한 인간과 조직의 특성 | 성숙한 인간과 조직의 특성 |
|---|---|
| 피동적인 태도 ──────────▶ | 능동적인 태도 |
| 의존적인 성향 ──────────▶ | 독립적인 성향 |
| 단순한 행동 ──────────▶ | 다양한 행동 |
| 얕고 산만한 관심 ──────────▶ | 깊고 강한 관심 |
| 단견적 비전 ──────────▶ | 장기적 비전 |
| 종속적 위상 ──────────▶ | 평등 지배적 위상 |
| 자의식의 결여 ──────────▶ | 주체적 자의식 |

| 미성숙-성숙의 연속선 |

### 3. 오우치의 Z이론

① 미국과 일본의 기업 비교연구
② 효과적으로 성공한 기업은 인간 중심의 공유된 가치를 특징으로 하는 독특한 기업문화를 가짐. 이러한 문화는 그 기업의 여러 속성에 의해 촉진됨
③ Z이론 조직 문화의 특성: 장기적 고용, 점진적 승진비율, 참여적 의사결정, 집단 의사결정에 대한 개인적 책무성, 전체적 성향

### 4. 세티아와 글리노우의 문화유형론

(1) 조직 문화 유형의 분류 기준
  ① 인간에 대한 관심: 조직이 구성원의 만족과 복지를 위해 노력하는 것
  ② 성과에 대한 관심: 구성원이 최선을 다해 직무를 수행하도록 하려는 조직의 기대

> **암기비법**
> 보·냉·통·실
> → 보냉되는 통이 실하다

(2) 조직 문화 유형
  ① 보호문화: 구성원의 복지 강조, 높은 성과를 강요하지는 않음. 대체로 조직의 설립자나 관리자의 온정주의적 철학에 의한 것
  ② 냉담문화: 인간과 성과, 모두에 무관심한 조직. 특별한 상황과 환경에 의해 보호받지 못하면 생존할 수 없음. 사기 저하와 냉소주의가 퍼져 있고, 관리자의 방임적 리더십에 의해 확산. 불신, 불확실, 혼란이 조직 문화 조장

③ 실적문화: 구성원의 복지에 대해서는 소홀, 높은 성과 요구. 인간을 소모품으로 간주
④ 통합문화: 성과와 인간에 대한 높은 관심을 나타내는 조직. 인간에 대한 관심은 온정적인 것이 아니라 인간의 존엄성을 바탕으로 한 진지한 관심

## 5. 스타인호프와 오웬스의 학교문화 유형론

### (1) 주요 내용
공립학교에서 발견될 수 있는 네 가지의 특유한 문화 형질을 통해 학교문화 분류

### (2) 학교문화 유형
① 가족문화: 가정이나 팀의 비유를 통해 설명. 구성원은 의무를 넘어 서로에 대한 관심을 가지고, 가족의 한 부분으로서 제 몫을 다하기를 요구받음. 가족으로서 학교는 애정 어리고 우정적이며, 때로는 협동적이고 보호적
② 기계문화: '기계'에 비유. 모든 것을 기계적인 관계로 파악. 학교는 목표 달성을 위해 교사를 이용하는 하나의 기계
③ 공연문화: 학교는 공연장(cabaret)으로 비유. 교장은 곡마단 단장, 공연의 사회자, 연기 주임 등으로 간주. 명지휘자에 의해 이루어지는 공연과 같이 훌륭한 교장의 지도 아래 탁월하고 멋진 가르침을 추구
④ 공포문화: 학교는 전쟁터나 혁명 상황, 혹은 긴장으로 가득 찬 악몽. 교장은 자기 자리를 유지하기 위해 무엇이든지 희생의 제물로 삼을 준비가 되어 있음. 교사들은 고립된 생활을 하고, 사회적 활동이 거의 없음. 냉랭하고 적대적

**암기비법**
가·기·공·공

**PLUS**
조직 문화 측정 결과 가족문화와 기계문화 유형의 학교가 대부분을 차지하는 것으로 나타남

05. 조직론

## 04 학교조직의 특성

### 1. 민츠버그의 전문적 관료제

**(1) 개념**

학교는 관료제가 갖는 여러 특성을 갖고 있으나, 전문조직으로서의 상반된 가치가 강력히 작용하는 곳

**(2) 관료제적 특성**

① 분업과 전문화: 초·중등학교가 분리되어 운영되고, 각 교과별로 교육목표와 과정이 짜여짐. 교수활동과 행정의 분리. 부서별 직무분담. 자신이 맡은 업무를 엄격하게 구분하는 교사자격증제도 도입
② 몰인정지향성: 교육활동이나 행정업무는 사사로운 감정에 치우치지 않는 비인정성
③ 권위의 계층: 교장, 교감, 부장교사, 교사 등의 순으로 위계를 이룸
④ 규칙과 규정: 학교의 모든 활동은 각종 법률이나 규정과 규칙에 근거하여 수행. 복무지침, 내규, 업무편람 등을 규정하여 교직원들의 행동 규제
⑤ 경력지향성: 경력이 많은 교원이 보수와 승진 등에서 유리

**(3) 전문직적 특성**

① 교사는 고도의 교육을 받은 전문가
② 교사들은 독립적인 한정된 교실에서 학생을 가르치면서 상당한 자유재량권을 행사
③ 교사는 감독이나 직무수행의 통일된 표준을 갖기 어려움
④ 학교에서 교사를 전문가로 인정. 의사결정에서 교사들의 더 많은 참여를 보장하고 있음

### 2. 조직화된 무질서 조직

**(1) 주요 내용**

① 코헨(Cohen)과 마치(March), 올슨(Olsen)이 주장
② 조직화는 되어 있지만, 구조화되어 있지 않거나 합리적 또는 논리적으로 파악될 수 없는 면을 가지고 있음을 강조

---

**PLUS**

**전문적 관료제**
학교의 특성은 단순한 관료제만으로는 설명이 불가능하며, 관료제와 전문직제의 혼합적인 조직 형태로서 전문적 관료제라고 설명할 수 있음

(2) 특징
　① 불분명한 목표: 교육조직의 목표는 수시로 변하며, 대립적인 목표가 상존하고, 구성원마다 다르게 규정
　② 불확실한 기술: 교육조직의 기술이 불명확하고 구성원들에게 잘 알려져 있지 않음. 어떤 방법과 자료를 활용해야 학습자들이 요구된 목표에 도달할 수 있는지에 대해 교사, 행정가, 장학 담당자 간의 합의된 견해가 없음
　③ 유동적 참여: 학생들은 입학한 후 일정한 기간이 지나면 졸업. 교사와 행정가도 때때로 이동하며, 학부모와 지역사회 관계자도 필요 시에만 참여

## 3. 이완조직

(1) 주요 내용
　① 웨이크(Weick)는 학교를 이완조직(loosely coupled system)이라는 개념으로 설명
　② '이완', 즉 '느슨한 결합'이란 연결된 각 사건이 서로 대응되는 동시에 각각 자체의 정체성을 보존하면서 물리적·논리적 독립성을 갖는 것
　③ 학교조직은 특성상 자율성과 자유재량권을 가지고 있으며, 때로는 교사도 형식적인 교장의 지시와 통제를 받을 뿐임

(2) 이완조직의 특성
　① 환경 변화에 적응하기 위해 한 조직에서 이질적인 요소가 공존하는 것을 허용
　② 광범한 환경 변화에 대해 민감
　③ 국지적인 적응을 허용
　④ 기발한 해결책의 개발을 장려
　⑤ 다른 부분에 영향을 주지 않는 한 체제의 일부분이 분리되는 것을 용납
　⑥ 체제 내의 참여자에게 보다 많은 자유재량권과 자기결정권 제공

## 4. 이중조직

(1) 개념
학교는 느슨하게 결합된 측면도 있지만 엄격한 관료제적 특성 또한 지니고 있음

(2) 특징
　① 수업활동에서 교장과 교사는 느슨한 결합의 관계
　② 수업을 제외한 많은 학교경영 활동(인사관리, 학생관리, 시설관리, 재무관리, 사무관리 등)에서는 교장과 교사가 보다 엄격한 결합 관계를 보임

---

**+PLUS**

- **이완결합**: 연결된 각 부분이 서로 반응적이기는 하나 동시에 각각 자체의 정체성을 가지며 물리적·논리적으로는 독립성을 갖는 것
- **이완결합조직**: 조직의 하위체제와 수행할 업무들이 상호 관련되어 있으나 그것들이 각각 자주성과 개별성을 유지하며 느슨하게 결합되어 있는 조직

## 5. 홀의 관료적 구조론

### (1) 주요 주장
① 홀은 조직의 관료화 정도를 측정하기 위해 관료적 구조의 여섯 가지 핵심 특징을 제시
② 학교에는 완전히 통합된 하나의 관료제가 존재하는 것이 아니라 독특하게 구별되는 두 가지 패턴의 합리적 조직이 함께 존재

📖 **학교상황에서의 두 가지 합리적 조직 유형**

| 조직 패턴 | 조직특징 |
| --- | --- |
| 관료적 | • 권위의 위계(hierarchy of authority)<br>• 구성원들에 대한 규칙(rules for incumbents)<br>• 절차의 구체화(procedural specifications)<br>• 몰인정성(impersonality) |
| 전문적 | • 기술적 역량(technical competence)<br>• 전문화(specialization) |

### (2) 학교조직 구조의 유형
관료적 패턴과 전문적 패턴의 상호결합 관계를 바탕으로 네 가지 유형 제시

| | | 전문적 패턴 | |
| --- | --- | --- | --- |
| | | 높음 | 낮음 |
| 관료적 패턴 | 높음 | Weber형 | 권위주의형 |
| | 낮음 | 전문형 | 무질서형 |

| 학교조직 구조의 유형화 |

① **베버형**: 전문적 패턴, 관료적 패턴 모두 높으며, 상호 보완적인 관계에 있는 구조. 베버가 기술한 이상적 관료제 형태와 비슷
② **권위주의형**: 전문적 패턴은 낮고, 관료적 패턴은 높음. 관료적 권위를 강조하고 권위는 직위와 위계에 토대를 둠. 규칙, 규제, 명령에 대한 복종이 조직운영의 기본 원리
③ **전문형**: 전문적 패턴은 높고 관료적 패턴은 낮음. 실질적인 의사결정이 전문직 구성원들에게 위임되어 있는 구조. 구성원들은 조직의 중요한 의사결정을 할 수 있는 전문지식과 능력을 갖춘 전문가로 간주
④ **무질서형**: 전문적 패턴도 낮고 관료적 패턴도 낮음. 따라서 혼란과 갈등이 일상 조직운영에서 나타나며, 모순, 반목, 비효과성이 조직 전반에 나타남

## 6. 학습조직

### (1) 개념
셍게(Senge)가 정의. 학습조직이란 교사들이 정보를 공유하고, 협력적인 학습활동을 전개하며 지속적으로 새로운 지식을 창출하여 학교의 환경 변화에 적응해 나가는 조직

### (2) 학습조직의 원리
① 개인적 숙련(personal mastery): 개인이 추구하는 지식, 기술, 태도를 형성하기 위해 개인적 역량을 지속적으로 넓혀가고 심화시켜 가는 행위
② 정신적 모형(mental model): 주변에서 발생하는 현상들을 이해하는 인식체계. 교사들이 자신의 생각과 관점들을 성찰하고 객관화하여 자신의 행동과 선택에 영향을 미치는 사고의 틀을 새롭게 하는 훈련
③ 비전의 공유(shared vision): 조직이 추구하는 방향이 무엇이며, 그것이 왜 중요한지에 대해 구성원들이 공감대 형성
④ 팀 학습(team learning): 구성원들이 팀을 이루어 학습하는 것으로 개인 수준의 학습을 증진시키고, 조직학습을 유도
⑤ 시스템 사고(system thinking): 조직에서 일어나는 여러 사건들을 전체적으로 인지하고 이에 포함된 부분들 사이의 순환적 인과관계 또는 역동적인 관계를 이해하고 사고하는 접근 방식

> ■ **전문적 학습공동체(professional learning community)**
>
> **1. 개념**
> ① 교사의 전문성을 신장시키고 학생들의 학습 증진을 위해 함께 배우고 탐구하고 실천하는 교사들의 집단(서경혜, 2009)
> ② 교사의 전문성 향상과 학생들의 학업 성취 신장을 목적으로 구성된 모임(권낙원, 2007)
>
> **2. 필요성**
> ① 학생의 학업 성취도 향상: 학생의 학습증진에 중점을 두고 협력하여 학습하므로 학생들의 성취도 향상에 효과적. 전문적 학습공동체는 학생에게 초점을 두고 있으며, 교육과정상 학생이 이수해야 할 내용과 진도에 대한 책임을 공유함
> ② 교사의 전문성 신장: 교사들 간에 서로 협력하여 학습하며, 배운 것을 현장에서 실천하는 과정을 통해 교사의 수업을 개선하고 전문성 신장
> ③ 학교 조직 문화 개선: 교사들이 협력적 학습활동에 자발적으로 참여하는 과정에서 협력적 학교 조직 문화 형성

**PLUS**

**정신적 모형(정신모델)**
정신적 모형의 훈련을 위해서는 성찰과 탐구가 필요
- **성찰**: 개인의 신념체계나 교직에 대한 가정이 어떻게 형성되었는지 인식하고 반문하는 과정
- **탐구**: 자신의 세계관 신념체계를 다른 사람과 공유하고, 다른 사람의 다양한 관점과 사고를 수용하면서 새로운 통찰력을 얻어 가는 과정

### 3. 전문적 학습공동체의 특징(구성요인)
① 가치·규범·비전의 공유: 전문적 학습공동체 구성원들이 학생과 교사의 역할, 학생의 학습 능력, 교수·학습활동 개선에 대한 공통적인 신념과 가정, 교수·학습활동 개선을 위해 새로운 아이디어나 교수 방법의 시도를 중요시하는 가치를 공유함을 의미
② 협력: 구성원들이 공동의 목표를 이루기 위해 상호의존적으로 작업해야 하고, 그것이 가능하기 위해서는 협력문화를 이루는 것이 필요
③ 지원적 환경: 교사들이 전문적 학습공동체를 통해 가치·규범·비전을 공유하고 협력적 실천이 이루어지기 위해서는 시간과 공간 등의 환경이 제공되어야 함
④ 반성적 실천성: 전문적 학습공동체에는 공동체에서 나눈 앎을 비판적으로 승화시키고, 이를 교실 속에서 실천하는 반성적 탐구와 집단성장의 과정이 반영되어 있음

## 05 조직과 갈등

### 1. 갈등의 순기능과 역기능

**(1) 순기능**

① 갈등을 해소하는 과정에서 조직이 당면하고 있는 문제들을 건설적으로 해결
② 갈등 해소를 위한 새로운 방식 추구는 조직혁신과 변화를 유도할 뿐만 아니라 변화를 수용하게 함
③ 의사결정과정에서 조직구성원에게 갈등을 의도적으로 유발시키는 것이 바람직할 때도 있음. 하나 또는 둘 이상의 반대의견을 체계적으로 제기하게 함으로써 집단사고의 부정적 영향을 줄일 수 있음
④ 조직구성원들이나 부서 간의 경쟁으로 유발된 갈등이 조직에 유익하게 작용할 수도 있음. 경쟁은 조직성과를 높이는 데 기여하며, 서로 협력할 필요가 없는 조직구성원들 간의 적절한 경쟁적 분위기는 조직에 유익하게 작용

**(2) 역기능**

① 목표달성과정에서 갈등문제 해결 때문에 조직의 힘이 분산되어 시간과 비용 낭비
② 조직구성원의 심리상태에 부정적 영향. 갈등은 조직구성원들에게 적개심, 긴장 및 불안감, 스트레스 등을 경험하게 함
③ 오랫동안 갈등이 계속되면 조직 내의 신뢰성 있는 분위기 형성이 어려움
④ 상호작용을 해야 할 당사자들 간의 갈등은 조직성과에 부정적 영향을 미침

| 순기능 | 역기능 |
| --- | --- |
| • 새로운 아이디어 유도 | • 업무에 대한 에너지 분산 |
| • 창조성 유발 | • 심리적 안정상태 위협 |
| • 변화 촉발 | • 자원 낭비 |
| • 조직의 생동감 제고 | • 부정적 조직분위기 |
| • 문제해결 촉진 | • 집단응집력 파괴 |
|  | • 적대심과 공격적 행위 표출 |

## 2. 토마스의 갈등처리방안

### (1) 주요 내용
조직 내의 갈등을 처리하는 방식을 크게 협조성과 독단성의 두 차원으로 구분하고, 이 두 차원을 결합하여 다섯 가지의 해결책 제시

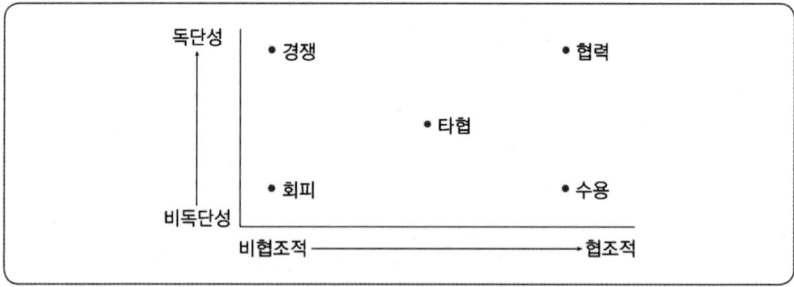

| 토마스의 갈등해결 유형 |

### (2) 갈등처리 유형

① 경쟁형
- ㉠ 개념: 상대방을 희생시키고 자신의 갈등을 해소하는 유형
- ㉡ 적절한 상황
    - 신속한 결정이 요구되는 긴급한 상황
    - 중요하지만 인기 없는 조치가 요구되는 경우
    - 조직의 성장에 매우 중요한 문제일 때

② 회피형
- ㉠ 개념: 갈등이 없었던 것처럼 행동하여 의도적으로 피하는 방법
- ㉡ 적절한 상황
    - 쟁점이 사소한 것일 때
    - 해결에 들어가는 비용이 효과보다 클 때
    - 다른 문제가 해결되면 자연스럽게 해결될 수 있는 하위 갈등일 때
    - 사태를 진정시키고자 할 때

③ 수용형(동조형)
- ㉠ 개념: 좋은 인간관계 유지를 위해 자신의 욕구충족을 포기하더라도 상대방의 욕구를 충족시키려는 것
- ㉡ 적절한 상황
    - 자기가 잘못한 것을 알았을 때
    - 보다 중요한 문제를 위해 좋은 관계를 유지해야 할 때
    - 조화와 안정이 특히 중요할 때
    - 패배가 불가피하여 손실을 극소화해야 할 때

---

**POINT**
- **경쟁형**: 협조성↓, 독단성↑
- **회피형**: 협조성↓, 독단성↓
- **수용형**: 협조성↑, 독단성↓
- **타협형**: 협조성-, 독단성-
- **협력형**: 협조성↑, 독단성↑

④ 타협형
  ㉠ 개념: 다수의 이익을 우선하기 위해 양측이 상호교환과 희생을 통해 부분적 만족을 취함으로써 갈등을 해소하는 유형. 양쪽 다 손해를 보기 때문에 앙금이 남아 다른 갈등의 원인이 될 수도 있음
  ㉡ 적절한 상황
    • 복잡한 문제에 대한 일시적인 해결책을 얻고자 할 때
    • 당사자들의 주장이 서로 대치되어 있을 때
    • 목표 달성에 따른 잠재적인 문제가 클 때
⑤ 협력형
  ㉠ 개념: 양쪽이 다 만족할 수 있는 갈등해소책을 적극적으로 찾는 방법으로, 양자에게 모두 이익을 주는(win-win) 최선의 방법
  ㉡ 적절한 상황
    • 합의와 헌신이 필요할 때
    • 양자의 관심사가 매우 중요하여 통합적인 해결책만이 수용될 수 있을 때
    • 관계증진에 장애가 되는 감정을 다루어야 할 때
    • 목표가 학습하는 것일 때

05. 조직론

## 06 의사소통

### 1. 조해리의 창

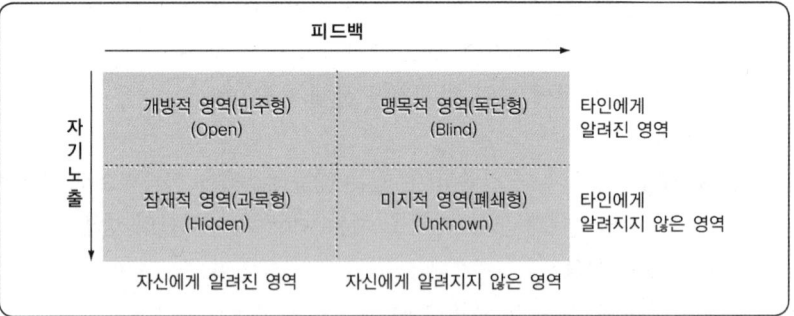

(1) **주요 내용**
① 자아개방과 피드백이라는 두 가지 개념을 설명하기 위해 조셉 루프트(Joshph Luft)와 해리 잉햄(Harry Ingham)에 의해 고안된 의사소통 기법
  ㉠ 자아개방(자기노출): 자신의 입장을 분명하게 보여주고 남에게 자신을 보여줌으로써 타인이 나를 알 수 있게 하는 행위
  ㉡ 피드백: 나에 대한 정보를 타인을 통해 얻게 되는 행위
② 이 결합관계에 따라 인간은 다른 사람과 의사소통을 할 때 영향을 주는 자신에 관한 네 가지 종류의 정보에 대해 알 수 있음

(2) **영역**
① 개방적 영역(open area): 자신에 관한 정보가 본인과 타인에게 잘 알려져 있는 영역 ▶ 민주형
② 맹목적 영역(blind area): 자신에 대해 남들은 알고 있는데 정작 본인은 모르고 있는 영역. 타인으로부터 자신에 대한 의견을 알지 못할 때에는 이 부분이 더 넓어져 의사소통에서 자신의 주장을 앞세우고 타인의 의견은 불신하고 비판하여 수용하지 않는 영역 ▶ 독단형
③ 잠재적 영역(hidden area): 자기 자신에 대해 다른 사람들은 전혀 모르고 있고 본인만이 알고 있는 정보로 구성. 마음의 문을 닫고 자기에 관해서 남에게 내보이지 않는 영역 ▶ 과묵형
④ 미지의 영역(unknown area): 나에 대해서 자기 자신은 물론 타인도 모르는 정보로 구성 ▶ 폐쇄형

## 2. 의사소통의 원칙

① **명료성**: 의사전달 내용이 명확해야 함. 피전달자가 분명하고 정확하게 이해할 수 있도록 간결한 문장과 쉬운 용어 사용
② **일관성**: 일치성, 의사소통 내용의 전후 일치. 즉 무모순성을 의미하며, 조직의 목표와도 부합되어야 함
③ **적시성**: 필요한 정보는 필요한 시기에 적절히 투입되어야 함. 의사전달이 가장 효율적으로 이루어질 수 있는 적절한 시기를 놓쳐서는 안 됨
④ **분포성**: 배포성. 모든 정보가 의사소통의 모든 대상에게 골고루 전달되어야 함. 의사소통의 내용은 모든 사람들이 알 수 있도록 공개되어야 함
⑤ **적응성**: 융통성. 의사소통의 내용이 상황에 맞게 융통적으로 적응할 수 있어야 함. 즉, 구체적인 상황에 적응할 수 있는 현실 적합성을 의미
⑥ **통일성**: 조직 전체의 입장에서 동일하게 수용된 표현이어야 함
⑦ **적량성**: 적정성. 과다하지도 과소하지도 않은 적당량의 정보를 전달해야 함
⑧ **관심과 수용**: 전달자가 피전달자의 주의와 관심을 끌 수 있어야 하고, 피전달자가 정보를 수용할 수 있어야 함

# Chapter 06 장학행정

## 01 장학의 개관

### 1. 장학의 개념과 기능

(1) 장학의 개념
① 교사의 수업 개선 및 수업 전문성을 향상시키기 위해 행해지는 종합적인 활동
② 학교조직이 학생의 학습을 촉진시키기 위해 교사의 행위에 영향을 미치는 행위

(2) 장학의 기능
① 교원의 성장·발달을 돕는 기능: 교원들로 하여금 교직생활과 관련된 제반 영역에서 필요한 가치관, 신념, 태도, 지식, 기능, 행동 등을 갖추도록 도움
② 교육과정 운영의 효율화를 돕는 기능: 교육목적 달성을 위해 학생들에게 제공되는 교육내용 및 교육활동에 대한 개발·운영·평가에 있어서 효과를 높이도록 도움
③ 학교경영의 합리화를 돕는 기능: 학교체제 내의 인적, 물적, 재정적 자원을 효과적으로 유지·통합·운영하고, 제반 교육활동 기능을 최적화하도록 도움

### 2. 장학의 발달과정

(1) 관리장학 시대(1750~1930)
① 19세기 후반에 공교육제도가 정착되면서 별도의 시학관을 임명하여 학교의 인원과 시설 및 재정 등을 점검하고 검열함. 행정의 연장이며, 권위주의적이고 강제적인 방법으로 장학이 이루어짐
② 20세기 들어 과학적 관리론의 영향으로 능률과 생산성을 강화하는 과학적 장학 강조
③ 과학적 장학은 행정적 차원에서 정교화되어 관료적 장학으로 정착됨. 관료적 장학은 관료제적 특성을 활성화하여 장학활동의 능률을 제고하고자 하는 것

(2) **협동장학 시대(1930~1955)**
   ① 1930년대 인간관계론이 부상하면서 인간적이고 민주적인 장학으로 변화
   ② 진보주의 운동의 시기로 학교 교육에서 아동중심 교육 강조
   ③ 장학활동의 핵심도 장학담당자로부터 교사에게로 전환됨. 최소한의 장학이 최선의 장학으로 간주됨

(3) **수업장학 시대(1955~1970)**
   ① 학문중심 교육이 강조되면서 교육과정 개발자로서 장학사의 역할이 중시됨
   ② 장학담당자들은 각 전문교과의 전문가가 되었으며, 교육내용을 선정·조직하고 교사들과 함께 교육 프로그램을 제작·보급하는 것을 주요 임무로 삼음
   ③ 교육과정 개발과 함께 장학의 초점을 수업에 맞추어 임상장학, 마이크로 티칭기법, 현장 연구 등의 장학 기법 등장

(4) **발달장학 시대(1970~현재)**
   ① 수업장학과는 별도로 인간관계론 시기의 협동장학에 대한 새로운 대안이 모색되었음. 이 시기에 주목되는 경향은 신과학적 관리론에 바탕을 두고 나타난 수정주의 장학과 인간자원 장학
   ② 수정주의 장학 : 인간관계론 시기 협동장학에 대한 반발로 나타남. 인간관계론보다 과학적 관리의 통제와 효용 등을 보다 강조. 교사의 능력계발, 직무수행 분석, 비용-효과 분석 등이 강조되며, 교사 개인에 대한 관심보다 학교경영에 관심을 보임
   ③ 인간자원장학 : 학교의 목표실현을 통해 교사의 만족을 추구. 인간에 대한 관심을 관리 수단이 아닌 관리 목적으로 삼음. 장학사는 교사와 함께 의사결정함으로써 학교의 효율성이 증대되고 이를 통해 교사의 만족도가 증가하여 성공적 학교로 변화할 수 있다고 봄

> **PLUS**
> - **인간관계 장학** : 의사결정과정에 교사 참여 → 교사의 직무만족도 향상 → 학교 교육의 효과성 증대
> - **인간자원 장학** : 의사결정과정에 교사 참여 → 학교 교육의 효과성 증대 → 교사의 직무만족도 향상

> **PLUS**
> **인간자원장학**
> 인간의 가능성을 신봉하며, 인간은 일을 통한 자아실현을 추구한다는 기본 가정하에 학교과업 성취를 통한 직무만족에 초점을 두는 인본주의적 특징을 가짐

06. 장학행정

## 02 장학의 유형

### 1. 장학의 유형

(1) **중앙장학**
중앙 교육행정기관인 교육부 내에서 이루어지는 모든 장학활동

(2) **지방장학**
지방 교육행정기관인 시·도 교육청과 하급 교육행정기관(교육지원청)에서 이루어지는 장학행정

(3) **지구별 자율장학**
① 개념: 지구 내 인접한 학교들 혹은 교원들 간에 교육활동 개선을 위해 상호 협력하는 활동
② 구체적인 활동
　㉠ 학교 간 방문 장학: 교육활동 상호 참관(공개 보고회, 공개 수업 등) 및 교육정보 교환, 학교 경영·학습지도·특별활동 개선방안 협의, 학교별 우수사례 발굴 홍보 및 일반화 협의, 지구별 교육 현안과제 협의 조정, 교원·학생 상호 간 학예활동 참관 및 체육교류 활동 등
　㉡ 교육연구 활동: 수업 및 평가방법 개선을 위한 공개수업, 논술지도를 위한 협의회·교과협의회(학습동아리)·방과 후 학교 협의회 구성 및 운영, 교육현장의 문제점 해결방안 및 공동 관심사에 관한 현장연구 발표, 교수·학습 자료 및 평가 자료 공동 제작 및 활용
　㉢ 학생 생활지도 활동: 교내외 생활지도 방법의 개선 협의, 초·중·고등학교 지구별 통합협의회 활동, 연말연시 방학 중 합동 교외지도, 지구별 학생선도협의회 운영, 청소년 단체 합동수련 활동 등
　㉣ 학예활동: 문예 백일장, 미술 실기대회, 독후감 쓰기 발표대회, 특별활동 발표회 및 전시회, 기타 소질 적성 계발 및 건전한 학생문화 정립을 위한 행사

(4) **교내장학**
① 학교에서의 교육활동을 성공적으로 수행할 수 있도록 교사를 지도하고 교사에게 조언하는 장학활동
② 교사의 수업활동을 개선하여 교육의 질을 향상시키기 위해 학교 내의 장학담당자가 교사들을 이끌고 도와주는 지도·조언 활동
③ 주로 교장, 교감, 보직교사에 의해 이루어지며, 경우에 따라 교육청의 장학사에 의해 이루어지기도 함

---

**PLUS**

**지구별 자율장학의 목적**
- 교원의 자질과 교육의 질적 향상 도모
- 학교 간 교원 간 유대 강화
- 수업공개를 통한 학교 특색의 일반화와 교수·학습 방법 개선

## 2. 교내장학의 유형

### (1) 임상장학

① 개념: 학급 내에서 교사와 학생 사이에서 이루어지는 상호작용 관계에 초점을 둔 장학활동. 장학담당자와 교사의 관계는 상하관계보다는 쌍방적 동료관계 지향

② 목적: 교사의 전문적 성장과 교실수업의 개선

③ 주요 특징
  ㉠ 교사의 수업기술 향상이 주된 목적
  ㉡ 교사와 장학담당자 간의 일대일 관계와 상호작용 중시
  ㉢ 교실 내에서 교사의 수업행동에 초점
  ㉣ 체계적이고 집중적인 지도·조언 과정

④ 절차: ㉠ 계획협의회, ㉡ 수업관찰, ㉢ 피드백 협의회의 3단계를 주로 사용
  ㉠ 계획협의회 단계: 장학담당자와 교사가 친밀한 관계를 형성하여 교사, 학습, 수업, 장학의 필요성 등에 대하여 상호이해, 사전계획 세우기, 상호약속을 하는 일종의 계약 단계
  ㉡ 수업관찰 단계: 계획협의회에서 약속한 대로 객관적 자료수집을 위해 교실을 방문하여 실제로 수업을 관찰하는 임상장학의 핵심적인 단계
  ㉢ 피드백 협의회(관찰 후 협의회) 단계: 수집된 자료를 놓고 협의하여 수업 개선과 수업기술 향상의 전략을 모색하는 단계

⑤ 장단점
  ㉠ 장점: 수업 개선을 위해 좀 더 체계적인 장학을 할 수 있음. 수업 개선을 위해 전문적인 지도를 받을 수 있음
  ㉡ 단점: 임상장학에 대한 부담 및 거부감이 큼. 준비와 시행에 많은 노력이 요구됨

### (2) 마이크로티칭

① 개념: 정식수업이 아닌 축소된 연습수업. 계획을 세워 수업하고 이를 녹화하여 되돌려 보면서 비평하고, 비평에 따라 재계획을 세워 수업하고 다시 녹화하여 재비평하는 식으로 반복하면서 수업기술을 향상시키는 장학방법

② 마이크로티칭의 절차
  ㉠ 준비 단계
    • 마이크로티칭의 개념 및 진행 과정 설명
    • 영상 등을 통한 시범
    • 주제와 상황을 선택하고 수업을 준비
  ㉡ 교수 단계
    • 모의수업 진행(영상 촬영)
    • 학생 역할을 하며 강의자의 모습 관찰, 평가

---

**PLUS**

**임상장학**
- 실제 교수 행위를 직접 관찰하여 자료를 수집하고, 수업 개선을 위해 장학담당자와 교사의 대면적 상호작용 속에서 교사의 행위와 활동을 분석하는 수업장학의 한 양상
- 임상(clinical)은 병상에서 환자를 관찰하고 치료한다는 의미로 실제 학습에서 수업상황을 관찰하며 수업을 개선해나간다는 의미로 볼 수 있음

**Keyword**
#축소된 연습수업
#녹화 후 비평

**PLUS**

**축소된 연습수업**
실제 수업이 아니라 시간은 7~20분, 학생은 3~10명의 소집단으로 시간과 대상을 축소하고, 학습주제도 한두 주제만 가지고, 교수기술에 초점을 둔 연습수업

ⓒ 평가 단계
- 수업 진행과 교수기술 평가
- 영상 기록과 체크리스트 사용

③ 장점
ⓐ 수업자의 강점과 약점을 금방 발견할 수 있음
ⓑ 즉각적인 피드백을 줄 수 있음
ⓒ 새로운 교수자료와 기술을 시험 적용하는 데 사용될 수 있음
ⓓ 경험 있는 교사가 경험이 적은 교사를 지도하는 동료장학에서 사용할 수도 있으며, 교사 혼자서 자기분석하기에도 적합

(3) **동료장학**
① 개념: 수업의 개선을 위해 교사들이 서로 협동하는 장학의 형태
② 동료장학의 유형
ⓐ 수업연구중심 동료장학: 수업연구 또는 수업공개를 중심으로 한 유형. 동 학년 교사들 또는 동 교과 교원들이 공동으로 수업공개를 계획하고, 수업을 관찰하며, 이에 대한 의견 교환
ⓑ 협의중심 동료장학: 동료교사들 간에 공식적이거나 비공식적인 일련의 협의를 통하여 어떤 주제에 관하여 서로 경험, 정보, 아이디어, 도움, 충고, 조언 등을 교환하거나 서로의 공동 관심사 협의 혹은 공동과업을 추진하는 활동
ⓒ 연수중심 동료장학: 각종 자체 연수를 계획, 추진, 평가함에 있어 공동 연구자로서 서로 경험, 아이디어를 교환하고, 때로는 강사나 지원인사로서 공동으로 협력하는 동료장학

③ 장점
ⓐ 다른 장학에 비해 거리감이 적고 동료의식이 강하기 때문에 자유로운 의사 교환과 피드백 가능
ⓑ 대상 교사 및 대상 학생의 장단점을 잘 알고 실제적 경험을 바탕으로 지도·조언 가능
ⓒ 장학 인력의 부족 문제와 장학담당자의 방문 평가에 대한 교사의 거부감 문제 해결 가능
ⓓ 엄격한 훈련이나 협의회 절차를 거치지 않아도 되므로 교사들이 이용하기 편리함

(4) **자기장학**
① 개념: 교사 스스로 자신의 전문성 신장을 위해 계획을 수립하고 실천해 나가는 것. 신규 교사보다는 혼자 일하기를 좋아하거나 경험이 많고 유능한 교사에게 적합

---

**PLUS**
수업연구중심 동료장학의 절차
계획수립 → 수업관찰 → 피드백 협의회

**PLUS**
협의중심 동료장학의 주제
교과지도 외에도 교사의 교직관, 생활지도, 특별활동 지도, 교육기자재 활용, 학부모·지역사회와의 유대, 학급경영 등 다양한 주제 가능

② 자기장학의 주요 방법
    ㉠ 자신의 수업을 녹음 또는 녹화하여 스스로 분석·평가
    ㉡ 자신의 수업이나 생활지도, 학급경영 등과 관련하여 학생들과의 만남이나 학생들을 대상으로 한 의견조사 실시
    ㉢ 교직·교양·전공과목과 관련된 서적 및 잡지, 연구논문 등 문헌연구와 다양한 정보자료 활용
    ㉣ 야간대학, 방송통신대학 등의 과정 또는 대학원 과정 수강을 통하여 전문성 신장
    ㉤ 전문기관 또는 교육청 등을 방문하여 교육전문가나 교육행정가·장학담당자들과의 면담을 통한 지도·조언과 정보 입수
③ 장점
    ㉠ 자신의 개성과 적성에 맞는 방법으로 자유롭게 수업개선 도모
    ㉡ 다른 장학에 비해 부담감이 덜함
    ㉢ 자기성취감과 자기만족을 가질 수 있음
④ 단점
    ㉠ 수업개선을 위한 다양한 방법을 알지 못하는 경우 실패할 수 있음
    ㉡ 학습의 진전은 근본적으로 타인과의 상호작용을 통해 이루어지므로 한계가 있음

**(5) 약식장학**
① 개념
    ㉠ 단위학교 교장이나 교감이 간헐적으로 짧은 시간(5~10분) 동안 학급순시나 수업참관을 통하여 교사들의 수업 및 학급경영활동을 관찰하고, 교사들에게 지도·조언을 제공하는 과정
    ㉡ 단위학교에서 일상적으로 빈번하게 수행되기 때문에 일상장학이라고도 부름
    ㉢ 미리 준비한 수업활동이나 학급경영활동이 아닌 평상시의 자연스러운 수업활동이나 학급경영활동을 관찰할 수 있음
② 약식장학의 특징
    ㉠ 원칙적으로 교장이나 교감의 계획과 주도하에 전개
    ㉡ 간헐적이고 짧은 시간 동안의 학급순시나 수업참관을 중심 활동으로 함
    ㉢ 다른 장학 형태에 대하여 보완적이고 대안적 성격

**(6) 선택적 장학**
① 개념 : 교사의 상황과 특성에 따라 적합한 장학이 선택되어야 한다는 점을 강조하는 장학
② 글래드혼(Glatthorn)의 선택적 장학 : 교사의 특성에 따라 적합한 장학 제시

---

**PLUS**
**자기장학의 절차**
- **계획수립** : 연구할 과제 선정, 구체적인 활동계획 수립, 교장·교감과 협의하여 최종 확정
- **실행** : 수립된 계획에 따라 장학활동 전개
- **결과협의** : 결과에 대해 교사 스스로 분석·평가, 장학담당자인 교장 및 교감과 의견교환

**PLUS**
**유의점**
- 공개적이어야 하며, 교장이나 교감이 담당
- 계획적으로 정해진 일정에 의해 이루어져야 함
- 학습중심적. 관찰내용에 대한 피드백 필요

| 장학의 종류 | 교사의 특성 |
|---|---|
| 임상장학 | 초임교사, 경험 있는 교사 중 특별한 문제가 있는 교사 |
| 자기장학 | 경험 있고 능숙하며, 자기분석 및 자기지도의 기술을 가지며, 혼자 일하기 좋아하는 교사 |
| 동료장학 | 모든 교사 |
| 약식장학 | 모든 교사에게 해당되지만, 임상장학이 필요치 않은 경험 있고 능숙한 교사, 다른 장학 방법을 원하지 않는 교사 |

③ 버든(Burden)의 장학선택과 교사경력 발달단계
  ㉠ 생존단계(경력 1년): 구체적, 기술적 교수기능에 대한 도움이 필요하므로 약식장학, 임상장학 등 지시적 방법이 효과적
  ㉡ 조정단계(경력 2~3년): 장학담당자와 교사가 책임 공유, 문제해결, 상호협의를 중시하는 협동적 동료장학이 적합
  ㉢ 성숙단계(경력 5년 이상): 자기장학이 효과적

## 3. 컨설팅 장학

(1) 개념

교원의 자발적인 의뢰를 바탕으로 교사의 전문성을 계발하기 위해 교내외의 전문성을 갖춘 사람들이 제공하는 조언활동. 장학담당자와 교사 간의 수평적 관계 속에서 이루어지고 교사의 자발성을 최대한 보장

(2) 컨설팅 장학의 절차
  ① 준비: 의뢰 및 접수, 예비 진단, 컨설턴트 배정·선택, 계획 수립, 계약
  ② 진단: 자료수집·분석, 상황인식, 활동 방향 설정
  ③ 해결방안 구안: 해결방안 구안·제안, 해결방안 선택
  ④ 실행: 실행 방안 안내·조언, 의뢰인의 실행
  ⑤ 종료: 평가, 피드백, 보고서 작성

(3) 컨설팅 장학의 원리
  ① 자발성의 원리: 의뢰인이 컨설팅에 관한 의사결정의 주체가 되어야 함
  ② 전문성의 원리: 의뢰한 과제 해결을 위해 전문성을 가진 컨설턴트에 의해 조언활동이 이루어져야 함
  ③ 독립성의 원리: 컨설턴트와 의뢰인 및 컨설팅관리자는 서로 독립적이고 수평적인 관계를 유지하면서, 유용한 의견교류가 이루어져야 함
  ④ 자문성의 원리: 컨설턴트는 의뢰인이 스스로 문제를 진단하고 해결할 수 있도록 자문을 해주는 역할을 해야 함
  ⑤ 한시성의 원리: 의뢰된 과제가 해결되면 컨설팅은 종료됨
  ⑥ 학습성의 원리: 컨설팅 장학의 과정이 의뢰인과 컨설턴트에게 학습의 과정이 되어야 함

**PLUS**
- 학교컨설팅: 학교의 요청으로 전문적 자격을 갖춘 사람들이 학교운영 책임자와의 계약에 따라 학교의 교육활동과 교육지원 활동 상황을 진단하고 도움을 제공하는 활동
- 수업컨설팅: 교사의 전문성 중 수업과 관련된 문제해결을 위해 도움을 요청한 교사에게 교내외의 수업컨설턴트가 학교컨설팅의 방법과 원리에 따라 제공하는 자문활동

# Chapter 07 교육기획과 정책

## 01 교육기획

### 1. 교육기획의 개념
① 미래의 교육활동을 준비하는 과정
② 미래의 교육활동에 대비하여 교육목표 달성을 위한 효과적인 수단과 방법을 제시함으로써 교육정책 결정의 효율성과 안정성을 보장해 주는 지적·합리적 과정

### 2. 교육기획의 유형
① 계획 기간에 따른 유형: 장기교육계획, 중기교육계획, 단기교육계획
② 수립 주체에 따른 유형: 국가교육계획, 지방교육계획, 학교교육계획
③ 계획 범위에 따른 유형: 부문교육계획, 종합교육계획

### 3. 교육기획의 접근 방법
(1) 사회 수요에 의한 접근 방법
① 특징: 교육에 대한 개인적 또는 사회적 수요를 기초로 교육기획을 수립하는 방법. 교육받기를 원하는 모든 사람에게 교육기회가 주어져야 한다는 원칙에서 이루어지는 기획방법임
② 방법: 현실적으로 많은 요인을 모두 고려하여 미래 상황을 추정하기는 매우 어렵기 때문에, 실제로는 인구성장률이 모든 단계의 교육 유형의 성장률이 될 것이라고 전제하고 단순하게 성장률을 추정하는 것이 보통
    예 인구 1% 증가 ➜ 초·중·고등교육 등 모든 단계의 교육도 1% 증가할 것으로 보고 추정
③ 장점: 인구 성장률을 활용하여 비교적 손쉽게 교육계획을 세울 수 있음
④ 단점
  ㉠ 교육에 대한 사회적 필요와는 동떨어진 교육계획을 수립할 가능성이 있음
  ㉡ 투자의 우선순위 등을 상세화하지 않고, 모든 교육수요를 충족시킬 만큼 자원의 여유가 없을 때 어떻게 해야 되는가에 대한 방안을 제시하지 못함

**+ PLUS**

교육기획의 효용성
• 미래에 대비
• 효과적으로 조직 지휘
• 합리성 제고(합리적 대안 선택)
• 업무 성과의 효과적 측정
• 효과적 통제 수단(계획과 일치하는지 확인)

(2) **인력 수요에 의한 접근 방법**
① **특징**: 사회가 필요로 하는 인력 수요를 고려하여 교육기회를 통제해 나가는 방법. 교육과 경제를 밀접하게 연결
② **방법**: 목표 연도의 인력 수요를 추정한 다음 그것을 교육자격별 인력 수요 자료로 전환하고, 추정된 노동력의 교육자격별 구조와 현재의 교육자격별 노동력 구조를 비교하여 부족분을 교육 수준별, 부문별로 보충
③ 장점
   ㉠ 교육과 취업, 나아가 교육과 경제성장을 보다 긴밀하게 연결하여 교육에 대한 계획을 수립할 수 있음
   ㉡ 교육운영에서 낭비를 줄여 효율성을 높일 수 있음
④ 단점
   ㉠ 교육과 취업이 반드시 1대 1의 대응관계를 갖지 않음
   ㉡ 교육과 취업 간의 시차 때문에 수급 측면에서 차질을 빚기 쉽고 예측이 어려움
   ㉢ 교육의 본래 목표와 다른 경제성장을 위한 인력공급이라는 외적 목적에 초점을 맞추어 교육의 본질을 훼손할 수 있음

(3) **수익률에 의한 접근 방법**
① **특징**: 교육에 투입된 경비와 산출된 효과를 금액으로 계산하고, 이를 기준으로 교육투자의 중점과 우선순위를 결정하려는 접근방법
② **장점**: 교육운영의 경제적 효율성을 제고시킬 수 있고, 비용-수익 분석을 통해 교육투자의 합리성을 제고할 수 있음
③ **단점**: 교육투입과 교육산출을 계산하는 방식이 다양하고 학자 간에도 합의된 것이 없어 측정이 어려움

(4) **국제 비교에 의한 접근 방법**
① **특징**: 국가의 발전 단계를 국제적으로 비교하여 발전된 나라의 발전모형을 참고하여 교육기획을 하는 방법. 주로 개발도상국가에서 적용
② **장점**: 유사한 외국의 경험을 모방하여 기획을 수립하므로 과정을 단순화할 수 있음. 계획 수립 자체가 쉽고 문제 예측이나 처치를 효율적으로 할 수 있음
③ 단점
   ㉠ 국가마다 교육의 제도나 운영방식이 다르기 때문에 한 국가에서 효과적인 방법이었다고 하더라도 자국에서는 비효과적일 수 있음
   ㉡ 각 나라의 전통과 사회문화적 배경이 다르고, 삶의 양식과 가치체계 등도 다르기 때문에 모방의 장점을 활용하지 못할 수 있음
   ㉢ 시차에 따른 변화와 조건 차이에 의해 효과가 반감될 수 있음

---

**PLUS**
- **투입**: 교육에 투입되는 비용
- **산출**: 교육을 받은 후에 기대되는 수입

## 02 교육정책결정 · 의사결정

### 1. 의사결정을 보는 관점(교육정책 형성의 관점)

(1) **합리적 관점**: 합리적 판단으로서의 의사결정
   ① 목표 달성을 위한 수많은 대안들 중에서 최적의 대안을 선택하는 입장
   ② 합리성에 대한 절대적인 믿음에 근거. 모든 선택과 의사결정에는 가장 최적의 방식이 항상 존재한다는 생각
   ③ 관료제 조직과 중앙집권적인 조직에 적합

(2) **참여적 관점**: 참여로서의 의사결정
   ① 의사결정을 관련 당사자 간의 논의를 통한 합의의 결과로 보는 입장
   ② 관료제 조직보다 전문직 조직에 적합

(3) **정치적 관점**: 타협으로서의 의사결정
   ① 조직에 대해 영향력을 행사하려는 수많은 이익집단의 존재를 전제하고, 의사결정을 이러한 이해집단 간 타협의 결과라고 보는 관점
   ② 갈등이 항상 존재하고 협상과 타협이 기본적 규칙으로 되어 있는 조직에 적합

(4) **우연적 관점**: 우연적 선택으로서의 의사결정
   ① 결정행위가 어떤 합리적인 사고나 합의 혹은 타협의 산물이라기보다는 우연적으로 결정된다는 입장
   ② 의사결정이 목표를 달성하기 위한 과정이라는 가정을 부정하고 여러 가지 요인이 복잡하게 조합된 결과로 나타난 하나의 우연적인 현상이라는 점을 강조
   ③ '조직화된 무질서' 혹은 '쓰레기통'으로 비유되는 특정한 조직상황에 적합

> **POINT**
> 우연적 관점 – 조직화된 무질서 조직 – 쓰레기통 모형

### 2. 의사결정모형(정책 형성의 기본 모형)

(1) **합리모형**
   ① 내용
      ㉠ 인간은 의사결정을 위해 필요한 모든 지식과 정보를 수집하고, 이를 객관적으로 분석 · 종합하여 최적의 대안을 선택할 수 있다는 인간의 전능성을 전제로 함
      ㉡ 조직의 목표 달성을 극대화하기 위한 최선의 해결책을 합리적으로 선택할 수 있다는 입장

② 한계점
　㉠ 인간을 합리적인 동물로만 파악하여 감정을 가진 심리·사회적 동물이라는 점 간과
　㉡ 인간은 전지전능하지 못하며, 문제 분석 능력에 한계가 있음
　㉢ 필요한 정보를 충분히 구하지 못하는 경우가 많음

(2) 만족모형(마치와 사이몬)
① 내용
　㉠ 합리성의 한계를 어느 정도 수용한 제한적인 합리성을 전제
　㉡ 최선의 결정은 절대적 의미에서 최고가 아니라 만족스러운 상태의 것이라는 생각을 반영하는 이론 모형
　㉢ 최적 대안보다는 만족스러운 대안을 선택할 수밖에 없다는 점을 밝힘으로써 합리모형이 가지는 현실적 한계를 극복할 수 있는 가능성 제시
② 한계점
　㉠ 만족한 상태를 결정하는 기준은 무엇이고, 그 기준을 구성하는 변수가 무엇인지를 제시하지 못함
　㉡ 만족의 정도는 주관적이기 때문에 보편타당성이 부족

(3) 점증모형(린드블럼)
① 내용
　㉠ 합리모형의 비현실성을 극복하기 위한 방안으로 제안된 모형
　㉡ 기존의 정책이나 결정을 점진적으로 수정해 나가는 것
　㉢ 획기적인 대안의 선택보다는 기본적인 목표의 틀 속에서 현행정책과 크게 다르지 않은 다소 향상된 정책결정에 만족하는 모델
② 의의: 첨예한 갈등이나 문제를 야기하지 않고 안정적인 정책결정과 집행을 할 수 있을 뿐만 아니라 정책에 대한 폭넓은 지지를 받기 쉽고 실현 가능성이 높은 대안을 선택할 수 있음
③ 한계점
　㉠ 적극적인 선의 추구보다는 소극적인 악의 제거에만 관심
　㉡ 지나치게 보수적이고 대중적
　㉢ 개혁이나 혁신적인 의사결정에는 부적합

(4) 혼합모형(에치오니)
① 내용: 기본 방향 설정은 합리모형을 적용하고 방향 설정 후 특정한 문제해결은 점증모형을 적용하는 방식으로, 두 모형의 특성과 장점을 혼합
② 의의: 합리모형과 점증모형의 장점을 혼합하여 나름대로 현실적이고 바람직한 방향 제시
③ 한계점: 새로운 모형이 아니라 절충, 혼합한 모형에 불과. 따라서 이론 모형으로서 가치는 떨어짐

---

**POINT**
**만족모형**
객관적인 자료를 바탕으로 여러 대안을 모색하지만, 최종 대안 결정 시에는 더 만족스러운 대안 선택

**POINT**
**점증모형**
기존 정책에서 한 발짝 더 수정하여 보다 개선된 대안 추구

**POINT**
**혼합모형**
합리모형과 점증모형의 혼합

(5) 최적모형(드로)
   ① 내용
      ㉠ 합리성과 초합리성을 동시에 고려하는 최적치를 추구하는 규범적인 모형
      ㉡ 정책결정이 합리성으로만 이루어지는 것이 아니며, 때때로 초합리적인 것, 즉 직관, 판단, 창의 등과 같은 잠재적 의식이 개입되어 이루어진다고 주장
      ㉢ 초합리적인 과정을 정책결정에서 불가결한 역할로 파악
   ② 의의: 초합리성의 개념을 도입함으로써 창의적이고 혁신적인 정책결정을 거시적으로 정당화할 수 있는 이론적 근거를 마련
   ③ 한계점: 달성 방법도 명확하지 않고 개념도 불명료한 초합리성이라는 개념에 의존. 비합리적 요소를 고려해야 한다는 것 외에는 합리모형의 범위를 크게 벗어나지 못함

(6) 쓰레기통 모형(코헨과 마치)
   ① 목표의 모호성, 목표 달성을 위한 방법적 체계의 불분명성, 유동적 참여 등을 특징으로 하는 '조직화된 무질서' 상황에서 일어나는 의사결정 모델
   ② 의사결정이 합리성에 근거하여 목표 달성을 위한 체계적인 과정에 의해 이루어지는 것이 아니라 의사결정의 요소들인 문제, 해결책, 참여자, 선택의 기회들이 서로 다른 시간에 우연적 요인에 의해 통 안에 모일 때 이루어진다는 것

### 3. 의사결정 참여모형

(1) 브리지스의 참여적 의사결정
   ① 수용영역: 구성원이 상급자의 어떤 의사결정에 대해서 의심할 여지 없이 기꺼이 받아들이는 영역
      ㉠ 조직구성원들이 의사결정의 수용영역 범위 안에 있느냐 아니면 밖에 있느냐에 따라 참여 여부 검토
   ② 참여수준의 기준
      ㉠ 적절성 검토: '의사결정에 구성원이 개인적 이해관계를 가지고 있느냐'의 질문에 따라 이루어짐
      ㉡ 전문성 검토: '의사결정 과정에서 구성원이 유용한 공헌을 할 수 있는 전문성을 가지고 있느냐'의 질문에 따라 이루어짐

**POINT**
최적모형
합리성과 초합리성을 동시에 고려

**POINT**
의사결정의 요소
문제, 해결책, 참여자, 선택의 기회

**POINT**
• 적절성 검토: 이해관계
• 전문성 검토: 전문적 지식

③ 의사결정 참여형태

| 구분 | 수용영역 밖 | 수용영역 한계조건 | | 수용영역 안 |
|---|---|---|---|---|
| 상황 | 상황 I<br>적절성○,<br>전문성○ | 상황 II<br>적절성○,<br>전문성× | 상황 III<br>적절성×,<br>전문성○ | 상황 IV<br>적절성×,<br>전문성× |
| 참여<br>정도 | 의사결정 과정에 자주 참여시킴. 참여단계도 초기 단계부터 적극적으로 참여시킴 | 가끔 참여시키고 최종 대안을 선택할 때 제한적으로 참여시킴. 참여의 목적은 최종결정 전 구성원들의 저항을 최소화하기 위함 | 제한적으로 참여시킴. 의사결정의 질을 높일 수 있는 아이디어나 정보를 얻기 위해 대안의 제시나 결과의 평가 단계에서 참여 | 참여시키지 않음 |
| 의사<br>결정<br>방식 | 의회주의형<br>(다수결 원칙) | 민주적-중앙집권주의적 방식<br>(구성원의 의견과 아이디어 경청 후, 최대한 반영하되 최종결정은 행정가가 내리는 방식) | | ─ |
| 행정가<br>(리더)<br>의 역할 | 소수의견 보장 | 문제해결·조정·통합·의견일치 및 저항 극소화 | | ─ |

(2) 브룸과 예튼의 의사결정 방법

독단적인 것에서 민주적인 것까지 5가지 의사결정 형태 제시

| 형태 | 방법 |
|---|---|
| AI | 행정가가 현존하는 정보를 이용하여 단독으로 결정(단독결정) |
| AII | 행정가는 구성원들로부터 정보를 구하고 나서 단독으로 결정. 구성원은 정보를 제공할 뿐 대안의 탐색이나 평가에 관여하지 않음(정보수집 후 단독결정) |
| CI | 행정가가 개별적인 의견교환을 통해 아이디어와 제안을 얻고 나서 의사결정. 구성원들의 의견은 반영될 수도 있고 그렇지 않을 수도 있음(개별자문 후 결정) |
| CII | 행정가가 구성원들과 집단적으로 만나 함께 문제를 논의한 후 의사결정. 이 경우도 개별자문 후 결정과 마찬가지로 구성원들의 의견이 반영될 수도 있고 그렇지 않을 수도 있음(집단자문 후 결정) |
| GII | 참여적 방법으로 행정가는 집단적으로 문제와 상황을 함께 논의하여 결정. 모든 구성원은 함께 대안을 탐색하고, 평가하며 해결책에 대한 합의점에 도달하기 위해서 노력(집단결정) |

**POINT**
의사결정 형태
• 단독결정
• 정보수집 후 단독결정
• 개별자문 후 결정
• 집단자문 후 결정
• 집단결정

(3) **호이와 타터의 참여적 의사결정**
① 개념: 브리지스의 참여적 의사결정 모형을 발전시켜 관련성 검증과 전문성 검증, 그리고 구성원들의 신뢰에 대한 검증에 따라 수용영역의 한계 범위인 경계적 상황 제시
② 영역

| 구분 | 내용 | 상황 |
|---|---|---|
| 수용영역 밖 | 구성원을 신뢰할 수 있다면 광범위하게 참여. 쟁점은 의사결정을 합의로 할 것이냐 혹은 다수결로 할 것인가의 문제 | 민주적 상황 |
| | 구성원을 신뢰할 수 없다면, 조직의 복지와 일치하지 않는 방향으로도 나아가게 할 수 있으므로 참여 제한 | 갈등적 상황 |
| 관련성 한계영역 | 구성원들이 개인적인 이해관계를 갖고 있지만 전문성이 부족하면, 참여는 제한적이고, 가끔씩 참여가 이루어져야 함 | 이해관계자 상황 |
| 전문성 한계영역 | 구성원들이 개인적 이해관계는 없으나 전문성을 가지는 경우. 참여는 가끔, 제한적 | 전문가 상황 |
| 수용영역 안 | 구성원들과 관련성이 없고 전문성을 가지고 있지 않다면, 의사결정은 수용영역에 포함되어 참여를 피해야 함 | 비협조적 상황 |

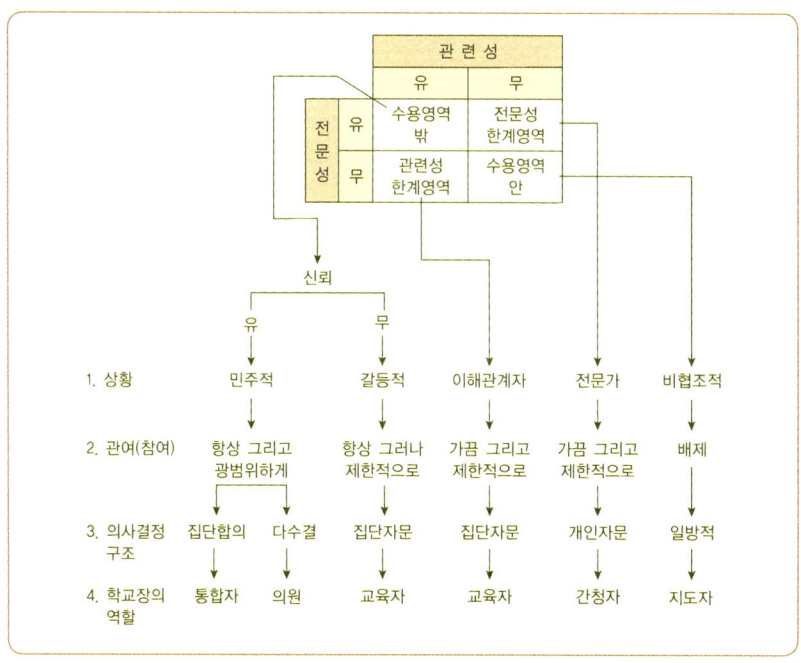

| 호이와 타터의 참여적 의사결정 모형 |

# Chapter 08 학교 경영의 개념과 기법

## 01 학교 경영의 최근 동향

### 1. 단위학교 책임경영제(School-Based Management ; SBM)

(1) 개념
① 단위학교가 자율권을 가지고 학교 내부의 민주적이고 합리적인 의사결정 과정을 통해 학교를 운영하며, 그 결과에 대해서 책임을 지는 학교경영체제
② 중앙행정기관이나 지방교육청이 가지고 있던 의사결정 권한을 단위학교로 위임·이양하는 것이 특징

(2) 목표
교육과정, 교직원 인사 등 핵심적인 권한을 단위학교에 직접 부여하여 교육수요자 중심의 학교 교육 다양화 유도. 다양하고 특색 있는 학교운영과 선의의 경쟁을 통한 학교 교육의 경쟁력 제고

(3) 실천 방안
총체적 질 경영, 학교운영위원회, 학교회계제도, 교장 공모제

### 2. 학교운영위원회

(1) 개념
① 단위학교 책임경영제의 대표적 실천사례로, 단위학교의 자율성 보장과 학부모의 학교 참여를 활성화하자는 취지에서 운영
② 학교운영과 관련된 중요한 의사결정에 학교구성원을 참여시킴으로써 학교의 교육목표를 민주적·합리적·효과적으로 달성하기 위한 집단의사결정 기구

(2) 학교운영위원회의 성격
심의기구(사립학교 : 학교헌장과 학칙의 제정 또는 개정은 자문사항)

(3) 학교운영위원회의 구성 및 자격

| 구성 | 자격 |
|---|---|
| 학부모위원 | 당해 학교에 재학하고 있는 자녀를 둔 학부모 |
| 교원위원 | 당해 학교에 재직하고 있는 교원 |
| 지역인사위원 | 당해 학교가 소재하는 지역을 생활근거지로 하는 자로서 예산, 회계, 감사, 법률 등 전문가, 교육 행정에 관한 업무를 수행하는 공무원, 당해 학교가 소재하는 지역을 사업 활동의 근거지로 하는 사업자, 당해 학교를 졸업한 자, 기타 학교운영에 이바지하고자 하는 자 |

## 3. 총체적 질 경영(total quality management ; TQM)

(1) 개념
① 학교조직에서의 TQM은 교육 수혜자에게 양질의 교육 서비스를 제공하여 학생들의 성취 수준을 높이고 나아가 교육 경쟁력을 강화하는 것이 목적
② 수요자에게 초점을 두고 수요자 만족을 위한 경영 활동의 과정을 중시하며 계속적으로 수요자의 기대에 부응하는 것

(2) 총체적 질 관리를 위한 방법
① 수업평가제도: 수업효과를 비교적 정확하게 측정해 교수·학습 과정을 개선시킬 수 있는 객관적 자료로 활용
② 일분 에세이: 매 시간 후에 실행될 수 있는 환류 방법으로 간단한 설문조사 형태
③ 학생대표그룹: 학생들의 의견을 대표할 수 있는 5~10명의 학생대표그룹을 형성하고, 정기적 만남을 통해 학생들의 의견 수렴
④ 멘토링: 수업경험이 탁월한 교사가 신규 교사에게 수업경험을 전수하는 방법
⑤ 벤치마킹: 자신들의 수업을 국내·외 좋은 학교에서 제공되는 수업과 비교하여 수업 내용과 교수 방법의 장점을 탐구하고, 자신이 가르치는 교과목의 수준을 향상시킬 수 있는 방법

## 4. 학교회계제도

(1) 목적 및 개념
① 학교단위의 자율적 재정운영을 보장하여 다양한 교육활동을 효과적으로 지원함으로써 학교 교육의 질을 높이는 것이 목적
② 재원별로 지정된 목적에 따라 제한적으로 편성·집행해 오던 학교 교육 예산을 총액으로 배분, 교사 등의 학교구성원의 참여와 학교운영위원회의 심의를 통해 자율적으로 우선순위를 정하여 세출예산을 편성·집행하는 제도

+PLUS
**학교예산 운영과정**

관할청에서 예산편성지침 교장에게 통보
⇩
예산 편성. 회계연도 개시 30일 전까지 학교운영위원회 제출
⇩
회계연도 개시 5일 전까지 심의
⇩
확정. 학부모, 교직원에 공개
⇩
예산집행
⇩
결산서 작성. 회계연도 종료 후 2월 이내에 학교운영위원회 제출
⇩
심의 후 3월 이내에 학교장에 통보
⇩
결산 완료 후 학부모, 교직원에 공개

(2) **주요 특징**
① 교사 인건비와 대규모 시설 공사비를 제외한 대부분의 사업비와 학교운영비를 학교 단위에서 독자적으로 편성·집행할 수 있음
② 수입원에 따라 여러 종류로 분산되어 있던 잡다한 회계를 단일화하여, 확정된 학교 예산과 결산이 학부모 및 교직원에게 공개
③ 교사들의 예산 참여권 보장. 교장은 반드시 교직원 등으로부터 예산 요구서를 제출받아 예산안을 편성해야 함
④ 각 경비별로 달랐던 회계연도는 학년 시작과 맞춰 3월 1일부터 이듬해 2월 말일로 함
⑤ 학교회계 설치 이전에는 교육부나 교육청이 지원한 경비를 회계연도가 끝나면 전액 반납했지만 학교회계제도 아래에서는 이월 허용
⑥ 교내 시설물을 외부 기관에 빌려주면 국고나 교육비특별회계로 귀속되었지만, 학교회계제도 아래에서는 사용료 전액을 학교가 자체적으로 받아 직접 사용할 수 있음

08. 학교 경영의 개념과 기법

## 02 학교 경영 기법

### 1. 목표관리기법(management by objectives ; MBO)

(1) 개념
① 분명한 목표를 설정하고 책임 한계를 규정하며, 조직구성원의 참여와 협조를 얻어서 조직원들의 업적을 평가하고, 피드백을 통하여 관리계획을 개선하고, 구성원의 동기를 유발하며 나아가 조직체의 효율성을 증진시키려는 일련의 과정
② 교육목표 설정에의 공동 참여, 목표 달성의 노력과 성과에 대한 평가와 보상, 그리고 교직원 각자의 자기 통제를 통한 목표 도달이라는 순환적 과정을 거치는 학교 경영 기법

> **PLUS**
> **목표관리기법의 특징**
> • 구성원의 공동참여
> • 책임영역의 명료화와 합의
> • 자기 통제를 통한 목표 도달
> • 목표실현 노력과 성과의 평가 및 보상

(2) 장점
① 학교 교육의 활동을 목표에 집중시켜 교육의 효율성 제고
② 교직원들의 참여의식을 높이고 인력자원 활용의 효율성을 도모할 수 있음
③ 목표와 책임에 대한 명료한 설정으로 교직원의 역할 갈등을 해소하고 학교관리의 문제나 장애를 조기에 발견·치유 가능

(3) 단점
① 목표에 대한 지나친 강조와 단기적·구체적 목표에 대한 강조 때문에 과정을 중시하고 장기적이며 전인적 목표를 내세우는 학교 교육 활동에 부적합한 측면이 있음
② 측정 가능하고 계량적인 교육목표의 설정과 평가 때문에 학교 교육을 왜곡할 가능성이 있음
③ 목표설정과 성과보고 등은 많은 노력과 시간을 필요로 하여 교직원들의 잡무부담 가중과 불만의 원인이 될 수 있음

### 2. 정보관리체제(management information system ; MIS)

① 합리적이고 효율적인 경영관리를 위해 정보를 수집·처리·보관했다가 적시에 정보 제공
② 자료기기, 절차, 소프트웨어 그리고 인적 자원의 총합으로 조직의 하부체제를 통합해 주고, 조직운영계획 수립과 통제에 관한 의사결정에 필요한 정보를 제공해 주는 기능 담당
③ 학교 경영에 적용해 보면, 학생들의 수업관리, 성적관리, 재정관리, 물품관리, 인사관리 등을 전산화 처리하여 정보화하는 것을 들 수 있음. NEIS(교육행정정보시스템)도 정보관리체제의 한 부분

## 3. 과업평가계획기법(program evaluation and review technique ; PERT)

### (1) 개념
하나의 사업을 세부 작업 활동과 작업 수행 단계 등으로 세분하고 이들의 선후관계와 인과관계를 따져 사업추진 공정을 도표화하여 사업을 보다 합리적이고 체계적으로 수행하도록 계획하는 기법

### (2) 과업평가계획기법의 절차
플로차트 작성 → 각 작업의 소요시간 추정 → 전체 과제 수행 시간 추정 → 과업을 제때 완성할 수 있을지 예측

### (3) 장점
① 과업 추진을 위한 세부 작업 활동 순서와 상호관계를 유기적으로 파악할 수 있어 계획을 신중하고 체계적으로 수립할 수 있음
② 계획에 대한 분석과 평가를 신속하고 정확하게 할 수 있음
③ 작업과정에 대한 구체적인 계획과 정밀한 분석에 기초하여 작업계획을 수시로 수정할 수 있고, 상황의 변화에 쉽게 대처할 수 있음

## 4. 조직개발기법(OD)

### (1) 개념
행동과학적인 지식과 기술을 활용하여 조직의 목적과 개인의 성장욕구를 결합시켜 인간의 잠재력을 최대한 개발함으로써 조직 전체의 변화·발전을 도모하는 기법

### (2) 조직개발의 구체적 기법
감수성 훈련, 그리드 훈련, 과정 자문법, 팀 구축법, 조사연구-피드백 기법, 대면 회합.
- 감수성 훈련(sensitive training) : 구성원 개개인이 참여하여 자유로운 분위기에서 친밀한 인간관계를 토대로 진행하는 자기 이해 및 자기변화 훈련. 대인관계에 있어서 자신과 타인의 행동패턴에 대한 감수성과 인식의 증대를 통해 인간관계 능력의 향상과 조직 유효성을 증대시키려는 기법

---

**PLUS**

**과업평가계획기법**
목표 달성을 위한 활동과 과업, 이에 선행해서 이루어져야 할 사항들을 논리적 순서와 관계로 배열하고, 진행 과정을 시간 단계나 비용 측면에서 직선적 또는 병렬적 선망조직으로 작성하는 사업계획도

**PLUS**

**조직개발기법의 목표**
조직을 바람직한 상태로 계속적으로 변화시켜, 조직의 건강을 증진하고 조직의 효과성을 높이는 것

**PLUS**

- 그리드 훈련 : 블레이크와 머튼의 9.9형(팀형)을 목표로 조직 개선
- 과정자문법 : 외부 컨설턴트 도움으로 조직 스스로 문제해결(의사소통, 집단문제해결 및 의사결정, 집단규범 등)을 모색하게 하는 방법
- 팀 구축법 : 각 개인의 능력이 뛰어남에도 이들이 소속된 집단이 능력을 제대로 발휘하지 못할 경우 그 원인을 찾아 문제해결 → 팀워크 훈련 프로그램의 일종
- 조사연구-피드백 기법 : 설문지를 이용하여 분석단위(작업진단, 부서, 전체조직)를 조사한 후 문제해결 방안에 사용하는 전략
- 대면 회합 : 조직의 여러 계층 사람들로 구성된 집단이 개선 방안 마련

## 03 예산 편성 기법

### 1. 품목별 예산제도

**(1) 개념**

예산항목을 경비의 성격과 위계에 따라 관, 항, 목, 세목 등으로 제도화함으로써 지출의 구체적인 항목을 기준으로 예산이 편성·운영되는 제도. 즉, 급여, 수당, 여비, 시설비 등의 지출을 대상으로 표시한 예산제도

**(2) 장점**

회계 책임을 명확히 하여 예산의 낭비를 방지할 수 있으며, 예산 편성이 용이하고, 회계감사가 용이함

**(3) 단점**

성과를 파악하기 곤란하고, 예산 운영의 탄력성이 부족하여 자원이 비효율적으로 사용될 수 있음

### 2. 성과주의 예산제도

**(1) 내용**

① 사업을 중심으로 예산을 편성하여 사업 또는 정책의 성과에 관심을 두는 예산제도
② 사업이나 기능을 수행하기 위하여 소요되는 비용을 명백히 해줌
③ 품목별 예산제도가 구입물품과 수단만을 나타내는 통제지향적 성격을 지니고 있는 데 반해, 성과주의 예산제도는 실적을 위한 관리지향적 성격을 지님
④ 예산의 범주를 기능별로 분류하고 있어 이에 대한 구체적인 업무비용을 산정함으로써 행정가의 조직단위에 대한 업무능률을 측정할 수 있음
⑤ 예산과목을 사업계획별, 활동별로 분류한 다음 각 세부사업별로 단위 원가에 업무량을 곱하여 예산액을 표시하고, 그 집행의 성과를 측정, 분석, 평가하여 재정을 통제

**(2) 장점**

달성하려는 목표와 사업이 무엇인가를 표시하고 이를 달성하는 데 필요한 소요비용을 명시해 줌

**(3) 단점**

예산관리에 너무 치중한 나머지 너무 회계적인 측면을 강조하거나 계획에 소홀할 수 있음

> **POINT**
> **성과주의 예산제도**
> 사업활동별로 예산을 편성하는 제도(어떤 사업을 위해 썼는지 알 수 있음)

## 3. 기획예산제도(Planning-Programming-Budgeting System ; PPBS)

### (1) 내용
① 장기적 계획의 수립과 단기적 예산편성을 실행계획을 통하여 유기적으로 통합·연결시킴으로써 정책의 기획, 집행, 평가를 합리화하고, 자원배분에 관한 의사결정을 합리화하고 일관성 있게 행하고자 하는 예산제도
② 이 제도는 ⅰ) 조직의 각 부서 또는 활동을 위한 목표를 결정하고, ⅱ) 정책대안들을 비용과 관련시켜 그 효과를 분석하며, ⅲ) 자원의 적절한 배분을 통해 조직의 목표 실현을 극대화할 수 있는 자금계획서를 작성하는 일부터 시작됨

### (2) 장점
① 학교의 목표, 프로그램, 예산을 체계화할 수 있음
② 연도별 교육목표와 이를 달성하기 위한 교육 프로그램의 소요자원 확인 가능
③ 교육목표의 우선순위에 따라 자원을 합리적으로 조절할 수 있어서 예산 절약

### (3) 단점
① 학교체제를 기업이나 공공기관처럼 간주하여 학교 교육에서 중요한 정서적·심리적 교수·학습체제를 단순화할 가능성이 있음
② 교육활동은 복합적이고 장기적인 효과를 나타내는 것이기 때문에 중간단계의 단기적 실적을 평가하기가 어려움
③ 중앙집권화를 조성하여 교수·학습활동을 위축시킬 가능성이 있음

## 4. 영기준 예산제도(zero-based budgeting system ; ZBBS)

> **POINT**
> **영기준 예산제도**
> • 전년도 사업을 고려하지 않음
> • 우선순위별 사업에 자원 배분

### (1) 개념
① 전년도 예산에 구애받지 않고 모든 사업이나 활동에 대해 새롭게 검토하여 우선순위를 설정한 후 이에 따라 자원을 배분하는 방식
② 의사결정 패키지를 작성하여 패키지에 순위를 부여해서 한정된 예산에 맞추어 사업을 결정하는 것

### (2) 영기준 예산제도의 실시방법
① 의사결정 패키지 작성: 요약된 사업계획서라고 할 수 있음. 일반적으로 한 장의 종이에 한 사업의 개요를 간략하게 서술한 것
② 우선순위 결정: 목적 달성을 위해 제일 중요한 사업부터 제일 낮은 사업으로 순서를 정하여 제한된 예산 범위에서 수행 가능한 사업만을 결정하는 것

(3) **장점**

우선순위가 낮은 사업에서 우선순위가 높은 사업으로 재원을 전환함으로써 합리적인 예산배분 가능. 전년도 예산을 답습하기 않기 때문에 재정의 경직성 극복

(4) **단점**

① 모든 사업과 활동을 영(zero)의 상태에서 분석해야 하므로 시간과 노력의 부담 가중
② 사업이 기각되거나 평가절하되면 비협조적 풍토가 야기될 수 있음
③ 의사결정에 전문성이 부족할 경우 비용 및 인원 절감에 실패할 수 있음

# Mind Map

## 01 교육철학의 기초

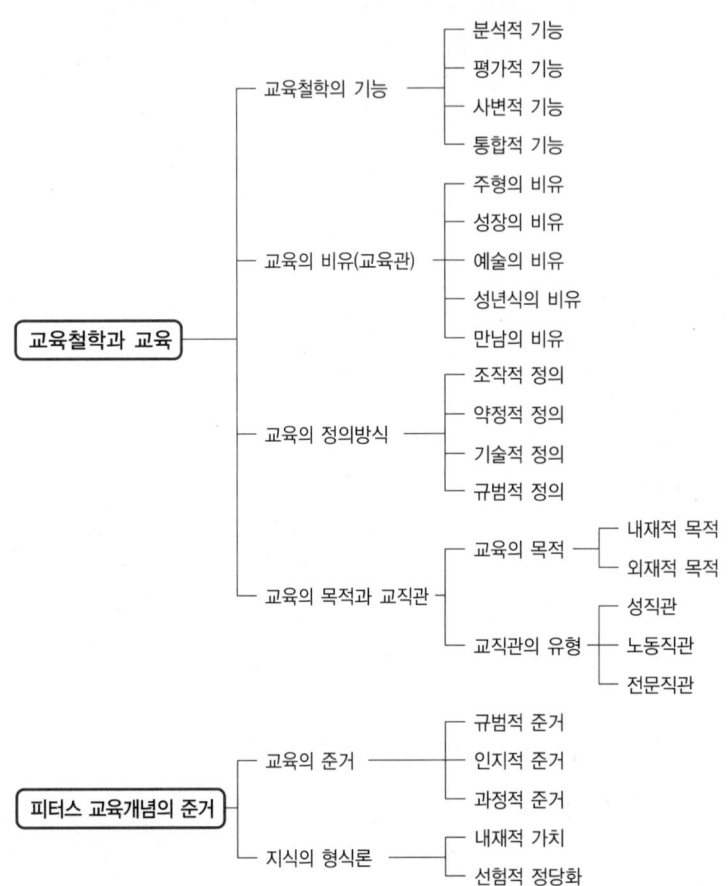

## 02 현대철학과 교육

- 진보주의
- 본질주의
- 항존주의
- 재건주의

## 03 20세기 후반의 교육철학

- 실존주의
- 구조주의
- 분석철학
- 포스트모더니즘
- 비판이론
- 현상학과 해석학
- 신자유주의

# 교육철학

chapter 01 교육철학의 기초
chapter 02 현대철학과 교육
chapter 03 20세기 후반의 교육철학

# Chapter 01 교육철학의 기초

## 01 교육철학과 교육

> **POINT**
> 교육철학의 기능
> • 분석적 기능
> • 평가적 기능
> • 사변적 기능
> • 통합적 기능

### 1. 교육철학의 기능

(1) **분석적 기능**

교육적 언어의 애매성을 제거하고 모호성을 감소시켜 그 의미를 분명히 밝히고, 의미들 사이의 논리적 모순을 가려내어 참된 진술이나 전제를 밝히는 작용

(2) **평가적 기능**

주어진 기준 혹은 준거에 비추어 어떤 교육적 의미체계나 교육 현실을 평가하는 활동. 어떤 기준에 의해 판단하는 활동

(3) **사변적 기능**

교육에 대한 새로운 의미체계(즉, 이론이나 설명체계)를 구안하여 제시하는 활동. 새로운 제언과 아이디어 창출, 방향이나 가치 제언 ⊙ 창안적 기능

(4) **통합적 기능**

하나의 현상이나 과정을 전체로 파악하고 여러 부분과 차원을 통합하여 이해하려는 행위. 한 가지 관점에 치우치지 않고 종합적으로 교육을 이해하여 일관성 확보

### 2. 교육의 비유(교육관)

(1) **주형의 비유**

① 석회나 진흙을 틀에 부어 어떤 것을 만들어 내는 것처럼, 교육을 제작자가 마음속에 품고 있는 모습으로 주형하는 일로 이해하는 방식. 교사가 교육과정에서 주도적 역할, 재료인 학생은 무엇인가 만들어져야 할 존재
② 로크의 교육론, 행동주의 교육론

(2) **성장의 비유**

① 식물이 성장해 나가듯 교육도 아동의 잠재 가능성을 자연스럽게 실현해 나가는 과정으로 보는 것. 교육의 과정은 식물의 성장과정에, 아동은 식물에, 교사는 정원사에 비유. 주도적인 역할은 식물에 해당하는 아동
② 프뢰벨이나 루소의 교육관이나 미국의 진보주의 교육관 등

### (3) 예술의 비유

교사와 학생의 관계를 예술가와 재료에 비유. 예술가가 예술작품을 창작할 때 재료의 성질과 무관하게 일방적으로 무언가를 만들어 내는 것이 아니라 재료의 성질을 고려한다는 것. 교사와 학생은 상호작용하는 관계

### (4) 성년식의 비유

피터스는 교육을 '문명화된 삶의 형식으로의 성년식'으로 규정. 고대사회의 아이가 성년식을 거쳐 어른이 되는 것처럼 교육은 학생을 문명화된 삶의 형식, 즉 인류 문화유산의 세계로 입문하는 과정에 비유

### (5) 만남의 비유

학생이 어떤 교사나 어떤 학생을 만남으로써 갑자기 변하는 측면이 있다는 것을 드러내는 비유

## 3. 교육의 정의방식

> **POINT**
> 교육의 정의방식
> • 조작적 정의
> • 약정적 정의
> • 기술적 정의
> • 규범적 정의

### (1) 조작적(操作的) 정의

교육의 개념을 보다 분명히 하기 위해 교육활동 요소와 실제적인 과정을 관찰할 수 있는 형태로 정의하는 것
예 교육은 인간행동의 계획적 변화(정범모, 1968)

### (2) 약정적(約定的) 정의

의사소통을 위해 복잡한 현상을 무엇이라고 부르자고 약속하는 정의. 복잡하게 설명해야 할 것을 간단하게 한마디로 무엇이라고 약속함으로써 언어를 축약하고 단순화

### (3) 기술적(記述的) 정의

하나의 개념을 이미 알고 있는 다른 말로 설명함으로써 그 개념이 무엇인지를 알려주는 정의. 누가 어떤 맥락에서 사용하는가와 상관없이 일반적으로 통용되는 의미를 규정하는 것. 가치판단을 배제한 가치 중립적 태도로 '있는 그대로'를 객관적으로 정의

### (4) 규범적(規範的) 정의(강령적 정의)

'어떻게 해야 하는가, 어떻게 하는 것이 옳은가'와 같은 행동 강령 내지 프로그램이 들어 있는 정의. 기술적 정의와 비교할 때, 기술적 정의가 한 단어가 어떤 뜻으로 사용되어 왔는가에 관심이 있다면, 규범적 정의는 어떤 뜻으로 사용되어야 하는가에 관심이 있음. 가치판단이나 가치 주장을 담고 있음

### 4. 교육의 목적과 교직관

(1) **교육의 목적**
  ① 교육의 내재적 목적: 교육이 다른 것의 수단이 아닌 교육의 개념 혹은 교육의 활동 그 자체가 가지고 있는 목적
  ② 교육의 외재적 목적: 교육이 다른 활동의 목적을 위한 수단으로 사용되는 것

(2) **교직관의 유형**
  ① 성직관: 교직은 인간의 인격형성을 돕는 고도의 정신적 봉사활동으로서 세속적인 가치인 돈, 명예, 권력과는 거리가 먼 직업이라는 인식. 교사는 오직 사랑과 봉사 정신에 입각하여 학생을 교육해야 한다고 보는 관점
  ② 노동직관: 교직도 하나의 노동직이며 본질적으로 다른 직업과 차이가 없다는 입장. 교사의 교육적 행위는 교육노동이며, 교육행위의 주체인 교사는 노동의 대가로 임금을 받고 그에게 수임된 일을 지속적으로 행하는 노동자
  ③ 전문직관: 오늘날 광범위하게 받아들여지고 있는 견해. 교직은 미성숙자를 대상으로 고도의 지적 훈련을 요하며 자율성(학문의 자유)과 윤리의식이 필요하고 계속적인 연찬과 봉사지향성을 필수적으로 구비해야 하므로 전문직이라고 보는 관점

> 01. 교육철학의 기초

## 02 피터스 교육개념의 준거

### 1. 성년식에 비유

교육을 성년식에 비유하여 미성숙한 아동을 '문명의 삶의 형식'으로 입문시키는 과정으로 보았음

### 2. 교육의 준거

① 규범적 준거(교육목적): 교육은 모종의 '가치 있는 것'을 전달하는 것 ⊙ '내재적 가치'를 추구하는 일
② 인지적 준거(교육내용): 내재적 가치의 구체적인 내용. 지식, 이해, 인지적 안목 포함 ⊙ 지식의 형식
③ 과정적 준거(교육방법): 교육은 도덕적으로 온당한 방식으로 전달되어야 함 ⊙ 최소한의 의식과 자발성이 있는 형태

### 3. 지식의 형식론

(1) **지식의 형식론의 배경**

전통적 교과가 갖고 있는 '내재적 가치'를 논리적으로 설명함으로써 교과가 실용적인 목적만이 아닌 그 자체의 가치에 의해 정당화될 수 있음을 보여주고자 함

(2) **지식의 형식론의 주장**

① 피터스와 허스트는 주지교과의 가치를 정당화하는 데 '지식의 형식(forms of knowledge)'이라는 용어를 사용
② 지식의 형식이란 '인간의 경험을 일반적으로 인정되는 방식으로 분류해 놓은 것'. 논리학과 수학, 자연과학, 인간과학, 역사, 종교, 문학과 예술, 철학, 도덕적 지식 등이 해당
③ 인간다운 삶에 입문하기 위해서는 지식의 형식에 입문되어야 하고, 학생들은 서로 다른 지식의 형식을 공부해야 함
④ 피터스와 허스트가 전통적 교과의 가치를 정당화하기 위해 사용한 설명 방식은 '내재적 가치'와 '선험적 정당화'

(3) **내재적 가치**

어떤 목적을 위한 수단으로서가 아닌, 활동 그 자체에 들어있는 가치. 지식의 형식이 바로 이러한 내재적 가치를 가짐

(4) **선험적 정당화**
① 개인이 받아들이는가의 여부와 상관없이 성립하는 정당화
② 지식의 형식들은 인간이 장구한 세월 동안 누적적으로 발전시켜 온 경험의 상이한 측면을 각각 개념적으로 체계화한 것. 이러한 체계화는 특정 개인의 취향에 의해 이루어진 것이 아닌 인류가 오랫동안 공동으로 발전시키고 엄밀하게 정련시켜온 것이라는 점에서 공적인 성격을 지님
③ 우리가 이 세상에서 살아가기 위해서는 좋아하든 싫어하든 이 공적 전통의 체계, 즉 지식의 형식을 알 필요가 있음

(5) **지식의 형식론에 대한 비판**
① 주지 교과에 특권적 지위 부여
② 선험적 정당화는 실제 작용하고 있는 학교 교육의 역동적 양상에 대해 충분한 설명을 제공하지 못함

# 현대철학과 교육

## 01 진보주의

### 1. 진보주의 교육원리

① 교육은 생활을 위한 준비가 아니라 생활 그 자체
② 학습은 아동의 흥미와 관련되어야 함
③ 교육방법은 교과 내용의 주입보다는 문제해결식 학습이어야 함
④ 학교는 경쟁을 시키는 곳이 아닌 협동을 장려하는 곳
⑤ 민주주의만이 진정한 성장에 필요한 사상과 인격의 자유로운 상호작용을 허용하고 촉진함

> **Keyword**
> #아동의 흥미 #경험
> #생활 #성장 #욕구
> #필요

### 2. 진보주의 교육의 특징

① 아동을 능동적 존재로 파악
② 계속적 성장을 추구하는 발전적 교육관을 주장
③ 현실 생활과 유리된 전통적 교육과정에 의한 교육에서 벗어나 아동의 흥미를 자극하고 실질적인 활동이 일어날 수 있는 생활현장을 중심으로 교육과정 구성
④ 학교는 학습자 스스로 자신의 흥미를 파악하고 이를 실현하기 위해 노력하는 환경을 조성해 주는 곳

### 3. 진보주의에 대한 비판

① 아동의 흥미를 지나치게 강조하여 본질적인 지식을 소홀히 다룸
② 비효율적인 시행착오와 산만한 수업 분위기 조성
③ 현재의 생활을 중시한 나머지 미래에 대한 준비 소홀
④ 기초교육의 질적 저하 야기
⑤ 사회의 문화적 전통 경시

## 4. 듀이 교육론의 기본 원리

### (1) 경험의 원리
① 경험의 개조 : 인간은 반성적인 사고를 통해 지식을 획득하게 되며, 이 지식은 기존의 경험과 결합되어 새로운 사고를 만들어 냄. 경험을 통해 획득된 지식이 기존의 경험과 결합되어 가는 것이 '경험의 개조'이며, 성장임
② 아동이 하는 경험이 가치 있는 것이 되기 위해서는 아동이 하는 여러 경험이 통합되고 연결되어야 함

### (2) 지성의 원리
지성은 인간의 행동에 대한 가치판단을 통해 경험을 개조하도록 함으로써 미숙한 어린이를 스스로 성장하게 유도

### (3) 성장의 원리
① 듀이는 성장의 조건으로 미숙성과 가소성을 들고 있음
② 미숙성 : 아동의 성장가능성. 아동은 미숙성 해소를 위해 사회생활에 강렬한 흥미와 관심을 기울임
③ 가소성 : 환경의 변화에 맞게 자신을 변화시킬 수 있는 능력. 일종의 탄력성
④ 성장의 원리란 아동의 미숙성과 가소성에 근거를 두고, 어린이의 내부로부터 성장하려는 힘의 발로를 억압하지 않고 자유롭게 활동하게 하는 것

### (4) 탐구의 원리
① 탐구란 문제 상황에 부딪혔을 때 이를 해결하기 위해 가설을 세우고, 자료를 수집하여 가설을 검증하고, 거기서 결론을 이끌어 내는 과정
② 끊임없는 경험의 개조를 성장으로 본 듀이는 탐구의 결론보다 그 결론에 이르게 하는 과정을 중시

### (5) 흥미와 도야의 원리
① 흥미 : 거리가 있는 두 사물을 관련짓는 것. 경험 속에서 그 대상에 대해 자아가 몰입하도록 만들어 줌
② 도야 : 특정 목적을 이루기 위해서는 지속적인 주의와 인내가 필요. 이 과정에서 계속적인 주의력이 생기는 것이 '도야'
③ 계속적인 주의와 인내라는 의지가 생기기 위해서는 결과에 대한 끊임없는 관심, 즉 흥미가 필요. 그러므로 흥미와 도야는 서로 반대되는 것이 아니라 서로 관련되어 있는 것

02. 현대철학과 교육

# 02 본질주의

## 1. 개념
① 진보주의에 대한 비판으로 제기됨
② 교육의 기능은 인류가 축적해 놓은 문화유산 중에서 가장 본질적이고 보편적인 것을 간추려서 다음 세대에 전달하는 것

## 2. 본질주의 교육의 특징
① 학교는 인류의 문화유산 중에서 가장 소중한 본질적인 사상과 핵심을 모든 학생에게 이해시키고 가르쳐야 함
② 지나친 자유는 방종이므로 아동, 학생의 자유에는 한계가 있어야 함
③ 교육의 주도권은 교사에게 있음
④ 학습이란 필연적으로 어려운 일이고 응용을 포함. 학생의 교육에서 중요한 것은 바로 노력임
⑤ 교육과정은 인류의 문화유산 중 현재 생활에 유용한 핵심(essence)을 중심으로 구성되어야 함
⑥ 기초학습의 철저한 훈련이 필수적. 3R's에 대한 철저한 훈련과 국어, 수학, 과학, 역사 등 기초적인 교과를 가르쳐야 함

## 3. 본질주의에 대한 비판
① 변화하는 문제에 대해 소극적으로 대처
② 습관과 전통, 전통과 본질적인 것을 구분하는 일이 쉽지 않음. 모든 전통이 본질적인 것은 아님
③ 지적인 진보성과 창의성 저해 우려
④ 교사의 주도권을 중시하여 아동의 자유를 간과

**PLUS**
**본질주의 교육원리**
- 문화유산의 보존·전달
- 교재구성 방법: 논리적 구성
- 교사중심 교육
- 흥미보다는 노력이 우선
- 철저한 지적훈련

**PLUS**
- 진보주의
  - 교육의 중심: 학습자의 필요와 흥미
  - 교재구성의 논리: 심리적 조직
- 본질주의
  - 교육의 중심: 본질적인 가치와 진리
  - 교재구성의 논리: 논리적 조직

02. 현대철학과 교육
## 03 항존주의

### 1. 개념
① 본질주의와 마찬가지로 진보주의 교육에 대한 비판으로부터 출발
② 진리의 절대성과 불변성을 믿고 가역성과 일시성을 거부
③ 인간의 '이성'과 이를 담고 있는 '고전'을 중시
④ 대표 사상가는 허친스와 아들러

### 2. 항존주의 교육원리
① 인간의 본성은 동일하기 때문에 교육은 모든 사람에게 동일해야 함
② 인간의 가장 큰 특징은 이성적 존재라는 것이므로 교육은 인간의 이성을 발달시키는 데 관심을 기울여야 함
③ 진리는 어느 곳에서나 동일하므로 교육은 어느 곳에서나 동일해야 함
④ 교육은 이상적인 삶을 영위하기 위한 준비
⑤ 이 세상에서 가장 영원한 것으로 남아 있는 기초과목을 배워야 함. 수학, 자연과학, 예술, 철학, 역사, 언어학, 국어 등의 교과는 영원불멸의 진리를 담고 있음
⑥ 고전과 독서교육 중시. 고전 속에는 영원불변의 진리, 보편적인 진리가 들어 있음

### 3. 항존주의에 대한 비판
① 비민주적. 유일하고 절대적인 가치체계를 숭상하므로 민주주의의 기본 이념을 위협할 수 있음
② 현실을 경시
③ 귀족주의적, 주지주의적 경향

---

**PLUS**

• **진보주의**
 - **가치론**: 상대적 가치관
 - **진리관**: 진리의 상대성
 - **교육목적**: 현재 생활의 행복
• **항존주의**
 - **가치론**: 영구적 가치관
 - **진리관**: 진리의 절대성, 항존성
 - **교육목적**: 미래 생활의 준비

## 02. 현대철학과 교육

# 04 재건주의

## 1. 개념
① 브라멜드는 진보주의, 본질주의, 항존주의 교육사상을 비판하고 새로운 교육사상을 모색
② 재건주의 교육이념의 핵심사상은 교육을 수단으로 하여 새로운 사회질서를 수립하는 데 있음

## 2. 교육목적
개인의 사회적 자아실현과 사회의 민주적 개혁

## 3. 재건주의 교육관
① 교육을 통해 문화의 기본가치를 충족시킬 수 있는 새로운 사회질서를 현재 우리가 살고 있는 사회 속에서 창조해야 함
② 새로운 사회는 민주적이어야 하며 교육도 민주적 교육이 요구됨
③ 교육은 사회적 자아실현에 그 목적이 있기 때문에 교육을 통해서 인격의 사회적 측면을 발달시킬 뿐만 아니라 사회계획에 참여하는 방법까지 학습
④ 교육의 목적과 방법은 행동과학의 연구 성과에 근거해 구성

## 4. 재건주의에 대한 비판
① 미래사회를 어떤 가치관에 기초해서 세울 것인가에 대한 논증 결여
② 행동과학을 지나치게 맹신하는 데서 오는 한계성
③ 사회 구성요소 중 하위요소에 해당하는 교육이 상위의 사회적 요소들의 변화를 이끈다는 점에 무리가 있음
④ 민주적인 방식에 대한 지나친 기대, 민주적 방식이 최선의 방법인가에 대한 의문

**POINT**
- 문화 위기를 극복하고 이상적인 문화를 건설하는 데 교육이 주도적인 역할을 해야 함
- 개인의 변화보다는 사회와 문화의 개조에 관심
- 새로운 사회는 민주적인 사회가 되어야 함

# Chapter 03 20세기 후반의 교육철학

## 01 실존주의

**Keyword**
#개성 #주체성
#개체의 독립성
#자유의지 #만남 #대화

### 1. 개념
① 인간의 존재와 주체적 행위의 중요성을 강조하는 사상
② 인간이 어떤 불변의 본질을 갖고 세상에 태어난다는 것을 부정. 인간은 자유의지를 지닌 존재. 실존이 본질에 앞선다고 봄

### 2. 실존주의 교육사상가

(1) 볼노브(Bollnow)
① 교육을 연속성으로 보는 종래의 교육관에 반대
② 인간은 점진적으로 성장하기보다는 위기, 각성, 충고, 상담, 만남, 모험과 좌절 등의 비연속적인 요소에 의해 비약적으로 성장
③ "만남이 교육에 선행한다."고 봄

(2) 부버(Buber)
① 세계를 '나와 너'의 '인격적 세계'와 '나와 그것'의 '대상적 세계'로 나눔
② 인간 사이의 참된 대화와 만남을 통해 형식적이고 기계적인 '나와 그것'의 대상적 세계에서 참된 만남이 이루어진 '나와 너'의 인간적·인격적 세계로 전환할 것을 주장

### 3. 시사점
① 교육에서 비연속적 성장에 주목하게 함
② 인간의 개성, 주체성을 존중하는 교육으로 전환하고자 함
③ 개인의 개성을 존중하여 전인교육이 이루어질 수 있도록 함
④ 삶의 밝은 측면뿐만 아니라 어두운 측면까지 교육 영역에 끌어들임으로써 보다 진솔한 교육이 이루어지도록 촉구

**PLUS**
실존주의 교육원리
• 인간 개체의 중요성 강조 → 개인 학습자 중심
• 사회적 적합성에 대한 반항 → 독립적, 창조적, 능동적 인간
• 전인교육 추구 → 진정한 실존은 지적 생활과 정서적 생활을 포함한 모든 생활 속에서 가능
• 인격교육 강조 → 개인적 자유와 책임 강조
• 대화·만남·참여 중시

## 02 구조주의

### 1. 철학적 배경

① 시간과 공간을 초월하여 자연과 인생에는 하나의 논리, 하나의 방식이 존재한다고 보는 입장
② 대표적 학자로는 문화인류학의 레비스트로스, 정신분석학의 라캉 등이 있으며 교육학에서는 피아제, 콜버그, 알튀세, 부르디외, 번스타인 등이 구조주의적 성향을 지니고 있음

### 2. 기본 입장

① 주체는 구조의 산물: 실존주의와 대립. 인간 배후에 있는 무의식적 보편의 세계를 규명하고, 자주적 행위를 부정
② 보편적 구조가 존재: 인간의 언어, 사회구조, 정신 등을 지배하는 보편적인 구조가 존재한다고 봄

03. 20세기 후반의 교육철학

## 03 분석철학

> **POINT**
> 사고의 명료성에 초점을 두고 언어의 의미 탐구

### 1. 개념
① 일상생활에서 쓰이는 말들을 명백하게 하고 정확히 함으로써 진정한 의미를 파악하는 것을 그 의미로 함
② 특정한 철학의 체계나 내용이 아니라 철학적 방법론으로 볼 수 있음. 모든 과학과 일상적 지식의 명제, 개념의 의미를 분석적 방법으로 엄격하게 밝히는 것을 목적으로 하는 새로운 철학의 방법론

### 2. 교육원리
① 새로운 사실이나 원리를 발견하는 것이 아니라, 사람들이 사실이나 원리라고 믿고 있는 것을 그들의 말을 통해 점검하며, 그릇된 언어 사용을 바로잡아 줌으로써 보다 정확한 사고를 할 수 있게 도와주는 데 교육의 목적을 둠
② 분석철학에서 중요시하는 교육내용은 무엇보다 객관적이고 신뢰할 수 있는 지식이어야 함

### 3. 의의와 비판
(1) 의의
① 우리가 사용하는 교육의 개념에 대한 명료화를 할 수 있도록 함
② 교육의 윤리적 차원을 분명히 해 줌. 분석적 방법을 사용하는 사람들은 교화, 훈련, 벌, 자유, 권위 등의 개념을 분석하고, 이것들이 교육의 상황에서 정당하게 사용될 수 있는지 검토

(2) 비판
① 바람직한 세계관이나 윤리관의 확립에 별 도움을 주지 못함
② 언어의 의미나 논리의 규칙은 사회적, 시대적, 문화적 상황에 따라 달라지므로 언어의 의미 분석 작업은 가치중립적일 수 없음

03. 20세기 후반의 교육철학

# 04 포스트모더니즘

## 1. 개념

Keyword
#상대성 #다양성

① 계몽사상적 이성 혹은 합리성에 대한 믿음을 거부하고 보편적 이론이나 사상의 거대한 체제의 해체를 주장하는 사상
② 모더니즘(modernism)을 초월, 극복하자는 사상. 모더니즘이란 이성 중심, 계몽적 사고 중심, 객관적 과학을 강조하는 서양철학을 의미
③ 인간과 사회의 다양성과 지식의 상대성 강조

## 2. 특징

① **반정초주의**: 궁극적이고 절대적인 본질로서의 기초는 없다고 봄
② **다원주의**: 사회에서의 다양성 존중
③ **대서사의 거부와 총체성의 해체**: 모든 사람, 모든 사회에 적용될 수 있는 대서사보다 개인이나 소집단에 초점을 맞춘 소서사에 관심
④ **반권위주의**: 지식과 관련한 일체는 반권위적이고 민주적인 방법으로 탐구되어야 함을 주장
⑤ **소외된 타자에 대한 연대의식**: 타자에 대한 관심과 연대의식을 강조. 타자에게 해를 끼치는 억압적 권력, 조정, 착취, 폭력 등을 거부하며, 한 걸음 더 나아가 공동체, 존중, 상호협력의 정신을 증진시키고자 함

## 3. 포스트모더니즘과 교육

① 학교에서 가르치는 지식에 대한 전통적 관점을 전환할 것을 요구. 전통적 교육이 추구하는 절대적, 보편적 지식관과 가치관 거부
② 기존의 교육과정을 비판. 지식의 논리적 특성보다는 그것이 구성된 사회문화적 맥락에 초점
③ 학생에 대한 전통적 견해 수정 요구. 학생을 미성숙자라고 하여 그들의 목소리를 소외시켜서는 안 되며, 그들도 인간 주체임을 잊지 말아야 함을 강조
④ 전통적인 교육방법의 전환을 요구. 개방적이고 비판적인 대화와 토론, 협동, 자율적인 참여와 창의적인 탐구의 방법으로 전환 요구
⑤ 학생 중심의 교육을 지향하며, 열린 교육의 관점 제공
⑥ 학교문화 해석의 다양성을 요구하며, 현대 사회의 다원성을 인정하고 존중

## 4. 교육적 의의와 한계

### (1) 교육적 의의
① 교육현장 내에서의 작은 목소리 존중, 과학적·합리적 이성의 극복과 그에 따른 감성적 기능을 회복하고자 하였음
② 주지주의 교육과 전통교육의 문제점을 드러내 줌
③ 공교육 체제에 대한 비판적 시각의 제공 및 대안교육 및 실험교육 활성화의 토대 마련
④ 학교 교육에서 과학적 지식에 의해 소외되어 왔던 일상적 지식을 부각

### (2) 한계
① 전통교육을 대치할 만한 대안적 이론을 제시하지 못함
② 다양한 교육적 가치에 대한 합의가 어려움

## 5. 푸코(Faucault)의 훈육론

### (1) 지식과 권력의 관계
푸코는 권력의 힘과 지식의 힘을 동일하게 보고, 그 관계를 '지식-권력'이라고 표현함. 지식은 권력의 행사를 정당화해 주며, 자신의 정당성 유지를 위해 권력을 필요로 함

### (2) 훈육론
권력이 효율적인 통치를 목적으로 길들여진 인간을 만들어 내기 위해 사용하는 다양한 기법과 전술

### (3) 훈육을 위한 도구
① 관찰(감시): 학교는 구성원들을 눈에 잘 띄게 감시할 수 있도록 설계된 원형감옥(판옵티콘)과 유사
② 규범적 판단: 모든 규율체제는 일정한 규범을 정하고 이에 위반되었을 때 처벌을 가하는 방식으로 구성원을 통제
③ 시험(검사): 사람들을 구분하기 위해 계산 가능한 모습으로 분석하는 방법. 시험문제를 만들고 시험을 보고 등급을 매기는 과정을 통해 권력은 특정한 지식을 만들고 사람들을 규격화함

> 03. 20세기 후반의 교육철학

## 05 비판이론

### 1. 개념
① 현대사회에 대한 비판. 비판이론의 특징은 현대사회를 비판하되 그 책임을 개인에게 돌리지 않고 사회 또는 그 체제에 돌리는 데 있음
② 분석과 비판을 통해 인간과 사회의 해방이라는 목적을 실현하고자 함
③ 인간의 자유로운 의식의 형성을 억압하고 왜곡시키는 사회적·정치적·경제적 제약요인들을 분석·비판하고자 하는 기본 입장을 가짐

### 2. 교육목표
① 인격적 목표 : 자율적, 의식화된 인간상 구현
② 사회적 목표(정치적 목표) : 이상사회의 건설

### 3. 교육방법
① 학교와 사회와의 관계 회복 : 학교가 사회의 문제를 끌어들여 학습자가 사회 문제에 대한 인식을 깊게 하는 일
② 학습자의 교육 주체성 존중 : 학습자의 흥미, 자유, 가치 등을 존중하는 소극교육
③ 갈등 현장 견학 : 농성, 데모, 파업 등 사회인의 여러 집단행동을 자기 눈으로 보게 하여 문제의 초점이 무엇인가를 따져보게 하는 일
④ 친교 : 동지적 유대감을 키워주기 위한 대화
⑤ 갈등상황에 대한 문헌접근 : 여러 갈등현장의 문제들을 생생하게 기록한 문헌들을 접하게 하는 일

### 4. 이론가

**(1) 하버마스**
① 의사소통적 합리성 : 공동체의 문제해결을 위해 필수적인 것은 구성원 간의 '열린 의사소통', 즉 폭력과 강제에 빠지지 않고 타당한 합의를 목표로 한 의사소통인 '의사소통적 합리성'이라고 생각
② 이상적 담화상황 : 대화나 토론에서 참가자 간에 왜곡되지 않는 평등한 발언의 기회가 보장되는 상황. 지배가 없는 상태

**PLUS**

**하버마스**
- 공동체가 문제해결에 사용할 수 있는 가장 효율적인 방법은 민주적으로 문제를 해결하는 것
- 하버마스는 사람들이 겪는 주요한 고통이 의사소통 행위의 왜곡에서 비롯되었다고 보았음

(2) **프레이리의 의식화 개념의 발달단계**
① **본능적 의식의 단계**: 원초적 욕구의 충족에 매몰. 억압적인 현실에 대한 문제의식이 존재하지 않음
② **반본능적 혹은 주술적 의식의 단계**: 사회문화적 상황을 '주어진 것'으로 받아들이며, 피할 수 없는 것으로 간주
③ **반자각적 의식의 단계**: 자신을 둘러싼 사회·문화적 상황에 대한 문제의식과 의문이 제기되기 시작. 그러나 문제제기나 의문은 아직 소박한 상태로 대중지도자들에게 쉽게 조작될 수 있는 단계
④ **비판적 의식의 단계**: 의식화 과정을 통해 형성. 자신을 둘러싼 사회·문화적 환경에 대한 심각한 문제의식, 상황에 대한 정확한 인식, 논리적 사고, 다른 사람과의 토론에서의 자신감, 개방적 태도, 책임감 등이 이 단계에서의 일반적 특성

**PLUS**
**문제제기식 교육**
• 의식의 한 단계에서 그다음 단계로 발전하려면 학습이 필요. 이때의 학습이 '문제제기식 교육'
• 은행저축식 교육 → 문제제기식 교육

## 06 현상학과 해석학

### 1. 현상학

**(1) 개념**
① 후설(Husserl)로부터 출발
② 인간 의식은 능동성이 있어서 주변의 대상을 그대로 받아들이지 않고 자신의 개념과 이미지를 결합하여 파악

**(2) 시사점**
지식은 인식 주체와 분리될 수 없음. 학습자의 주관을 중요시해야 함

### 2. 해석학

**(1) 개념**
본래 작품의 의미를 탐구하고 그 가치를 탐구하려는 방법론에서 출발했으나, 현대에는 현상학의 영향으로 텍스트뿐만 아니라 교육을 포함한 인간행위의 의미를 이해하려는 방법으로 확대됨. 언어, 의사소통, 대화에 관심의 초점

**(2) 딜타이**
모든 텍스트(Text)는 해석되어야 한다고 말함. 이때의 텍스트는 언어, 문헌, 작품, 역사적 사물로 표현된 인간의 의식과 인간의 행위를 포함

03. 20세기 후반의 교육철학
## 07 신자유주의

### 1. 교육의 원리
① 교육을 하나의 '상품'으로 규정
② 교육은 개인 간 매매할 수 있는 하나의 민간재에 불과
③ 교육소비자는 자신의 필요에 따라 학교와 프로그램을 자유롭게 선택할 수 있음

### 2. 의의와 한계
(1) 의의
① 학교는 경쟁에서 살아남기 위해 학부모와 학생이 원하는 교육 서비스를 공급
② 교육수요자들의 학습권 존중
③ 타율적이고 경직된 교육제도를 자율적이고 탄력성 있는 교육제도로 바꿀 수 있음

(2) 한계
① 경제적 빈익빈 부익부가 교육의 불평등을 초래. 소수 엘리트와 부유층이 좋은 학교, 좋은 프로그램을 선점할 가능성
② 학교는 상품이 아니므로 교육의 본질적 속성인 민주적 공동체의 형성이라는 역할에 소홀

> **POINT**
> 교육을 자유경쟁에 맡기면 교육의 질과 수월성을 높일 수 있음

# Mind Map

## 01 교육과정의 유형

- 교과중심 교육과정
- 경험중심 교육과정
- 학문중심 교육과정
- 인간중심 교육과정
- 통합 교육과정
- 역량중심 교육과정
- 잠재적 교육과정과 영 교육과정

## 03 교육과정 개발절차

- 교육목표의 설정
- 교육내용(학습경험)의 선정
  - 교육내용 선정의 원리
  - 교육내용의 선정방법
- 교육내용의 조직
  - 수직적 조직
    - 계속성
    - 계열성
    - 수직적 연계성
  - 수평적 조직
    - 범위
    - 통합성
    - 수평적 연계성
    - 균형성
- 교수·학습 방법의 선정 — 강의법, 문답법, 토의·토론법, 문제해결 학습, 발견학습, 프로그램 학습, 협동학습 등
- 학습 성과의 평가 — 교육목표 달성 여부 확인

## 02 교육과정 모형

- 타일러의 합리적 모형
  - 교육목표 설정
  - 학습경험의 선정
  - 학습경험의 조직
  - 평가
- 타바의 귀납적 모형
  - 시험적 단원 개발
  - 시험적 단원의 실행
  - 시험적 단원의 수정·보완
  - 스코프와 시퀀스에 따라 단원 배열
  - 새 단원 보급
- 워커의 자연주의적 모형(숙의모형)
  - 강령(토대)
  - 숙의
  - 설계
- 스킬벡의 학교중심 교육과정 개발
  - 상황분석
  - 목표 설정
  - 프로그램 구축
  - 판단과 실행
  - 모니터링, 피드백, 평가, 재구성
- 파이나의 재개념주의 이론
  - 쿠레레
  - 쿠레레의 방법론
  - 자서전적 교수법
- 애플의 재개념주의 이론
- 아이즈너의 예술적 교육과정 개발 모형
  - 교육목표
  - 교육과정의 내용
  - 학습기회의 유형
  - 학습기회의 조직
  - 내용 영역의 조직
  - 제시 양식과 반응 양식
  - 평가
- 백워드 설계모형
  - 바라는 결과 확인하기
  - 수용 가능한 증거 결정하기
  - 학습경험과 수업계획

## 04 교육과정의 실제

- 학교 수준 교육과정 개발과 교육과정 재구성
  - 학교 수준 교육과정 개발
  - 교육과정 재구성
- 스나이더의 교육과정 실행에 대한 관점
  - 충실도 관점
  - 상호적응 관점
  - 생성 관점
- 2022 개정 교육과정
- 자유학기제

# 교육과정

chapter 01 교육과정의 유형
chapter 02 교육과정 모형
chapter 03 교육과정 개발절차
chapter 04 교육과정의 실제

# Chapter 01 교육과정의 유형

**POINT**
- 문화유산의 전달
- 계획성: 사전에 계획한 대로 수업 진행 가능
- 획일성: 일률적 교재에 의해 내용 및 학습활동 전개
- 한정된 교과 영역 안에서만 교수·학습활동이 이루어짐

## 01 교과중심 교육과정

### 1. 개념
교육과정은 '학교의 지도하에 학생이 배우는 모든 교과와 교재'

### 2. 기본 견해
① 서양의 7자유과와 동양 고대 중국의 사서오경이 연원
② 교과란 인류가 쌓아 올린 문화를 체계적·논리적으로 조직한 것
③ 학습자의 흥미나 필요보다는 성인들에게 중요하다고 여겨지는 학문이나 진리를 중시
④ 대체로 교과 사이에 연계성이 거의 없는 독립된 분과형식으로 이루어짐

### 3. 교과중심 교육과정의 유형

**(1) 분과 교육과정**
각 교과의 선을 고수하여 교과나 과목 간의 횡적 관련이 전혀 없이 조직된 교육과정
예 국어, 수학, 역사, 지리, 음악 등 각각의 교과

**(2) 상관 교육과정**
두 개 또는 그 이상의 과목들이 각각 교과의 선을 유지하면서 공통 및 상관되는 문제만을 의식적으로 교수의 초점으로 삼는 형식
예 국어과의 독립선언문과 역사과의 3.1운동을 서로 상관시켜 다루는 것

**(3) 융합 교육과정**
상관 교육과정에서 광역 교육과정으로 이행하는 과정의 과도기적 유형. 각 교과목의 특성을 유지하면서 내용 면이나 성질 면의 공통 변인을 추출하여 교과를 재조직
예 식물학·동물학의 관련 요소를 추출하여 생물학을 조직하는 것

(4) 광역 교육과정

서로 유사한 과목들을 한데 묶어 넓은 영역의 하나의 교과로 재조직하는 통합 유형

**예** 물리, 화학, 생물, 지학 등을 묶어서 과학과로 조직하는 것

### 4. 교과중심 교육과정의 장단점

(1) 장점

① 교육과정 구성이나 평가가 다른 교육과정 유형에 비해 간단하고 쉬움
② 초임 교사도 쉽게 운영 가능
③ 교육과정의 중앙집권적 통제가 용이하며, 교수·학습활동의 통제가 용이

(2) 단점

① 고등정신기능, 즉 비판력, 창의성, 사고력의 함양이 곤란
② 학생의 흥미와 욕구가 무시되고 개인차도 무시됨
③ 민주적 태도 형성이 곤란
④ 실제 생활문제와 유리되고, 비실용적 지식을 전달할 수 있음

01. 교육과정의 유형

## 02 경험중심 교육과정

### 1. 개념
교육과정은 '학교의 지도하에 학생들이 갖게 되는 모든 경험'

### 2. 기본 견해
① 교육과정의 주체는 교사가 아니라 학생
② 교육을 끊임없는 성장과정으로 봄
③ 자연주의 교육사상가들의 영향을 받아 듀이(J. Dewey)에 의해 강조되었으며, 진보주의 교육사조에서 중시됨

### 3. 경험중심 교육과정의 유형

**(1) 생활중심(경험형 광역) 교육과정**
생활 자체를 교육과정의 기초로 삼아 생활영역에 의미 있는 경험을 가르침 (생활, 흥미, 경험 중심)

**(2) 활동중심 교육과정**
학생들의 문제를 해결하는 데 도움이 되는 활동을 다룸. 킬패트릭의 구안법

**(3) 현성(생성) 교육과정**
수업 현장에서 학생들의 필요와 목적에 따라 즉시 구성되는 교육과정. 사전 계획 없이 교육현장에서 학습자들이 경험하고자 하는 것을 그 자리에서 직접 구성하여 활용

**(4) 중핵 교육과정**
① 개념: 중핵(core)이란 사물의 중심 부분 즉, 핵심을 의미. 중심학습과 주변학습 과정이 동심원적으로 구성된 교육과정
② 특징
  ㉠ 가장 중요한 것을 중심에, 주변적인 것들은 중심을 둘러싼 주변에 배치
  ㉡ 전통적인 교과의 선을 폐기
  ㉢ 계획을 생활문제와 학생의 흥미에 관련시키려는 노력
③ 중핵 교육과정의 유형: 교과중심 중핵 교육과정, 개인중심 중핵 교육과정, 사회중심 중핵 교육과정

---

**PLUS**

**현성 교육과정**
- 장점: 교사와 학생에게 많은 자유와 융통성 제시
- 단점: 유능한 교사만 가능

**PLUS**

**중핵 교육과정**
- 장점: 학생들에게 의미 있고 중요한 학습경험 촉진. 실제적 과제 선정을 통해 문제해결력, 비판적 사고력 촉진
- 단점: 교과 지식의 체계적 학습이 어려움. 교사의 수업 준비에 많은 시간과 노력 필요

## 4. 경험중심 교육과정의 장단점

### (1) 장점
① 학습자의 흥미와 필요가 중시되어 자발적인 활동 촉진
② 현실적이고 실제적인 생활문제를 해결하는 데 도움
③ 민주사회에서 민주시민으로서의 자질 함양이 용이
④ 학교와 지역사회와의 유대 강화
⑤ 개인차에 따른 학습이 가능

### (2) 단점
① 기초 학력 저하
② 체계적인 지식과 기능을 등한시하기 쉬움
③ 학습내용의 조직상 논리적 체계 부족
④ 행정적인 통제가 어려움

[01. 교육과정의 유형]
## 03 학문중심 교육과정

### 1. 개념
교육과정은 '각 학문에 내재해 있는 지식의 구조와 지식 탐구과정의 조직'

### 2. 기본 견해
① 지식의 구조, 즉 핵심적인 아이디어 또는 기본적인 원리 및 개념 중시
② 어떤 교과라도 지적 성격을 그대로 두고 표현만 다르게 하면 발달의 어떤 단계에 있는 어떤 학습자에게도 효과적으로 가르칠 수 있음
③ 분석적 사고만큼 직관적 사고 중시

### 3. 학문중심 교육과정의 특징
① 기초교육 강조
② 교과내용은 지식의 구조를 핵심으로 조직
③ 나선형 교육과정으로 되어 있음
④ 탐구과정 중시

**POINT**
- 내용: 지식의 구조
- 방법: 발견학습, 탐구학습
- 조직: 나선형 교육과정

### 4. 학문중심 교육과정의 장단점

(1) 장점
① 교육내용을 선정하고 조직하는 데 경제성을 기할 수 있음
② 기본 개념의 이해 촉진
③ 학생들이 능동적으로 탐구과정에 참여함으로써 탐구능력 향상
④ 학습에 관한 흥미를 지속적으로 유발
⑤ 내적 동기유발의 방법을 교수에 사용함으로써 학문 자체에 대하여 희열을 느끼고 적극적으로 참여
⑥ 교육내용 선정에서 중복과 누락을 피할 수 있음

(2) 단점
① 학업능력이 우수한 학생들에게만 적합
② 자연과학 분야의 교과목을 중심으로 한 일부 교과에 적합
③ 청소년의 욕구와 그들의 광범위한 생활문제를 등한시
④ 정의적 영역에 포함되는 것들이 소홀히 되어 인간 행동에 있어서 지나치게 지적 능력만을 강조

01. 교육과정의 유형

## 04 인간중심 교육과정

> **Keyword**
> #자아실현 #자아개념
> #성장 #인간주의
> #잠재적 교육과정

### 1. 개념
교육과정은 '학생이 학교생활을 하는 동안에 가지는 모든 경험'(표면적 교육과정+잠재적 교육과정)

### 2. 기본 견해
인간중심 교육의 궁극적 목적은 인간의 잠재 능력을 최대한으로 개발하여 좀 더 인간다운 인간을 간직하고 개인적으로 자아를 실현하며, 사회발전에 기여할 수 있는 삶을 살 수 있도록 돕는 것

### 3. 인간중심 교육과정의 특징
① 잠재적 교육과정을 표면적 교육과정과 똑같이, 경우에 따라서는 더 중시
② 학교환경의 인간화를 위해 노력
③ 자아실현이 목표
④ 인간주의적인 교사를 필요로 함

### 4. 인간중심 교육과정의 장단점

(1) 장점
① 전인교육을 통하여 인간이 타고난 지적·신체적·사회적·정서적인 성장 가능성을 조화롭게 발전시킬 수 있음
② 학습자의 개별적인 자기성장을 조장할 수 있음
③ 학습자의 자아개념을 긍정적으로 형성하는 데 도움

(2) 단점
① 교수·학습 과정에서 자유로운 환경 조성과 역동적인 인간관계가 유지되지 않으면 교육성과의 보장이 어려움
② 교사들의 투철한 교육관이 확립되지 않으면 실현을 기대하기 어려움

01. 교육과정의 유형

## 05 통합 교육과정

### 1. 교과 통합 운영의 개념

교과의 통합 운영이란 국가수준 교육과정으로 명확히 구분하고 있는 교과들을 수업의 장면에서 다양한 방식으로 상호 연관을 지어서 계획하고 가르치며 평가하는 활동

### 2. 교과 통합 운영의 원칙

① **중요성의 원칙**: 교과의 통합 운영에서 각 교과의 중요한 내용이 반영되어야 함
② **일관성의 원칙**: 통합 단원에 포함되는 내용과 활동이 단원의 목표 달성을 위해 고안된 수업전략과 부합되어야 함
③ **적합성의 원칙**: 통합 단원이 학습자의 개성과 수준에 맞으며, 학습자의 전인격적인 성장을 목표로 해야 함

### 3. 교육과정 통합의 유형(Drake)

**POINT**
- 교과의 경계
  - 다학문적 통합: 독립성 유지
  - 간학문적 통합: 경계 무너짐
  - 탈학문적 통합: 경계 완전히 사라짐
- 학습의 주된 목적
  - 다학문적 통합: 개별 교과의 내용과 습득
  - 간학문적 통합: 공통된 기능·주제·개념 학습
  - 탈학문적 통합: 주제 탐구

(1) **다학문적 통합**

① 하나의 주제를 중심으로 여러 교과(다학문)의 내용을 통합하는 것. 즉, 동일 주제를 여러 교과에서 각 교과의 내용과 기능을 통해 다룰 수 있도록 교육과정 조직
② 교육과정 계획은 개별 교과들의 정체성을 인정하고, 이들 교과에서 숙달되어야 할 중요한 내용과 기능을 확인하는 것으로 시작
③ 주된 관심은 여전히 각 교과의 내용과 기능 숙달에 있음
④ 교육내용 선정·조직 및 교수·학습은 각 학문 또는 교과별로 따로 이루어짐

(2) **간학문적 통합**

① 학문 사이의 공통 학습 요소(주로 기능, 능력)를 중심으로 통합. 여러 교과에 걸친 공통적인 주제나 개념, 기능을 밝히고 이를 중심으로 교육과정을 조직
② 각 학문영역은 단독적으로 운영되는 것이 아니라 두 개 이상의 학문영역에서 새롭고 의미 있는 통합이 이루어짐
③ 간학문적 통합에서는 엄격한 교과 경계 붕괴. 이 접근의 초점은 교과 자체가 아닌, 학습되어야 할 중요성이 크다고 간주된 주제·개념·기능의 습득

(3) **탈(초)학문적 통합**
① 학생의 '관심사'를 중심으로 학문의 경계를 초월한 통합. 교과 간의 구분을 염두에 두지 않고 문제나 쟁점을 중심으로 교육과정 조직
② 주된 목적이 주제 자체를 탐구하는 데에 있으므로 교과 영역 구분에 대한 고려 없이 이루어짐
③ 개별 교과의 정체성을 인정하지 않음

**PLUS**
- 다학문적 통합 → 광역형
- 간학문적 통합 → 융합형
- 탈학문적 통합 → 중핵형

01. 교육과정의 유형

## 06 역량중심 교육과정

### 1. 역량의 개념
① OECD : 지식과 기능뿐만 아니라 태도, 감정, 가치, 동기와 같은 요소들을 총 가동하여 특정 맥락의 복잡한 요구를 성공적으로 충족시킬 수 있는 능력 ◎ 무언가를 할 수 있는 능력
② 학교 교육에서 역량 : 학생들이 21세기 사회를 성공적으로 살아가기 위해 학교 교육 전반을 통해 길러야 할 지식, 기능, 태도 및 가치의 총체

### 2. 역량중심 교육과정의 의미
① 교육과정에 대한 역량중심적 접근은 학교 교육과정을 바로 이러한 역량, 즉 학생들이 향후 사회적 삶을 성공적으로 살아가는 데 필요한 자질과 능력에 초점을 두어 설계하는 것
② 역량을 교육과정의 중심에 둔다는 것은 사회적 삶에서 필요한 역량을 강화하는 방향으로 교육내용을 제공해야 한다는 것을 의미
③ 역량중심 교육과정은 '21세기 사회를 살아가는 데 적합한 능력을 신장하기 위해 학생들의 지식, 기능, 태도의 총체적인 발달을 추구하며, 학교 교육의 목적을 지식을 바탕으로 하는 실천 능력의 획득에 두는 교육과정'

### 3. 역량중심 교육과정과 교과
① 교육과정에 대한 역량중심적 접근이란 역량을 교육과정에 대한 사고의 중심에 두자는 것이지 교과를 특정 역량으로 대체하자는 주장은 아님
② 해당 역량을 그 자체로 가르치는 것은 쉽지 않으며, 역량은 그 자체로 의미를 갖기보다는 교과교육에서 다루어 온 가치 있는 지식과의 관련 속에서 그 의미가 더 명료하게 드러나는 경우가 많기 때문

### 4. 역량중심 교육과정 설계의 특징

(1) **역량을 지식이나 내용으로부터 분리**
① 역량중심 교육과정에서는 역량과 지식/내용이 서로 구분되어 있으나 양자는 상호 간에 보완적인 역할을 하는 것으로 설계
② 지식이나 내용은 역량을 발달시키기 위한 수단

(2) **교사의 자율성 보장**
지식이나 내용은 역량을 발달시키는 데 적절한가의 여부에 따라 교수자들에 의해 선정

01. 교육과정의 유형

## 07 잠재적 교육과정과 영 교육과정

### 1. 잠재적 교육과정

① 학교에서는 계획한 바 없으나 학교생활을 하는 동안 학생들이 은연중에 가지게 되는 경험
② 잠재적 교육과정은 학교를 단순한 교육의 장이 아닌 학생들이 생활하는 공간으로 간주
③ 잠재적 교육과정이라는 개념은 잭슨(Jackson)의 『교실에서의 생활』이라는 저서를 통해 처음으로 사용됨. 그는 학교의 특성을 군집, 상찬·평가, 권력 등으로 규정하고 그것들이 학생들의 생활에 미치는 영향력 제시
④ 잠재적 교육과정은 공식적 교육과정과 병행 관계에 있기 때문에 긍정적이고 부정적인 측면이 존재

**표면적 교육과정과 잠재적 교육과정**

| 표면적 교육과정 | 잠재적 교육과정 |
| --- | --- |
| 주로 지적인 것과 관련 | 주로 비지적인 정의적인 영역과 관련 |
| 주로 교과와 관련 | 주로 학교의 문화풍토와 관련 |
| 단기적으로 배우며 어느 정도 일시적인 경향 | 장기적, 반복적으로 배우며 보다 항구성을 지님 |
| 주로 교사의 지적, 기능적 영향을 받음 | 주로 교사의 인격적인 감화를 받음 |
| 바람직한 내용 | 바람직한 것뿐만 아니라 바람직하지 못한 것도 포함 |

### 2. 영 교육과정

① 아이즈너가 제안
② 가르칠 만한 가치가 있음에도 불구하고 공적인 문서에서 빠져 있거나, 공식적 교육과정에 포함되어 있다 하더라도 학생들이 학습할 기회를 갖지 못한 내용
③ 공식적 교육과정에서 중요하고 가치 있는 어떠한 교육내용이나 가치·태도 등이 배제되고 있는지를 평가하는 데 중요한 단서 제공

**POINT**

- **잠재적 교육과정**: 학교와 교사에 의해 의도되지 않았지만 학교생활을 통해 배움
- **영 교육과정**: 배제된 교육과정. 배워야 할 것을 가르치지 않음

# Chapter 02 교육과정 모형

## 01 타일러의 합리적 모형

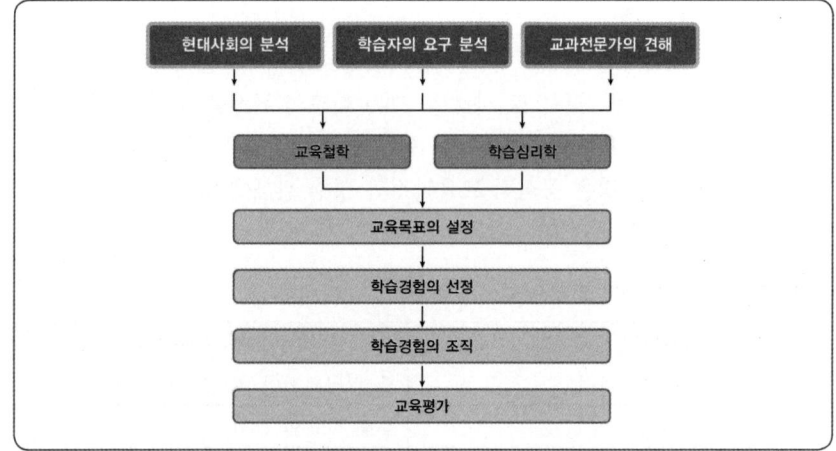

| 타일러의 합리적 개발 모형 |

### 1. 교육목표 설정

**(1) 목표 설정 시 고려사항**

① 학습자의 요구 : 학습자의 특성, 즉 학습자의 요구와 흥미, 필요 등을 반영해야 함

② 사회의 요구 : 현대사회의 요구를 파악하기 위해 지역사회, 국가, 세계를 잘 알고 고려해야 함

③ 교과전문가의 견해 : 교과전문가들에게 수용될 만한 타당성이 있도록 설정

**(2) 목표 거름체**

① 교육철학 : 교육적으로 추구할 만한 가치가 있는지 판단

② 학습심리학 : 잠정적 목표를 학습자가 달성할 수 있는가를 알아보기 위함

---

**PLUS**

모형의 특징
- 목표우위 모형
- 평가중심의 모형
- 직선적 모형
- 합리적 모형
- 처방적 모형
- 연역적 모형

## 2. 학습경험의 선정

① 학습경험이란 학생들이 목표에 도달할 수 있도록 기회를 마련해 주는 활동을 의미
② 학습경험 선정을 위한 원리
　㉠ 기회의 원리 : 교육목표 달성을 위해서는 그 목표가 시사하고 있는 행동을 학습자 스스로 해볼 수 있는 기회를 가져야 한다는 것
　㉡ 만족의 원리 : 학생들이 목표와 관련된 학습을 함에 있어 만족을 느끼는 경험이 되어야 함
　㉢ 가능성의 원리 : 학생들의 현재 수준에서 경험이 가능한 것이어야 함. 학생들에게 요구되는 행동은 그들의 현재 능력, 성취, 발달 수준에 맞아야 함
　㉣ 일 목표 다경험의 원리 : 한 가지 교육목표를 달성하는 데도 활동은 여러 가지가 있을 수 있음
　㉤ 일 경험 다성과의 원리 : 행동을 선택할 때 여러 교육목표를 동시에 달성하는 데 도움을 주는 행동을 선택하라는 것

## 3. 학습경험의 조직

① 선정된 학습경험들은 효과적인 수업이 일어나도록 조직되어야 함
② 세 가지 조직 준거
　㉠ 계속성 : 교육내용이나 경험을 수직적으로 조직하는 것으로 요소를 지속적으로 반복하여 제시하는 것. 동일 요소 반복
　㉡ 계열성 : 계속성과 관련이 있지만 동일 내용의 폭과 수준을 달리하여 제시하는 것
　㉢ 통합성 : 교육과정의 내용을 수평적으로 관련시키는 것으로 조직요소의 횡적인 상호 관련성을 의미. 학습활동의 과목 간 연계성

## 4. 평가

① 교육목표가 교과과정이나 학습지도를 통해 어느 정도 실행되고 있는가를 확인하는 일
② 교육과정 개발자는 교육목표 달성 여부를 판가름하기 위한 평가의 방법과 절차를 구성해야 함

> **+PLUS**
> 
> **평가 시 고려사항**
> • 평가는 변화를 알아보는 것이므로 한 번 이상 이루어져야 함
> • 지필고사 외에 관찰, 면접, 질문지, 작품표본 평가 등 다양한 방법 활용 가능

## 5. 장단점

(1) **장점**
① 어떤 교과나 어떤 수업 수준에서도 활용, 적용 가능
② 논리적이고 합리적인 절차를 제시하고 있어 교육과정 개발자나 수업계획자가 따라 하기 쉬움
③ 교육과정과 수업을 구분하지 않고 통합적으로 '목표-경험선정-경험조직-평가'를 포괄하는 광범위한 종합성을 띠고 있음

(2) **단점**
① 목표의 원천은 제시하고 있으나 무엇이 교육목표이고, 그것이 왜 다른 목표를 제치고 선정되어야 하는지 그 이유를 분명하게 밝혀주지 못함
② 수업 과정 중 생겨나는 부수적·확산적 목표의 중요성 간과
③ 목표를 내용보다 우위에 두고, 내용을 목표 달성을 위한 수단으로 전락시킴
④ 무엇을 가르쳐야 할 것인가에 대한 대답을 회피. 교육과정의 실질적 내용이 어떤 것인가도 가르쳐주지 않고, 단지 그것을 확인하는 절차만을 제시

## 02 타바의 귀납적 모형

### 1. 특징

① 교육과정은 교사 스스로가 개발해야 함. 또한, 교사는 구체적인 교수·학습 단원을 만드는 작업부터 시작해야 함
② 개발자들이 따라야 할 절차를 제시한다는 점에서 처방적 모형, 단원 개발에서 출발하여 교과 구성으로 진행된다는 점에서 귀납적 모형
③ 교육내용과 학습경험을 이원화함

**■ 타바의 교육과정 개발 모형**

> 1. 학년 또는 교과의 특성을 나타내는 시험적인 단원 개발
>    1.1 요구진단
>    1.2 목표설정
>    1.3 내용선정
>    1.4 내용조직
>    1.5 학습경험 선정
>    1.6 학습활동 조직
>    1.7 평가도구 및 준거 결정
>    1.8 균형성, 계열성 평가
> 2. 시험적인 단원의 실행
> 3. 시험적인 단원의 수정과 보완
> 4. 스코프(scope)와 시퀀스(sequence)에 따라 단원 배열
> 5. 새 단원의 보급

**Keyword**
#교사가 개발 #귀납적
#단원 개발

### 2. 장단점

(1) 장점
① 교육과정을 계획하고 개발하는 데 현장에서 쉽게 적용할 수 있는 논리적이고 계열적인 구조 제공
② 교육과정 개발과정에 교사의 참여를 독려하는 최근 경향에 부합

(2) 단점
① 국가 수준의 교육과정을 재구성할 때 사용하기 어려움
② 단원 개발에서부터 시작하는 모형의 특성상 전체 교육과정에 대한 이해로 나아가지 못할 수 있음

02. 교육과정 모형

# 03 워커의 자연주의적 모형(숙의모형)

## 1. 개념
① 실제 상황에서 교육과정이 어떻게 개발되는가를 참여 관찰하면서 발견한 것을 토대로 교육과정 개발 과정을 설명하는 틀을 제시한 모형
  ◉ 자연주의적 모형
② 교육과정 개발자들이 실제로 교육과정 개발 과정에서 무엇을 하는지를 구체적으로 드러내 줌

## 2. 교육과정 개발절차
① 강령(platform, 토대): 교육과정 개발 과정에서 참여자들이 서로 다른 자신들의 견해를 표방하는 단계
② 숙의(deliberation): 다양한 대안들에 대한 논쟁을 거쳐 합의 과정에 이르는 단계. 교육과정에 대한 공통적인 그림을 찾기 위해 개발자들이 상호작용하는 단계
③ 설계(design): 숙의 단계에서 선택한 대안을 실천 가능한 것으로 구체화하는 단계. 개발자들이 논의를 통하여 교육 프로그램의 상세한 계획을 수립

## 3. 특징
① **자연스러운 개발모형**: 실제적 상황에서 교육과정을 개발하는 과정을 기술
② **과정 지향적 모형**: 워커의 모형은 교육과정 개발자들의 의견이 타협되고 조정되는 과정을 강조(숙의)
③ **기술적 모형**: 교육과정 개발자들이 교육과정 개발 과정에서 실제로 따르고 있는 절차를 기술(처방적 성격을 지니는 타일러 모형과 대비)
④ **역동적 모형**: 미리 결정된 절차에 의해 교육과정 개발의 목적과 과업을 최대한 성취해 나가는 전통적 관점의 모형과는 달리 모든 참여자의 신중한 숙의적, 실제적 추론의 역동적 과정에 의해 경험을 공유하고 합의된 결정에 도달하는 모형

## 4. 장단점

(1) **장점**
  ① 교육과정 구성요소의 어느 시점에서도 시작할 수 있어 융통성이 있음
  ② 교육과정 개발 과정에서 실제로 일어나는 것들을 확인할 수 있음

(2) **단점**
  ① 교육과정 계획에만 초점. 설계가 이루어지기 전까지의 과정에 대해서만 상세하게 제시
  ② 전문가, 시간, 자금 등이 부족한 소규모 학교에는 적용이 어려움

02. 교육과정 모형

## 04 스킬벡의 학교중심 교육과정 개발

> **PLUS**
> 학교중심 교육과정 개발
> 학교에서 학습 프로그램을 계획, 설계, 평가하는 것

> **PLUS**
> 특징
> • 상황분석 중시
> • 학교 특성에 맞는 교육과정 구성 가능
> • 교사·학생·학부모·지역사회의 요구에 따라 수정 가능하기 때문에 역동적이고 상호작용적인 모형

### 1. 특징

① 교육과정 개발의 출발점을 학교에서 일어나는 학습상황을 비판적으로 평가하는 데 두고 있음
② 타일러 모형과의 차이
  ㉠ 상황분석 단계 추가: 상황분석은 교육과정이 학교, 교사, 학생의 개별적 특성에 따라 달리 구성되어야 한다는 점을 강조. 보편적인 특성을 지닌 교육과정을 개발하고자 한 타일러 모형과 차이
  ㉡ 개방된 상호작용 모형(역동적 모형) 제시: 교육과정 개발자가 지각한 요구에 적절하다고 생각하는 단계에서 모형 시작 가능. 교육과정 개발자는 순서에 상관없이 단계를 거칠 수 있을 뿐만 아니라 몇몇 단계를 결합하여 운영할 수도 있음

### 2. 교육과정 개발단계

① 상황분석: 상황을 구성하는 외적·내적 요인 분석

| 학교의 외적 요인 | 학교의 내적 요인 |
|---|---|
| 학부모의 기대감, 지역사회의 가치, 변화하는 인간관계, 이데올로기 등과 같은 사회 문화적 변화, 교육체제의 요구, 변화하는 교과의 성격, 교사 지원체제 | 학생의 적성·능력·교육적 요구, 교사의 가치관·태도·기능·지식·경험, 학교의 환경과 정치적 구조, 공작실·실험실 등과 같은 시설, 교육과정 내에 존재하는 문제점 등 |

② 목표 설정: 목표는 상황분석에 기초하며, 교육적 행위의 방향을 제시하기 위한 가치나 판단을 포함
③ 프로그램 구축(구성): 교수·학습활동의 내용·구조·방법·범위·계열성 등의 설계, 수단-자료(키트, 자원, 교재 등의 상세한 목록) 구비, 시설 환경(실험실, 작업실, 공작실 등)의 설계, 인적 구성과 역할 부여, 시간표 짜기 등
④ 판단(해석)과 실행: 교육과정의 변화를 일으키는 문제를 판단하고 실행. 이러한 문제는 경험의 개관, 혁신에 대한 연구와 이론의 분석, 선견지명 등을 통해 파악되고 실행
⑤ 모니터링, 피드백, 평가, 재구성: 교육과정 개발에 대해 계속 모니터링하고 그에 따른 피드백 평가 수행, 그 결과를 토대로 교육과정 재구성

## 3. 장단점

### (1) 장점
① 교사들이 현실적으로 적용 가능
② 개발자의 의도에 따라 어느 단계에서부터든 교육과정 개발을 시작할 수 있다는 융통성, 자율성 발휘
③ 학교 현장의 교육적 상황 반영

### (2) 단점
① 비체계적인 접근 방식으로 운영 실제가 혼란스럽고 전체를 고려하지 못할 위험성이 있음
② 상황분석 등을 포함하고 있어 교육과정 개발의 소요시간이 길어질 수 있음

02. 교육과정 모형

# 05 파이나의 재개념주의 이론

## 1. 기본적 주제: 인간의 실존적 해방

① 우리가 처한 사회적, 문화적 현실 속에서 개인이 갖는 경험과 그 의미를 파헤치고 이해하는 일에 초점
② 교육과정의 관심은 '개인'에게 주어지고, 각 개인이 교육 속에서 갖는 내적 경험의 탐구에 초점을 모으는 일이 교육과정 탐구의 새로운 출발점이 되는 것으로 생각
③ 자신의 교육경험을 되돌아보고 자신의 내적 세계와 자신을 구속하는 여러 사회·문화적 제약을 깨달음으로써 실존적 해방 가능

## 2. 쿠레레 방법으로서의 교육과정 탐구

### (1) 쿠레레

① 커리큘럼(curriculum)이 외부에서 주어지는 자료라면, 그것을 접하고, 읽고, 생각하고, 느끼며, 배우는 모든 경험의 의미를 찾아가는 것이 '쿠레레'
② 쿠레레 방법에서 교육과정 탐구란 그 자체의 독특한 탐구 방식을 동원하여 교육경험의 본질을 규명함으로써 스스로 교육과정의 지식을 만들어 가는 활동을 의미

### (2) 쿠레레의 방법론

① **회귀(regression)**: 과거를 현재화하는 단계. 과거에 있는 그대로의 실제 모습, 그리고 그것이 현재에 남아 맴돌고 있는 모습을 포착하기 위해 과거로 돌아감
② **전진(progression)**: 자유연상을 통해 미래를 상상하는 단계. 심사숙고하여 가능한 미래를 상상. 미래가 현재가 되는 장면을 상상해보는 것
③ **분석(analysis)**: 과거, 미래, 현재라는 세 장의 사진을 동시에 펼쳐 놓은 후, 이들 간의 복잡한 관계를 분석하는 과정
④ **종합(synthesis)**: 생생한 현실로 돌아와 내면의 목소리에 귀를 기울이고, 자기에게 주어진 현재의 의미를 다시 묻는 단계. 자신의 삶에 과거의 교육이 어떻게 기여했는지, 자신의 성장에 어떠한 도움을 주었는지, 교육에 대한 이해가 제대로 획득되었는지에 대해 자문하는 단계

---

**PLUS**

**교육과정의 재개념화**
- 전통적 교육과정 연구 패러다임인 기술공학적 접근 비판
  - **전통주의자**: 교육과정 개발이 목적
  - **재개념주의자**: 교육과정의 이해가 목적
- **교육과정 재개념화**: 전통주의자들의 탈역사적, 탈정치적, 실증주의의 좁은 관점에서 벗어나 교육과정 탐구의 영역을 확대하고 방법을 다양화하는 것

### (3) 자서전적 교수법(교육과정 재개념화의 방법)
쿠레레의 방법을 수업에 적용한 것
① 1단계: 자신의 교육경험을 있었던 그대로 쓰기
   ⊙ 자신이 누구이며, 어떻게, 왜 이렇게 발달되어 왔는지 알기 위해 자서전적으로 글을 쓰는 것. 경험에 어떠한 원리와 형식이 작용했는지 비판적으로 분석하고 이해하는 작업을 포함
② 2단계: 그 내용을 교사와 다른 학생들과 함께 비판적으로 성찰하기
   ⊙ 한 사람이 쓴 글에 대해 교사와 다른 학생들이 대화를 나누며 대화를 통해 자신과 타인 그리고 세계에 대한 새로운 인식과 전망을 만들어 감
③ 3단계: 타인의 경험 분석하기
   ⊙ 다른 사람의 교육경험을 분석하는 과정에서 교육이 개인에게 미치는 영향을 인식하고 공감

02. 교육과정 모형

## 06 애플의 재개념주의 이론

### 1. 기본적 주제: 인간의 정치적 해방

① 애플은 교육과정이 선정되고 제시되는 과정에 내재해 있는 정치적 성격을 분석. 그는 교육과정이 사회 각 계층의 이해를 반영하고 있으며, 이로 인해 특정 계층이나 집단의 이해에 도움이 되는 결과를 초래하게 된다고 봄
② 애플과 파이나의 차이
   ㉠ 파이나: 교육 현실 문제의 인식에서 그 관심을 실존적 의식의 세계로 돌려 우리가 갖는 교육경험의 의미와 본질을 파헤치는 일에 초점
   ㉡ 애플: 신마르크스주의에 바탕을 두고 의식을 형성하게 하는 외부적 조건과 제약에 더 큰 관심

### 2. 학교 교육과 교육과정에 대한 비판

오늘날의 학교는 기성세대가 갖는 사회체제와 권력 관계를 다음 세대에 그대로 전달해 주는 재생산의 기능을 하고 있다고 비판

### 3. 기술공학적 논리의 비판

기술공학적 논리에서는 목표 달성을 위한 효율성과 생산성의 추구가 유일한 중요 관심사이므로, 그 자체가 갖는 논리나 가치에 대해 성찰하거나 비판하는 일을 허용하지 않음

02. 교육과정 모형

# 07 아이즈너의 예술적 교육과정 개발 모형

## 1. 교육목표

① 행동목표 비판
② 문제해결목표와 표현적 결과 제시
  ㉠ 문제해결목표
     - 문제와 문제를 해결할 때 지켜야 할 조건이 주어지면, 그 조건을 충족시키면서 문제해결
     - 해답이 미리 주어지지 않는 대신 문제가 주어진다는 특징을 지니며, 문제해결 방법 또한 다양
  ㉡ 표현적 결과: 목표를 미리 정하지 않고 어떤 활동을 하는 도중이나 끝낸 후에 교육적으로 바람직한 그 무엇을 얻을 수 있는 목표를 가리킴. 어떤 활동을 하는 도중 또는 종료한 후에 얻게 되는 것

> **PLUS**
> - 행동목표의 문제점을 비판했으나, 행동목표의 필요성을 부정한 것은 아님
> - 타일러의 행동목표에 대한 보완으로서 수업과정과 그 후에 드러나는 목표를 주장. '명백한 교육목표뿐만 아니라 잘 정의되지 않은 목표도 고려해야 한다.'

### 📖 교육목표의 세 가지 형태

| 종류 | 특징 | 평가방식 |
| --- | --- | --- |
| 행동목표 | • 학생 입장에서 진술<br>• 행동용어 진술<br>• 정답이 미리 정해져 있음 | • 양적평가<br>• 결과의 평가<br>• 준거참조 검사 사용 |
| 문제해결목표 | • 일정 조건 내에서 문제의 해결책을 발견<br>• 정답이 정해져 있지 않음 | • 질적 평가<br>• 결과 및 과정의 평가<br>• 교육적 감식안 사용 |
| 표현적 결과 | • 조건 없음<br>• 정답 없음<br>• 활동 목표가 사전에 정해지지 않고 활동하는 도중 형성 가능 | • 질적 평가<br>• 결과 및 과정의 평가<br>• 교육적 감식안 사용 |

## 2. 교육과정의 내용(내용선정)

① 개인, 사회, 교재 등의 자원 고려
② '영 교육과정' 고려

## 3. 학습기회의 유형

① 교육적 상상력이 필요
- **교육적 상상력**: 교사들이 의미 있고 만족스러운 학습기회를 제공할 수 있도록 교육목표와 교육내용을 학생들에게 적합한 형태로 변형하는 능력

② 교육적 상상력을 동원하여 목표와 내용을 학생들에게 의미 있는 학습활동으로 다양하게 변형

## 4. 학습기회의 조직

① 여러 과제에 동시에 접근하여 다양한 학습 결과를 유도할 수 있는 비선형적 접근 방법 강조
② '거미줄 모양'으로 조직: 교과의 다양한 요소를 다루는 교사의 역할을 '거미줄 치는 작업'에 비유

**PLUS**
- **계단식 모형**: 먼저 배운 것을 기점으로 앞으로 배울 것 준비
- **거미집 모형(거미줄 모양)**: 다양한 학습 결과를 얻도록 조직 → 학습자 스스로 해결할 수 있도록

## 5. 내용 영역의 조직

다양한 교과들 사이를 꿰뚫는 내용(범교과학습) 조직 강조

## 6. 제시 양식과 반응 양식

① 다양한 의사소통양식을 사용. 다양한 형태의 표현방식에 접할 기회를 가져야 하고, 학생들이 표현하는 방식 또한 다양해야 함
② 은유적 표현 강조. 은유는 일상적 언어 양식으로 의사소통되는 것보다 더 강력한 의미를 포함

## 7. 평가

**PLUS**
평가
평가는 교육과정 개발의 마지막 단계에서 실시되는 것이 아니라 전체 과정에 영향을 미침

(1) **참 평가**

실생활에서 필요로 하는 문제해결 능력을 학습하는 데 도움이 되는 평가

(2) **평가기술**

① **교육적 감식안**: 평가대상의 미묘하면서도 중요한 자질을 인식하는 능력
② **교육비평**: 어느 분야에 대한 감식안을 가진 사람만이 느끼는 미묘한 질의 차이를 그 분야의 비전문가, 예를 들어 학생과 학부모도 이해할 수 있도록 언어로 표현한 것

02. 교육과정 모형

# 08 백워드 설계모형

## 1. 개념
① 위긴스와 맥타이가 제안한 새로운 교육과정 설계 방식
② 타일러 모형이 교육목표 설정 → 학습경험의 선정과 조직 → 교육평가로 이어지는 것과 달리, 교육목표 설정 → 교육평가계획 → 학습경험 및 수업계획의 순서로 진행
③ 학습경험 및 수업계획보다 평가계획을 먼저 세운다는 점에서 백워드 설계모형이라고 부름

## 2. 백워드 설계의 특징
① 타일러 모형의 절차를 변화시켜 목표 달성을 위해 평가를 강조한 모형
② 전이 가능성이 높은 주요 아이디어에 초점 ⓐ 교과 내용의 우선순위를 명료화하여 주요 아이디어를 선별해야 한다고 제안. 백워드 설계모형에서는 브루너가 제시한 지식의 구조에 해당하는 것을 '영속적 이해(enduring understanding)'라고 부름
  • 영속적 이해: 학습자들이 비록 아주 상세한 것들을 잊어버린 이후에도 머릿속에 남아 있는 큰 개념 혹은 중요한 이해
③ 교육목표로 학습자의 진정한 이해를 강조(이해중심 교육과정)
  ㉠ 위긴스와 맥타이는 이해를 여섯 가지 측면 – 설명, 해석, 적용, 관점, 공감, 자기지식 – 으로 분류하여 제시
  ㉡ 교육과정의 목표를 '이해'라는 용어로 제시

## 3. 백워드 설계 단계

### (1) 바라는 결과 확인하기(목표 설정)
① 바라는 결과의 내용은 '영속적 이해'
② 목표의 다른 표현인 이해를 여섯 가지 측면으로 나누어 구체적으로 제시

| 이해의 측면 | 내용 |
|---|---|
| 설명 | 사실이나 사건, 행위에 대해 타당한 근거를 제공하는 능력 |
| 해석 | 숨겨진 의미를 도출하는 능력 |
| 적용 | 지식을 다양한 상황이나 실제적인 맥락에서 효과적으로 사용하는 능력 |
| 관점 | 비판적인 시각으로 바라보는 능력 |

**POINT**

백워드 설계 단계
• 바라는 결과 확인하기
• 수용 가능한 증거 결정하기
• 학습경험과 수업계획

| 공감 | 타인의 입장에서 감정과 세계관을 수용하는 능력 |
|---|---|
| 자기지식 | 자신의 무지를 알고 자신의 사고와 행위를 반성할 수 있는 메타인지 능력 |

### (2) 수용 가능한 증거 결정하기(평가계획의 수립)
① 학생들이 바람직한 결과를 성취했다는 사실을 어떻게 알 수 있는가? 학생들이 이해했다는 증거는 무엇인가?
② 학생들이 해야 할 수행과제와 그것을 채점할 루브릭을 만들며, 학생의 이해를 확인할 수 있는 다른 평가 증거를 고려. 관찰, 검사, 퀴즈, 학생의 학습 결과물 등 다양한 방법 활용

### (3) 학습경험과 수업계획
① 설정한 코스나 단원의 목표와 이해에 도달하기 위해 학생들에게 어떤 경험을 하게 할 것인가를 계획
② 수업이나 수업자료, 학습경험 등 구체적인 사항을 설계. 학생들이 도달해야 하는 목표와 여섯 가지 측면의 이해를 염두에 두고 수업을 계획
③ 'WHERETO'의 요소를 고려하여 학습경험 계획

| 요소 | 의미 |
|---|---|
| W (where and why) | 학생들에게 단원이 어디로 나아가고 있고, 왜 그런지를 이해시켜라. |
| H (hook and hold) | 도입에서 학생들의 주의를 환기시키고 관심을 계속 유지시켜라. |
| E (explore and equip) | 학생들이 중요한 개념을 경험하고 주제를 탐구하도록 준비하라. |
| R (rethink, reflect, revise) | 학생들에게 주요 아이디어를 재고하고, 과정 속에서 반성하고 활동을 교정하기 위한 많은 기회를 제공하라. |
| E (evaluation) | 학생들에게 과정과 자기평가의 기회를 제공하라. |
| T (tailor) | 서로 다른 요구와 흥미, 학습자의 능력에 맞추도록 개별화하라. |
| O (organize) | 진정한 이해를 최적화하기 위해 조직하라. |

---

**PLUS**

**GRASPS**
수행과제 진술 시 고려해야 할 요소(수행과제 구성요소)
• Goal(활동목표)
• Role(학습자의 역할)
• Audience(청중, 구체적 대상)
• Situation(상황)
• Peformance(수행)
• Standard(결과물에 대한 기준)

# Chapter 03 교육과정 개발절차

## 01 교육목표의 설정

### 1. 교육목표 진술 방법

① 교육목표들 사이에는 철학적 일관성이 있어야 함. 목표들 사이에 서로 모순이 있어서는 안 되며, 전에 강조한 내용과 후에 강조하는 내용이 서로 상반되어서는 안 됨
② 교육목표는 넓은 인간의 변화를 충분히 포함 수 있도록 포괄적이어야 함
③ 교육목표는 구체적이고 명료한 행동적 용어로 진술되어야 함
④ 진술된 목표는 실행 가능한 것이어야 함. 목표 설정 시 학생들의 능력과 경험 수준, 자료와 시간의 활용 가능성을 고려하여야 함

### 2. 수업목표를 진술할 때 피해야 할 오류

① 학생의 수행보다 교사의 수행을 기술하는 것 ⊙ 학생의 행동
② 학습 성과보다 학습 과정에 의한 수업목표를 기술하는 것 ⊙ 학습의 결과
③ 교재만을 간단히 목록화하는 것
④ 각각의 일반적인 목표에 하나 이상의 학습 결과를 포함시키는 것 ⊙ 하나의 결과만

> **POINT**
> 교육과정 개발절차
> • 교육목표의 설정
> • 교육내용(학습경험)의 선정
> • 교육내용의 조직
> • 교수·학습방법의 선정
> • 학습 성과의 평가

03. 교육과정 개발절차
## 02 교육내용(학습경험)의 선정

### 1. 교육내용 선정의 원리

① 기회의 원리: 목표 달성에 필요한 경험을 할 수 있는 기회를 제공해야 함
② 만족의 원리: 교육목표가 지향하는 학습활동을 통해 학생들은 만족감을 느낄 수 있어야 함
③ 학습 가능성의 원리: 학생들이 학습할 수 있는 교육내용을 선정해야 함. 학생들의 현재 학습능력, 발달수준에 맞는 학습경험이어야 함
④ 일 경험 다성과의 원리: 한 가지 경험으로 여러 가지 목표를 동시에 달성할 수 있도록 함
⑤ 일 목표 다경험의 원리: 한 가지 교육목표를 달성하는 데도 활동은 여러 가지가 있을 수 있음
⑥ 타당성의 원리: 교육내용은 교육의 일반적 목표 달성에 도움을 주는 것이어야 함
⑦ 중요성의 원리: 학문을 구성하는 가장 본질적인 것들로 교육내용을 삼아야 함
⑧ 확실성의 원리: 지식으로 구성되는 교육내용은 가능한 한 참이어야 함
⑨ 사회적 유용성의 원리: 사회적응, 재건주의 관점에서 볼 때 교육내용은 사회의 유지와 변혁에 도움을 주는 것이어야 함
⑩ 흥미의 원리: 학생들이 흥미를 갖지 않을 때 학습될 가능성은 그만큼 줄어들게 됨. 오늘날 교육내용 선택 폭의 확대는 흥미가 교육내용 선정에 주요한 원리가 되고 있음을 보여주고 있음

### 2. 교육내용의 선정방법

① 교과서법 및 교재법: 현존하는 교과서 내용을 기준으로 삼는 것
② 목표법: 교육목표를 일반적인 것과 특수한 것으로 구분하여 분석하고, 학년에 따라 교육내용의 범위를 결정하는 방법
③ 주제법: 학습범위를 교재에만 국한시키지 않고, 교수해야 할 특정 토픽의 모든 내용을 교육내용으로 삼음
④ 흥미중심법: 학생이 흥미를 느끼는 문화 영역을 교육내용으로 선정
⑤ 사회기능법: 사회적 필요를 교육내용으로 선정
⑥ 문제영역법: 학생들의 생활의 장에서 학생의 문제영역을 중심으로 교육내용 선정

> 03. 교육과정 개발절차

# 03 교육내용의 조직

## 1. 수직적 조직

(1) 계속성
  ① 특정 지식이나 학습 영역에서 시간의 경과에 따라 동일한 개념이나 기능을 계속해서 반복적으로 다루어야 한다는 것
  ② 중요한 개념이나 기능에 대한 학습경험을 반복적으로 가짐으로써 깊이 있는 이해와 사고가 가능해짐

(2) 계열성
  ① 학습내용이나 경험이 일어나는 순서를 정하는 것. 학습의 계통을 유지할 수 있도록 학습내용의 제시 순서를 결정하는 것이 중요
  ② 계열성을 보장하기 위해 사용되는 방법
    ㉠ 단순한 것에서 복잡한 것으로
    ㉡ 전체에서 부분으로
    ㉢ 친숙한 것에서부터 생소한 것으로
    ㉣ 사건의 연대기에 따라
    ㉤ 구체적 경험에서 개념의 순서로
  ③ 계열성을 채택하는 방법은 교과의 특성과 교수방법에 따라 달라질 수 있음

(3) 수직적 연계성
  ① 이전에 배운 내용과 앞으로 배울 내용의 관계에 초점을 둔 것으로, 특정한 학습의 종결점이 다음 학습의 출발점과 잘 맞물리도록 교육내용을 조직하는 것
  ② 수직적 연계성은 학교 급간·학년·단원의 교육내용을 연결하는 데 중요한 역할을 함

## 2. 수평적 조직

(1) 범위
  ① 교육과정에서 다룰 내용의 폭과 깊이(the extent and depth)를 가리킴
  ② 일반적으로 학교 교육의 수준이 높아짐에 따라 교육과정의 범위, 즉 내용의 폭과 깊이는 확대되고 심화됨

(2) 통합성
  ① 관련성을 바탕으로 교육내용들을 하나의 교과나 단원으로 묶는 것

**POINT**
- 수직적 조직
  - 계속성
  - 계열성
  - 수직적 연계성
- 수평적 조직
  - 범위
  - 통합성
  - 수평적 연계성
  - 균형성

② 수업의 효과를 높이기 위해 관련 있는 내용들을 동시에 혹은 비슷한 시간대에 배열하는 것

### (3) 수평적 연계성
① 동일 학년 내 교과 간에 유사한 개념이나 주제, 기능 등이 있을 때, 이들 내용 요소들이 동일한 수준으로 다루어질 수 있도록 조직해야 한다는 것
② 수평적 연계는 연계의 주된 초점이 내용 간 '수준'에 있음. 이 점에서 내용 간 '연결'에 주된 관심을 두는 통합과는 구분됨

### (4) 균형성
① 교육과정에 여러 측면의 내용을 적절한 비중으로 조화롭게 담아내야 한다는 것
② 특정 내용이나 경험이 과도하게 편성되는 것을 방지하기 위한 것

# Chapter 04 교육과정의 실제

## 01 학교 수준 교육과정 개발과 교육과정 재구성

### 1. 학교 수준 교육과정 개발 형태

① 교육내용의 재구성: 교과서에 제시된 내용을 순서대로 가르치기보다는 교육과정상의 내용 요소를 중심으로 교사가 그 순서와 내용의 양을 재조정
② 교과목의 탄력적인 편성: 국가 교육과정상에 편성된 모든 교과목을 모든 학기에 진행하지 않고 특정 학년 혹은 학기에 집중 편성
③ 새로운 교과목 신설: 필요에 따라 국가 교육과정에 없는 과목 개설 가능
④ 수업시간의 탄력적인 편성 및 운영: 학교의 특성이나 학생·교사·학부모의 요구 및 필요에 따라 자율적으로 교과(군)별 및 창의적 체험활동의 20% 범위 내에서 시수를 증감하여 편성·운영 가능. 또한, 수업 시간표 작성 시 필요에 따라 교과목 수업시간을 융통성 있게 운영 가능
   예 블록타임제, 전일제 등

### 2. 교육과정 재구성의 개념

① 교사가 국가 수준 교육과정 또는 지역 수준 교육과정 그리고 학교 수준 교육과정을 자신만의 교육과정으로 구성해 가는 모든 과정을 포함하며, 일반적으로 교수·학습지도안을 작성하고 이를 실제로 가르치는 활동을 모두 지칭(허영주, 2011)
② 교사가 교실수업을 위해 학생들과 상호적응을 통해 교육과정을 변형 및 수정하여 학생에게 적합한 학습경험을 형성해 가는 과정(남유리, 2004)
③ 교사 자신만의 교육과정으로 구성해 가는 모든 과정

> **PLUS**
> 
> **교육과정 재구성의 필요성**
> • 교육의 효율성
> • 교육의 적합성
> • 교육의 다양성 실현
> • 교원의 자율성과 전문성 신장
> • 학습자 중심 교육 구현

### 3. 교육과정 재구성 형태

① 교과 내 교육과정 재구성: 특정 교과를 중심으로 교과 내에서 이루어지는 재구성
   ③ 교육과정이 제시한 핵심성취기준을 중심으로 교과서의 순서 변경하기, 새로운 내용 추가하기, 내용 생략하기 및 압축하기, 내용 대체하기, 내용의 수준 변경하기(학습수준을 고려한 학습 목표 조정) 등

② 교과 간 교육과정 재구성: 특정 교과를 중심으로 다른 교과의 내용을 연계하거나 통합하는 방식
　㉠ 교과 간 **통합**: STEAM교육(과학, 수학, 미술 중심의 운영), 주제중심 통합(특정 주제를 중심으로 재구성), 교과군 통합(사회/도덕, 과학/실과 교과군)
　㉡ 교과 간 **병합**: 학습내용 연계 운영(둘 이상의 교과를 학습내용 중심으로 수업 시간 전후 배치)
③ 교과와 비교과 간 교육과정 재구성: 교과와 창의적 체험활동의 연계
　　예 역사수업에서 학교가 속한 지역의 역사적 유물이나 유적이 소개되면 창·체 활동의 자치·자율활동을 통한 문화재 답사를 실시하여 체험중심의 교과학습과 연계하여 지도하는 방법으로 재구성

04. 교육과정의 실제

## 02 스나이더의 교육과정 실행에 대한 관점

### 1. 충실도 관점
① 국가에서 계획한 교육과정이 의도한 바대로 학교 현장에서 충실히 이행되어야 한다고 보는 입장
② 학교에서 실제로 실행되고 있는 교육과정이 원래 계획된 바에 일치해야 한다고 본다는 점에서 충실도(fidelity) 관점이라고 함
③ 계획된 교육과정의 중요성을 강조하며, 계획된 교육과정이 잘 만들어지기만 하면, 그것은 교사들에게 쉽게 수용될 것이라고 가정
④ 교사들이 낮은 수준의 교육과정 소양을 갖고 있다고 가정

### 2. 상호적응 관점
① 교사를 전문가들에 의해 개발된 교육 상품을 수동적으로 받아들이기만 하는 존재가 아니라 그들이 처한 상황에 따라 주어진 교육과정을 적절하게 변화시켜 나가는 능동적인 주체로 인식
② 국가 수준에서 개발된 모든 공식적 교육과정은 학교 현장에서 실행되는 동안 필연적으로 수정되기 마련임. 교사들은 새로운 교육과정의 효과를 높이기 위해 현장에 맞도록 수정하여 시행

### 3. 생성 관점
① 교실의 교사와 학생들이 공동으로 창안해 내는 교육적 경험이 곧 교육과정이며, 이러한 교육과정을 만들어 내는 활동 그 자체가 교육과정 실행이라고 봄
② 교육과정 실행을 교사와 학생들이 함께 교육과정으로 만들어 가는 활동으로 본다는 점에서 교육과정 생성(curriculum enactment) 관점이라 불림
③ 교실에서 교사와 학생들이 함께 교육적 경험을 생성하는 활동 자체가 교육과정 실행

---

**PLUS**
**교육과정 사소화**
교사가 교육과정에 대해 중요하게 생각하지 않는 현상. 교육과정 결정에 교사의 참여가 소외되었을 때 나타남

**PLUS**
**교사배제 교육과정**
교육과정에 대한 교사의 소양이 부족할수록 교육과정을 재구성할 수 없다고 생각해 교육과정을 체계적으로 계획하여 구체적인 지침을 만들어 주어야 한다고 보는 관점. 교사변인이 개입할 수 없음

**PLUS**
• 충실도 관점: 교육과정의 개발과 실행이 분명하게 구분됨
• 상호적응 관점: 교사의 교육과정 재구성을 전제로 교육과정 실행
• 생성관점: 교사는 교육과정 개발자로서의 역할 수행

04. 교육과정의 실제

## 03 2022 개정 교육과정

### 1. 교육과정 구성의 중점

① 디지털 전환, 기후·생태환경 변화 등에 따른 미래 사회의 불확실성에 능동적으로 대응할 수 있는 능력과 자신의 삶과 학습을 스스로 이끌어 가는 주도성 함양
② 학생 개개인의 인격적 성장을 지원하고, 사회구성원 모두의 행복을 위해 서로 존중하고 배려하며 협력하는 공동체 의식 함양
③ 모든 학생이 학습의 기초인 언어·수리·디지털 기초소양을 갖출 수 있도록 하여 학교 교육과 평생학습에서 학습을 지속할 수 있게 함
④ 학생들이 자신의 진로와 학습을 주도적으로 설계하고, 적절한 시기에 학습할 수 있도록 학습자 맞춤형 교육과정 체제 구축
⑤ 교과 교육에서 깊이 있는 학습을 통해 역량을 함양할 수 있도록 교과 간 연계와 통합, 학생의 삶과 연계된 학습, 학습에 대한 성찰 등 강화
⑥ 다양한 학생 참여형 수업을 활성화하고, 문제해결 및 사고의 과정을 중시하는 평가를 통해 학습의 질 개선
⑦ 교육과정 자율화·분권화를 기반으로 학교, 교사, 학부모, 시·도 교육청, 교육부 등 교육 주체들 간의 협조 체제를 구축하여 학습자의 특성과 학교 여건에 적합한 학습이 이루어질 수 있도록 함

### 2. 추구하는 인간상

① **자기주도적인 사람**: 전인적 성장을 바탕으로 자아정체성을 확립하고 자신의 진로와 삶을 스스로 개척
② **창의적인 사람**: 폭넓은 기초 능력을 바탕으로 진취적 발상과 도전을 통해 새로운 가치 창출
③ **교양 있는 사람**: 문화적 소양과 다원적 가치에 대한 이해를 바탕으로 인류 문화를 향유하고 발전시킴
④ **더불어 사는 사람**: 공동체 의식을 바탕으로 다양성을 이해하고 서로 존중하며 세계와 소통하는 민주시민으로서 배려와 나눔, 협력을 실천

## 3. 핵심역량

① **자기관리 역량**: 자아정체성과 자신감을 가지고 자신의 삶과 진로를 스스로 설계하며 이에 필요한 기초 능력과 자질을 갖추어 자기주도적으로 살아갈 수 있는 능력
② **지식정보처리 역량**: 문제를 합리적으로 해결하기 위하여 다양한 영역의 지식과 정보를 깊이 있게 이해하고 비판적으로 탐구하며 활용할 수 있는 능력
③ **창의적 사고 역량**: 폭넓은 기초 지식을 바탕으로 다양한 전문 분야의 지식, 기술, 경험을 융합적으로 활용하여 새로운 것을 창출하는 능력
④ **심미적 감성 역량**: 인간에 대한 공감적 이해와 문화적 감수성을 바탕으로 삶의 의미와 가치를 성찰하고 향유하는 능력
⑤ **협력적 소통 역량**: 다른 사람의 관점을 존중하고 경청하는 가운데 자신의 생각과 감정을 효과적으로 표현하며 상호협력적인 관계에서 공동의 목적을 구현하는 능력
⑥ **공동체 역량**: 지역·국가·세계 공동체의 구성원에게 요구되는 개방적·포용적 가치와 태도로 지속 가능한 인류 공동체 발전에 적극적이고 책임감 있게 참여하는 능력

## 4. 교수·학습

① 핵심역량을 함양할 수 있도록 교수·학습 설계·운영
  ㉠ 각 교과목의 핵심 아이디어를 중심으로 지식·이해, 과정·기능, 가치·태도의 내용 요소를 유기적으로 연계하며 학생의 발달 단계에 따라 학습경험의 폭과 깊이를 확장할 수 있도록 수업설계
  ㉡ 교과 내 영역 간, 교과 간 내용 연계성을 고려하여 수업을 설계·지도하여 융합적으로 사고하고 창의적으로 문제를 해결하는 능력을 함양시킴
  ㉢ 학습내용을 실생활 맥락 속에서 이해하고 적용하는 기회 제공
  ㉣ 학생이 여러 교과의 고유한 탐구방법을 익히고 자신의 학습 과정과 학습전략을 점검하며 개선하는 기회를 제공하여 자기주도 학습능력을 함양할 수 있도록 함
  ㉤ 언어·수리·디지털 기초소양을 모든 교과를 통해 함양할 수 있도록 설계
② 수업에 능동적으로 참여하고 학습의 즐거움을 경험할 수 있도록 교수·학습 설계·운영
  ㉠ 학생 참여형 수업을 활성화하며, 토의·토론 학습을 통해 자신의 생각을 표현하는 기회 제공

ⓛ 실험, 실습, 관찰, 조사, 견학 등의 체험 및 탐구 활동 경험이 충분히 이루어질 수 있도록 함
ⓒ 개별 학습활동과 함께 소집단 협동 학습활동을 통하여 협력적으로 문제를 해결하는 경험을 충분히 갖도록 함

③ 학습활동과 방법 다양화, 다양한 학습집단을 구성하여 학생 맞춤형 수업 활성화
㉠ 학생의 선행 경험, 선행 지식, 오개념 등 학습의 출발점을 파악하고 학생의 특성을 고려하여 학습 소재, 자료, 활동을 다양화
ⓛ 정보통신기술 매체를 활용하여 교수·학습방법을 다양화하고, 학생 맞춤형 학습을 위해 지능정보기술 활용
ⓒ 다문화 가정 배경, 가족 구성, 장애 유무 등 학습자의 개인적·사회문화적 배경의 다양성을 이해하고 존중하며, 이를 수업에 반영할 때 편견과 고정 관념, 차별을 야기하지 않도록 유의
㉣ 학생의 학습결손을 예방하도록 노력하며, 학습결손이 발생한 경우 보충학습 기회 제공

④ 교사와 학생 간, 학생과 학생 간 상호 신뢰와 협력이 가능한 유연하고 안전한 교수·학습환경을 지원하고, 디지털 기반 학습이 가능하도록 교육 공간과 환경 조성
㉠ 각 교과의 특성에 맞는 학습이 이루어질 수 있도록 교과 교실 운영을 활성화하며, 고등학교는 학점 기반 교육과정 운영을 위해 유연한 학습공간을 활용
ⓛ 학교는 교과용 도서 이외에 시·도 교육청이나 학교 등에서 개발한 다양한 교수·학습 자료 활용 가능
ⓒ 다양한 지능정보기술 및 도구를 활용하여 효율적인 학습을 지원할 수 있도록 디지털 학습환경을 구축
㉣ 실험 실습 및 실기 지도 과정에서 학생의 안전사고를 예방하기 위해 시설·기구, 기계, 약품, 용구 사용의 안전에 유의
㉤ 특수교육 대상 학생 등 교육적 요구가 다양한 학생들을 위해 필요할 경우 의사소통 지원, 행동 지원, 보조공학 지원 등을 제공

## 5. 평가

① 평가는 학생 개개인의 교육목표 도달 정도를 확인하고, 학습의 부족한 부분을 보충하며, 교수·학습의 질을 개선하는 데 주안점
㉠ 학교는 학생에게 평가결과에 대한 적절한 정보를 제공하고 추수 지도를 실시하여 학생이 자신의 학습을 지속적으로 성찰하고 개선할 수 있도록 함

ⓒ 학교와 교사는 학생 평가결과를 활용하여 수업의 질을 지속적으로 개선
② 학교와 교사는 성취기준에 근거하여 교수·학습과 평가 활동이 일관성 있게 이루어지도록 함
　　㉠ 학습의 결과만이 아니라 결과에 이르기까지의 학습 과정을 확인하고 환류
　　㉡ 학교는 학생의 인지적·정의적 측면에 대한 평가가 균형 있게 이루어질 수 있도록 하며, 학생이 자신의 학습 과정과 결과를 스스로 평가할 수 있는 기회를 제공
　　㉢ 학교는 교과목별 성취기준과 평가 기준에 따라 성취수준을 설정하여 교수·학습 및 평가 계획에 반영
　　㉣ 학생에게 배울 기회를 주지 않은 내용과 기능은 평가하지 않음
③ 학교는 교과목의 성격과 학습자 특성을 고려하여 적합한 평가방법 활용
　　㉠ 수행평가를 내실화하고 서술형과 논술형 평가의 비중 확대
　　㉡ 정의적, 기능적 측면이나 실험·실습이 중시되는 평가에서는 교과목의 성격을 고려하여 타당하고 합리적인 기준과 척도 마련
　　㉢ 학교의 여건과 교육활동의 특성을 고려하여 다양한 지능정보기술을 활용함으로써 학생 맞춤형 평가를 활성화
　　㉣ 개별 학생의 발달수준 및 특성을 고려하여 평가 계획을 조정할 수 있으며, 특수학급 및 일반학급에 재학하고 있는 특수교육 대상 학생을 위해 필요한 경우 평가 방법 조정 가능
　　㉤ 창의적 체험활동은 내용과 특성을 고려하여 평가의 주안점을 학교에서 결정하여 평가

04. 교육과정의 실제

# 04 자유학기제

## 1. 개념

"중학교 교육과정 중 한 학기 동안 학생들이 중간·기말고사 등 시험부담에서 벗어나 꿈과 끼를 찾을 수 있도록 수업 운영을 토론, 실습 등 학생 참여형으로 개선하고 진로 탐색 활동 등 다양한 체험활동이 가능하도록 교육과정을 유연하게 운영하는 제도"(교육부, 2013)

## 2. 추진 목적

① 꿈·끼 탐색: 자신의 적성과 미래를 탐색하고 설계하는 경험을 통해 스스로 꿈과 끼를 찾고, 지속적인 자기성찰 및 발전 계기를 제공
② 역량 함양: 종래의 지식과 경쟁 중심 교육을 창의성, 인성, 자기주도 학습 능력 등 미래 핵심역량의 함양이 가능한 교육으로 전환
③ 행복 교육: 자유학기를 통해 학교 구성원 간 협력 및 신뢰를 형성하고, 적극적인 참여와 성취 경험을 통해 학생·학부모·교원 모두가 만족하는 행복교육 실현

## 3. 기본 방향

① 자유학기에 집중적인 진로 수업 및 체험을 실시하여 초등학교(진로 인식) → 중학교(진로 탐색) → 고등학교(진로설계)로 이어지는 진로 교육 활성화 추구
② 꿈과 끼를 키우는 교육 프로그램 운영이 원활히 이루어질 수 있도록 학교의 교육과정 자율성을 대폭 확대
③ 중간·기말시험은 실시하지 않고, 학생의 기초적인 성취 수준 확인 방법 및 기준 등은 학교별로 마련
④ 자유학기를 교육과정 운영, 수업방식 등 학교 교육방법 전반의 변화를 견인하는 계기로 활용

---

**PLUS**

자유학기제 교육과정의 편성
• 교과 수업
  - 교육과정 편성·운영 유연화: 학교 교육과정 편성·운영 자율성 제고, 교육과정 재구성
  - 교수·학습방법 다양화: 토론·실습·자기주도학습 등 학생 참여형 수업
  - 과정 중심의 평가: 형성평가, 협력 기반 수행평가, 포트폴리오 평가 등
• 자유학기 활동: 진로 탐색 활동, 주제 선택 활동

# Mind Map

## 01 교수·학습이론

- **캐롤의 학교학습모형**
  - 학습에 사용한 시간: 학습지속력, 학습기회
  - 학습에 필요한 시간: 적성, 수업이해력, 수업의 질
- **블룸의 완전학습모형**
  - 완전학습의 개념
  - 완전학습의 교수절차
- **브루너의 교수이론과 발견학습**
  - 교수·학습의 구성요소
  - 발견학습의 조건
  - 발견학습의 과정
  - 교사의 안내와 지도
  - 발견학습 조력방안
- **오수벨의 유의미 수용학습**
  - 유의미학습의 조건
  - 선행조직자
  - 포섭
  - 관련정착지식
  - 유의미학습의 수업원리
- **가네의 수업이론**
  - 5가지 학습 영역
  - 지적 기능의 8가지 학습위계
  - 학습의 조건
  - 9가지 수업사태
- **라이겔루스의 교수이론**
  - 교수의 변인
  - 미시조직전략: 개념학습을 중심으로
  - 거시조직전략: 정교화 이론
- **메릴의 내용요소제시이론**
  - 수행-내용 매트릭스
  - 자료제시 형태
- **켈러의 학습동기 설계이론(ARCS)**
  - 주의
  - 관련성
  - 자신감
  - 만족감
- **구성주의 교수이론**
  - 인지적 구성주의와 사회적 구성주의
  - 구성주의 학습환경 설계: 조나센의 CLEs
  - 상황학습 이론
  - 인지적 도제이론
  - 정착수업
  - 인지적 유연성 이론
  - 문제중심학습(PBL)
  - 상보적 교수
  - 자원기반학습
  - 목표기반 시나리오
  - 웹퀘스트 수업 모형

## 03 교수·학습방법

- **강의법**
- **문답법**
- **토의법**
  - 원탁토의
  - 배심토의
  - 공개토의
  - 단상토의
  - 대담토의
  - 세미나
  - 버즈토의
- **듀이의 문제해결학습법**
- **프로젝트 학습(구안법)**
- **자기주도학습**
- **프로그램 학습**
  - 프로그램 학습의 원리
  - 프로그램 학습의 유형
- **개별화 학습**
  - 개별화 교수체제(PSI)
  - 개별 처방 교수방법(IPI)
  - 적성처치 상호작용 모형(ATI)
  - 자율계약교수법
- **팀티칭**
- **협동학습**
  - 직소 I 모형
  - 직소 II 모형
  - 성취과제분담모형(STAD)
  - 팀경쟁학습 모형(TGT)
  - 팀보조 개별학습(TAI)
  - 집단탐구(GI)
  - 자율적 협동학습(Co-op Co-op)
  - 함께 학습하기(LT)
  - 동료학습(Peer Teaching)
  - 각본 협동학습(협동 시나리오, Scripted Cooperation)

## 02 수업목표와 학습과제 분석

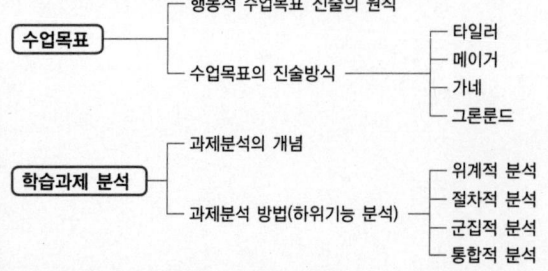

## 04 교수설계

- ADDIE 모형(일반적 교수체제 설계모형)
- 딕과 캐리 모형

## 05 교육공학의 역사적 발달

- 시각 교육 ── 호반의 교육과정 시각화 이론
- 시청각 교육 ── 데일의 경험의 원추
- 시청각 교육통신 ── 벌로의 SMCR 커뮤니케이션 모델
  └ 쉐넌과 쉬람의 커뮤니케이션 과정 모형
- 교수공학
- 교육공학

## 06 교수매체의 선정과 활용

- 교수매체 ── 교수매체 선정 시 고려해야 할 사항
  └ 교수매체 효과성 연구
- ASSURE 모형 ── 학습자 분석
  ├ 목표 진술
  ├ 수업방법, 매체, 자료의 선택
  ├ 매체와 자료의 활용
  ├ 학습자 참여 요구
  └ 평가와 수정

## 07 교육혁신과 교육정보화

- 인지부하이론
- 디지털 교과서
- 실감 미디어
- 플립드 러닝

# PART 07
# 교수·학습 및 교육공학

chapter 01 교수·학습이론
chapter 02 수업목표와 학습과제 분석
chapter 03 교수·학습방법
chapter 04 교수설계
chapter 05 교육공학의 역사적 발달
chapter 06 교수매체의 선정과 활용
chapter 07 교육혁신과 교육정보화

# Chapter 01 교수·학습이론

## 01 전통적 교수·학습이론

### 1. 캐롤의 학교학습모형

(1) 주요 주장
① 완전학습의 가능성을 이론적으로 뒷받침

$$\text{학습의 정도} = f\left(\frac{\text{학습에 사용한 시간}}{\text{학습에 필요한 시간}}\right)$$
$$= f\left(\frac{\text{학습지속력, 학습기회}}{\text{적성, 수업이해력, 수업의 질}}\right)$$

② 학습에 필요한 시간은 가능한 한 줄이고, 학습에 사용한 시간은 늘림으로써 학습의 정도를 극대화할 수 있음

(2) 구성변인
① 적성
 ㉠ 최적의 학습조건에서 주어진 특정 학습과제를 일정한 수준으로 성취하는 능력
 ㉡ 시간개념으로 말하면, 학생이 주어진 특정 학습과제를 성취하는 데 필요한 시간의 양
② 수업이해력
 ㉠ 학습과제의 성질과 수업절차를 이해하는 학습자의 능력. 일반 지능과 언어 능력을 포함
 ㉡ 적성이 과제의 종류와 성질에 따라 변화하는 특수한 능력임에 반해, 수업이해력은 여러 과제에 거의 공통적으로 적용되는 일반적인 능력

(3) 수업의 질
학습과제의 제시, 설명 및 구성이 학습자에게 최적의 상태로 접근된 정도

(4) 학습기회
학습자들에게 주어진 일정한 과제를 학습할 수 있도록 실제로 허용된 시간. 학습자의 의사와 관계없이 외부에서 학습자에게 주어진 학습시간

> **PLUS**
> 교사변인과 학생변인
> • 교사변인(수업변인): 수업의 질, 학습기회
> • 학생변인(개인차 변인): 수업이해력, 학습지속력, 적성

(5) 학습지속력

학습자가 주의를 기울이고 적극적으로 학습에 열중하여 참여함으로써 실제로 학습하는 데 사용한 시간

## 2. 블룸의 완전학습모형

(1) 주요 주장
① 캐롤의 학교학습모형을 개선·발전시킨 모형
② 블룸은 학습에 필요한 시간과 학습에 사용한 시간을 결정하는 변인을 조정함으로써 완전학습을 이룰 수 있다고 봄

(2) 완전학습의 전략
① 수업의 질 및 학습시간을 각각의 학습자에게 알맞게 조절한다면 대부분의 학생들이 숙달학습 성취 가능 ⊙ 개별화 수업 주장
② 보충학습 강조
③ 본 수업이 시작되기 전에 '진단평가'를 실시하고, 수업의 과정에서 '형성평가'를 실시하여 그 결과에 따라 보충·심화학습의 적절한 교수처방

(3) 완전학습의 교수절차
① 수업 전 단계
  ㉠ 학습결손 진단: 진단평가에 의해 기초학력 측정
  ㉡ 학습결손 보충: 학습결함이 발견되면 적절한 보충학습을 실시. 프로그램 학습 사용
② 본 수업 단계
  ㉢ 수업목표 명시: 수업목표를 명확하고 구체적으로 제시
  ㉣ 수업활동: 교수·학습활동 전개
  ㉤ 수업 보조활동: 흥미와 동기유발, 학습효과를 위해 여러 가지 자료 제시. 연습문제의 풀이, 실험·실습 등
  ㉥ 형성평가: 학습이 원활하게 이루어지고 있는지 확인하기 위해 형성평가 실시
  ㉦ 보충학습: 학습부진아에게 보충학습 프로그램 교재 제공
  ㉧ 심화학습: 정상적 진전을 보이는 학생들에게 심화학습을 실시
  ㉨ 제2차 학습기회: 자율학습이나 협력학습의 기회 제공
③ 수업 후 단계
  ㉩ 총괄 평가: 수업 종료 후 학업 성취도 평가

> **PLUS**
> 완전학습
> 지적, 능력적인 면에 결함이 있는 5% 정도의 학생을 제외한 95%의 학생이 수업 내용의 약 90% 이상을 학습하는 것

## 3. 브루너의 교수이론과 발견학습

(1) **발견학습의 개념**
  ① 학습자에게 교과를 최종적인 형태로 제공하는 것이 아니라 최종형태를 학습자 스스로 조직하도록 하는 학습
  ② 학생 스스로 지식을 발견하고 한 교과의 기본적인 지식의 구조를 이해해 나가는 과정

(2) **발견학습의 목적**
  고차적인 사고기능의 습득

(3) **교수·학습의 구성요소**
  ① 학습경향성: 학습자가 학습하고자 하는 의욕
  ② 지식의 구조: 학문을 구성하고 있는 가장 기본적인 아이디어, 개념, 원리, 법칙
    ㉠ 표상양식: 어떤 영역의 지식이라도 작동적 표상, 영상적 표상, 상징적 표상의 방법으로 나타낼 수 있음
    ㉡ 경제성: 어떤 문제를 해결하기 위해 학습자가 소유해야 할 '최소 정보의 양'. 지식의 구조를 중심으로 하는 학습은 경제적임
    ㉢ 생성력: 학습자가 새로운 명제를 인출해 내거나 문제해결을 위해 정보를 사용할 때 주어진 사실을 넘어서 진행할 수 있는 정도. 개념, 원리, 법칙 등의 지식은 기억해 내는 데 있어서도 용이하고, 지식을 활용하는 데 있어서도 효과적이므로 생성력이 높음
  ③ 지식의 계열화(sequence): 학습할 과제를 제시해주는 순서와 관련. 지식의 구조의 표현방식. 작동적 표상에서 영상적 표상, 그리고 상징적 표상의 순서
  ④ 강화: 학습 결과에 대한 보상

(4) **발견학습의 조건**
  ① 태세(set): 특정 방식으로 반응하려는 경향성. 발견학습에는 정보를 단순히 기억하려는 피상적인 접근보다 관계를 파악하고 이해하려는 심층적 접근이 유리
  ② 요구상태(need state): 각성 혹은 민감성 수준. 발견에는 중간 정도의 각성 혹은 민감성이 극단적으로 높거나 낮은 민감성보다 유리
  ③ 관련 정보의 학습: 구체적인 관련 정보를 완전히 이해하고 다양한 정보를 소유할수록 발견의 확률은 높아짐
  ④ 연습의 다양성: 다양한 상황에서 훈련을 받을수록 발견의 확률이 높아짐

---

**PLUS**

**표상양식**
- **작동적 표상**: 일련의 행위들로 표현된 지식
- **영상적 표상**: 이미지와 그래프(그림, 영상, 모형 등)의 형태로 표현
- **상징적 표상**: 상징적이고 논리적인 명제의 형식 (언어나 기호를 사용한 언어적 진술 또는 공식 등)

(5) **발견학습의 과정(연역적 문제해결과정)**
  ① 문제의 발견
    ㉠ 과제를 파악하는 단계
    ㉡ 문제의식을 분명히 가지고 의욕적으로 학습하게 함
  ② 가설 설정
    ㉠ 여러 가지 자료를 수집하여 문제해결을 위한 가설을 세우는 단계
    ㉡ 직관적 사고에 의한 창조적 가설을 설정하는 단계
  ③ 가설 검증
    ㉠ 사실의 분석과 가설의 종합적 확인이 이루어지며 체계적으로 중요한 사고가 진행되는 단계
    ㉡ 가설은 주관적 상념에 불과하므로 객관성을 부여하기 위해 분석·종합 활동을 통해 객관화
  ④ 원리의 적용: 현실적 장면에 적용·활용하는 지식의 전이단계

> **+PLUS**
> **귀납적 문제해결과정**
> 문제 확인 → 실험·관찰 등에 의한 자료수집 → 원리 발견 → 원리적용

(6) **교사의 안내와 지도**
  ① 교사의 개입과 지도를 최소화
  ② 교사는 발견을 도와주는 촉진자의 역할
  ③ 발견학습의 구체적인 형태: 비구조화된 발견, 안내된 발견

| 비구조화된 발견 | 아무것도 계획하지 않은 상태에서 학습자가 개념이나 원리를 스스로 발견하는 개방형 발견 |
|---|---|
| 안내된 발견 | 학습자가 교사의 단계별 지도를 받아 문제를 해결하는 학습. 통상적으로 학교에서 이루어지는 발견학습은 안내된 발견 |

(7) **발견학습 조력방안**
  ① 교육과정은 가장 기본적인 원리를 쉽게 발견할 수 있도록 조직해야 함
  ② 지식의 표현양식에 따라 가르치면 어떤 교과라도 나이와 관계없이 가르칠 수 있음
  ③ 교육과정은 나선형으로 조직
  ④ 직관적 사고 강조
  ⑤ 발견을 촉진하기 위해 시청각 기자재, 모델, 멀티미디어 등 다양한 기자재 활용

(8) **발견학습의 장단점**
  ① 장점
    ㉠ 내재적 동기유발
    ㉡ 문제해결력, 유추능력과 같은 고등정신능력의 증진을 가져옴
    ㉢ 발견학습을 통해 획득된 정보는 오래 파지되고, 다양한 장면으로 전이
    ㉣ 학습방법의 학습력을 증가시킬 수 있음

② 단점
  ㉠ 구조화 정도가 높은 내용에는 부적절
  ㉡ 단시간에 단순한 개념을 많이 전달해야 하는 교과목에서는 비효율적
  ㉢ 학교에서 가르치는 모든 것을 발견할 필요가 없다는 점에서 적용범위가 좁음
  ㉣ 시간과 노력이 많이 소요
  ㉤ 교사의 경험과 소양이 많이 요구
  ㉥ 능력이 낮은 학생에게는 어려움

### 4. 오수벨의 유의미 수용학습

(1) 유의미 수용학습의 의미
  ① 교사의 설명중심 수업
  ② 개념이 인지구조 속에 정착되는 과정에 초점. 교사가 제시한 것을 학습자가 의미 있게 수용하여 학습의 내면화를 꾀하면 유의미학습이 됨

(2) 유의미학습의 조건
  ① 논리적 유의미성
    ㉠ 실사성: 어떤 명제를 어떻게 표현하더라도 그 명제의 의미가 변하지 않는 것
    ㉡ 구속성: 일단 임의로 맺어진 관계는 시간이 경과함에 따라 관습으로 굳어지면서 그 관계를 임의적으로 변경할 수 없는 성질
  ② 잠재적 유의미성: 학습자 내부에 관련 정착지식이 있을 때 학습과제는 논리적 유의미가에서 잠재적 유의미가를 지닌 학습과제로 전환
  ③ 심리적 유의미성: 학습자가 유의미 학습태세를 갖추어야 함

(3) 선행조직자
  ① 개념
    ㉠ 선행지식에 관련지을 수 있는 인지구조를 형성하기 위해 학습하기 전에 제시되는 아이디어나 개념
    ㉡ 학습과제보다 추상성, 일반성, 포괄성이 높은 수준에서 학습과제에 선행하여 제시되는 도입자료(본 학습과제에 대한 일종의 도입자료)
  ② 특징
    ㉠ 학습 전에 제시. 짧은 언어적 정보나 시각적 정보로 이루어짐
    ㉡ 학습자료에 관련된 선행지식(즉, 포섭자)을 활성화
    ㉢ 학습자료보다 일반성, 포괄성, 추상성 수준이 더 높음
    ㉣ 선행지식과 학습자료 간의 관련성 명료화
    ㉤ 부호화 과정 촉진

③ 종류
  ㉠ 설명조직자 : 학습자료에 대한 선행지식이 없는 경우 혹은 학습과제와 인지구조의 유사성이 전혀 없는 경우 사용
  ㉡ 비교조직자 : 학습과제와 학습자의 인지구조 사이에 유사성이 있는 경우에 사용

> **PLUS**
> 일반적으로 설명조직자는 '점진적 분화의 원리'에 따라, 비교조직자는 '통합적 조정의 원리'에 따라 작용

(4) 포섭
① 개념 : 새로운 학습과제를 학습자의 인지구조 속에 병합시키는 과정이며 이것이 곧 학습임
② 포섭의 유형
  ㉠ 종속적 포섭 : 인지구조 속 개념보다 하위의 학습과제를 포섭하는 것
    • 파생포섭 : 학습내용이 인지구조의 사례이거나 파생적인 내용일 때 일어나는 포섭
    • 상관포섭 : 학습자료를 포섭하기 위해 기존의 인지구조를 수정·확장, 정교화하는 학습
  ㉡ 상위적 포섭 : 상위의 학습과제를 포섭하는 것
  ㉢ 병위적 포섭 : 새로운 개념과 학습자의 인지구조 속에 있는 개념의 수준이 비슷한 경우

> **암기비법**
> **파동·상조**
> • 파생포섭 : 피아제의 동화와 비슷
> • 상관포섭 : 피아제의 조절과 비슷

(5) 관련정착지식(관련정착의미)
① 인지구조에 있는 주요 개념들 ⇨ 포섭자
② 새로운 정보를 위한 정착지 역할을 함. 관련정착지식의 활용 여부가 유의미학습의 효과 결정

(6) 유의미학습의 수업원리
① 선행조직자의 원리 : 수업의 도입단계에서 교사가 해 주는 언어적 설명. 학습과제와 인지구조 사이에 다리를 놓아 주는 기능. 학습과제의 성질, 학습자의 기존 인지구조의 수준 등에 따라 설명조직자와 비교조직자를 적절하게 활용
② 점진적 분화의 원리 : 내용 중 가장 일반적이고 포괄적인 의미를 먼저 제시하고 점차 세부적인 것과 특수한 것으로 분화시켜 제시해 나가는 원리
③ 통합적 조정의 원리 : 새 개념이나 의미는 이전에 학습된 내용과 일치되고 통합되어야 한다는 원리
④ 선행학습의 요약·정리의 원리 : 새로운 학습과제를 학습할 때 현재까지 학습한 내용을 요약·정리해 줌으로써 학습을 촉진시킬 수 있다는 원리
⑤ 내용의 체계적 조직원리 : 학습내용을 계열적, 체계적으로 조직하여 가르치면 학습효과를 극대화할 수 있다는 원리
⑥ 학습준비도의 원리 : 학습자의 인지구조를 포함한 발달수준에 맞게 학습경험을 제공해야 한다는 원리

> **PLUS**
> **교수모형**
> 선행조직자의 제시 → 학습과제와 자료의 제시 → 인지적 조직의 강화

## 5. 가네의 수업이론

### (1) 5가지 학습 영역

① 언어 정보(verbal information)
　㉠ 정보를 진술하거나 말하는 능력
　㉡ 환경자극에 대한 기억으로 단순하게 반응하는 사실, 사건, 명칭이나 명제와 같은 지식(명제적 지식 또는 선언적 지식)

② 지적 기능(intellectual skills)
　㉠ 여러 가지 기호나 상징(숫자, 문자, 단어, 그림, 도표)을 사용하여 환경과 상호작용하여 지식을 습득하는 기능
　㉡ 방법적 지식(절차적 지식)
　㉢ 위계학습을 통해 학습

**POINT**
5가지 학습 영역
• 언어 정보
• 지적 기능
• 인지전략
• 태도
• 운동기능

**■ 지적 기능의 8가지 학습위계**

| | |
|---|---|
| 신호학습 | 자극에 대해 반사적인 반응을 함으로써 학습이 이루어지는 것 |
| ⇩ | 예 학교 종소리를 듣고 수업의 시작과 종료를 알게 되는 것 |
| 자극-반응 학습 | 바람직하다고 생각되는 특정 반응이 생기도록 교수자가 자극하여 학습 |
| ⇩ | 예 교실 청소 후 선생님의 칭찬을 듣고 청소를 습관적으로 하게 되는 것 |
| 연쇄학습 | 자극과 반응의 연결로 관념과 관념 사이에 연합이 이루어지게 하는 학습 |
| ⇩ | 예 손으로 공을 잡고, 발로 공을 차고, 다시 손으로 공을 잡는 것 학습 |
| 언어연합학습 | 개별적 언어가 순서에 맞게 연결 |
| ⇩ | 예 '개'와 '뛴다'가 연결되어 '개가 뛴다'가 확립된 후 '뛴다 개가'로 말하지 않는 것 |
| 변별학습 | 두 개 이상의 자극을 주어 자극 사이의 구별을 요구 |
| ⇩ | 예 악보를 보고 음계나 음표를 구분하는 것 |
| 개념학습 | 공통된 속성을 이해하고 그것을 기준으로 사물을 분류 |
| ⇩ | 예 여러 개의 세모 모형을 통해 삼각형이라는 개념을 학습 |
| 원리학습 | 두 가지 이상의 개념 간의 관계 진술 |
| ⇩ | 예 삼각형은 동그라미보다 덜 굴러간다는 것을 알게 되는 것 |
| 문제해결학습 | 원리를 광범위하고 다양한 새로운 상황에 적용 |

③ 인지전략(cognitive strategies)
　㉠ 학습자가 자신의 학습, 기억, 사고, 행동을 관리하는 기능
　㉡ 학습자의 내적 과정을 조정하는 기능을 하는 능력

④ 태도(attitudes): 특정한 방식으로 행동하는 것을 선택하는 것으로 개인의 선호 경향성

⑤ 운동기능(motor skills)
  ㉠ 단순한 행동에서 복잡한 수준까지의 행동을 수행하는 능력
  ㉡ 인지적 기능을 수반해서 근육활동을 유연하게 수행하는 능력

(2) **학습의 조건**(condition of learning)
① 내적 조건: 새로운 정보를 획득하기 위해 필요한 내적 상태와 정보를 처리하는 인지과정
  ㉠ 선행학습: 학습이 이루어지기 위해서는 이전에 학습한 여러 종류의 내적 상태가 필요
  ㉡ 학습동기: 학습의 시작 단계에서는 학습하려는 자세를 갖도록 하는 것이 필요하며, 학습이 시작된 후에도 학습에 대한 동기가 계속되도록 조치가 필요
  ㉢ 자아개념: 긍정적 자아개념은 학습동기와 더불어 학습을 위한 필수적 조건 중 하나
  ㉣ 주의력: 학습에 주의를 집중할 수 있어야 함
② 외적 조건: 학습자의 내적 인지과정을 활성화시켜 주고 지원해 줄 수 있는 다양한 방법들
  ㉠ 접근: 학습자가 반응해야 할 자극사태와 적절한 반응이 시간적으로 접근되어 있을 때 학습이 잘됨
    예 어린 아기에게 '가'자를 가르치려 할 때 '가'자를 미리 보이면서 '가'를 써보라고 하면 잘 쓰게 되는 경우
  ㉡ 연습(반복): 자극사태와 그에 따른 반응을 되풀이하거나 연습하는 것
    예 외국어 단어의 발음을 학습하려 할 때 되풀이해서 연습하는 가운데 완벽한 수준에 이를 수 있음
  ㉢ 강화(보상): 새로운 행동의 학습은 그 행동이 일어날 때 만족스러운 일, 보상이 있을 때 강화됨

(3) **9가지 수업사태**

| 구분 | 인지과정 | 교수사태 |
| --- | --- | --- |
| 학습을 위한 준비 | 주의집중 | 주의집중 유발 |
|  | 기대 | 수업목표 제시 |
|  | 작업기억으로 재생 | 선수학습 회상 |
| 획득과 수행 | 선택적 지각 | 자극자료 제시 |
|  | 의미론적 부호화 | 학습 안내 제공 |
|  | 재생과 반응 | 수행 유도 |
|  | 강화 | 피드백 제공 |
| 학습의 전이 | 재생을 위한 암시 | 성취 행동 평가 |
|  | 일반화 | 파지와 전이 높이기 |

+PLUS
• **교수사태**: 학습의 '외적 조건'으로 교사가 제공하는 교수활동
• **인지과정(학습사태)**: 학습의 '내적 조건'으로 학습자의 학습활동

① 주의집중 유발
   ㉠ 언어적·비언어적 자극이나 시청각적 자극 등을 사용
   ㉡ 흥미로운 질문을 하거나, 그림이나 사진, 도표, 관련 동영상 등을 먼저 제시하면서 수업 전개
② 수업목표 제시
   ㉠ 학습이 끝났을 때의 조건이 무엇인지에 대해 기대감을 주는 것
   ㉡ 교사가 학습과제를 다루기에 앞서 학습목표를 제시해 주면 학습자는 기대를 가지고 학습내용에 더욱 주의를 집중하게 될 것
③ 선수학습의 회상
   ㉠ 이전에 배운 관련 내용을 작업기억에 회상하도록 자극하여 새로운 정보를 이해하고 기억하는 데 활용하게 함
   ㉡ 이전 시간에 배운 내용을 복습하여 회상에 도움을 주거나, 복습만으로 부족할 경우 필수적인 선행지식이나 기능에 대해 연습시키면서 그 내용을 다시 설명
④ 자극자료 제시
   ㉠ 학습할 새로운 내용 제시
   ㉡ 학습자료 또는 교재 등의 자극이 구체적인 상황과 함께 학습자에게 제시되는 단계
⑤ 학습 안내 제공
   ㉠ 새로운 자극으로 인지과정에 들어온 정보들을 이미 알고 있는 지식들과 연결하도록 학습자를 지원
   ㉡ 학습할 과제의 모든 요소를 통합시키는 데 필요한 방법 제시
   ㉢ 이전 정보와 새로운 정보를 적절히 통합시키고, 그 결과를 장기기억에 저장할 수 있도록 학생들은 도움이나 지도를 받아야 함. 이러한 도움은 통합된 정보가 유의미하게 부호화되는 데 초점을 두어야 함
⑥ 수행 유도
   ㉠ 통합된 학습의 요소들이 실제로 학습자에 의해 실행
   ㉡ 학습자가 실제로 새로운 학습을 했는지를 증명하는 기회 제공
   ㉢ 연습문제를 작성하거나, 숙제를 하거나, 수업시간의 질문에 대답하거나, 실험을 완료하거나, 그들이 배운 것을 실습할 수 있는 기회를 제공함으로써 유발됨
⑦ 피드백 제공
   ㉠ 수행이 얼마나 성공적이었고 정확했는지에 대한 결과를 알려줌. 수행 이후에는 피드백이 제공되어야 함
   ㉡ 성공적인 수행에는 긍정적인 피드백이 제공되며, 그것은 과제 수행에 대한 강화의 기능을 함. 피드백을 통해 학생들은 목표를 달성할 수 있는지 알게 되고, 수행의 개선이 필요한 학생들은 얼마나 더 많은 연습이 필요한지를 알 수 있음

⑧ 성취 행동 평가(수행 평가)
  ㉠ 성취 행동이 적절하게 유발되면 예상해 온 학습이 잘 이루어졌다는 표시이며 이것이 학습 성과의 평가임
  ㉡ 교사는 미리 계획을 세워 학습 성과에 대한 체계적 평가를 해야 함
⑨ 파지 및 전이 증진
  ㉠ 새로운 학습이 다른 상황으로 일반화되거나 적용될 수 있는 경험 제공
  ㉡ 마지막 단계의 특징은 반복과 적용

## 6. 라이겔루스의 교수이론

(1) **교수의 변인**
  ① 교수조건
    ㉠ 교과내용의 특성, 교수목적, 학습자 특성, 제한점 등
    ㉡ 교사가 통제할 수 없는 제약조건
  ② 교수방법
    ㉠ 조직전략
      • 미시전략: 단일 아이디어(개념, 원리, 절차 등)에 관한 수업 조직 방법. 하위 방식으로는 제시, 연습, 피드백과 같은 일상적 방식과 각각의 일상적 방식을 다른 형태로 나타낸 심화방식이 있음
        ⓔ 메릴(Merrill)의 내용요소제시이론
      • 거시전략: 여러 아이디어에 대한 수업 조직
        ⓔ 라이겔루스의 수업정교화이론
    ㉡ 전달전략: 학생에게 수업 내용을 전달하고 전달된 내용에 대해 반응하게 하는 기본적인 방법 ⓔ 매체, 교사, 교과서의 활용방식
    ㉢ 관리전략
      • 어떠한 조직전략과 전달전략을 언제 사용할 것인가에 관한 방법
      • 어떻게 수업을 개별화할 것인지, 교수자료의 활용스케줄을 어떻게 작성·활용할 것인지, 교수목표를 효과적으로 달성하기 위해 학습자들을 어떻게 통제할 것인지 등을 포함

■ 교수전략의 체계성: 전체 구성요소

| 전략 (strategies) | 조직전략 | | 전달전략 | 관리전략 |
|---|---|---|---|---|
| | 미시전략 | 거시전략 | | |
| 방법 방식 (tactics) | 일상적 | 심화 | 내용의 전달, 제시방법: 매체, 교사 | 조직전략·전달 전략의 관리: 개별화 등 |
| | 제시 | 필요 시 제시 | 위계·순서 | |
| | 연습 | | | |
| | 피드백 | | | |

③ 교수결과
  ㉠ 효과성: 학습자가 학습목표를 달성한 정도
  ㉡ 효율성: 학습자가 학습목표를 달성하는 데 소요한 시간과 노력의 정도
  ㉢ 매력성: 학습자의 동기를 유발하여 그 이후 학습을 촉진하는 정도
  ㉣ 안전성: 교과내용이 교수학습 과정에서는 물론 장차 현장 적용 면에서 윤리 및 도덕적으로 안전한가에 대한 정도

| 암기비법 |
| --- |
| CMO |
| • 조건: Condition |
| • 방법: Method |
| • 결과: Outcome |

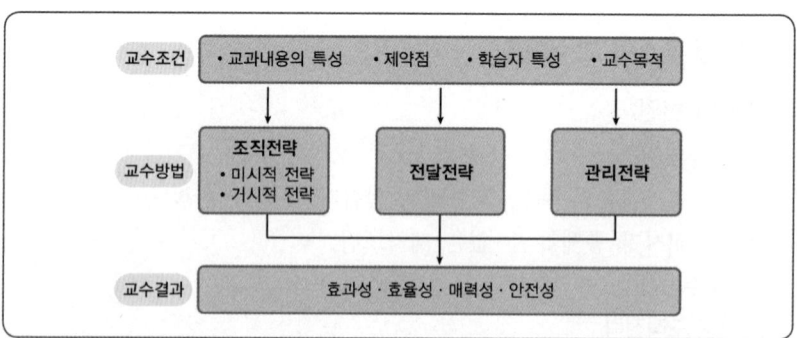

| 라이겔루스의 교수변인 |

### (2) 미시조직전략: 개념학습을 중심으로

① 개념학습의 종류

| 구분 | 개념학습의 종류 | | |
| --- | --- | --- | --- |
| | 개념 획득 | 개념 적용 | 개념 이해 |
| 의미 | 개념의 정의와 몇 가지 사례를 통하여 개념의 특성을 파악하게 된 상태 | 새로운 사태에 대하여 획득한 개념의 사례인지 여부를 구분하는 상태 | 해당 개념과 관련된 다른 여러 개념 등의 지식과의 종합적인 연관성을 파악하는 상태 |
| 예 | 장마의 주요 특성 인식 | 지난 몇 년 사이의 강우 형태 중에서 장마를 구분하는 것 | 장마와 다른 강우 형태와의 특성 비교, 장마가 환경에 미치는 영향 분석 |

② 개념학습의 교수원리
  ㉠ 전형의 형성
    • 개념을 대표하는 가장 본질적인 특성 학습
    • 교수 차원에서 전형적 사례를 제공함으로써 전형의 형성 과정을 촉진시킬 수 있음

   &copy; 변별
    • 한 가지 개념의 사례들이 공통적으로 지니고 있는 특성 학습
    • 이 과정에서 개념에 속하는 것과 속하지 않는 것 구분. 이 공통적 특성을 결정적 특성이라 함
   &copy; 일반화
    • 개념이 가지고 있는 가변적 특성을 통해 개념 대상에 속하는 모든 것에 적용하는 과정
    • 다양한 사례들이 어떻게 한 개념의 사례가 될 수 있는가를 학습

> **PLUS**
> **결정적 특성을 획득하는 방법**
> 개념의 일반성 또는 정의 제시 → 개념에 속하는 한 가지 사례를 유사하지만 사례가 아닌 것과 비교(대응적 비사례)

### ■ 하위방식

| 단계 | 내용 |
|---|---|
| 제시 | • 개념의 전형 형성: 개념의 전형적인 사례 제시<br>• 변별: 개념 정의, 개념의 결정적 속성 검토, 개념의 예인 것과 예가 아닌 것 제시<br>• 일반화: 무시해도 좋은 가변적 속성을 반영한 다양한 사례 제시 |
| 연습 | 개념을 정확히 이해했는지 확인하기 위해 다양한 새로운 사례에 개념을 적용(개념의 이해도 검증), 연습은 발산적 성격을 띠어야 함 |
| 피드백 | • 동기화(칭찬/격려): 옳은 응답에 대해 칭찬과 격려<br>• 유도: 옳지 않은 응답에 대해 힌트를 제공하여 재시도하게 하거나, 정답과 설명 제공, 격려 |

(3) **거시조직전략: 정교화 이론**
 ① 교수내용 조직전략: 네 가지의 문제 영역에 대한 답 제시(4S) ▶ 교과 내용의 선정(selection), 계열화(sequencing), 종합(synthesizing), 요약(summarizing)
 ② 정교화 과정
  &copy; 거시적 조직전략
  &copy; 수업 과정은 전체적 윤곽을 제시하는 것으로 시작하여, 점차 구체화되고 세분화되면서 이미 제시되었던 일반적이고 기초적인 내용을 정교화시키는 방식
  &copy; 정교화는 수업내용을 대표하는 정수로부터 시작하여 점차 세분화되고 구체적인 내용으로 정교화시키는 전략을 통해 이루어짐
  &copy; 기초적인 것부터 구체화되고 복잡한 수준으로 옮겨감 ▶ '줌 렌즈'에 비유

③ 정교화 전략
  ㉠ 정교화된 계열화(단순-복잡의 계열화): 단순하고 간단한 내용으로부터 복잡하고 세부적인 내용으로 조직하는 원리
  ㉡ 선수학습 요소의 계열화: 새로운 지식 도입 전 지식습득을 위해 필요한 모든 선수능력이 갖추어지도록 수업을 순서화하는 것
  ㉢ 요약자의 사용
    • 학습한 것을 잘 파지하고 망각하지 않게 하기 위해 요점을 중심으로 체계적으로 복습하게 하는 전략
    • 다음의 세 가지 방식으로 구성. ⅰ) 가르친 각각의 아이디어와 사실에 대하여 간결하게 진술하고, ⅱ) 전형적이거나 기억하기 쉬운 실례와 비실례를 제시하며, ⅲ) 각 아이디어에 대한 진단적이고 자기평가적인 연습문제들을 제공
    • 유형
      - 학습단원 요약자
      - 교과전체 요약자
  ㉣ 종합자의 사용
    • 이미 학습한 아이디어나 기능들을 서로 연결시키고 통합시키기 위한 수업전략
    • 종합자를 활용하는 목적은 ⅰ) 학습자들에게 그 자체로 가치 있는 지식 제공, ⅱ) 아이디어를 비교·대조함으로써 각각의 아이디어의 깊은 이해 촉진, ⅲ) 새로운 지식이 더 큰 구조 안에서 조화를 이루게 되는 방법을 예시하여 새로운 지식의 유의미성과 동기유발 효과 증가, ⅳ) 새로운 지식들 간 부가적 연결(link)을 이루도록 하고, 새로운 지식과 선수지식 간의 연결을 통하여 파지를 증가시키기 위함
    • 유형
      - 수업단원 종합자
      - 교과전체 종합자
  ㉤ 비유의 활용: 새로운 정보를 학습자에게 친숙하거나 학습자가 이미 소유하고 있는 조직화된 지식에 좀 더 의미 있는 맥락과 연결시켜 더 쉽게 이해할 수 있도록 도와주는 수업전략
  ㉥ 인지전략 활성자: 수업장면에서 학습자가 의식적이든 무의식적이든 관련된 인지전략을 사용하도록 요구하며, 나름의 인지전략 체계를 갖고 이를 적극 활용하도록 하는 전략

**PLUS**
**선수학습 요소의 계열화**
전체 학습과제 속에 포함되어 있는 위계적 구조를 밝혀 학습과제 수행에 필요한 선수학습의 순서를 확인하는 것

**PLUS**
**비유의 활용**
이미 학습했던 친숙한 것과 관련시켜 새로운 지식과 아이디어를 쉽게 이해할 수 있게 해주는 전략

- 내재된 전략활성자 : 학습자가 인지전략을 사용하고 있다는 사실을 의식하지 못한 채 특정 인지전략을 사용할 수 있도록 수업설계를 하는 방법
  - 예 그림, 도식, 기억술, 비유 등을 제시, 학습내용과 연결시키면서 학습내용을 보다 적극적으로 처리하도록 도와줌
- 분리된 전략활성자 : 학습자가 이전에 획득한 인지전략을 의식적으로 사용하도록 권장하는 방법
  - 예 "비유해서 생각해 보시오.", "기억법을 사용해 보시오." 등의 지시문
ⓐ 학습자 통제
- 학습자들이 자기 나름의 학습전략을 선택하고 구사할 수 있는 자유를 인정하고 허용하는 전략
- 정교화 이론에서는 학습자가 학습의 내용과 수업전략, 인지전략 등을 선택하고 계열화하도록 학습자 통제의 가능성을 부여

**＋PLUS**
**학습자 통제 유형**
- 학습할 내용의 통제(내용의 통제)
- 학습속도의 통제(진도의 통제)
- 교수전략의 선택과 활용 순서의 통제(방법의 통제)
- 인지전략의 선택과 활용 순서의 통제(인지의 통제)
→ '학습속도의 통제'를 제외한 세 가지 통제양식 채택

## 7. 메릴의 내용요소제시이론

### (1) 주요 내용
① 단일 아이디어들을 가르치는 미시적(micro) 수준
② 수업목표를 수행수준과 내용유형으로 분류하여 매트릭스로 제시
③ 복잡한 학습 대상물을 내용 요소들(components)로 나누고 그 요소들의 학습수준을 결정한 다음, 그 각각에 적절한 수업방법을 제시(display)

### (2) 수행-내용 매트릭스
① 수행수준
  ㉠ 기억 : 기억된 정보를 탐색
  ㉡ 활용 : 추상적인 학습내용을 구체적인 실제 상황에 적용
  ㉢ 발견 : 새로운 내용을 도출하거나 창안
② 내용유형
  ㉠ 사실 : 이름, 사건, 장소 등과 같은 정보
  ㉡ 개념 : 공통적 특성을 갖고 있고, 동일한 명칭으로 불리는 사물, 사건, 기호의 집합
  ㉢ 절차 : 어떠한 산출물을 만들어내는 데 필요한 단계들을 순서화
  ㉣ 원리 : 사건이나 현상을 해석하는 데 사용되는 인과관계나 상호관련성을 해석하고 장차 발생하게 될 사태에 대하여 예측하는 것
③ 10개의 학습범주

**＋PLUS**
**수행-내용 매트릭스**
'내용'과 '수행'의 행렬에 의해 교수목표(학습목표)를 세분화

**＋PLUS**
**10개의 학습범주**
12가지의 경우가 생성되지만, 학생 입장에서 '내용'차원의 '사실'은 기억 수준의 수행만 가능하고, 적용 수준과 발견 수준의 수행은 일어나지 않으므로 실제적인 학습성과의 경우는 10가지로 나타남

| | | 사실 | 개념 | 절차 | 원리 |
|---|---|---|---|---|---|
| **수행차원** | 발견하기 | | 환경오염이 생활에 미치는 피해를 찾을 수 있다. | 다양한 물질을 현미경으로 관찰하는 방법을 찾을 수 있다. | 직각삼각형의 여러 가지 속성을 발견할 수 있다. |
| | 활용하기 | | 환경오염의 예를 제시할 수 있다. | 현미경을 조작하여 아메바의 세포구조를 관찰할 수 있다. | 피타고라스의 정리를 이용하여 직각삼각형의 빗변의 길이를 계산할 수 있다. |
| | 기억하기 | 대한민국의 수도는 서울이다. | 환경오염의 개념을 말할 수 있다. | 현미경을 조작하는 단계를 말할 수 있다. | 피타고라스의 정리를 말할 수 있다. |

내용차원

| 메릴의 수행-내용 매트릭스 예시 |

### (3) 자료제시 형태

① **제시 형태**: 교사에 의한 전달이나 인쇄매체, 전자매체 등을 통해 학습자들에게 제시되는 교수의 형태

② 일차 제시형과 이차 제시형으로 구분

⊙ **일차 제시형**: 가장 기본적이며 보편적인 방식. 목표한 학습이 일어나는 데 필요한 최소한의 기본적 자료를 제시하는 것

- 일반성과 사례
  - 일반성: 개념, 절차, 원리를 추상적으로 진술한 것
  - 사례(예): 대상, 상징, 사건, 과정, 절차에 대한 특정한 예
- 설명식 제시형과 질문식 제시형
  - 설명식: 내용을 진술하거나 보여주거나 해설해 주는 것
  - 질문식: 내용에 대해 질문을 하고 연습을 필요로 하는 등 학습자의 탐구활동을 촉진시키는 것

> **PLUS**
> 자료제시 형태는 '전달전략'에 해당됨

| | | 제시 영역 | |
|---|---|---|---|
| | | 설명식(Expository) | 질문식(Inquisitory) |
| **내용영역** | 일반성 (Generality) | 설명식 일반성(EG) "법칙" | 질문식 일반성(IG) "회상" |
| | 사례 (Instance) | 설명식 사례(Eeg) "예시" | 질문식 사례(Ieg) "연습" |

| 일차 제시형 |

ⓒ 이차 제시형: 일차 제시형에 추가하여 학습이 보다 용이하도록 지원하는 부가적 자료 제시

### 8. 켈러의 학습동기 설계이론(ARCS)

(1) 주요 내용
① 켈러의 ARCS 교수모형은 학습장면에서 학습동기의 중요성을 강조하고, 그것을 적극 유발시키기 위한 교수설계의 구체적인 전략들을 제공
② 학습동기를 유발시키기 위한 4대 구성요소인 주의, 관련성, 자신감, 만족감을 강조하는 ARCS 모형으로 체계화

(2) 교수전략
① 주의(Attention): 학습이 일어나기 위해서는 학습자가 학습 자극에 주의를 기울여야 함
  ⊙ 지각적 주의환기: 시청각적 매체 활용, 일상적이지 않은 내용이나 사건 제시, 주의분산의 자극 지양
  ⓒ 탐구적 주의환기: 능동적 반응 유도, 문제해결 활동 구상, 신비감 제공
  ⓒ 다양성: 간결하고 다양한 교수 형태 사용, 일방적 정보 제시와 상호작용적 교수의 혼합, 교수자료의 변화 추구
② 관련성(Relevance): 주어진 학습과제가 자신과 많이 관련될수록 적극적으로 학습에 임함
  ⊙ 친밀성: 친밀한 인물 또는 사건 활용, 구체적이고 친숙한 사건 활용, 친밀한 예문 및 배경지식 활용
  ⓒ 목표지향성: 실용성에 중점을 둔 목표 제시, 목적 지향적인 학습형태, 목적의 선택가능성 부여
  ⓒ 필요나 동기와의 부합성: 다양한 수준의 목적 제시, 학업 성취 여부의 기록체제 활용, 비경쟁적 학습상황의 선택 가능, 협동적 학습상황의 제시
③ 자신감(Confidence): 노력에 따라 성공할 수 있다는 자신감을 심어 주어야 함
  ⊙ 학습의 필요조건 제시: 수업목표와 목표의 구조 제시, 평가 기준 및 피드백의 제시, 선수학습능력의 판단, 시험의 조건 확인
  ⓒ 성공의 기회 제시: 쉬운 내용에서부터 어려운 내용으로 과제 제시, 적정수준의 난이도 제시, 다양한 수준의 출발점 제시, 다양한 사건 제시, 다양한 수준의 난이도 제공
  ⓒ 개인적 조절: 학습의 끝맺음을 조절할 수 있는 기회제공, 학습속도의 조절 가능, 원하는 학습 부분으로의 재빠른 회귀 가능, 선택 가능하고 다양한 과제와 난이도 제공, 노력이나 능력에 성공 귀착

> **POINT**
> 학습동기 유발을 위한 구성요소
> • 주의
> • 관련성
> • 자신감
> • 만족감

④ 만족감(Satisfaction): 일단 유발된 동기를 계속 유지시키는 역할을 함
  ㉠ 자연적 결과 강조(내재적 보상 전략): 연습문제를 통한 적용의 기회 제공, 후속 학습상황을 통한 적용의 기회 제공, 모의상황을 통한 적용의 기회 제공
  ㉡ 긍정적 결과 강조(외재적 보상 전략): 적절한 강화계획의 사용, 의미 있는 강화의 제공, 정답에 대한 보상 강조, 외적 보상의 사려 깊은 사용, 선택적 보상체제 활용
  ㉢ 공정성: 교수목표와 내용의 일관성 유지, 연습과 시험내용의 일치

## 02 구성주의 교수이론

### 1. 구성주의 학습이론

(1) 기본 입장
① 학습자가 스스로 지식을 형성 혹은 구성. 지식이란 개체와 별개로 존재하는 객관적이고 외적인 실재가 아니라 능동적인 구성의 산물
② 상대주의에 기반
③ 객관적인 지식은 없으며, 모든 지식은 인식의 주체자인 개인에 의해 주관적으로 구성
④ 지식은 구체적인 상황을 중심으로 한 맥락적인 것

(2) 인지적 구성주의와 사회적 구성주의
① 인지적 구성주의(cognitive constructivism)
  ㉠ 개인이 전적으로 지식을 구성한다고 가정. 개인적 구성주의
  ㉡ 지식은 개인의 경험세계 속에서 구성되므로 사회적 환경은 지식의 구성과정에 의미 있는 영향을 주지 못함
  ㉢ 피아제의 인지발달 이론에 기초
② 사회적 구성주의(social constructivism)
  ㉠ 지식은 사회적 상호작용과 경험에 기초하여 구성. 지식은 사회적 맥락 내에서 먼저 구성된 다음 개인에게 내면화
  ㉡ 비고츠키의 인지발달 이론에 기초

**POINT**
- 인지적 구성주의: 개인의 인지적 작용 중시
- 사회적 구성주의: 타인과의 사회적 상호작용 중시

| 구분 | 구성주의 | |
|---|---|---|
| | 인지적 구성주의 (Piaget) | 사회적 구성주의 (Vigotsky) |
| 지식의 성질 | • 가변적 지식체계<br>• 개인적으로 구성<br>• 선행지식에 근거하여 지식 구성 | • 가변적 지식체계<br>• 사회적으로 구성<br>• 참여자들이 공동으로 지식 구성 |
| 학습 | • 능동적 구성, 선행지식의 재구조화<br>• 개체의 인지활동 중시 | • 사회적으로 규정된 지식과 가치의 협력적 구성<br>• 사회적 상호작용 중시 |
| 교사역할 | • 촉진자, 안내자<br>• 학생의 기존 인지구조, 개념, 사고 고려 | • 촉진자, 안내자<br>• 공동참여자<br>• 사회적으로 구성된 개념 고려 |
| 학생역할 | • 능동적 지식 구성<br>• 능동적 사고, 설명, 해석, 질문 | • 타인과 공동으로 지식 구성<br>• 능동적 사고, 설명, 해석, 질문, 능동적 사회 참여 |

## 2. 구성주의 학습환경 설계(CLEs)

### (1) 주요 주장

① 조나센(Jonassen)은 구성주의 인식론의 입장에서 학습환경을 설계하는 '구성주의 학습환경(constructivist learning environments; CLEs) 설계 모형'을 제안

② 구성주의에서는 '교수설계'보다는 학습자 중심의 학습 지원 환경의 설계가 중시되기 때문에 '학습설계'라는 용어를 사용

### (2) CLEs의 학습활동 요소

> **암기비법**
> 사·대·인·정·관·문
> → 순서는 역방향으로

① 문제/프로젝트
  ㉠ 문제의 맥락: 문제를 설계할 때는 학습자들이 문제를 둘러싼 물리적, 사회적, 조직적 맥락을 이해하도록 해야 함
  ㉡ 문제의 표상: 문제는 학습자의 관심을 끌고 매력적이며 몰입할 수 있게 표현되어야 함(문제 제시방법)
  ㉢ 문제의 조작공간: 의미 있는 학습의 창출을 위한 의식적인 활동을 유도하는 공간으로 제공되어야 함

② 관련 사례
  ㉠ 학습자의 지적 모형이나 경험이 부족할 경우 학습자를 도와줌
  ㉡ 제공된 관련 사례들을 통해서 제시된 문제에 포함된 쟁점들을 보다 명확히 파악

③ 정보 자원: 문제해결을 위해 필요한 정보를 충분히 제공해 주어야 함(텍스트 문서, 그래픽, 음성 자료, 영상, 애니메이션 등)

④ 인지적 도구
  ㉠ 학습자가 실제 문제를 해결해 가는 인지과정을 지원하고 촉진하는 역할
  ㉡ 인지적 도구란 특정한 유형의 인지과정을 촉진하기 위해 고안된 온라인과 오프라인상의 각종 학습보조 도구. 컴퓨터와 인터넷을 활용하는 방법이 자주 사용됨

⑤ 대화와 협력을 위한 도구: 컴퓨터 매개 통신과 같이 학습자 상호 간에 이루어지는 학습활동을 지원하는 수단(이메일, 전자게시판, 커뮤니티, 채팅 등)

⑥ 사회적·맥락적 지원: 참여 교사들에 대한 지원체제나 학생들에 대한 안내 체제 등

### (3) CLEs의 교수활동 요소와 학습활동

| 학습활동 | 교수활동 |
| --- | --- |
| 탐색 | 모델링 |
| 명료화 | 코칭 |
| 반추 | 스캐폴딩 |

> **PLUS**
> 모델링
> • 외현적 행동모델링: 학습자들이 어떻게 수행하면 되는지 시연하는 것
> • 내재적 인지모델링: 전문가가 과제 수행 시 사용하는 추론과 의사결정을 위한 인지과정을 보여주는 것

## 3. 상황학습(상황인지) 이론

(1) 주요 주장

① 추상적이고 탈맥락적인 전통적인 학교 교육의 문제에 대한 대안적 관점. 지식이 맥락이나 상황과 분리될 수 없다는 점 강조
② 지식이나 기능은 유의미한 맥락 안에서 제공될 때 효과적으로 학습 가능. 그러므로 학교에서 다루는 지식들은 그 지식이 사용되는 실제적인 맥락과 함께 제공되어야 함

> Keyword
> #상황 #맥락

(2) 주요 개념

① 실천공동체(community of practice)
  ㉠ 상황학습의 관점에서 학습은 실천공동체에서의 참여를 통해 이루어짐
  ㉡ 실천공동체는 공통의 관심사를 갖고 지속적인 상호교류와 실천과정에서 학습을 통해 관심영역에 대한 전문성을 공유·심화시키는 사람들의 집단(가정, 학교, 직장, 여가 모임, 예술가 모임 등 다양한 형태가 있을 수 있음)
② 정당한 주변적 참여(legitimate peripheral participation ; LPP)
  ㉠ 레이브와 웽거(Lave & Wenger)는 정당한 주변적 참여를 통해 상황학습의 실천공동체에서 학습이 어떻게 이루어지는지 설명
  ㉡ 정당한 주변적 참여란 학습의 주변 참여자로서 주로 관찰을 통해 학습을 시작하는 것을 의미. 관찰을 통해 전체적인 그림이 그려지면, 참여자는 과제의 일부분을 기존의 경험 있는 구성원들에게 지속적인 피드백을 받아 완수해 가면서 점차 중심구성원으로 활동하게 됨

## 4. 인지적 도제이론

(1) 개념

① 초보자가 유능한 사람의 지도를 받아 지식과 기능을 습득하는 과정
② 상황학습과 실제적 학습의 견해를 반영. 도제방법을 이용하여 고등정신기능을 개발하기 위한 방법
③ 학습자를 새로운 기능과 기술을 배우기 위해 전문가의 지도를 받는 도제로 간주. 전문가의 역할을 하는 사람은 부모, 형제, 교사
④ 비고츠키의 근접발달영역(ZPD)의 아이디어에 기초

> **암기비법**
> 모·코·스·명·반·탐
> → 모코스(라는 가수의) 명반(명음반)이 탐난다!

### (2) 절차

① 모델링(modeling) : 전문가가 과제 수행의 시범을 보이는 것
② 코칭(coaching) : 학습자의 과제 수행을 관찰하고 전문가적 도움을 주는 활동
③ 발판화(비계설정, scaffolding) 및 단서철회(용암법, fading) : 발판화는 근접발달영역에 속하지만 독자적으로 해결하기 어려운 과제해결을 도와주는 것. 단서철회는 스스로 과제를 해결할 수 있는 능력을 갖추게 되면 도움을 점차 줄여 나가는 것
④ 명료화(articulation) : 학습자가 학습한 지식, 문제해결과정과 전략 등을 분명하게 정리하는 활동
⑤ 반성적 사고(reflection) : 학습자가 전문가의 과제 수행과 자신의 과정을 비교할 수 있는 기회를 제공하여 자신의 장점과 문제점 등을 스스로 확인 및 수정하는 단계
⑥ 탐색(exploration) : 지식이나 기능을 새롭게 활용할 수 있는 방식을 모색하도록 하는 방법. 전이나 일반화와 유사

## 5. 정착수업

### (1) 개념

① 상황학습을 적용, 학습자가 일상생활에서 접할 수 있는 현실적인 문제들을 영상매체를 활용하여 상황적 맥락으로 제공하는 교수법
② 상황학습의 견해에 따라 테크놀로지를 이용하여 실제 상황과 유사한 흥미롭고 실제적인 문제해결장면을 학습을 위한 정착지(anchor)로 활용함으로써 문제해결능력을 길러주기 위한 교수법
③ 학습을 실제 문제해결상황에 정착시켜(anchoring) 학습자가 적극적으로 학습에 참여하도록 하는 방법
④ 정황수업, 앵커드 수업, 앵커드 교수법 등 다양한 명칭으로 불림

> **PLUS**
> • 앵커는 강의가 아니라 이야기이며 교사와 학생들이 탐구하도록 설계됨
> • 영상은 학습에 대한 동기를 유발하고 의미 있으며 유용한 학습이 이루어지도록 실제적인 맥락을 창조하기 위한 앵커로 이용

### (2) 앵커(Anchor)

① 실제적 장면 또는 거시적 맥락을 의미
② 앵커의 역할을 하는 것은 실제적인 문제와 스토리

### (3) 정착수업(앵커드 교수·학습)의 원리

① 교수·학습활동은 이야기, 사례, 학생들의 관심사와 관련된 주제 또는 문제 등과 같은 정황을 중심으로 설계
② 영상 자료가 하나의 큰 정황으로 제시됨

### (4) 정착수업의 특징

① 실제적인 맥락을 중시

② 실제적인 맥락이나 상황을 실감나게 제시하기 위해 영상 테크놀로지를 활용

### 6. 인지적 유연성 이론

(1) 개념 및 주요 주장
① 스피로(Spiro) 등이 주장. 인지적 유연성이란 여러 지식의 범주를 넘나들고 연결 지으면서, 새로운 상황에 맞도록 학습자 기억 내 지식을 융통성 있게 재구성하는 능력
② 학습자들에게 필요한 것은 지식을 다양한 맥락에서 다룰 수 있는 인지적 융통성이라고 주장
③ 지식은 복잡하고 다원적인 특성을 지니므로 다양한 상황에서 지식을 필요에 의해 재구성하여 활용하려면 '상황 맥락적인 지식의 스키마 연합체(상황 의존적인 스키마의 연합체)'를 형성하는 것이 중요

(2) 교수원칙
① 주제중심의 학습: '상황의존적인 스키마의 연합체' 형성
② 학습자들이 충분히 다룰 수 있을 정도의 복잡성을 지닌 과제로 작게 세분화: 상황과 맥락에 따라 효율적이고 유동적으로 대처
③ 다양한 소규모의 예 제시: 지식을 실제 상황에 맥락적으로 적용하기 위해서는 다양한 사례의 경험이 필요

(3) 교수·학습방법: 임의적 접근학습(조망교차, 십자형 접근)
① 특정 과제가 주어졌을 때 그것을 다양한 문맥과 관점에서 접근하며, 가르치는 순서를 재배치해 보고, 특정 과제와 연결하여 가능한 한 많은 예를 다루어보는 방법
② 십자형 접근: 어떤 특정 과제를 다양한 맥락과 관점에서 서로 다른 방향에서 바라보는 것 또는 해석하는 것
③ 컴퓨터를 통한 하이퍼미디어 시스템을 응용할 것을 권장

### 7. 문제중심(기반)학습(PBL)

(1) 개념
① 실제적 문제를 중심으로 하는 학습자중심의 학습방법
② 문제란 실제 사회에서 직면할 수 있는 복잡성과 비구조화된 특성을 가진 문제를 말함
③ 실제 맥락적인 문제를 중심으로 소집단 협동학습을 통해 문제해결을 해 나가는 과정에서 관련 내용지식, 협동학습능력, 문제해결능력, 의사소통능력, 자율적 학습능력을 학습해 가는 학습방법

**PLUS**

PBL
학생들이 앞으로 겪게 될 과업들로 문제를 설정하고, 이 문제를 이해하고 해결하는 데 필요한 지식과 기술, 태도가 무엇인지를 스스로 파악하여 필요한 지식과 정보를 찾아서 학습하게 하는 교육방법

| PLUS |
|---|
| PBL의 구성요소 |
| • 학습자 |
| • 교사 |
| • 문제 |
| • 학습자원 |

### (2) PBL의 특징
① 자기주도적 학습
  ㉠ 스스로 주어진 문제를 명료화하고 자신의 인지적 작용에 의해 문제를 해결해 나아가며 그 결과에 책임도 감수
  ㉡ 학습 결과에 대한 평가는 물론 학습 과정에 대한 성찰적 평가도 중시. 교사 평가뿐만 아니라 학생 자신의 평가와 동료평가도 포함
② 협동학습: 협동학습의 환경을 강조
③ 실제적인 문제: 학습자가 당면하고 있는 실제적인 성격을 갖는 과제로 학습자의 일상생활 속에서 접할 수 있는 비구조화된 문제
④ 가설-연역적 추론: 실제 상황과 관련된 복잡한 문제에 직면하여 대안적 가설을 설정하고, 가설검토를 위한 자료를 수집하며, 자료를 분석하고, 종합하여 최종진단과 처방을 제시
⑤ 문제중심: 교과목이 아닌 문제중심으로 지식 구성
⑥ 안내자, 지원자, 촉진자로서의 교사: 교수자는 모델링과 코칭을 통해 학습자의 문제해결능력을 촉진

### (3) PBL의 절차
① 문제 제시: 텍스트뿐만 아니라 영상 자료나 연설문, 역할극, 컴퓨터 시뮬레이션 등 다양한 형태로 제시 가능
② 문제해결 계획 세우기: '알고 있는 것', '알아야 할 것', '알아내는 방법'으로 세분화하여 체계적으로 계획. 이러한 과정을 통해 창의적 사고력과 비판적 사고력 형성
③ 탐색 및 재탐색: 필요한 지식이나 정보 탐색
④ 해결책 고안: 찾아낸 지식과 정보를 이용하여 문제를 어떻게 해결할지 직접적인 해결책을 만드는 과정. 비판적 사고력과 창의적 문제해결력이 길러지며, 소집단 활동을 통해 원활한 의사소통과 협동 능력이 향상됨
⑤ 발표 및 평가: 다양한 해결책을 공유하고 평가하기 위한 마무리 단계

### (4) PBL의 장단점
① 장점
  ㉠ 인지적 불일치 때문에 계속적인 학습이 가능
  ㉡ 비판적 사고 능력을 길러줄 수 있으며, 학습자의 전이와 회상을 증진시킬 수 있는 실세계의 실제성을 경험하게 해 줌
  ㉢ 학습주제에 대한 본질적 흥미와 자기조절 학습능력 향상
② 단점
  ㉠ 필요한 자료 획득에 대한 대안이 있어야 하고, 문제와 관련된 주변 자료를 탐색하는 능력이 학습자에게 없다면 효과가 없음
  ㉡ 한 학기에 다루어야 하는 문제 수가 많거나 학생 수가 많을 경우, 학기 내내 발표와 토론 시간 부족

## 8. 상보적 교수(상호적 교수)

**(1) 개념**
① 펠린사와 브라운이 개발, 소집단에서 상호작용을 통해 독해에 필요한 인지전략을 가르치기 위한 교수전략
② 비고츠키의 이론에 근거하여 상호작용과 발판화 강조. 교사가 초기에 시범을 보여주면 학습자는 연습을 통해 점차 교사를 모방하며 전략을 내면화. 점차 책임이 교사에게서 학습자에게 옮겨가도록 구성

**(2) 목표**
교재의 의미 구성 및 이해 점검

**(3) 4가지 전략**
① 예측하기: 주어진 제재를 읽고 말하는 이가 다음에 무엇을 논의하고자 하는지 예측
② 명료화하기: 어휘의 정확한 뜻을 사전이나 질문을 통해 명확하게 파악하도록 하는 것
③ 질문 만들기: 학습자들이 주어진 내용을 확실히 이해하고 있는지 알 수 있는 전략. 단순 사실의 확인부터 이해, 적용, 분석, 종합, 평가에 이르기까지 다양한 수준의 질문을 만들 수 있도록 해야 함
④ 요약하기: 내용을 학생들이 이해한 대로 자신들의 용어로 표현하도록 하는 것

> **POINT**
> - 독해교육을 위한 교수 모형
> - 4가지 전략: 예측하기, 명료화하기, 질문 만들기, 요약하기

## 9. 자원기반학습

**(1) 개념**
① 학습자 스스로 다양한 학습자원과 직접적인 상호작용을 함으로써 이루어지는 학습 형태
② 학습자가 자신의 학습 진도와 학습활동 선택에 대한 자유를 부여받고 학습자에게 필요한 자료를 필요한 때에 활용할 수 있는 권한이 학습자에게 주어지는 학습 유형

**(2) 자원기반학습 환경(구성요소)**
① 학습자원: 학습을 지원하는 자료
  ㉠ 정적자원: 시간이 흘러도 변하지 않는 자료(인쇄기반의 교과서, 백과사전, 잡지, 신문기사 등)
  ㉡ 동적자원: 정보가 지속적으로 변화(웹기반 자원과 인간)

② 학습맥락(context): 학습자에게 '이해'가 일어나는 '상황, 현실, 실제'
　㉠ 외부주도 맥락: 교사 또는 교수설계자와 같은 외부인이 맥락을 설정하는 것
　㉡ 학습자 생성 맥락: 학습자 개인이 자신의 필요에 기초하여 목표를 정하는 것
　㉢ 협상 맥락: 외부주도와 학습자 생성 맥락이 결합되어 학습 과정에 파트너십 생성
③ 도구자원: 다양한 학습자원을 관리하고 전달하는 구성요소
　㉠ 탐색도구: 자원의 위치를 파악하고, 다양한 형태의 출처에 접근(검색엔진)
　㉡ 과정도구: 정보를 모으고, 조직하고, 통합하고 생성하는 것을 돕는 인지적 자원 제공(스프레드시트, 인지맵, 그래프 등)
　㉢ 조작도구: 신념, 아이디어, 이론을 검증하기 위한 수단 제공(시뮬레이션 생성 프로그램)
　㉣ 커뮤니케이션 도구: 아이디어 교환을 위한 도구(이메일, 토론방 및 게시판 등)
④ 비계자원: 학습자들의 학습활동을 체계적으로 지원하는 것
　㉠ 개념적 비계: 무엇을 고려해야 하는지 안내
　㉡ 메타인지 비계: 학습자들이 배워가면서 무엇을 알고, 무엇을 해야 하는지를 평가하도록 돕는 것(체크리스트, 팀 활동 기록노트)
　㉢ 절차적 비계: 어떻게 학습해야 하는지 안내(기능에 대한 도움말이나 학습경로 안내, 웹사이트 맵 제공)
　㉣ 전략적 비계: 과제를 수행하기 위한 대안적 방법을 모색함으로써 다른 관점과 방향을 고려할 수 있도록 안내(과제 수행 방법을 알려주는 전문가 상담, 질문 모음 제공)

(3) **학습자와 교사의 역할**
① 학습자
　㉠ 자신의 필요를 반영하여 학습목적 설정, 적합한 학습방법 선택, 학습매체와 지원도구 선정
　㉡ 자유롭게 자신의 속도에 맞추어 학습하며 자신의 관심과 능력에 따라 자원을 선택하고 활용하는 적극적인 참여자
② 교사
　㉠ 학습자들이 필요로 하는 자원 제공
　㉡ 학습자가 자원과의 상호작용에 적극적, 주도적으로 참여하여 문제해결을 하고 과제를 수행하는 학습방법을 습득할 수 있도록 학습의 조언자, 촉진자의 역할 수행
　㉢ 학습을 보조하는 비계 제공

**PLUS**
주요 학습기술
• 비판적 사고기술
• 정보자원의 탐색 및 활용 기술
• 정보자원의 평가기술

(4) Big6모형(Big6 정보리터러시 모형)
  ① 아이젠버그와 버코위츠가 개발한 교수설계 모형
  ② 문제해결과정에서 요구되는 정보활용기술을 블룸의 인지적 영역의 단계를 적용하여 6단계로 제시
  ③ 지식단계에서 과제를 인식하고 정의하며, 이해단계에서 정보원을 이해하고 선택. 적용단계에서는 정보의 소재를 파악하며 정보를 찾고, 분석단계에서는 찾아낸 정보를 분석하여 적합한 정보를 가려냄. 종합단계에서는 가려낸 정보들을 체계적으로 정리하여 최종 결과물을 만들고, 마지막 평가단계에서 결과물의 유효성과 과정의 효율성을 평가하도록 함

| 인지 | 단계 | 능력 |
| --- | --- | --- |
| 인지(지식) | 1. 과제 정의 | 1.1 해결할 과제의 요점 파악<br>1.2 과제해결에 필요한 정보의 유형 파악 |
| 이해 | 2. 정보 탐색 전략 | 2.1 사용가능한 정보원 파악<br>2.2 최적의 정보원 선택 |
| 적용 | 3. 소재 파악과 접근 | 3.1 정보원의 소재 파악<br>3.2 정보원에서 정보 찾기 |
| 분석 | 4. 정보 활용 | 4.1 찾아낸 정보를 읽고, 보고, 듣기 |
| 종합 | 5. 통합정리 | 5.1 가려낸 정보들의 체계적 정리<br>5.2 최종 결과물 만들기 |
| 평가 | 6. 평가 | 6.1 결과의 유효성 평가<br>6.2 과정의 효율성 평가 |

## 10. 목표기반 시나리오(GBS)

(1) 개념
  ① 섕크(Schanks)에 의해 개발. 시나리오 형태의 구조화된 목표를 제시하는 구성주의 교수설계모형
  ② 정해진 목표를 중심으로 학습에 필요한 모든 것, 즉 학습자의 활동, 학습자료 및 정보, 피드백 등을 시나리오라는 설정된 상황에 배치하여 연극이나 역할 놀이처럼 시나리오에 따른 역할을 수행해 가는 과정에서 자신도 모르게 정해진 목표를 성취하도록 하는 교수모형

(2) GBS의 구성요소
  ① 목표(goal): 학습자들이 획득하기를 원하는 지식과 태도, 기술
  ② 미션(mission): 학습자들이 설정된 목표를 성취하기 위해 수행해야 하는 과제
  ③ 표지 이야기(cover story): 목표 달성을 위해 학습자들이 수행해야 할 미션과 관련된 맥락을 이야기 방식으로 설명하는 것

**+PLUS**
- 목표
  - 과정지식: 목표 성취를 위해 필요한 기술을 습득하는 방법에 대한 지식. 암묵적 지식의 성격
  - 내용지식: 목표를 성취하면서 습득하게 되는 명시적 지식
- 미션: 실제적이어야 하며 학습자들이 현실에서 당면하는 실제 상황과 유사할수록 동기 유발

④ 역할(role): 학습자들이 표지 이야기 속에서 맡게 되는 인물
⑤ 시나리오 운영(scenario operation): 학습자들이 미션을 수행하는 모든 구체적인 활동
⑥ 자원(resource): 미션을 수행하는 데 필요한 정보
⑦ 피드백(feedback): 학습자들이 미션을 수행하는 과정에서 발생할 수 있는 어려움을 해결하는 데 필요한 교수자의 도움

(3) GBS의 특징
① 학습은 목적 지향적: 학습자들이 자신의 목적 달성을 위해 실제적 상황에 주의를 기울이고, 비슷한 상황을 통해 추론하는 과정에서 학습이 이루어짐
② 학습은 기대 실패에 의해 촉진: 기대 실패란 학습자가 가지고 있는 지식이 틀렸거나 부족한 결과로 나타나는 것. 기대 실패가 일어나면, 학습자는 틀린 지식을 수정하거나 부족한 지식을 채우기 위해 시도하고 이것이 학습을 촉진
③ 학습은 사례 기반을 통한 문제해결과정: 학습을 통해 특정 문제를 해결할 수 있는 절차를 배우고, 그 문제와 비슷한 사례에 대한 데이터베이스를 축적

## 11. 웹퀘스트 수업 모형

(1) 개념
① 닷지(Dodge) 등에 의해 제안된 인터넷 정보를 활용한 과제해결활동
② 웹기반 프로젝트 학습의 한 형태로 웹을 이용하여 과제를 해결하는 형태의 수업

(2) 특징
① 교사의 지시와 안내에 기초한 수업: 교사가 학습과제, 활동과정, 정보자원 등을 제공하고 안내하는 방법으로 진행 ⇨ 학생들의 시간과 노력을 줄여 주어진 다양한 정보들을 분석하고 종합하여 학습과제를 해결해 나가도록 하는 데 더 집중하게 하기 위함
② 실생활과 관련된 과제 제공: 학습동기를 유발하고 현실적으로 의미 있는 학습이 이루어지도록 함
③ 협동학습: 학습자들의 역할분담을 통한 협동학습으로 진행

(3) 교수과정(단계)
① 소개(도입): 학습자들에게 무엇을 학습하게 될지 설명하는 단계. 학습동기 유발이 중요
② 과제: 학습자가 해야 할 과제 제시. 결과물에 대한 설명 포함
③ 과정: 학습과제 완수를 위해 필요한 학습 과정을 단계적으로 제시. 각자 역할 담당

④ **자원**: 학습자가 과제를 해결하는 데 필요한 자료를 교수자가 찾아 놓은 부분(링크시켜 놓음). 자원은 학습자들이 자원이나 자료를 찾아 헤매는 것보다는 해결하려는 주제에 집중할 수 있도록 도와줌
⑤ **평가**: 학습자들이 학습한 결과를 측정, 평가. 평가 기준표를 이용하여 측정
⑥ **결론**: 학습활동을 마친 후 학습자들이 배운 내용에 대해 요약하여 설명

# Chapter 02 수업목표와 학습과제 분석

## 01 수업목표

### 1. 수업목표의 개념과 기능

**(1) 개념**

수업을 통해 학생들이 무엇을 할 수 있어야 하는가를 말함. 즉, 교수·학습 과정이 성공적으로 수행되었을 때 학습자에게 일어나는 반응인 학습성과를 규정한 것

**(2) 수업목표의 기능**
① 수업에 대한 방향 제시
② 학습내용 및 학습활동의 선정과 개발 등을 위한 안내 제공

### 2. 행동적 수업목표의 진술

**(1) 행동적 수업목표 진술의 원칙**
① 교사의 행동이 아닌 학생의 행동으로 진술
② 측정 가능하고 관찰 가능한 행위동사를 사용하여 진술
③ 학습의 결과(도착점 행동)로 진술
④ 구체적이고 명시적인 동사를 사용하여 진술
⑤ 내용과 행동의 두 측면을 모두 포함

**(2) 수업목표 진술 시 유의점**
① 수업목표를 교사의 입장에서 진술하지 않음
② 학습 과정을 수업목표로 진술하지 않음
③ 하나의 목표에는 하나의 학습 결과만 포함
④ 학습내용이나 주요 제목을 수업목표로 열거하지 않음

**(3) 수업목표의 진술방식**
① 타일러(Tyler)의 진술방식: '내용'과 '도착점 행동'으로 진술
  예 <u>지구온난화의 원인을</u> <u>쓸 수 있다</u>.
      (내용)           (도착점 행동)
  예 <u>두 자릿수 나눗셈 문제가 주어졌을 때</u>, <u>정답을 계산할 수 있다</u>.
      (내용)                              (도착점 행동)

> **PLUS**
> • **암시적 동사**: 안다, 이해한다, 깨닫는다, 인식한다, 의미를 파악한다, 즐긴다, 믿는다, 감상한다
> • **명시적 동사**: 쓴다, 암송한다, 지적한다, 구별한다, 열거한다, 비교한다, 대조한다, 찾아낸다, 진술한다, 적용한다

② 메이거(Mager)의 진술방식 : 도착점 행동, 상황이나 조건, 수락기준
   **예** <u>20개의 사칙연산 문제를 주었을 때</u>, <u>15개 이상의 문제를</u>
   　　　　(조건)　　　　　　　　　　　　(수락기준)

   <u>정확히 계산할 수 있다</u>.
   　　　(도착점 행동)

   **예** <u>100미터 트랙을</u> <u>17초 이내에</u> <u>달릴 수 있다</u>.
   　　　(조건)　　　(수락기준)　(도착점 행동)

③ 가네(Gagné)의 진술방식 : 상황, 학습능력, 대상, 성취 행동, 도구
   **예** <u>배터리, 소켓, 전구, 전선 등을 제시하였을 때</u> <u>배터리와 소켓에</u> <u>전선을 연결하여</u>
   　　　(상황)　　　　　　　　　　　　　　　　　　　　　　　　　　　(도구)

   <u>전구에 불이 들어오는가를 확인해 봄으로써</u> <u>전기회로를</u> <u>만들 수 있다</u>.
   　　　　(행동)　　　　　　　　　　　　　(대상)　　　(학습능력)

④ 그론룬드(Gronlund)의 진술방식 : 교수목표를 두 단계의 과정으로 진술. 일반적인 학습성과로서의 일반적 목표를 진술하고, 각 수업목표의 하위목표에 특수학습 과제 나열
   **예** 1.0 소설 심청전을 읽고 주요내용을 파악한다(일반적 목표).
   　　　1.1 소설 심청전의 줄거리를 말한다(하위목표).
   　　　1.2 소설 심청전의 중심사상을 요약한다(하위목표).
   　　　1.3 소설 심청전의 소설적 특징을 지적한다(하위목표).

02. 수업목표와 학습과제 분석

## 02 학습과제 분석

### 1. 과제분석의 개념
① 교수내용에 대한 정보를 제공해 주기 위해 가르쳐야 할 모든 종류의 지식이나 기능을 분석하는 과정
② 과제분석이 적절히 이루어지지 않으면 교수자는 학습자에게 무엇을 가르쳐야 할지 정확하게 파악하기 어렵고, 최적의 교수전략도 수립할 수 없음

### 2. 과제분석 방법
① 목표유형 분석
  ㉠ 목표가 어느 학습 영역에 속하는지 분류
  ㉡ 학습목표 성취를 위해 요구되는 주요 단계 분석
② 하위기능 분석: 목표와 관련된 기능의 관계 분석
  ◉ 위계적 분석, 절차적 분석, 군집적 분석, 통합적 분석

| 목표유형 | 분석방법 |
|---|---|
| 지적 기능 | 위계적 분석 |
| 운동기능 | 절차적 분석(위계적 분석) |
| 언어 정보 | 군집적 분석 |
| 태도 | 절차적, 위계적, 군집적의 통합적 분석 |

  ㉠ **위계적 분석**: 과제 달성을 위해 필요한 여러 기능들을 상위기능과 하위기능으로 분석. 하위기능은 상위기능 학습을 위해 반드시 숙달해야 하는 선행학습을 의미
  ㉡ **절차적 분석**: 각 단계의 기능을 학습하기 전에 먼저 습득되어야 하는 기능을 확인한 다음 하위기능들 간의 시간상의 순서 결정
  ㉢ **군집적 분석**: 상하위의 위계적 관계가 없으므로 주요 정보를 효과적으로 묶는 방법 분석
  ㉣ **통합적 분석**: 위계분석, 절차분석, 군집분석을 동시에 활용하는 하위기능 분석법

# Chapter 03 교수·학습방법

## 01 강의법

### 1. 개념
① 정보를 효율적이고 능률적인 교사의 말로 학습자에게 전달하는 방법
② 가장 오랫동안 사용했던 지도방법

### 2. 장단점

(1) 장점
① 정해진 시간 내에 다양한 지식을 많은 학습자에게 교육할 수 있음
② 장소에 크게 구애받지 않고 수업할 수 있음
③ 학생 수가 많은 경우에도 별 어려움 없이 실행할 수 있음
④ 심리적 안정을 추구하는 학습자에게 적합

(2) 단점
① 수업의 질이 수업자의 능력과 준비에 따라 좌우됨
② 학습자의 동기유발이 어렵고 수동적 학습자가 되기 쉬움
③ 일방적 전달로 학습 결과의 개별화나 사회화가 어려움

03. 교수·학습방법

## 02 문답법

### 1. 개념
① 교수자와 학습자가 상호적 질의응답을 통해 학습에 주의를 집중시키고 학습자의 탐구능력과 추상적 사고 작용, 비판적 태도, 표현력 등을 기를 수 있는 방법
② 고대 소크라테스 대화법이 기원

### 2. 장단점
(1) 장점
① 학습동기를 높여 학습자가 적극적으로 학습활동에 참여
② 주체적인 학습 가능
③ 교사와 학습자 간 지적 상호작용의 기회 증진

(2) 단점
① 대집단일 경우 사용에 제한
② 질의응답에 시간이 많이 걸릴 수 있어 시간 관리에 주의 필요
③ 다양하고 예상치 못한 질문에도 당황하지 않고 대처할 수 있는 능력과 대처 필요

### 3. 문답법이 갖추어야 할 요건
① 학급 학생 전원에게 응답의 기회를 골고루 주어야 함
② 학습내용에서 벗어난 질문을 하여 학습자가 당황하거나 공포심을 갖지 않도록 함
③ 질문의 요지는 명백하고 간결해야 함
④ 단순 기억의 재생이 아닌, 사고 능력을 발전시킬 수 있는 질문을 해야 함
⑤ 질문은 학습자 상호 간의 경험이나 지식의 범주 내에서 해야 함

[03. 교수·학습방법]

# 03 토의법

## 1. 개념
① 교사와 학생 간 혹은 학생들 간에 일어나는 상호작용을 통해 문제를 해결해 나가는 학습형태
② 토의와 토론
  ㉠ 토의: 협력하여 주어진 문제에 대한 최선의 해답을 찾음
  ㉡ 토론: 문제에 대해 찬성과 반대 입장을 정한 후 자신의 주장을 논리적으로 전개하여 상대를 설득

## 2. 장단점

### (1) 장점
① 문제해결력과 고등정신기능을 기르기에 적절함
② 표현력을 길러 줌
③ 사회적 기능 및 태도 형성

### (2) 단점
① 정보 전달이 늦고, 많은 시간 소요
② 소수의 의견이 무시되거나 경시되기 쉬움
③ 토의의 허용적 특성은 학습자의 이탈을 유발할 수 있음
④ 발표내용보다 발표자에 중점을 두기 쉽고 감정에 흐르기 쉬움

## 3. 토의법으로 수업 진행 시 유의점
① 토의과정에 필요한 자료는 미리 준비
② 소수의 우수한 학생들이 독점하지 않고 모든 학습자가 적극적으로 참여하도록 배려
③ 의견 발표가 자유롭게 될 수 있도록 분위기 조성
④ 소수의 의견도 존중되도록 진행

## 4. 토의의 유형

### (1) 원탁토의(round table discussion)
① 참가자 전원이 상호 대등한 관계 속에서 정해진 주제에 대해 자유롭게 서로 의견 교환
② 참가자 모두가 발언할 수 있도록 기회를 적절히 제공해야 함

---

**Keyword**
- **원탁토의**: 상호 대등
- **배심토의**: 상반된 견해, 배심원
- **공개토의**: 청중 참여, 질의응답
- **단상토의**: 전문가별 다른 입장
- **대담토의**: 청중대표, 전문가
- **세미나**: 참여자 모두 전문가
- **버즈토의**: 집단 편성, 6·6법

(2) **배심토의(panel discussion)**
  ① 소수의 선정된 배심원과 다수의 일반청중으로 구성. 특정 주제에 대해 상반되는 견해를 대표하는 몇몇 사람이 사회자의 진행에 따라 토의
  ② 청중은 주로 듣기만 하지만, 경우에 따라 질문이나 발언권을 주기도 함. 청중의 의견개진이나 토론은 원칙적으로 허용되지 않음

(3) **공개토의(forum discussion)**
  ① 1~2명의 연설자가 공개적인 연설을 한 다음, 그 내용을 중심으로 연설자와 청중 사이에 질의응답 진행
  ② 청중이 토의에 직접 참여하여 공식적으로 발표한 연설자에게 질의응답을 할 수 있다는 것이 특징. 청중은 주제에 대해 관심을 갖고 적극적으로 토론 과정에 참여해야 함
  ③ 지역사회의 현안문제, 학교 행사 등에 관련된 문제, 정책에 관련된 결정이 필요할 때 많이 활용

(4) **단상토의(symposium)**
  ① 전문가들이 주제에 대한 각자의 의견을 공식 발표한 다음, 발표 내용을 중심으로 청중과 발표자 간 토의와 질문 진행
  ② 참가한 전문가와 사회자, 그리고 청중 모두 특정 주제에 대한 전문적인 지식이나 정보, 경험 등을 지니고 있어야 함
  ③ 같은 주제에 대해 발표자별로 다양한 견해가 제시될 수 있음

(5) **대담토의(colloquy)**
  ① 3~4명의 청중 대표와 3~4명의 전문가나 자원인사로 구성. 청중 앞에서 사회자의 진행으로 특정 주제에 대해 대담형식으로 진행하는 토의
  ② 대담토의는 청중 대표와 전문가의 대담으로 진행

(6) **세미나(seminar)**
  ① 참가자 모두가 토의 주제 분야에 권위 있는 전문가나 연구가로 구성된 소수집단 형태
  ② 참가자에게 특정 주제에 대한 전문적인 연수나 훈련의 기회를 제공하는 것이 목적
  ③ 해당 분야에 전문적인 지식이 없는 일반인들은 세미나의 내용을 이해하기 어려움

(7) **버즈토의(buzz discussion)**
  ① 벌들이 윙윙거리는 것 같이 여러 명의 학생이 집단을 편성하여, 서로 의견을 교환하면서 학습해 가는 방법
  ② 필립스(Phillips)가 고안
  ③ 6·6법: 한 분단을 6명으로 편성하고, 6분간 토의한 뒤 토의결과를 가지고 다시 전체 학생이 토론하는 형태

## 04 듀이의 문제해결학습법

### 1. 개념
① 학습자에게 어떤 문제를 주고 그 해결과정을 통해 지적, 태도적, 기술적 학습능력을 길러주는 방법
② 존 듀이(J. Dewey)가 체계화함. 교육이란 경험을 통한 계속적인 개조의 과정
③ 문제해결에서 얻어지는 지식은 반성적 사고(reflective thinking)를 통한 지성

> **PLUS**
> - 문제해결학습법의 토대는 진보주의
> - 진보주의 → 듀이

### 2. 문제해결학습의 절차
① 문제 인식: 문제에 대해 자세히 검토하고 인식
② 문제해결의 계획: 문제해결에 필요한 분단 구성, 학습내용 분담, 시간계획, 자료 확인, 결론 형성 등의 계획을 세움
③ 자료수집 및 분석: 계획에 따라 자료를 수집하고 수집된 자료의 의미 분석
④ 학습활동 전개: 수집된 자료를 조사, 관찰, 비교 등을 통해 문제해결 시도
⑤ 결론 형성 및 토의: 결론 도출, 교사와 발표 및 토의

### 3. 문제해결학습법의 장단점

(1) 장점
① 전인적 발달을 위한 학습
② 협동적인 학습활동을 통해 민주적인 생활태도를 기를 수 있음
③ 학습과제를 스스로 해결하여 자율성과 능동적인 능력을 기를 수 있음
④ 문제해결과정에서 사고력 및 창의성과 같은 고등정신능력 배양

(2) 단점
① 학습에 투자한 노력에 비해 학습효과가 떨어질 수 있음
② 기초학력 부실 우려

03. 교수·학습방법

# 05 프로젝트 학습(구안법)

## 1. 개념
① 킬패트릭(Kilpatrick)이 창안. 학생이 마음속에 생각하고 있는 것을 실현하고 구체화하기 위해 스스로 계획을 세워 수행하는 학습활동
② 학습활동을 학습자가 계획하고 전개해 나가는 학습자의 자발적인 참여를 강조하는 학습지도법

## 2. 특징
① 학습자가 선정한 문제를 중심으로 학습 진행, 학습에 대한 학습자의 책임 강조
② 듀이(Dewey)의 문제해결학습을 더 실천적으로 발전시킴
③ 구체적인 결과물을 만들어내는 실천적인 면에 중점(문제해결학습법은 반성적 사고를 통해 지식을 획득)
④ 문제를 현실적·구체적으로 해결. 이때 학습자 자신이 목적을 가지고 계획에 의해 선택하고 수행하고, 문제해결을 위해 실질적이고 구체적인 자료를 활용하며, 개인차에 따른 학습활동을 진행

## 3. 프로젝트 학습 단계
① 목적(목표) 설정: 학습자가 학습주제나 학습문제 선택
② 계획수립: 목표 달성을 위한 방법 설계
③ 실행(실천): 학습자가 흥미를 갖고 활발하게 활동하는 단계. 교사는 학습자의 창의성을 존중하고 원활한 학습환경에 조력
④ 평가: 학습자들의 자기평가와 상호평가, 그리고 교사의 평가가 이루어지는 단계

## 4. 장단점

(1) 장점
① 학습자의 흥미에서 출발하므로 확실한 동기부여
② 학습에 대한 주체성과 자기주도적 학습능력을 기르는 데 도움
③ 작업수행의 과정에서 인내력을 기를 수 있으며, 결과물이 만들어진 후 성취의 기쁨을 느낄 수 있음

(2) **단점**
　① 시간적, 물질적 낭비가 많아지기 쉬움
　② 학습에 필요한 자료가 많을 경우 얻기 곤란한 것이 있을 수 있어, 완성하지 못하거나 충실하지 못하는 경우가 있음
　③ 교재의 논리적 체계가 무시될 수 있음
　④ 학습자의 흥미에 입각한 활동이므로 학습 과정이 혼란스러울 수 있음

03. 교수·학습방법
## 06 자기주도학습

### 1. 개념
① 노울즈(Knowles)가 정의. 학습자가 스스로 자신의 학습목표(경험)를 계획하여 학습요구를 진단하고, 학습목표를 설정하며, 학습에 필요한 인적·물적 자원을 파악하고, 적절한 학습전략을 선택·실행하고, 학습 결과를 평가하는 과정 등 일련의 학습 과정에서 스스로 주도적인 역할을 수행하는 학습
② 학습경험을 계획하고, 실행하고, 결과를 평가하는 일차적인 책임을 학습자가 지는 학습

### 2. 특징
① 학습자가 수업의 주도권을 가짐
② 학습자의 개인차 중시. 학습자는 자신의 능력에 따라 학습 속도를 조절할 수 있음
③ 학습자의 선행 경험이 중요한 학습자원이 됨
④ 학습자의 자기평가가 중시됨

---

■ **자기조절학습**

**1. 개념**
① 학습자가 자신의 목표를 달성하기 위해 체계적으로 지향하는 인지, 감정, 행동을 활성화하고 지속해 나가는 과정(Zimmerman)
② 학습자가 자신의 학습에 대해 책임을 지고 학습에 필요한 전략을 스스로 활용해서 학습목표에 도달하려는 능력

**2. 자기조절학습의 변인**
① 인지변인: 학습자가 가지고 있는 인지전략과 메타인지전략
  ㉠ 인지전략: 학습자가 자료를 기억하고 이해하는 데 사용하는 실제적인 전략(시연, 정교화, 조직화 전략 등)
  ㉡ 메타인지전략: 학습자가 자신의 인지과정에 대한 개념을 형성하는 것. 효과적인 인지전략을 선택하고 통제
② 동기변인: 학습목적에 대한 동기유발. 숙달목적 지향성, 자기 효능감, 과제 가치 등
③ 활동변인(행동변인): 효율적이고 자발적인 학습활동
  ㉠ 행동통제: 어려움에 부딪혀도 포기하지 않고 계속해 나아가는 능력
  ㉡ 도움 구하기: 어려운 문제에 부딪혔을 때 선생님이나 동료에게 도움을 구하는 것
  ㉢ 학업시간 관리

## 07 프로그램 학습

### 1. 개념
① 학습자가 자신의 능력과 속도에 따라 스스로 학습하면서 점진적으로 학습목표에 도달하도록 하는 학습방법
② 스키너(Skinner)의 작동적 조건 형성이론과 학습내용 조직의 계열성 원리를 바탕으로, 자발성과 개별화의 원리를 적용
③ 교수 프로그램을 이용하여 학습 진행

### 2. 프로그램 학습의 원리
① 소단계(small step)의 원리: 쉬운 것부터 점차 어려운 것으로 점진적으로 학습해 나감
② 적극적 반응의 원리: 학습자는 문제 형식으로 제시되는 학습자료에 적극적으로 참여
③ 즉시 확인의 원리: 학습 결과에 대해 즉각적인 피드백을 주면서 즉각적인 강화 제공
④ 자기 속도(pace)의 원리: 학습자의 능력에 맞는 속도로 학습
⑤ 자기검증의 원리: 다음 단계로 넘어갈 때 자신의 학습 결과를 확인하도록 함. 무엇이 어떤 이유로 맞고 틀렸는지 스스로 검증 가능
⑥ 자기구성의 원리: 재인양식보다는 재생양식의 학습을 전개하여 단계마다 학습자가 정답을 구성하면서 학습

### 3. 프로그램 학습의 유형
(1) 직선형 프로그램(linear program)
① 스키너가 개발한 프로그램 형태
② 하나의 경로를 통해 목표에 도달. 전 단계를 성공적으로 거치지 않고서는 다음 단계로 진행 불가능

(2) 분지형 프로그램(branching program)
① 크라우더가 직선형 프로그램의 단점을 보완하여 개발
② 목표에 도달하는 경로가 여러 개

+PLUS
**문제점**
- 체계적이고 우수한 프로그램을 만들기가 쉽지 않음
- 논리적 사고를 통한 학습에는 쉽게 적용 가능하나, 경험을 통한 학습에는 적용이 어려움
- 개별적 학습활동으로 이루어지기 때문에 사회성을 기르기 어렵고, 교사와 학생 간 인격적 교류가 불가능

03. 교수·학습방법
# 08 개별화 학습

## 1. 개념
① 각 학습자의 개성에 맞는 교육을 해야 한다는 개별화 원리에 따라 전개되는 교수방법
② 일제 혹은 획일적 교수와는 상반되는 개념으로 학습자의 지능, 특성, 흥미, 가정적 배경 등과 같은 개별 학습자의 개인차를 충분히 고려하는 교수방법

## 2. 장단점

### (1) 장점
① 학습자의 특성과 능력에 맞는 개별 교수가 가능
② 교사와 학습자 간의 끊임없는 상호작용을 통해 완전학습 추구
③ 학습의 주도권을 학습자가 갖게 됨

### (2) 단점
① 시간과 노력이 많이 소모됨
② 교사와 학습자 간 관계가 긴밀하다는 긍정적인 면이 있는 반면, 동료 학습자와의 사회적 관계는 부족하기 쉬움

## 3. 개별화 학습의 실제

### (1) 개별화 교수체제(personalized system of instruction ; PSI)
① 켈러(F. S. Keller)에 의해 개발. 켈러 플랜(Keller Plan)이라고도 함
② 절차
  ㉠ 한 과목은 대개 15~30개 단원으로 나뉘고, 각 단원에는 구체적 학습목표 제시. 목표 성취를 위한 여러 수단에 대한 지침 제공
  ㉡ 학습자는 다양한 자료를 활용하여 스스로 학습
  ㉢ 지도교수 또는 보조 관리자(proctor)의 도움을 받을 수 있음
  ㉣ 단원 목표를 완전히 습득했다고 판단하면 시험 요구. 기준에 합격해야 다음 단원으로 넘어갈 수 있음. 80~90% 이상의 높은 성취도 책정
③ PSI의 특징
  ㉠ 개인의 학습속도 존중
  ㉡ 완전학습 지향
  ㉢ 보조 관리자(먼저 그 단원을 완수한 학습자) 활용

> **PLUS**
> **PSI의 구성요소**
> • **완전 성취**: 단원의 일정 요구 수준을 완전히 성취해야 함
> • **자기속도**: 각자의 속도대로 학습
> • **인쇄자료**: 스스로 공부할 수 있는 인쇄자료를 배부받음
> • **보조 관리자(교사 보조원)**: 학생들의 개별학습을 도와주며, 채점도 하고, 토의에도 응해주며 교수에게 결과 환류
> • **강의**: 정보 제공보다는 학생 동기화 및 개별학습의 보충적 기능

(2) **개별 처방 교수방법**(individually prescribed instruction ; IPI)
   ① 글레이저(R. Glaser)와 그의 동료에 의해 개발
   ② 절차
      ㉠ 사전검사 실시
      ㉡ 사전검사를 바탕으로 개별적인 학습활동 처방
      ㉢ 교사나 보조교사의 도움을 받아 학습활동 수행
      ㉣ 사후검사
      ㉤ 교사는 사후검사 결과 검토 후 다음 단원으로 넘어갈지 그 단원을 충분히 하고 재검사를 실시할지 결정
   ③ 교사의 역할 : 수시로 진단과 처방을 내리는 의사결정자의 역할

(3) **적성처치 상호작용 모형**(aptitude treatment interaction ; ATI)
   ① 크론바흐와 스노우가 주장
   ② 주요 개념
      ㉠ 적성 : 학생의 개인적 특성으로 일반지능, 특수지능, 성적, 인지양식, 개념수준, 학습속도, 성취동기, 자아개념 등을 지칭
      ㉡ 처치 : 학생들 각자에게 어떠한 조치를 취하는 것. 특정 교수방법이나 교수 프로그램을 투입하는 것
   ③ 주요 주장
      ㉠ 학생 개개인은 모두 다르므로 학생 개인이 갖고 있는 능력(적성은 개인이 갖는 모든 능력을 의미)에 따라 투입하는 교수방법을 달리함으로써 학생의 학업 성취를 극대화할 수 있음
      ㉡ 학생 개개인의 능력에 맞는 수업방식을 도입하면, 두 변인(적성과 처치)이 상호작용을 일으켜 최대의 교육적 효과를 볼 수 있음

(4) **자율계약교수법**
   ① 개념 : 교수자와 학습자 간의 학습계약을 근간으로 하여 이루어지는 개별화 교수법
   ② 교수절차
      ㉠ 학습자가 학습목표, 학습내용, 학습방법, 학습진도, 성취도 평가 기준, 학습기간 등을 스스로 정한 다음 교수자와 계약
      ㉡ 학습계약이 완성되면 학습자는 자율적으로 학습을 하고, 학습이 종료되었을 때는 계약서에 명시된 대로 자신의 학습 결과를 평가하여 보고서와 성취 증거를 교수자에게 제출

03. 교수·학습방법
## 09 팀티칭

### 1. 개념
① 2명 이상의 교사들이 협력적인 관계를 이루어 함께 가르치면서 교육 효과를 높이는 방법
② 하나의 팀으로 수업목표를 정하고, 교수과정을 계획하며, 실제로 학생들을 함께 가르치고 그 결과를 함께 평가하여 더 좋은 교수·학습환경 구성

### 2. 장단점

(1) 장점
① 대집단 수업과 소집단 수업 모두에서 적절하게 활용될 수 있음
② 교수자는 전문성을 살릴 수 있으며, 다른 사람과 교수방법에 대한 의견을 상호평가하고 공유하여 좀 더 효과적인 교수·학습 과정을 이룰 수 있음
③ 학생들은 좀 더 포괄적이고 전문적인 교수를 받을 수 있으며, 다양한 교사들의 다양한 교수·학습전략이 실행되는 역동적인 수업에 참여할 수 있음

(2) 단점
① 교사들 간의 의견이 일치하지 않는 경우 교수자와 학습자 모두 혼동이 생기기 쉬움
② 학생들이 다양한 교사들의 특성에 적응할 수 있는 시간이 요구될 수 있음

## 10 협동학습

### 1. 개념

학습능력이 각기 다른 학습자들이 동일한 학습과제나 학습목표를 향해 소집단 내에서 함께 활동하여 공동의 학습목표에 도달하는 학습방법

### 2. 전통적 소집단 학습의 문제와 해결책

① **부익부 현상**: 학습능력이 높은 학생이 다른 학생보다 많은 반응을 보여 학업 성취가 향상될 뿐만 아니라 소집단을 장악하는 현상 ⊙ 역할규정 및 집단보상
② **무임승객 효과**: 학습능력이 낮은 학습자가 적극적으로 학습에 참여하지 않아도 학습능력이 높은 학습자의 성과를 공유하는 것 ⊙ 집단보상과 개별보상 함께 실시
③ **봉 현상**: 학습능력이 높은 학습자가 자신의 노력이 다른 학습자에 돌아가기 때문에 일부러 집단 활동에 동참하지 않거나 기여하지 않는 것 ⊙ 집단보상과 개별보상 함께 실시
④ **집단 간 편파**: 다른 집단 구성원에게 적대감을 갖는 반면, 자기가 속한 집단의 구성원에게는 더 호감을 느끼는 것 ⊙ 주기적인 소집단 재편성, 과목별로 소집단 다르게 편성

### 3. 협동학습의 기본 요소(원리)

① **긍정적 상호의존**: '우리들이 성공하기 위해서는 너와 나 모두 성공해야 한다'는 것. 집단의 성공을 위해 자신뿐만 아니라 동료들도 성취해야 하기 때문에 서로 도움을 주는 것
② **면대면 상호작용**: 집단 구성원이 서로 얼굴을 마주 대하며 관심을 가지고, 서로 개방적이며 허용적인 태도를 보여주어 심리적으로도 일체감을 갖는 것이 필요
③ **개별 책무성**: 과제를 숙달해야 하는 책임이 각 학생들에게 있다는 것. '무임승객 효과'와 '봉 효과' 방지
④ **사회적 기술**: 집단 내에서의 갈등관리, 의사결정, 효과적 리더십, 능동적 청취 등. 협동적 노력이 성공하기 위해서는 사회적 기술이 요구됨
⑤ **집단의 과정화**: 집단이 의도한 목표를 성취하기 위해서는 구성원들 각자가 목표를 얼마나 잘 성취하고 공동의 목표를 달성하기 위해 얼마나 노력하고 협력했는지에 대한 토론과 평가가 필요

## 4. 협동학습의 장단점

### (1) 장점
① 문제해결력, 사고력 등의 인지적 영역뿐만 아니라 인간관계 개선, 자아효능감, 교과목에 대한 선호, 학습동기와 같은 정의적 영역에서도 효과적
② 학습능력이 높은 학습자의 학습전략을 관찰, 모방함으로써 학업 성취가 향상될 수 있고, 다른 학습자가 가지고 있는 학습방법을 관찰하고 배울 기회가 주어짐
③ 소집단 활동을 통해 협력적 태도를 형성하며 타인에 대한 이해 확장

### (2) 단점
① 특정 학습자나 리더가 잘못 이해하고 있을 때 그것을 그대로 따라갈 우려가 있으며 이럴 경우 잘못된 이해가 더욱 강화될 수 있음
② 학습 과정이나 학습목표보다는 집단과정만을 더 소중히 하는 경향이 생길 수 있음
③ 학습능력이 낮은 학생은 상호작용의 기회를 상실하게 되어 자아존중감의 손상을 입을 수 있고, 학업 성취도가 떨어질 수도 있음

## 5. 협동학습 모형

### (1) Jigsaw I 모형

**POINT**
직소 I
'과제의존성'은 높지만 '보상의존성'은 없음

① 아론슨(Aronson)이 개발
② 수업절차
  ㉠ 집단구성: 이질집단
  ㉡ 개인별 전문과제 부과: 전문과제는 전체 학습과제를 몇 가지 하위주제로 나누어 구성
  ㉢ 전문가 집단에서의 협동학습: 각자 원소속 집단에서 나와 주제가 같은 다른 집단의 구성원들과 함께 학습
  ㉣ 원소속 집단에서의 협동학습: 자신의 원소속 집단으로 돌아가 동료들에게 전문가 집단에서 학습한 내용을 가르치고 설명
  ㉤ 개별 평가: 학습과제에 대해 개인별 평가
  ㉥ 개인별 점수 산출: 집단보상 없음
③ 특징
  ㉠ 다른 부분에 관해 배울 수 있는 유일한 방법은 팀 동료의 설명을 듣는 것이므로 서로의 작업에 흥미를 보이고 지지하는 데 동기화
  ㉡ 과제 상호의존성은 높으나 보상 상호의존성은 없음

(2) Jigsaw II 모형
  ① 슬라빈(Slavin)이 개발
  ② 직소 I과 차이점: 각 학생의 개인별 점수뿐만 아니라 향상점수에 기초한 집단점수가 산출되어, 개인과 집단을 보상
  ③ 수업절차
    ㉠ 집단구성
    ㉡ 개인별 전문과제 부과
    ㉢ 전문과제별 모임 및 전문가 집단에서의 협동학습
    ㉣ 원 집단에서의 협동학습
    ㉤ 개별평가
    ㉥ 개별점수, 향상점수, 집단점수 산출
    ㉦ 개별보상 및 집단보상
  ④ 특징
    ㉠ 직소 I의 개별보상에 집단보상이 추가된 형태. 과제 상호의존성에 기초하고 있으면서도 보상 상호의존성을 높인 모형
    ㉡ STAD의 평가방법 사용

(3) 성취과제분담모형(student team achievement division; STAD)
  ① 슬라빈(Slavin)이 개발
  ② 수업절차
    ㉠ 이질집단 구성
    ㉡ 팀 내 협동학습: 연습문제지를 짝지어 풀기도 하고, 서로 질문을 하기도 하고 토의도 하면서 단원 학습
    ㉢ 개별 평가
    ㉣ 개별 향상점수 및 팀점수 산출
      • 개별 향상점수: 각 학생의 기본점수를 책정하고 퀴즈를 통해 얼마나 향상되었나를 측정·평가
      • 팀점수: 팀원의 개별 향상점수 총합의 평균
    ㉤ 우수팀 보상: 팀점수와 개인점수 게시, 우수한 개인이나 집단에 보상
  ③ 특징
    ㉠ 집단 구성원의 역할이 분담되지 않은 공동학습구조
    ㉡ 개인의 성취에 대한 개별보상구조에 팀점수가 가산되고 팀에게 주어지는 집단보상이 추가된 구조
    ㉢ 개인의 능력에 관계없이 집단에 기여할 수 있는 성공의 기회가 균등하게 주어짐

> **POINT**
> TGT
> • 학습형태: 공동작업구조
> • 활동구조: 집단 내 협동, 집단 간 경쟁

(4) **팀경쟁학습 모형**(teams-games tournaments model ; TGT)
　① 토너먼트 게임: STAD모형의 퀴즈나 시험을 토너먼트 게임으로 대체. 각 팀에서 사전성취도가 비슷한 수준의 학생들이 경쟁하여 팀에 공헌할 수 있는 기회를 동등하게 갖게 됨
　② 수업절차
　　㉠ 이질집단으로 팀 구성
　　㉡ 집단학습: 동료와 함께 교사가 만든 문제나 자료들을 학습하면서 집단적으로 토의
　　㉢ 토너먼트 게임: 각 조는 이전의 학력점수 등에 따라 학습능력별로 상위, 중간, 하위의 학생들로 구성. 각 구성원은 자기의 능력과 유사한 다른 팀의 학생과 게임하게 됨
　　㉣ 집단점수의 게시와 보상: 교사는 토너먼트가 끝난 후 순위에 따라 팀 점수 부여. 승리한 팀에게는 자유시간 혹은 기타 특전 제공. 개별 성적은 내지 않음
　③ 특징
　　㉠ 퀴즈 대신 게임을 통해 학습자들에게 흥미 제공
　　㉡ 상위수준 학생이나 하위수준이나 성공기회가 동일
　　㉢ 매주 토너먼트 성적에 의해 선수로 출전하는 테이블이 바뀜

> **POINT**
> TAI
> • 협동학습과 개별학습의 혼합모형
> • 작업구조: 개별작업구조와 작업분담구조의 혼합
> • 보상구조: 개별보상구조와 협동보상구조의 혼합

(5) **팀보조 개별학습**(team assisted individualization ; TAI)
　① 협동학습과 개별학습의 혼합모형
　② 수업절차
　　㉠ 팀 구성과 배치검사: 이질집단으로 구성. 수업시작 전 사전검사를 통해 각 학생의 수준에 적합한 개별화 절차가 주어짐
　　㉡ 학습: 진단검사를 근거로 각자 수준에 맞는 단원을 개별적으로 학습. 개별학습 이후 단원평가 문제지를 풀고, 팀 구성원은 두 명씩 짝을 지어 문제지를 상호교환하여 채점. 80% 이상의 점수를 받으면 최종 개별시험을 보게 됨
　　㉢ 팀 교수: 교사는 학생들이 학습하는 동안 5~15분간 각 집단에서 같은 수준에 있는 학생들을 불러내 직접 가르침. 팀 교수 동안 나머지 학생들은 자신의 집단에서 계속 학습
　　㉣ 팀 점수 산출 및 우수 팀 보상: 팀 점수는 개별 시험점수를 합하여 산출, 미리 설정한 점수를 초과하면 팀 보상
　③ 특징
　　㉠ 각자의 학습속도에 따라 진행해 나가는 개별학습을 이용
　　㉡ 작업구조는 개별 작업과 작업분담구조의 혼합, 보상구조 역시 개별보상구조와 협동보상구조의 혼합

ⓒ 성취수준 점검 절차를 통해 이미 알고 있는 것을 반복하거나 해결할 수 없는 문제 등에 시간 낭비 없이 학습
ⓔ 서로의 학습활동을 점검할 수 있고 점검 방식이 쉽기 때문에 능력 수준에 관계없이 손쉽게 점검 가능

### (6) 집단탐구(Group Investigation)
① 샤란(Sharan)이 제안. 팀 경쟁 요인이 없는 개방적 협동학습 모형
② 수업절차
  ㉠ 주제선정 및 팀 구성: 교사는 일반적인 탐구문제(주제)와 하위주제 제시. 학생들은 관심과 흥미에 따라 하위주제 선택, 하위주제별로 집단 구성
  ㉡ 계획수립 및 역할분담: 선택한 하위주제를 탐구할 계획과 각자의 역할 분담
  ㉢ 탐구활동: 학생들은 개별적으로 또는 짝을 지어 자신이 맡은 역할을 수행하고 집단 구성원들과 정보를 분석하고 통합
  ㉣ 발표
  ㉤ 평가: 교사와 학생이 각 집단의 전체 학급에 대한 기여도 평가. 개별적 평가나 집단평가 모두 가능
③ 특징
  ㉠ 팀 간의 협동 강조. 팀별로 탐구하는 하위주제들이 충분히 탐구되었을 때 학급 전체는 교사가 처음 제안한 일반적인 탐구 문제 해결
  ㉡ 고차적 인지기능의 획득에 관심. GI모형은 이미 확정된 사실이나 기술을 획득하도록 하는 다른 협동학습방법(STAD, TGT, Jigsaw)과 달리, 학생들의 고차적인 인지기능 향상에 특히 효과적

### (7) 자율적 협동학습(Co-op Co-op)
① 개념
  ㉠ 케이건(Kagan)이 고안. 집단탐구 모형(GI)과 유사
  ㉡ 학급 전체가 학습할 주제를 토론과정을 거쳐 직접 선정하고, 학생들은 각자의 흥미에 따라 소집단을 구성한 후 소집단 내에서 자신이 수행할 주제를 다시 선택하여 집단의 과제를 완성하고, 각 집단의 과제가 함께 모여 전체 학급의 학습주제를 숙달하도록 하는 구조
  ㉢ 집단 간 상호협동을 통해 학습 전체의 학습목표를 달성하게 되어 있는 협동학습 구조
② 수업절차: 학생중심 학급토론(주제 선정) → 학습집단 선택 → 팀 빌딩(team building)과 협동적 기술 계발 → 팀 주제 선택 → 소주제 선택 → 소주제 발표 → 팀 발표 → 반성과 평가

**PLUS**
자율적 협동학습의 장점
- 고차적 인지과정 학습 가능
- 무임승객 효과와 봉 효과를 최소화할 수 있음

**PLUS**
자율적 협동학습의 절차
집단 구성 후 팀 주제 선택, 팀 주제 선정 후 주제별 집단 구성 모두 가능

③ 특징
  ㉠ Jigsaw와 STAD에서는 학습자가 자신의 팀을 위해 협동학습을 하는 반면, Co-op Co-op에서는 자신의 호기심을 만족하고, 공부한 내용을 학급 동료들과 공유하기 위해 학습
  ㉡ 팀 동료에 의한 팀 기여도 평가, 교사에 의한 소주제 학습기여도 평가, 그리고 전체학급 동료들에 의한 팀 보고서 평가 등 세 가지 수준에서의 다면적 평가가 이루어짐

(8) **함께 학습하기**(learning together ; LT)
① 존슨(Johnson)과 존슨(Johnson)이 개발. 과제는 집단별로 부여, 보상과 평가도 집단별로 받음
② 시험은 개별적으로 시행하나 성적은 소속된 집단의 평균점수를 받게 됨
③ 집단보상을 하기 때문에 무임승객 효과, 봉 현상이 일어날 수 있음

(9) **동료학습**(peer teaching)
① 동료 학습자가 교수자의 역할을 하는 것으로, 내용을 먼저 숙달한 학습자가 그렇지 못한 1~3명의 학습자에게 내용을 가르치는 방법
② 동료집단 사이에 능력 수준이나 경험의 차이가 클 때 더욱 효과적
③ 동료는 교수자보다 학습 과정에서의 문제점을 더 잘 파악할 수 있으며, 소단위 혹은 개별적으로 학습이 이루어지므로 학습자의 참여를 높일 수 있음
④ 유의사항
  ㉠ 동료 교수자가 학습내용을 잘못 이해하거나 완전히 알지 못할 경우, 잘못된 개념이 전달될 수 있음
  ㉡ 학습내용을 잘 알고 있다고 해서 반드시 좋은 교수자가 되는 것은 아님

(10) **각본 협동학습**(scripted cooperation, cooperating script, 협동 시나리오)
① 두 명의 학생이 짝을 지어 정해진 순서에 따라 교대로 자료를 요약하고 그 내용을 서로 점검·논평해 주는 교수·학습방법
② 각본이란 학습내용, 학습기법, 구성원의 역할을 규정해 놓은 것
③ 두 명의 학생은 서로 학생과 교사의 역할을 교대로 수행하면서 서로 격려하고, 가르치며, 점검하고, 평가
④ 고난이도 수준 과제에 효과적

# Chapter 04 교수설계

## 01 ADDIE 모형(일반적 교수체제 설계 모형)

### 1. 분석(Analysis)

학습과 관련된 요인들을 분석
① 요구분석: 바람직한 상태와 현재 상태 간의 차이를 밝히는 것
② 학습자분석: 지능, 선수학습능력, 적성, 인지양식이나 학습양식, 학습동기나 태도 등을 분석하여 설계를 위한 기초자료로 활용
③ 환경분석
  ㉠ 이용 가능한 자원과 제약조건들을 미리 분석
  ㉡ 수업설계 과정에 참여할 인적 자원, 기자재·시설·경비 등의 물적 자원과 개발기간 등과 함께 교실·실험실 등 교수·학습 공간 포함
④ 과제분석
  ㉠ 수업목표 달성을 위해 필요한 지식, 기능, 태도 등을 파악하고 이들 간 계열성을 밝힘
  ㉡ 적절한 과제분석이 이루어지지 않으면 교사는 무엇을 가르쳐야 할지 정확하게 파악할 수 없고, 최적의 수업전략 수립도 어려움

### 2. 설계(Design)

분석과정에서 나온 결과물을 창조적으로 종합하는 과정, 교육과 훈련에 대한 구체적인 명세서를 만드는 과정
① 수행목표 명세화
  ㉠ 학습자들이 수행해야 할 성취 행동 또는 학습 성과를 행동적인 용어로 기술
  ㉡ 학습자가 수업이 끝난 후 수행해야 할 성취 행동, 그 행동이 나타날 수 있는 조건, 성공적인 성취 행동으로 판단할 준거 포함
② 평가도구 설계
  ㉠ 목표의 성취도 여부 측정을 위한 출발점행동검사, 사전검사, 사후검사, 진도확인검사 등이 포함
  ㉡ 수행목표의 성취 행동, 조건, 준거에 부합하는 평가문항 개발을 위해 수행목표를 명세화한 후 바로 평가도구 개발

> **POINT**
> **수업설계 과정**
> • 분석
> • 설계
> • 개발
> • 실행
> • 평가

③ 프로그램의 구조화와 계열화: 학습내용이나 활동을 어떤 방식으로 조직할 것인지, 학습자에게 어떤 순서로 내용을 제공할 것인지 결정
④ 수업전략 수립: 효과적인 목표 달성을 위한 구체적인 교수·학습활동이나 방법
⑤ 수업매체 선정: 학습내용, 학습자 특성, 수업방법 및 전략에 따라 적합한 수업매체 결정

### 3. 개발(Development)

수업자료를 실제 제작 및 개발
① 교수자료 개발: 실제 수업에 활용할 교수자료(교수 프로그램) 개발
② 형성평가 실시: 설계단계를 통해 나온 산출물 수정·보완. 전문가의 검토, 다양한 수준의 학습자(사용자)들의 검토, 현장에서의 검토 과정을 거쳐서 최종 산출물이 만들어짐

### 4. 실행(Implementation)

완성된 최종 산출물인 수업자료나 프로그램을 실제 현장에 적용
① 사용 및 설치: 실제 교육현장에 적용하여 효율적으로 학습하게 함
② 유지 및 관리: 계속적으로 유지될 수 있도록 관리하는 활동 포함. 원활하게 실행될 수 있도록 시설, 기자재, 예산, 인적 자원 등 필요한 지원체제 포함

### 5. 평가(Evaluation)

의도한 목적을 달성했는지 확인
① 수업 프로그램의 가치를 판단하는 총괄평가 실시
② 총괄평가를 통해 해당 자료나 프로그램의 계속 사용 여부, 문제점 파악, 수정사항 등을 결정

04. 교수설계

## 02 딕과 캐리(Dick & Carey) 모형

### 1. 개념
① 체제적 접근에 입각한 대표적 교수설계모형
② 절차적 모형. 효과적인 교수 프로그램을 만들어 내기 위해 필요한 일련의 단계들과 그 단계들 간의 역동적인 관련성을 잘 보여줌

### 2. 단계별 활동

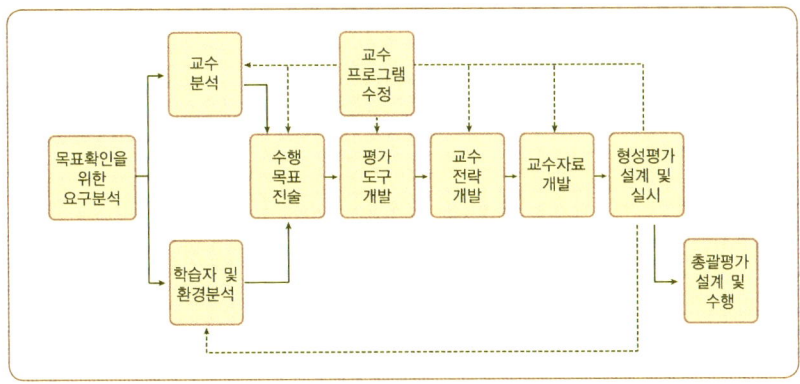

| 딕과 캐리의 교수체제 설계 모형 |

#### (1) 요구분석과 목표설정
① 수업이 완결되는 시점에 학습자들이 '할 줄 알게' 되기를 바라는 바가 무엇인지를 결정. 즉, 최종 목적(goal)을 설정하는 단계
② 수업목적은 학습자의 요구분석이나 교육과정 분석을 통해 설정

#### (2) 교수분석(과제분석)
① 교수목표 달성을 위해 필요한 지식, 기능, 태도 등이 무엇인지 분석
② 교수목표가 정해진 뒤 그 목표가 어떤 학습 유형에 속하는가를 결정
③ 목표 달성을 위해 학습자가 학습해야 하는 하위기능 분석: 군집분석, 위계분석, 절차분석, 통합분석
④ 필요한 출발점 기능 확인

#### (3) 학습자 및 환경분석
① 학습자 특성: 출발점 행동, 적성, 학습양식, 지능, 동기, 태도 등
② 환경분석: 학습이나 수업에 영향을 주는 환경분석

**+PLUS**

**요구분석**
현재 상태와 바람직한 상태 확인

(4) 수행목표 진술
  ① 수행목표는 학습이 종결되었을 때 학습자가 무엇을 할 수 있는가에 대한 상세한 기술
  ② 학습될 성취 행동, 성취 행동이 실행될 조건, 성공적인 수행 준거를 포함
    ⓖ 메이거

(5) 평가도구 개발
  ① 수행목표를 준거로 평가도구 개발. 준거참조평가 문항 개발
  ② 수행목표들에 대응하는 평가문항을 개발함으로써 학습자의 성취수준 또는 학습 결과를 측정할 수 있도록 함

(6) 교수전략 개발
  ① 최종 목표 성취를 위해 이용하고자 하는 전략 설정. 설계자가 학습자에게 수업을 어떻게 제시할 것인지를 규명
  ② 교수 전 활동, 정보제시활동, 학습자 참여활동, 검사활동, 사후활동 등에 관한 전략 개발

> **PLUS**
> 교수전략 개발
> • **교수 전 활동**: 동기유발, 목표 제시, 출발점 행동 확인 활동 등
> • **정보제시활동**: 교수 계열화, 교수단위의 크기 결정, 정보와 예 제시활동 등
> • **학습자 참여활동**: 연습 수행, 피드백 활동
> • **검사활동**: 사전검사, 학습증진검사, 사후검사 등
> • **사후활동**: 교정학습, 심화학습 등

(7) 교수자료 개발
  ① 실제로 가르칠 수업자료를 선택하거나 개발하는 단계. 교수전략 개발단계에서 결정된 전략들에 따라서 사용할 수업자료와 수업 프로그램 개발
  ② 학습자 매뉴얼, 멀티미디어를 포함한 각종 교수자료, 각종 검사도구, 교사용 지침서 등 개발

(8) 형성평가 설계 및 실시
  ① 교육현장에 투입하기 전 시범적으로 프로그램을 적용해보고 자료를 수집하여 프로그램 개선에 활용. 개발된 수업 프로그램의 수정과 보완을 목적으로 함
  ② 평가방법
    ㉠ 일대일 평가: 개별 학습자를 선정하여 자료 평가
    ㉡ 소집단 평가: 일대일 평가 결과 수정된 자료의 효과 측정. 소집단 학습자들에게 실시하여 정보 수집
    ㉢ 현장 평가: 수업자료가 실제로 활용될 상황에서 정보 수집
    ㉣ 전문가 평가: 관련 전문가에게 수업에 대한 전문적 평가 의뢰

(9) 교수 프로그램의 수정
  형성평가 결과를 토대로 교수 프로그램이 가지고 있는 결점 수정·보완

(10) **총괄평가**
   ① 프로그램의 효과를 검증하기 위해 총괄평가 실시. 총괄평가의 주목적은 개발한 수업 프로그램을 계속 사용할 것인지, 아니면 새로운 수업자료를 채택할 것인지에 관해 결정을 내리는 것
   ② 보통 외부 평가자에게 의뢰. 엄밀한 의미로 총괄평가는 수업설계 전체 과정 밖에 있다고 할 수 있음

# Chapter 05 교육공학의 역사적 발달

## 01 시각 및 시청각 교육

### 1. 시각 교육

호반(Hoban)의 교육과정 시각화 이론
① 최초로 교수매체의 분류 기준 제시
② 시청각 자료는 추상적인 것을 얼마나 구체적으로 전달할 수 있는가에 따라 가치가 결정된다고 생각하고 사실성의 정도에 따라 시청각 자료 구별. 사실과 가까운 매체일수록 더 정확한 메시지를 전달하며, 추상성이 높아질수록 이해도가 낮아진다고 주장
◎ 구체적인 것을 먼저 제시하고 차츰 추상적인 것 제시

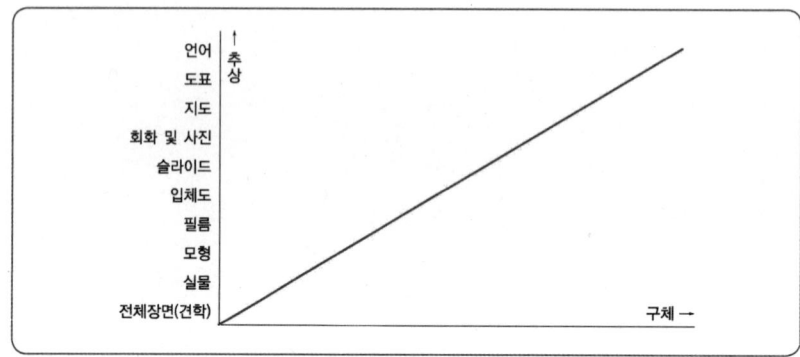

| 호반의 교육과정 시각화 이론 |

### 2. 시청각 교육

데일(Dale)의 경험의 원추
① 위로 올라갈수록 매체의 추상성이 증대되고 짧은 시간에 보다 많은 정보 압축
② 최상위 언어적 설명은 최단 시간에 최대 정보를 제시할 수 있으나, 배경적 경험이나 지식이 없다면 학습을 위한 시간은 오히려 손해 볼 수 있음
③ 학습자가 갖는 경험을 상징적 단계, 영상적 단계, 행동적 단계로 나누고 있는데, 후에 브루너에 의해 입증되고 보완됨

**PLUS**

**데일의 경험의 원추**
- 시청각 자료를 구체성-추상성에 따라 분류
- 학습자는 직접적 경험에서부터 시작하여 실제적 사건을 관찰하고, 마지막으로 사건을 재현하는 언어적 상징을 사용함으로써 개념에 대한 이해를 증진시킬 수 있음

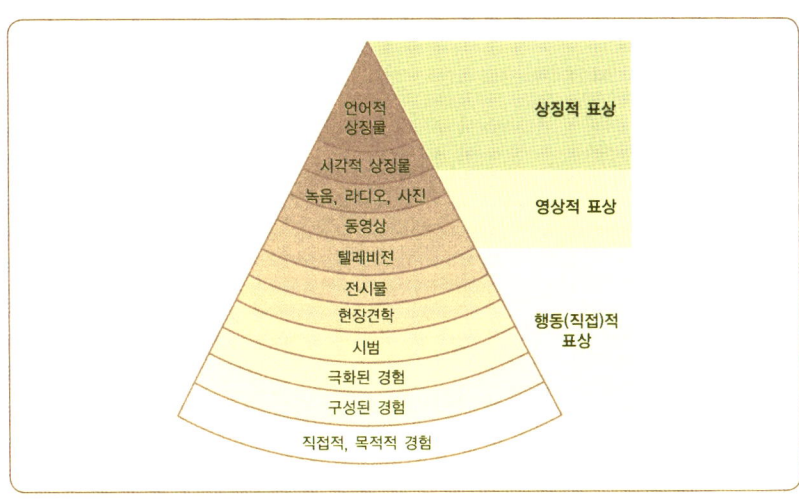

| 데일의 경험의 원추와 브루너의 표상양식 |

05. 교육공학의 역사적 발달

## 02 시청각 교육통신

> **PLUS**
> 벌로의 SMCR 모형
> 커뮤니케이션(통신)은 송신자로부터 수신자에게로 메시지가 전달수단인 통로를 거쳐 전달되는 과정

### 1. 벌로의 SMCR 커뮤니케이션 모델

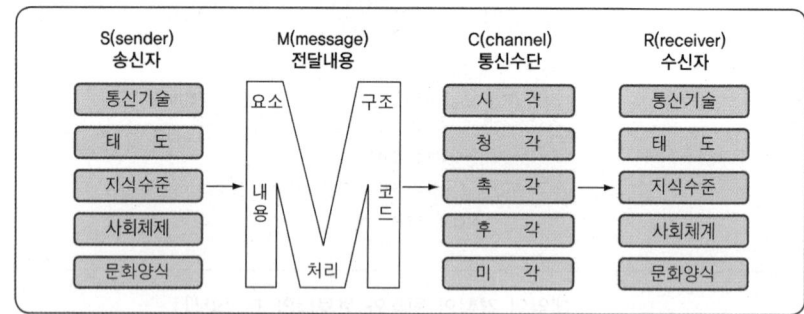

| 벌로의 SMCR모델 |

(1) **송신자(sender)와 수신자(receiver)**
  ① 커뮤니케이션 기술 수준이나 지식수준, 속해 있는 사회나 문화가 유사할수록 원만한 커뮤니케이션이 이루어질 가능성이 높음. 태도에 있어서도 열의 있게 적극적으로 이야기할 때 커뮤니케이션은 보다 효과적
  ② 수신자에게 전달된 메시지는 송신자가 의도했던 메시지와 동일할 수도 있으나 대부분 의사소통 기술과 태도, 지식수준, 속해 있는 사회체계와 문화양식의 차이 등의 요인 때문에 완전하게 일치하지는 않음

(2) **메시지(message)**
  ① 내용: 전달하고자 하는 것
  ② 요소: 많은 내용 중에서 어떠한 내용을 선택하느냐와 관련
  ③ 처리: 선택한 내용을 어떻게 전달하느냐와 관련
  ④ 구조: 선택된 내용을 조직하는 것
  ⑤ 코드: 언어적 코드와 비언어적 코드

(3) **채널(channel)**
  메시지의 전달 통로이며, 인간의 감각기관을 의미(오감)

## 2. 쉐넌(Schannon)과 쉬람(Schramm)의 커뮤니케이션 과정 모형

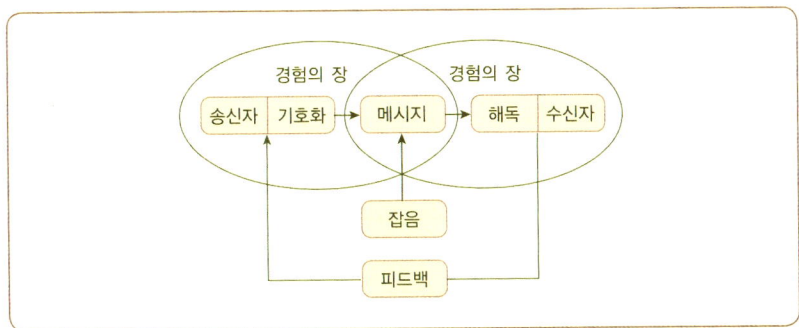

| 쉐넌과 쉬람의 커뮤니케이션 과정 모형 |

① 컴퓨터 통신과 같이 송신자가 보내는 메시지가 통신경로를 통해 수신자에게 전달되는 과정을 기호화(부호화), 해독, 경험의 장, 잡음과 피드백의 개념으로 설명
② 교사와 학생이 공통으로 경험하는 장 또는 공감대 형성이 많을수록, 그리고 교사와 학생의 의사소통을 방해하는 여러 형태의 잡음(noise)이 적을수록 수업은 효과적
③ 잡음으로 발생할 수 있는 메시지 전달의 불완전성을 개선하기 위해 반복적인 피드백 과정이 필수적

> **PLUS**
> **쉐넌과 쉬람 모형**
> 벌로의 SMCR 모형과 달리 피드백 요소를 포함하고 있음. 교수·학습 현장에서 피드백은 학습자의 반응을 의미. 피드백을 통해 교사는 의도한 대로 수업이 효과적으로 이루어졌는지 여부를 판단할 수 있음

# Chapter 06 교수매체의 선정과 활용

## 01 교수매체

### 1. 교수매체 선정 시 고려해야 할 사항

① **학습자의 특성**: 나이, 성별, 학년, 지적수준 등 기본적 특성 외에도 학습자가 선호하는 매체, 적성이나 성격, 태도, 학습 스타일, 교과나 매체와 관련된 선수 경험 등 파악
② **교수자의 매체에 대한 태도와 능력**: 다양한 기능을 갖춘 효과 높은 매체라도 교수자가 그 매체를 선호하지 않거나 조작이 미숙하다면 학습효과는 반감될 수 있음
③ **수업 상황**: 집단의 크기가 대집단인지 소집단인지 또는 개별학습이 가능한지 고려. 또, 발견학습, 시뮬레이션, 토의학습 등 수업에서 주로 활용될 교수전략이 무엇인지에 따라서도 어떠한 교수매체를 활용할 수 있는지 고민 필요
④ **학습목표와 내용**: 학습목표가 인지적 영역인지, 심동적 영역인지, 정의적 영역인지 고려
⑤ **매체의 물리적 속성과 기능**: 시각 매체인지, 청각 매체인지, 시청각 매체인지 등의 주요 속성과 매체의 다양한 기능, 안전성, 견고성 등 고려
⑥ **수업장소의 물리적 환경**: 전기를 활용할 경우 전기시설이 마련되었는지, 암막커튼을 통해 빛 차단이 가능한지, 컴퓨터나 스크린 등의 장치는 확보할 수 있는지 등 고려
⑦ **실질적 요인**: 주어진 학습시간 내에 모두 활용 가능한지, 비용대비 효과 및 이동성, 조작 등의 매체 친밀성, 매체의 신비성 등 고려

### 2. 교수매체 효과성 연구

(1) **교수매체 비교연구**
① 전통적 수업방식과 새로운 매체를 사용한 수업방식의 상대적 효과성 비교
② 특정 교수매체가 다른 교수매체에 비하여 효과가 있으며, 그 효과가 모든 학습자와 교과목에 동일하게 영향을 줄 것이라고 가정 ⓘ 그러나 연구결과에 일관성 부족 문제 발생
③ 매체 사용으로 인한 신기성 효과(novelty effect)를 통제하지 못했다는 비판

(2) **매체 속성연구**
  교수매체가 갖는 고유한 속성이나 특징이 어떠한 인지적 영향을 주는지에 관한 연구

(3) **매체에 대한 태도 연구**
  매체에 대한 학습자의 태도와 매체가 서로 어떤 관련성이 있는지 탐구하며, 학습자가 특정 매체에 대해 가지고 있는 가치나 신념이 매체를 통한 학습에 어떤 효과를 가져오는지에 대해 주목한 연구

(4) **매체 활용의 경제성 연구**
  매체를 활용한 교육의 비용 효과성에 대한 연구

06. 교수매체의 선정과 활용

## 02 ASSURE 모형

### 1. 개념
① 수업매체와 자료를 효과적이고 체계적으로 활용하기 위한 절차적 모형
② 하이니히와 그의 동료들이 매체를 활용하여 원하는 수업목적에 도달할 수 있도록 교육 구성요소들을 어떻게 체계적, 체제적으로 조직하는가에 초점을 두고 개발한 모형

### 2. ASSURE 모형의 단계

**(1) 학습자 분석(analyze learners)**
① 일반적 특성: 성별, 나이, 학년, 학력, 사회경제적 배경 등
② 출발점 행동: 학습자가 이미 갖고 있는 지식, 기술, 태도 등
③ 학습양식(학습유형): 학습동기, 정보처리 및 인지양식, 선호하는 학습유형 등

**(2) 목표 진술(State Objectives) - 메이거(Mager)**
① A(audience): 누가 학습할 것인지에 관한 대상
② B(behavior): 학습자가 성취해야 하는 것을 관찰 가능한 행동으로 진술
③ C(condition): 목표에 도달하는 데 사용되는 자원, 시간 및 제약 제시
④ D(degree): 학습자가 목표에 도달했는지의 여부를 나타내는 기준 제시

**(3) 수업방법, 매체, 자료의 선택(select methods, media and materials)**
① 학습과제에 적합한 수업방법 선택
② 수업방법에 적합한 수업매체 선택
③ 수업자료 선택. 기존 수업자료 중 적합한 것이 있다면 그대로 사용하거나 수정 또는 재편집하여 사용하고, 적절한 것이 없다면 새로 제작

**(4) 매체와 자료의 활용(utilize media and materials)**
① 매체와 자료의 사전 검토: 수업 또는 학습자에게 적합한지 검토
② 매체와 자료준비: 계획한 수업활동에 맞게 매체와 자료의 순서를 정하고 준비
③ 주변 환경 정비: 자료에 필요한 기기 준비, 성능 점검
④ 학습을 위한 사전 준비: 학습자에게 전체적인 내용과 교수매체에 대한 정보를 제공하여 흥미·동기를 유도하고 학습내용에 대한 이해를 도움
⑤ 교수·학습 경험 제공: 자료 제시

> **PLUS**
> **목표 진술**
> 학습을 마친 후 학습자가 성취해야 하는 학습목표를 명확하게 설정하는 단계

(5) **학습자 참여 요구**(require learners participation)
   ① 학습자가 교수매체를 활용한 수업장면에서 반응할 수 있는 참여기회, 연습기회, 그리고 피드백 제공
   ② 학습자의 반응 유도를 위해 연습활동, 토의, 퀴즈 등을 준비할 수 있음

(6) **평가와 수정**(evaluation and revise)
   ① 학습자의 성취도 평가: 학습자가 학습목표에 어느 정도 도달했는지 평가
   ② 매체와 방법에 대한 평가: 교수 자료의 효과성, 비용 효과성, 소요된 시간의 적절성 등 평가
   ③ 교수·학습 과정에 대한 평가: 학습자의 출발점 행동이 제대로 파악되었는지, 학습자의 능력과 자료는 적절했는지, 과정에 어려움이 있었는지, 평가는 제대로 되었는지 등 진단

# Chapter 07 교육혁신과 교육정보화

## 01 인지부하이론

### 1. 개념
① 작업기억의 용량 한계로 인지부하가 발생하므로 인지부하를 효율적으로 조절할 수 있는 교수처방을 제시하는 이론
② 인지부하: 과제를 수행할 때 학습자의 인지체계에 부과되는 정신적 노력 (인지적 노력)

### 2. 인지부하의 종류

#### (1) 내재적(내생적) 인지부하
과제 자체가 가지고 있는 난이도
① 난이도가 높은 과제를 수행한다면 학습자의 인지부하는 올라갈 것이고, 난이도가 낮은 과제를 수행한다면 인지부하는 내려갈 것
② 과제 난이도가 높다는 것은 과제 수행을 위해 처리해야 할 학습 요소가 많다는 것이고, 학습 요소의 양이 늘어나면 과제 수행에 따른 인지부하가 올라감

#### (2) 본질적 인지부하
스키마 획득 과정에서 발생하는 인지부하(필요한 인지부하)
① 새로운 지식을 기존의 지식 체계에 통합시키려는 정신적 노력. 학습자의 스키마 확장을 위한 인지적 노력
② 긍정적 인지부하로 학습자가 더 많은 본질적 인지부하를 투입하도록 촉진시켜야 함

#### (3) 외생적 인지부하
수업자료 등의 잘못된 개발로 불필요하게 투입된 인지부하(불필요한 인지부하)
① 교재의 설계가 제대로 되었다면 발생하지 않았을 인지부하
② 효과적으로 설계된 학습자료를 제공한다면 줄일 수 있음

---

**PLUS**
**인지부하이론의 기본 가정**
- 인간의 작업기억 용량은 제한적이므로 용량이 넘치지 않도록 학습을 진행해야 함
- 시각과 청각의 이중처리 과정을 갖고 있음. 한쪽으로 치우치면 인지과부하가 쉽게 일어남
- 학습의 목적은 스키마 획득

**PLUS**
**인지부하의 종류**
- **필요한 인지부하**: 스키마 획득을 위해 머리를 쓰면서 걸리는 부하
- **불필요한 인지부하**: 이해하기 어렵고, 머리만 복잡해지는 부하
→ 필요한 인지부하는 촉진, 불필요한 인지부하는 감소하는 방식으로 멀티미디어 설계·활용

## 3. 인지부하별 조절 방법

### (1) 외생적 인지부하 감소방법

멀티미디어를 만들 때부터 감소시키려는 노력 필요

| | |
|---|---|
| 근접성의 원리 | • 설명하는 내용과 시각자료를 서로 가깝게 제시<br>• 관련된 정보를 공간적·시간적으로 가깝게 제시 |
| 양식의 원리 | • 일부는 시각으로, 일부는 청각으로 정보를 나누어 처리<br>• 페이비오의 이중부호화이론으로 설명 가능 |
| 중복의 원리 | • 불필요하게 똑같이 주어지는 시청각 정보는 인지부하를 높임<br>• 텍스트와 음성 중 어느 하나만으로도 이해할 수 있다면 중복적인 정보를 제거하여 인지부하를 줄일 수 있음 |
| 일관성의 원리 | 학습과 관련 없는 정보는 외생적 인지부하를 증진시키므로 삭제 |

### (2) 본질적 인지부하 촉진 방법

스키마 형성 과정에서 발생하는 인지부하

| | |
|---|---|
| 개인화의 원리 | • 학습자들은 개인과 관련된 것이라 생각될 때 학습에 더 몰입 (ARCS의 관련성)<br>• 학습자와 대화하듯이 정보를 제공하는 것 역시 해당. 학습자의 동기 수준을 높이고 학습에 집중하게 할 수 있음 |
| 자기설명 및<br>인지리허설 원리 | • 아는 것을 설명하면서 공부하는 것. 자신의 학습 과정을 스스로 점검할 수 있게 도와줌<br>• "학습 과정에 대해 스스로 설명하시오."와 같은 수행을 스스로 하게 하는 것 |

### (3) 내재적 인지부하 조절 방법

과제 자체가 가지고 있는 난이도. 과제 난이도 역시 학습자에 따라 다르게 느낄 수 있으므로 내재적 인지부하를 덜 느끼게 하는 방법 제시

| | |
|---|---|
| 완성된 예제의<br>활용 | • 실제로 해결된 예를 보여주는 것<br>• 복잡한 절차로 구성된 내용을 잘 숙달할 수 있게 만들기 위해 중요한 단계로 나누어 연습하도록 하는 방법 |
| 사전 훈련기법 | • 학습내용의 이해를 위해 알고 있어야 하는 구성을 먼저 이해하도록 하는 방법<br>• 동작이나 조작활동과 같이 복잡한 절차를 배워야 하는 경우 기초지식을 미리 학습해서 실제 학습단계에서는 절차에만 집중할 수 있도록 하는 방법 |

07. 교육혁신과 교육정보화

## 02 디지털 교과서

### 1. 개념
① 서책형 교과서의 내용과 더불어 용어사전, 멀티미디어 자료, 평가문항, 보충, 심화학습 등 다양한 학습자료를 제공하는 디지털화된 형태의 교과서
② 교수·학습을 위해 사용되는 디지털화된 책

### 2. 교육적 활용의 장점
① 자료를 쉽게 저장하거나 임의로 편집, 가공할 수 있으며, 재활용 가능
② 최신 정보와 지식을 멀티미디어, 가상현실, 증강현실 등의 다양한 형태로 제공하고, 많은 양의 교과 내용을 스마트 기기에 담아 언제 어디서나 활용할 수 있음
③ 외부자료 및 서비스와의 연계를 통해 최신 정보 검색 가능

---

■ AI 디지털 교과서

1. 개념
맞춤형 학습기회 지원을 위해 인공지능을 포함한 지능정보기술을 활용하여 다양한 학습자료 및 학습 지원 기능 등을 탑재한 소프트웨어

2. AI 디지털 교과서와 디지털 교과서의 차이점
 (1) 디지털 교과서
  ① 인쇄 교과서의 내용을 디지털 형식으로 변환한 것. 텍스트, 이미지, 오디오 및 비디오와 같은 다양한 멀티미디어 자료 제공
  ② 학습자 개인의 학습수준이나 필요에 따라 내용이 자동으로 조정되지는 않음
 (2) AI 디지털 교과서
  ① 인공지능 기술을 활용하여 학습자의 학습성향과 수준을 인식하고, 콘텐츠를 동적으로 조정. 학습자의 반응을 실시간으로 분석하여 개인화된 학습경로를 제공하고, 학습자가 필요로 하는 콘텐츠 추천
  ② 학습 진단 및 분석, 맞춤형 학습 지원, 수업 설계 및 맞춤 처방 지원 등의 핵심 기능을 통해 학습의 효율성 극대화
  ③ 대시보드를 통해 학생의 학습 데이터 분석·제공. 이를 통해 교사와 학생 간의 소통이 강화되고, 학부모는 자녀의 학습 진도와 성취도에 대한 객관적인 정보를 얻을 수 있음

3. 인공지능(AI) 디지털 교과서 핵심 서비스

| 사용 주체 | 서비스 |
|---|---|
| 학생 | • 학습 진단 및 분석<br>• 학생별 최적의 학습 경로 및 콘텐츠 추천<br>• 맞춤형 학습 지원(AI 튜터) |

| 교사 | • 수업 설계와 맞춤 처방(AI 보조교사)<br>• 콘텐츠 재구성·추가<br>• 학생 학습 이력 등 데이터 기반 학습 관리 |
|---|---|
| 공통<br>(학생·교사·<br>학부모) | • 대시보드를 통한 학생의 학습데이터 분석 제공<br>• 교육 주체(교사, 학생, 학부모) 간 소통 지원<br>• 통합 로그인 기능<br>• 쉽고 편리한 UI/UX 구성 및 접근성 보장 |

출처: 교육부, 「인공지능(AI) 디지털교과서 추진방안(2022. 6. 8.)」

① 학생: 초기 학습 진단 및 분석을 통해 학생별 최적의 학습 경로 및 콘텐츠를 추천하고 AI 튜터를 통해 맞춤형 학습 지원 제공
② 교사: 수업을 설계하고 학생 맞춤형 처방을 통해 데이터 인식과 분석과정에서 AI 보조교사의 도움으로 빠르고 쉽게 학생들을 파악할 수 있으며, 콘텐츠를 재구성하거나 추가할 수 있음. 학생의 학습 이력, 학생의 정서 등을 데이터 증거 기반으로 관리 운용이 가능
③ 공통: 학생, 교사, 학부모에게 대시보드를 통해 학생의 학습 데이터 분석 자료를 제공하고 교육 주체 간 소통을 지원

07. 교육혁신과 교육정보화

# 03 실감 미디어

## 1. 개념
① 사용자의 실재감과 몰입감을 위해 인간의 오감과 감성 정보를 제공하여 미디어 체험 만족도를 높이는 미디어
② 실감 미디어를 통해 실제와 유사한 경험을 할 수 있음

## 2. 증강현실(AR)
① 실제 환경에 가상 사물이나 정보를 합성하여 원래의 환경에 존재하는 사물처럼 보이게 하는 기술
② 실시간으로 디지털 기기를 이용하여 가상개체를 조작하면서 상호작용 가능

## 3. 가상현실(VR)
① 현실과는 다른 공간이나 시대, 문화적 배경 등을 가상 세계에 디자인해 현실에 존재하지 않는 세상을 온라인에 만들어 내는 기술
② 가상 세계에서는 아바타를 통해 완전히 새로운 세계에서 활동하게 됨
③ 가상공간 안에서 상호작용을 실현하며, 현실 세계와 같거나 현실 세계에서 불가능한 상황까지 실제 상황처럼 체험할 수 있음

## 4. 메타버스
① 메타(meta)와 세계(universe)의 조합으로, '현실과 가상이 혼재된 세계'라는 의미
② 아바타를 기반으로 사회적 상호작용이 가능한 3차원 가상환경
③ 가상세계 참여자끼리 사회적 상호작용을 하면서 몰입감 높은 학습경험을 체험할 수 있음

**PLUS**
**메타버스의 유형**
- **증강현실**: 현실 속 공간에 디지털로 구현된 정보나 물체를 입혀서 보여주는 것 → 포켓몬 고
- **가상현실**: 특정한 현실 속에 존재하는 것과 같은 경험을 제공하는 가상의 공간
- **거울세계**: 실제 세계를 그대로 반영하되 외부 환경 정보를 통합하여 제공하는 가상공간 → 구글 어스, 카카오 맵
- **라이프로깅**: 현실 속 정보를 디지털로 기록하고 공유하는 것 → 페이스북, 인스타그램

## 04 플립드 러닝(flipped learning)

### 1. 개념
① '거꾸로 학습' 또는 '거꾸로 교실'이라고도 불림
② 학교에서 들어야 할 교사의 수업을 집에서 온라인 강의로 미리 시청하고, 학교에서는 교사의 지도 아래 과제 활동이나 심화활동(활동중심 수업)을 하는 것
③ 블렌디드 러닝의 한 형태로도 볼 수 있음

> **PLUS**
> - flip은 사전적 의미로 '뒤집다'라는 뜻으로 '학습을 뒤집는다'는 의미
> - 교실에서의 수업과 가정에서의 숙제가 뒤바뀐 상황을 의미

### 2. 수업진행
① 수업 전 교사는 다음 시간에 배울 내용을 동영상으로 제작하거나, 인터넷상에서 관련 자료 및 동영상을 선별하여 학생들에게 제공
② 학생들은 수업 전에 자신들의 수준과 속도에 맞춰 자료 학습
③ 교실 수업은 미리 숙지한 강의 내용을 바탕으로 토론, 프로젝트 수업, 실험, 실습 등의 활동 위주로 이루어짐. 선행학습으로 습득한 지식을 적용해 보는 활동에 참여
④ 교사는 학생들의 학습 과정을 파악·확인하고 개별화 지원 제공

> **PLUS**
> **블렌디드 러닝**
> 면대면 기반의 오프라인 교육과 인터넷 기반의 온라인 교육을 결합한 형태의 총체적인 교수·학습활동

### 3. 장단점

**(1) 장점**
① 학생의 개별적 학습활동 시간 증가
② 반복학습 가능
③ 학생의 심화학습을 도와줄 교사의 시간이 늘어남
④ 미리 주요 내용들을 학습해 온 후 교실활동을 하게 되므로, 교실 현장에서의 학업격차를 줄일 수 있음

**(2) 단점**
① 학생이 강의를 수강하고 오지 않을 경우 교실 활동에 차질이 생김
② 디지털 강의 자료를 만드는 것이 쉽지 않음
③ 디지털 강의 자료와 연계된 교실 내 학습활동을 어떻게 설계할 것인지에 대한 연구가 필요

# Mind Map

## 01 교육사회학 이론

- **기능론**
  - 교육의 기능
    - 사회화
      - 뒤르켐
      - 파슨스
      - 드리븐
    - 선발과 배치
  - 기능론의 주요 이론
    - 학습욕구이론
    - 기술기능이론
    - 국민통합론
    - 근대화이론
    - 발전교육론
    - 인간자본론

- **갈등론**
  - 알튀세의 이데올로기론
    - 상대적 자율성
    - 상부구조의 개념
      - 이데올로기적 국가기구
      - 억압적 국가기구
  - 보울즈와 진티스의 경제재생산론
    - 상응이론
  - 부르디외의 문화재생산론
    - 아비투스
    - 문화자본
      - 아비투스적 문화자본
      - 객관화된 문화자본
      - 제도화된 문화자본
    - 상징적 폭력
  - 일리치의 탈학교론
  - 라이머의 학교사망론
  - 프레이리의 의식화 교육
    - 침묵의 문화
    - 은행저축식 교육
    - 문제제기식 교육
  - 윌리스의 저항이론
    - 간파
    - 제한
  - 애플의 문화적 헤게모니 이론
  - 콜린스의 지위경쟁이론

- **신교육사회학**
  - 영의 지식과 통제
  - 상징적 상호작용이론
    - 미드의 상징적 상호작용론
    - 쿨리의 거울자아이론
  - 번스타인의 문화전수이론
    - 교육과정 연구
    - 보이는 교수법과 보이지 않는 교수법
    - 사회계급과 언어
  - 케디의 학생 범주의 구분
  - 맥닐의 방어적 수업
    - 단편화
    - 신비화
    - 생략
    - 방어적 단순화
  - 하그리브스의 상호작용론
    - 맹수조련사형
    - 연예인형
    - 낭만형

## 02 사회이동과 교육선발

- 사회이동과 선발
- 사회이동과 교육체제
  - 터너의 교육체제 연구
  - 호퍼의 유형론
- 교육의 기능과 사회이동
  - 기능론적 관점 (교육평등화론)
    - 호레이스만
    - 헤비거스트
    - 블라우와 던컨의 지위획득모형
  - 갈등론적 관점 (불평등 재생산론)
    - 콜맨 보고서
    - 카노이의 교육수익률의 교육단계별
    - 보울즈와 진티스의 연구
  - 무관계론
    - 젠크스의 학교 교육 효과 연구

## 03 교육과 평등

- 교육평등관의 유형
  - 허용적 평등
  - 보장적 평등
  - 과정의 평등
  - 교육결과의 평등
- 교육격차의 인과론
  - 지능결핍론
  - 문화환경결핍론
    - 문화실조론과 문화다원론
    - 콜맨
      - 경제적 자본
      - 인적 자본
      - 사회적 자본
  - 교사결핍론(교사의 기대효과)
    - 피그말리온 효과(자기충족 예언)
    - 기대유지효과

### 04 현대사회의 교육 다양화

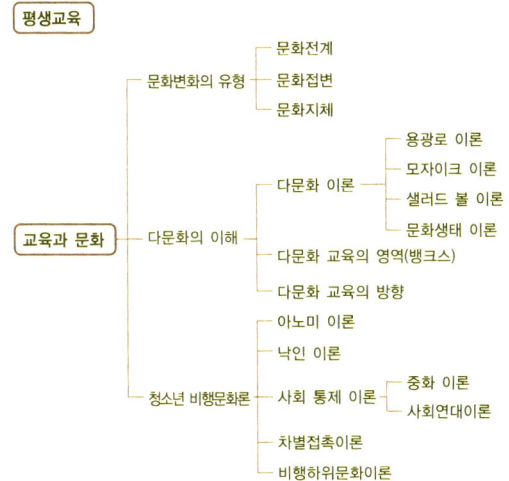

# 교육사회학

chapter 01 교육사회학 이론
chapter 02 사회이동과 교육선발
chapter 03 교육과 평등
chapter 04 현대사회의 교육 다양화

# Chapter 01 교육사회학 이론

## 01 기능론

### 1. 기능론의 개념

**(1) 개념**
① 기능론이란 한 사회를 부분들의 총체 또는 유기체로 간주하는 관점
② 각 부분 간 우열은 있을 수 없으며 각기 수행하는 기능상의 차이가 있을 뿐임. 다른 사람에 비해 더 많은 재산이나 권력을 가진 사람이 있는 것은 다른 사람에 비해 더 힘들고 중요한 기능을 맡고 있기 때문

**(2) 중심개념**
① 구조와 기능: 사회는 신체와 같은 '구조'이고, 이 구조는 각각 맡은 '기능'을 수행하는 개인이나 집단 등의 구성요소로 이루어져 있음
② 안정: 사회는 항상 안정을 유지하려는 속성을 지니고 있으며 어떤 충격에 의해 안정이 깨지면 이를 회복하기 위해 노력
③ 통합: 한 체제가 안정 상태를 지니기 위해 그 체제를 이루고 있는 각 부분들이 집합적으로 기능하거나 협동하는 일
④ 합의: 사회 유지를 위해 필요한 법, 규칙, 규범, 가치, 신념, 각종 약속은 사회구성원 전체의 합의에 의한 것
⑤ 균형: 정치, 경제, 교육 등 서로 의존관계에 있는 여러 부분이 자신의 역할을 최대로 수행하는 상태가 균형상태(equilibrium). 이때 사회체제는 최대의 산출을 할 수 있음

**(3) 기능론적 교육관**
① 학교 교육의 목적은 기존 사회의 유지와 변화하는 사회에의 적응을 위한 사회화
② 학교 교육은 재능 있는 사람을 분류하고 선발하는 합리적 방법을 사회에 제공
③ 사회구성원들에게 제반 역할 수행에 필요한 각종 지식, 기술·가치·규범을 함양시키고 사회적응을 도움

## 2. 교육의 기능

### (1) 사회화

① 뒤르켐(Durkheim): 사회통합과 사회화 강조
  ㉠ 사회화를 위한 교육의 기능은 보편 사회화와 특수 사회화로 구성
    • 보편 사회화: 사회구성원이라면 누구나 갖춰야 할 공통적 품성을 지니게 하는 과정. 한 사회의 공통적 감성과 신념 즉, 집합의식을 새로운 세대에 내면화시키는 것
    • 특수 사회화: 특정 직업적 기능이나 관련 소양을 갖추게 하는 과정. 교육을 통해 자신이 속해서 살아가게 될 직업집단의 규범과 전문지식을 미리 학습
  ㉡ 학교 교육에서 도덕교육 강조. 도덕교육을 통해 사회구성원들 간 협의가 형성되고 각 개인은 자신이 속한 집단에 충실할 수 있다고 보기 때문

② 파슨스(Parsons): 역할 사회화 강조
  ㉠ 역할 사회화란 어떤 역할에 필요한 규범과 가치, 태도 등을 사회화하는 것으로 뒤르켐의 특수 사회화와 유사
  ㉡ 예를 들어, 교사가 될 사람에게는 교사로서 갖추어야 할 규범과 가치 등을 내면화하도록 해야 함

③ 드리븐(Dreeben): 네 가지 규범(학교는 규범을 전수)
  ㉠ 독립성: 자신의 행위에 책임을 지니는 것. 공동과제 수행에서 한 학생이 다른 학생의 몫을 대신해 주는 일은 독립성의 규범에 어긋남
  ㉡ 성취: 성과에 따라 대우받는다는 것을 배우는 것. 대학수학능력시험과 같이 그 성취수준이 공정하고 공개적으로 평가되는 일로서, 성취 결과에 따라 평가가 달라짐
  ㉢ 보편성: 누구나 동등하게 취급받거나 대우받는 일
  ㉣ 특수성: 특정 개인을 합법적·합리적 근거 위에서 특수하게 예외적으로 대우하는 일. 장애인 전용 주차구역이 그 예

### (2) 선발과 배치

① 교육은 인재를 선발, 훈련, 배치하는 기능 수행. 학교는 재능 있는 사람을 선발하여 교육한 후 적재적소에 배치하는 기능을 함
② 기능이론은 기회균등과 업적주의 사회관의 관점에 입각하여 사회가 개인에게 교육의 기회를 균등하게 주고 개인의 업적과 능력에 따라 선발하여 사회역할의 지위를 분류하고 배분하는 사회이동을 촉진시키는 기능을 수행한다고 생각

---

**POINT**

- 뒤르켐
  - 보편 사회화
  - 특수 사회화
- 파슨스: 역할 사회화
- 드리븐
  - 독립성
  - 성취
  - 보편성
  - 특수성

## 3. 기능론의 주요 이론

### (1) 학습욕구이론
학습욕구는 기본적인 것, 누구나 기회만 주어지면 교육을 받고자 함

### (2) 기술기능이론
① 클라크(Clark)와 커(Kerr)가 제창한 이론
② 과학기술의 부단한 향상으로 직업기술 수준이 계속 향상됨에 따라 사람들의 학력이 높아지게 됨
③ 학교제도와 직업세계가 상호 간에 긴밀한 관계를 유지하고 있음을 강조
④ 기술기능이론의 한계
  ㉠ 학력 인플레이션 상황에 대해 적절한 설명을 하지 못함
  ㉡ 학력과 직업세계가 구조적으로 일치하지 않음

### (3) 국민통합론
① 교육팽창을 정치적 요인에 의해 설명. 국가의 형성과 이에 따른 국민통합의 필요성 때문에 교육이 팽창
② 교육은 국민으로서의 정체감(identity)을 형성시키는 기제

### (4) 근대화이론
한 사회가 근대화되기 위해서는 사회구성원들이 근대적 의식(능력과 능률의 의식, 합리성 의식, 혁신의 의식, 보편적 시민의식, 공공참여의식)을 지녀야 하며, 이러한 의식은 교육을 통해 길러져야 함

### (5) 발전교육론
① 교육을 국가발전의 원동력으로 보는 입장. 국가발전을 위해 각 분야의 인력수요에 맞추어 교육계획이 수립되어야 한다는 주장
② 교육은 국가의 경제적 요구와 정치적 요구를 수행해야 하며, 온갖 사회문제에 대한 처방을 포함하여야 한다는 주장

### (6) 인간자본론
① 슐츠(Schultz)에 의해 주장
② 교육은 '증가된 배당금'의 형태로 미래에 되돌려 받을 인간자본에 대한 투자. 인간이 교육을 통해 지식과 기술을 갖추게 될 때 인간의 경제적 가치 증가
③ 학력에 따른 수입의 차이는 생산성의 차이 때문
④ 인간자본론의 주장: 교육 수준의 향상 → 개인 생산성 증대 → 개인의 소득 능력 향상(투자에 대한 사회적 보상) → 사회·경제적 발전
⑤ 국가의 경제성장에 교육이 기여한다는 것을 강조함은 물론 개인적인 소득향상에도 교육이 기여하며 결국 교육을 사회발전의 동인이라고 간주

---

**POINT**

**기술기능이론**

산업사회에서 기술의 필요는 기술의 다양화에 따라 점점 높아짐
⇩
학교 교육은 더 높은 기술을 요구하는 직업에 맞추어 특수한 기술이나 일반능력을 위한 훈련 제공
⇩
직업에 필요한 교육 수준은 계속 높아지고, 사람들은 장기간 학교에 머물게 됨

**PLUS**

**기본가정**
- 보다 좋은 교육을 받은 사람은 보다 좋은 직업을 가짐
- 상대적으로 높은 미래의 소득을 위해 현재의 소득을 희생
- 인간자본에 투자 → 고도의 지식과 기술 습득 → 노동시장에서 고가에 매매 → 미래소득 보장

⑥ 인간자본론의 한계점
  ㉠ 교육내용의 어떤 부분이 생산수준 향상과 관계가 있는지 밝히지 못함
  ㉡ 과잉학력 현상에 대해 설명하지 못함
  ㉢ 선발가설(벅과 보울즈와 진티스): 학력은 실질적 생산성이 아니라 상징적 지표에 불과. 학교 교육을 통해 얻게 되는 것은 생산능력이 아니라 '교육받았다는 증표(졸업장)'일 뿐
  ㉣ 노동시장분단론: 노동시장은 1차 시장과 2차 시장으로 나누어져 있어 교육과 연수를 받아도 상위이동이 불가능한 시장이 존재
  ㉤ 급진이론(radical theory): 고용주가 계급, 계층, 성, 인종 등 집단적 속성을 근거로 고용, 승진, 근무조건 등에 차등을 둠

01. 교육사회학 이론

## 02 갈등론

### 1. 갈등론의 개념

**(1) 개념**
① 사회는 끊임없는 경쟁과 갈등의 연속
② 사회의 재화는 일정한데 인간의 욕망은 무한하므로, 모든 사회는 이를 둘러싼 갈등과 긴장 관계에 놓여있음. 갈등의 원인은 사회계급 간의 권력의 차이에서 비롯됨
③ 업적주의 또는 능력주의는 구조적 모순을 은폐하는 허울에 불과, 갈등의 주원인이 재산이나 자원의 불평등한 분배에 있다고 간주

**(2) 갈등론적 교육관**
① 학교는 객관적이고 중립적인 기관이 아니며 지배집단과 관련을 맺고 있음
② 학교는 지배집단의 이데올로기를 전수하는 곳으로, 불평등한 사회구조를 심화시키는 역할을 함
③ 학교는 업적주의 이념으로 공정성을 위장하고 있으며, 실패의 원인을 사회구조적인 측면보다 개인의 능력과 노력 부족으로 돌리고 있음
④ 학교는 지적능력의 함양보다는 지배집단이 선호하는 가치·태도·규범 등의 주입에 치중

### 2. 알튀세의 이데올로기론(사회구성체 이론)

**(1) 개념**
① 학교는 국가 이데올로기 기구의 한 부분으로 기능하면서 실질적으로는 지배계급의 통제를 받음
② 학교를 통해 지배 이데올로기가 국민들에게 전파되고 내면화됨

**(2) 상대적 자율성**
① 사회구성체는 토대(base)와 상부구조(superstructure)로 구성
  ㉠ 토대: 경제적 토대
  ㉡ 상부구조: 정치적·법적 상부구조와 이데올로기 상부구조로 형성
② 알튀세는 토대(하부구조)가 상부구조를 결정한다는 마르크스의 명제를 기계적으로 해석하는 것을 거부하면서 상부구조의 상대적 자율성 강조
③ 토대의 변화가 상부구조에 영향을 주며 상부구조의 변화도 토대에 영향을 줌

---

**PLUS**

**등장 배경**
기능론이 자본주의 사회체제를 정당화하여 지배집단과 피지배집단의 양극화 현상을 초래했다고 보고, 기능론의 허구성과 학교 교육의 모순을 비판하며 등장

(3) 상부구조의 개념
　① 국가는 두 가지 국가기구를 활용해 자본주의적 생산 관계를 존속
　② 자본주의 사회가 재생산되기 위해서는 억압적 국가기구뿐만 아니라 이념적 국가기구가 작동하여야 함. 교육은 이념적 국가기구의 한 부분이지만 핵심적인 기능을 수행
　　㉠ 이데올로기적 국가기구(ideological state apparatus ; ISA) : 국가가 계급 갈등을 은폐하고 지배 이데올로기를 포장한 일정한 지식, 기술, 태도, 가치 등을 전수
　　　예 학교, 교회, 정치단체, 언론, 문학, 예술, 미디어, 노동조합 등
　　㉡ 억압적 국가기구(repressive state apparatus ; RSA) : 강제적인 힘의 행사를 통해 계급갈등을 규제하는 기능을 함
　　　예 군대, 경찰, 교도소 등

## 3. 보울스와 진티스의 경제재생산론

(1) 개념
　① 학교 교육은 자본주의 사회의 불평등한 계급구조를 재생산하는 도구
　② 학교는 자본주의가 중시하는 가치와 성격 특성을 강조하고, 또 그런 가치와 성격을 재생산해 냄

(2) 상응이론(correspondence theory)
　① 상응이란 사회의 경제구조가 학교에 반영되어 있는 상태
　② 학교가 자본주의 경제구조를 재생산할 수 있는 것은 학교 교육과 경제적 생산체제가 서로 상응하기 때문
　　㉠ 노동자가 자신의 작업내용을 스스로 결정할 수 없듯 학생들도 자기가 배워야 할 교육과정에 대한 결정권을 갖지 못함
　　㉡ 교육은 노동과 마찬가지로 목적이 아닌 수단(임금을 얻기 위한 노동, 졸업장을 얻기 위한 교육)
　　㉢ 생산현장이 분업을 시키듯, 학교도 계열을 구분하고 지식을 과목별로 잘게 나눔
　　㉣ 생산현장에 여러 직급별 단계가 있듯 학교도 학년에 따라 여러 단계로 나뉘어 있음

(3) 학교의 기능
　① 학교는 사회계급적 불평등을 낳음. 학교에서 능력을 인정받으면 출세할 수 있다는 믿음은 헛된 것

**POINT**

**경제재생산론**
자본주의 사회에서 학교 교육의 역할은 사회적 위계관계, 즉 불평등 구조를 정당화·합법화·강화하는 재생산적 도구

② 교육은 대상에 따라 다른 방식으로 이루어짐. 단순 노동자로 일하게 될 사람들에게는 윗사람의 지시에 따르고, 시간을 잘 지키며, 기계적 작업방식에 순응하도록 가르치는 반면, 관리자나 경영자로 일할 사람들에게는 독립적인 사고력 및 작업능력, 외적 규율보다는 내면적 기준에 따라 행동하기 등을 중점적으로 가르침 ◉ 고등학교 취업반과 대학 진학반, 직업훈련 중심의 초급대학과 명문대학교 사이에서 쉽게 발견

### 4. 부르디외의 문화재생산론

POINT
문화재생산론
→ 지배계급의 문화 전수

(1) **개념**
① 학교는 지배계급의 문화자본을 전수
② 학교에서 가르치고 있는 교과 내용은 지배계급의 문화를 담고 있음

(2) **아비투스(habitus)**

PLUS
아비투스
개인의 행동에 영향을 미치는 문화적 습관

① 세계나 가치 및 문화에 관해 무의식적으로 습득된 성향
② 초기 사회화 과정을 통해 습득되며, 세대 간에 전수되면서 한 문화집단의 성원들을 결속시켜 주고, 다른 문화집단의 성원들과 구분해 주는 독특한 생활방식, 지각, 이해를 구성하는 요소
③ 내면화된 문화자본으로 계급적 행동유형과 가치체계를 반영. 따라서 한 사회에서 어떤 문화자본의 가치가 높다는 것은 지배계급이 선호하는 문화와 관계가 있다는 것

(3) **문화자본(cultural capital)**
① 문화자본은 개인이 소유하고 있는 지식으로 이루어짐
② 부르디외는 간접적·비가시적 문화자본을 중요하게 보았음
③ 부르디외의 문화자본
  ㉠ 아비투스적 문화자본(체득된 문화자본): 지식, 교양, 기능, 취미, 감성, 세련됨, 품위처럼 육체적, 정신적 성향이나 습성으로 개인 안에 습득된 것
  ㉡ 객관화된 문화자본: 그림, 책, 사전, 도구, 기계와 같은 문화적 상품의 형태로 객체화된 것들
  ㉢ 제도화된 문화자본: 학교제도가 생성해 내는 학력과 그에 따르는 학교 졸업장 또는 자격증과 같은 학력자본

(4) **상징적 폭력(symbolic violence)**
① 지배계급의 문화가 일방적으로 모든 계급에게 지식으로 강요되는 것. 지배와 종속의 재생산에 학교 교육이 사용됨
② "상류계급의 문화가 우월하고, 보편적 가치를 갖고 있는 것처럼 착각하는 것으로 사회적 허구성에 의해 부여된 상류계급의 문화가 보편적인 기준으로 작용하여, 다른 문화를 규정하고 계급적 차이를 만드는 권력적 작용"을 의미

③ 상징적 폭력의 대표적 기관이 학교. 학교에서는 상류계급의 문화적 가치가 객관적이고 보편적인 기준으로 상정되어 상이한 계급의 문화를 억압하는 상징적 폭력을 행사

## 5. 일리치와 라이머의 이론

### (1) 일리치(Illich)의 탈학교론
① 학교 교육의 개혁보다는 폐지를 주장하는 극단론
② 탈학교의 구체적 실현을 위한 새로운 교육적 대안으로 모든 사람이 언제, 어디서든 원하면 교육을 받을 수 있는 '학습망(learning web)' 제안

### (2) 라이머(Reimer)의 학교사망론
① 교육을 통한 인간성의 회복이라는 점에서 일리치와 비슷한 생각을 하였음
② 1971년 발표한 『학교는 죽었다』에서 오늘날 교육은 인간을 억압하고, 사회적 불평등을 심화시킨다고 주장

> **PLUS**
> 학교 폐지 주장 이유
> • 의무취학이 학교의 교육 독점 현상 초래
> • 학교 교육은 자아실현과 인간성 회복을 저해하며, 지배계급의 이념을 주입시킴

## 6. 프레이리의 의식화 교육

### (1) 주요 내용
① 교육의 궁극적 목표는 인간해방임을 알리고 이를 실천
② 문맹퇴치 교육을 통해 전 세계의 피억압 민중 스스로가 사회적·정치적 자각을 얻을 수 있도록 힘씀

### (2) 침묵의 문화(culture of silence)
① 피억압자들이 억압자의 정복, 지배, 조종, 문화적 침략에 의해 지배당해 억압자의 문화와 행동양식, 가치관을 내면화하게 되어, 억압자들처럼 걷고 말하고 생활하는 상태
② 문화적 종속상태를 의미(은행저축식 교육의 형태로 나타남)

### (3) 은행저축식 교육과 문제제기식 교육
① 은행저축식 교육: 지배계급의 도구적 수단으로 전락한 교육 형태. 기계적으로 암기하고 반복시킴으로써, 수동적이며 타율적인 인간으로 길들임
② 문제제기식 교육: '의식화 교육'. 교사와 학생의 수평적 관계 속에서 사회 현실에 대한 올바른 이해와 성찰적 사고를 통해 비판적 사고를 형성하게 하는 교육
③ 은행저축식 교육과 문제제기식 교육의 차이
  ㉠ 은행저축식 교육은 대화를 거부, 문제제기식 교육은 대화를 불가피한 요소로 생각
  ㉡ 은행저축식 교육은 학생들을 도와주어야 할 대상으로 취급, 문제제기식 교육은 이들을 비판적 사상가로 만듦

> **PLUS**
> 문제제기식 교육
> • 비인간화와 인간을 비인간화시키는 억압을 극복하는 교육방식
> • 교사와 학생은 수직적 관계가 아닌 공동탐구자

ⓒ 은행저축식 교육은 창의성을 억제하고 깨달음의 욕구를 순화시킴, 문제제기식 교육은 창의성을 기반으로 하며 진정한 반성과 현실에 근거한 행위를 고무함

(4) 의식화 교육
① 비판적 의식: 억압받고 있는 사람이 자신의 처지나 삶의 본질을 파악하고 해방과 변혁의 길로 이끌 수 있다고 믿는 마음 상태
② 의식화: 기존의 속박 속에서 형성된 순진한 의식을 버리고 그 속박의 실체를 비판적으로 사고하는 일. 억압받는 사람들이 억압의 구조와 본질을 깨닫도록 하는 의도적 과정
③ 해방: 의식화를 통해 억압받는 사람들이 그들을 지배하고 구속하는 올가미에서 벗어나 자유롭게 되는 변혁의 과정

## 7. 윌리스의 저항이론

(1) 주요 내용
① 지배문화에 대한 노동자 계급 남학생들의 저항 현상을 연구. 피지배계급의 남학생들은 지배계급 헤게모니의 영향을 받고 자라지만, 나중에는 그 헤게모니에 능동적으로 대항하는 문화적 저항현상을 보여준다고 보았음
② 학생들은 자신을 '싸나이(lads)'로 인식하면서 부모의 노동직을 기꺼이 계승하려 함. 정신노동이란 허약한 여성들이나 하는 일로 여기면서 노동계급을 스스로 선택
③ 인간의 능동적인 잠재력을 인정하며 피지배집단의 일상적인 삶의 경험 속에 지배 이데올로기를 거부하고 극복할 수 있는 능동적이고 주체적인 잠재력이 있다고 보았음

(2) 간파와 제한
① 간파(penetration)
   ㉠ 노동자 계급 자녀들이 자신이 처한 삶의 조건과 위치를 꿰뚫어 보려는 충동 또는 문화적 통찰
   ㉡ 부모, 친척, 아르바이트를 통해 직업 세계가 학교의 진로지도나 교육 내용과 다르다는 것을 터득
② 제한(limitation)
   ㉠ '간파'를 방해하고 혼란시키는 여러 장애 요소와 이데올로기적 영향
   ㉡ 노동자 계급 자녀들이 아무리 노력해도 그들의 사회·경제적 성공에는 한계가 있고, 학교 교육을 통한 사회이동에도 한계가 있음
   ㉢ 노동자 계급 자녀들은 육체노동과 정신노동의 분리, 남성과 여성의 분리와 같은 분리의식을 갖고 있음. 이러한 분리의식은 간파가 순수하게 발전하지 못하도록 가로막는 장애요소로 작용

**PLUS**

**반학교 문화**
- 반학교 문화의 가장 큰 특징은 '권위'에 대해 집단적, 개인적으로 저항하는 것
- 반학교 문화에는 학교를 다녀서 얻게 되는 자격이라는 것의 가치에 대한 깊은 불신이 담겨 있음. 그것을 얻기 위해 치러야 하는 희생이 너무 크기 때문. 여기서 희생은 학교에 순응하지 않고 자신의 마음대로 할 수 있는 '싸나이'의 능력으로부터 차단당함을 의미

## 8. 애플의 문화적 헤게모니 이론

(1) 헤게모니
① 그람시가 사용하기 시작. 일상생활과 사회의식 속에 스며 있는 지배집단의 가치체계
② 지배계급이 행사하는 문화적 지도력

(2) 주요 주장
① 하부구조가 상부구조를 결정하는 것이 아니라 헤게모니와 같은 상부구조가 학교 교육을 통제
② 애플은 학교를 헤게모니 재생산의 도구라고 보았으며, 학교는 사회질서를 경제적으로뿐만 아니라 문화적으로 재생산한다고 보았음
③ 지배집단은 피지배집단에게 지배계층의 문화를 보편적인 것으로 보이게 하고, 계층의 질서는 대중의 합의를 통해 실행된다고 믿게 함으로써 기존 질서를 유지하고 정당화

## 9. 콜린스의 지위경쟁이론

(1) 주요 주장
① 콜린스(Collins)가 논의. 학력이 사회적 지위획득의 수단이기 때문에 사람들이 경쟁적으로 높은 학력을 취득하여 학력이 계속 높아짐
② 결과적으로 학교가 확대되지만 그래도 경쟁은 끝나지 않으므로 학교의 확대는 상급으로 계속 파급됨
③ 의의: 졸업장 병, 과잉학력, 학력 인플레이션 현상 설명 가능

> **POINT**
> **학력팽창의 원인**
> 학력이 사회적 지위획득의 수단이기 때문

(2) 졸업장병(도어)
① 남보다 더 높은 학력을 가지고 있을수록 사회적 지위경쟁에서 유리하므로 보다 높은 학력을 취득하기 위한 경쟁이 계속되는 현상
② 지위획득 수단으로 학력이 작용하며 진학률의 상승 유발 → 졸업생 증가 → 학력의 가치 하락 → 새로운 학력 상승의 요인 → 보다 높은 학력 취득을 위한 경쟁 계속
③ 학력수준과 교육수준이 반드시 일치하는 것은 아님. 배운 내용이 보잘 것 없어도 졸업장이 없는 것에 비하면 있는 편이 유리하므로, 사람들의 관심은 졸업장에 집중되고 교육내용에는 무관심해짐

01. 교육사회학 이론

## 03 신교육사회학

### 1. 신교육사회학의 관점과 입장

**(1) 관점**
① 기능주의와 갈등주의는 거시적 관점, 신교육사회학은 미시적 관점
② 지식이 어떤 방식으로 형성되고, 학교에서 다루는 교육내용으로서의 지식이 여러 체제와 어떤 관련을 맺고 있는지 논의하는 데 초점
③ 갈등이론과 마찬가지로 학교 교육의 기능적인 면보다는 역기능적인 면에 관심

**(2) 기본 입장**
① 교육과정은 사회적 산물. 즉 지식은 보편타당하고 객관적이 아니라 사회구조를 반영한 사회적 산물이며, 교육과정 역시 사회의 구조를 반영한 사회적 산물임
② 교사와 학생 간 관계도 사회적 산물. 교사와 학생 간의 상호작용도 사회적 영향을 받음

**(3) 신교육사회학의 대두 : 영(Young)의 지식과 통제**
① 신교육사회학의 대두는 영의 『지식과 통제 : 교육사회학의 새로운 방향』을 기점으로 함
② 영은 학교가 어떤 지식을 선택하고 가르치며, 이 지식교육의 과정이 학교 밖의 권력구조와 어떻게 관련되어 있는가를 밝히려 하였음
③ 지식이 고정적이고 불변하는 것이 아니라 사회구조에 의해 선정되고 조직되는 사회적 구성물이라고 주장. 지식은 사회적 계층을 반영하는 산물이며 교육과정은 상류층에게 유리하다고 보았음

### 2. 상징적 상호작용이론

**(1) 개념**
① 인간이 상호작용을 통해 개인과 사회에 관한 의미를 어떻게 창출해 내는가에 관심을 두는 이론
② 인간이 태어나 자라는 과정에서 다른 사람과의 상호작용을 통해 일상생활을 조직하게 되는 과정이 바로 상징적 상호작용을 학습하는 과정

**(2) 상징적 상호작용의 특징**
① 개인의 자아의식 형성은 사회에서의 상호작용의 결과이며, 각 개인은 일상생활의 다양한 상황에서 접하는 타인의 눈을 통해서 자신을 알게 됨
② 타인과의 상호작용을 통해 의미를 이해하고, 사회적으로 주어진 의미를 중심으로 우리의 생활을 조직하게 됨

---

**PLUS**

**상징**
- 어떤 사물이나 일의 성질 또는 사람들의 생각을 나타내는 구체적인 표시. 언어, 문자, 기호, 표정, 몸짓 등
- 인간은 상징을 통해 다른 사람들과 상호작용함
→ 상징적 상호작용이론 : 인간이 상징을 매개로 상호작용을 통해 개인과 사회에 관한 의미를 어떻게 창출해 내는가에 관한 이론

(3) 미드(Mead)의 상징적 상호작용론
① 인간은 타자와의 상호작용을 통해 정신(사고, mind)과 자아를 형성
② 정신과 자아의 내용은 사회적 상호작용의 산물 ⊙ 개인의 사고와 자아는 사회적으로 형성
③ 개인은 일상의 다양한 상황에서 접하는 타인의 눈을 통해 사회화된 자아를 형성
④ 자아는 '주체로서의 자아(I)'와 '객체로서의 자아(me)'의 변증법적 상호작용을 내포하는 과정적 개념
  ㉠ 주체로서의 자아(I): 능동적이고 주체적인 자아
  ㉡ 객체로서의 자아(me): 타자의 거울에 비친 자아. '일반화된 타자'가 내면화된 것. 사회로부터 기대되는 자아
  ㉢ 일반화된 타자: 일반적인 타인의 모습. 개인의 행동이나 상호작용에 영향을 주는 다른 사람의 가치와 기대, 곧 사회규범을 의미 ⊙ 일반화된 사회적 준거
  ㉣ 중요한 타인: 아동이 사회적 역할을 배울 때 가장 큰 영향을 미치는 부모나 교사, 또래집단

(4) 쿨리(Cooley)의 거울자아이론
사회적 상호작용은 '남이라는 거울에 비친 나'를 보면서 이루어짐. 우리는 다른 사람이 나를 보는 방식대로 나 자신을 보게 됨

## 3. 번스타인의 문화전수이론(자율이론)

(1) 교육과정 연구
① 기본 주장
  ㉠ 지식이 사회적 진공상태에서 전수되는 것이 아니며, 권력과 통제가 모든 국면에서 교육과정에 침투함
  ㉡ 권력과 통제의 원리를 밝히기 위해 '분류'와 '구조'라는 두 가지 개념 사용
② 분류와 구조
  ㉠ 분류(Classification: C): 과목 간, 전공분야 간, 학과 간의 구분
    ⊙ 분류가 강하면 타 분야와의 교류 제한, 교육의 자율성 유지. 분류가 약하면 타 분야와의 교류 활발, 교육의 자율성 약화
  ㉡ 구조(Framing: F): 과목 또는 학과 내 조직의 문제. 가르칠 내용과 가르치지 않을 내용의 구분이 뚜렷한 정도, 계열성의 엄격성, 시간 배정의 엄격도 등을 포함 ⊙ 구조가 강하면 교사나 학생의 욕구 반영이 어렵고 구조가 약하면 쉬움
  ㉢ 강한 분류·강한 구조, 강한 분류·약한 구조, 약한 분류·강한 구조, 약한 분류·약한 구조의 조합 가능

**PLUS**
- **강한 분류**: 교육과 생산의 구분이 명확. 교육내용 및 교수활동에 대한 결정이 많은 부분 교육담당자들의 영향력 아래에서 이루어짐 → 교육의 자율성 보장(교육의 코드 중시)
- **약한 분류**: 교육과 생산의 경계가 약함. 교육과 생산의 관계 밀착 → 교육의 자율성 약화(생산의 코드 중시)

③ 교육과정 유형
　㉠ **집합형 교육과정**: 교과목 및 전공분야가 엄격하게 분리. 학과 간, 교과목 간, 전공 간의 상호 관련이나 교류를 찾기 어려우며 종적 관계 중시 ⓟ 강한 분류
　㉡ **통합형 교육과정**: 교과목 및 학과 간의 경계가 뚜렷하지 않아 횡적 교류가 많아지며 여러 개의 교과목들이 어떠한 상위개념이나 원칙에 따라 큰 덩어리로 조직 ⓟ 약한 분류

(2) **교수법**
　① 보이는 교수법(가시적 교수법)
　　㉠ 전통적 교수법, 강한 분류와 강한 구조
　　㉡ 공부와 놀이를 구분
　　㉢ 학습내용상의 위계질서 뚜렷, 전달절차의 규칙이 엄격하게 계열화, 학습내용의 선정 준거가 명시적
　　㉣ 학생들 사이의 성취에 따른 차이에 관심. 평가에서도 명확한 기준과 정교한 측정 방법에 의한 객관적 평가방법 중시
　　㉤ 교사 주도 교육
　② 보이지 않는 교수법(비가시적 교수법)
　　㉠ 진보주의 교육법, 약한 분류와 약한 구조
　　㉡ 공부와 놀이를 구분하지 않음
　　㉢ 학습자의 내적인 변화 중시. 학생들의 인지적, 언어적, 정의적, 동기 수준에서의 변화 강조
　　㉣ 평가에서도 객관적 기준이나 방법은 존재하지 않고, 대신 아동의 내적인 상태와 과정 고려
　　㉤ 다른 학생들과의 비교가 기본적으로 가능하지 않으며, 학습자 중심의 성격을 지님

(3) **사회계급과 언어**
계급에 따라 사용하는 언어가 다름
　① **정교한 어법(공식어)**: 중류계급이 쓰는 언어. 사물 사이의 논리적인 관련을 표현. 보편적 의미를 담고 있음
　② **제한된 어법(대중어)**: 하류계급이 쓰는 언어. 막연한 상투적 표현(말의 내용이 아닌 정서적 유대를 통해 의사소통). 구체적 의미를 담고 있음(관련되지 않은 사람은 이해하기 어려움)
　ⓟ 정교한 어법을 습득한 아동은 제한된 어법을 습득한 아동보다 교육내용이 요구하는 상황에 잘 적응

---

**PLUS**
노동계급 학생의 학업 실패 원인을 '능력'이 아닌 언어적 측면에서 설명

## 4. 교사와 수업

### (1) 케디(Keddie)의 학생 범주의 구분
① 학생의 범주화: 교사들은 잘하는 아이, 잘할 수 있는 아이, 그저 그런 아이 등으로 범주화된 지각에 따라 학생들을 차별적으로 취급
② 범주화의 근거: 능력과 사회계급에 따라 범주화. 사회계급은 숨겨진 요인으로 작용

### (2) 맥닐(McNeil)의 방어적 수업
① 주요 주장: 한 명의 교사가 수십 명의 학생을 가르치는 학급 상황에서 교사는 학생들로부터 자신을 지켜야 한다는 구조적 방어의식을 갖게 됨
　ⓐ 방어적 수업으로 나타남
② 방어적 수업의 유형
　㉠ 단편화: 단편들 혹은 서로 연결되지 않는 목록들로 환원시킴
　㉡ 신비화: 복잡한 주제에 관한 토론을 막기 위해 그것을 신비한 것처럼 다룸
　㉢ 생략: 시사 문제나 논쟁의 여지가 있는 주제에 적용. 학생들이 반대 의견을 제시하거나 토론을 할 만한 자료 혹은 자료를 보는 관점 생략
　㉣ 방어적 단순화: 어려운 주제를 간단히 언급만 하고 넘어가는 전략. 학생들을 이해시키기 위해 다양한 방법과 많은 시간이 드는 주제를 다루는 경우 사용

### (3) 하그리브스(Hargreaves)의 상호작용론
① 주요 주장: 교사들이 자신의 역할을 어떻게 규정하느냐에 따라 교사가 학생을 대하는 방식이 달라진다고 봄
② 교사의 유형
　㉠ 맹수조련사형
　　• 학생들을 엄하게 다루어 개명시키는 존재가 교사라고 보는 유형
　　• 교사들은 담당 교과에 대한 전문적 지식을 갖추고 있어야 하고, 학생을 다룰 줄 알아야 함
　㉡ 연예인형
　　• 재미있는 학습 매체를 활용하여 학습을 즐겁게 하고, 학생들과 시간을 많이 보내고 친절해야 하는 존재가 교사라고 보는 유형
　　• 학생들이 학습에 흥미를 느낄 수 있도록 교수자료를 풍부하게 만들고 시청각 기법을 활용
　㉢ 낭만형
　　• 신뢰와 애정을 바탕으로 학생의 개성, 자유, 인간적인 교육 등을 중시해야 하는 존재가 교사라고 보는 유형
　　• 학습할 수 있는 여건을 조성하고, 학습자가 스스로 선택할 수 있도록 다양한 학습기회 제공. 수업내용도 학생과 상의하여 결정

> **PLUS**
> **하그리브스**
> 교사와 학생의 관계에서 주도권을 가지고 학습상황을 규정하는 쪽은 교사이므로, 교사가 상황을 어떻게 규정하는가가 중요하다고 봄

# Chapter 02 사회이동과 교육선발

## 01 사회이동과 선발

### 1. 사회이동(social mobility)

(1) 개념

한 개인이나 집단이 하나의 위치에서 다른 사회경제적 위치로 이동하는 것

(2) 유형

① 사회이동 방향에 따른 유형: 수직적 이동, 수평적 이동
② 사회이동 현상이 일어나는 준거점에 따른 유형: 세대 간 이동, 세대 내 이동

### 2. 사회이동과 선발

① 학교는 선발과 분배의 기능을 담당하는 기관으로 두 가지 상반되는 역할 수행
② 가열: 많은 사람이 보다 높은 지위를 획득하기 위해 경쟁하도록 동기 부여
③ 냉각: 사람들의 수를 준비된 지위와 역할의 수에 맞게 적절한 수준까지 감소시키는 기능. 상층지위에 오르려는 사람이 많으므로 적절한 수준으로 이들의 열망에 찬물을 끼얹는 것

**PLUS**

- 방향에 따른 유형
  - 수직적 이동: 사회·경제적 지위가 상하로 변하는 것. 지위를 획득하면 상승이동, 반대의 경우는 하강이동이라 함
  - 수평적 이동: 사회적 위치가 동일한 수준에서 횡적으로 이동하는 것
- 준거점에 따른 유형
  - 세대 간 이동: 자식이 부모나 조부모의 지위에서 얼마나 상승 또는 하강했는지 알아보는 것
  - 세대 내 이동: 한 개인의 생애에 걸친 직업적·사회적 지위 변화

## 02 사회이동과 교육체제

### 1. 터너(Turner)의 교육체제 연구

① 경쟁적 이동(평등 이데올로기) : 개인의 노력에 의해 상위계층으로 이동 가능. 엘리트 지위는 노력하여 획득하는 것
② 후원적 이동(엘리트 이데올로기) : 상류계층의 자녀들을 엘리트로 선택하는 사회이동 시스템. 엘리트 계층은 사회로부터 주어지는 것. 개인의 노력은 의미가 없으며, 후원적 지원 능력과 관련

### 2. 호퍼(Hopper)의 유형론

① 터너의 유형론을 확대
② 호퍼의 선발 특성에 따른 분류

| 선발 특징 | 분류 | 내용 |
|---|---|---|
| 선발방법 | 경쟁적 이데올로기 | 지방분권적, 비표준화, 자유경쟁 |
| | 후원적 이데올로기 | 중앙집권적, 표준화, 국가의 통제 |
| 선발시기 | 평등 이데올로기 | 후기 선발 |
| | 엘리트 이데올로기 | 조기 선발 |
| 선발대상 | 보편주의 | 개방적 사회 |
| | 특수주의 | 폐쇄적 사회 |
| 선발기준 | 개인주의 | 개인선발 |
| | 전체주의 | 집단선발 |

02. 사회이동과 교육선발

## 03 교육의 기능과 사회이동

### 1. 기능론적 관점(교육평등화론)

학교 교육에 대해 낙관적

(1) 호레이스만(Horace Mann)

교육은 "위대한 평등장치(the great equalizer)"

(2) 블라우와 던컨(Blau & Duncan)의 지위획득모형
① 직업지위획득을 결정하는 요인들을 분석하여 사회이동의 과정을 밝히고자 함
② 직업지위획득을 결정하는 요인을 아버지의 교육, 아버지의 직업, 본인의 교육, 본인의 첫 번째 직업의 네 가지로 파악
③ 아버지의 교육과 직업요인은 가정배경요인, 본인의 교육과 직업경험은 자신의 훈련과 경험을 대표하는 것으로 간주
  ⊙ 아버지의 교육이나 직업은 사회적 지위와 직접적인 상관이 없음. 본인의 교육수준이 사회적 지위 또는 직업적 성공에 더 큰 영향(가정배경 요인보다 교육의 영향이 더 큼)

### 2. 갈등론적 관점(불평등 재생산론)

학교 교육에 대해 비관적

(1) 콜맨(Coleman) 보고서
① 백인학교와 흑인학교 간의 특성에 차이가 있고, 이러한 차이가 두 집단 간의 학업 성취도의 차이를 가져올 것이라 예상 ⊙ 학교 간 특성(교육자원의 분배)은 거의 비슷, 학교의 교육여건은 학업 성취도에 큰 영향을 주지 않음
② 결론: 불우한 계층집단의 학업실패 원인은 학교가 아니라 학생의 가정환경에 있었음
③ 의의: 교육평등에 대한 관점을 기회의 평등에서 결과의 평등으로 한 차원 높임(보상교육 정책)

(2) 카노이의 교육수익률의 교육단계별 변화

교육의 수익률이 높을 때 학교에 다니는 사람들과 수익률이 낮아지는 단계에 다니는 사람들의 계층 배경이 다름
① 교육수익률이 높을 때(교육의 경제적 가치가 높을 때): 중·상류층이 다니면서 이득을 취함

② 교육수익률이 낮을 때(교육의 경제적 가치가 낮을 때) : 하류층은 이득 없이 뒤만 따라다님

(3) 보울즈와 진티스(Bowles & Gintis)의 연구
① 학교에서 이루어지는 교육이 사회불평등을 견고하게 만들고, 기득권 문화를 정당화하며 사회 평등화에 오히려 장애가 된다고 주장
② 학교 교육은 능력 위주에 따라 실시되며 교육수준에 따라 인재를 적재적소에 배치하는 것처럼 위장함으로써 불평등 구조를 존속시키고 기득권층에 봉사함

## 3. 무관계론

젠크스(Jencks)의 학교 교육 효과 연구
① 학교 교육 연한이나 인지적인 요인과 개인의 수입 간에는 별 상관이 없으며, 아버지의 직업이나 교육도 아들의 수입과 거의 관련이 없음
② **연구결과** : 가정배경, 지적 능력, 교육수준, 직업지위를 모두 동원하여도 개인 간 소득의 차이를 제대로 설명할 수 없었음
  ⊙ "학교는 평등화와 별 관련이 없음(School doesn't matter)"

# Chapter 03 교육과 평등

> **PLUS**
> - 기회의 평등
>   - 허용적 평등
>   - 보장적 평등
> - 내용의 평등
>   - 과정의 평등
>   - 교육결과의 평등

## 01 교육평등관의 유형

### 1. 허용적 평등

① 모든 사람에게 동등한 기회가 주어져야 한다는 관점(법이나 제도상으로 특정 집단에게만 기회가 주어지는 일 철폐)
② 주어진 기회를 누릴 수 있는지 여부는 개인의 역량과 형편에 달린 것
③ 모든 사람이 같은 수준의 교육을 받아야 한다는 것은 아님 ➋ 사람이 타고난 능력은 각자 다르므로 교육의 양은 능력에 비례해야 함

### 2. 보장적 평등

① 기회를 허용하는 것만으로는 완전한 교육평등의 실현 불가능
② 취학을 가로막는 경제적, 지리적, 사회적 제반 장애를 제거해 주는 것이 보장적 평등 ➋ 기회의 허용뿐만 아니라 교육의 기회를 누릴 수 있도록 보장해 주어야 함
  예) 의무교육 실시, 무료급식 제공, 학비 지원, 컴퓨터 무상 지급 등

### 3. 과정의 평등(교육조건의 평등)

① 모든 학생에게 학교 간의 환경적 조건을 동등하게 해 주어야 함
② 학교 시설, 교사 자질, 교육과정 등에서 학교 간의 차이가 없어야 평등
  예) 고교평준화정책

### 4. 교육결과의 평등(보상적 평등주의)

① 배경이나 능력이 다르더라도 교육의 결과가 같은 것이 평등. 불리한 위치에 있는 사람들에게 보상적 의미의 조치가 취해짐을 의미
② 능력이나 자질이 부족한 학생들에게 별도의 프로그램을 마련하여 보상교육을 시킴. 누구나 최저능력 면에서 격차를 내지 않도록 하는 일종의 학력의 평준화방식

### 교육결과의 평등을 위한 보상적 평등정책

| 학생 간 격차를 줄이기 위한 노력 | 능력이 낮은 학생에게 더 좋은 교육조건 제공, 학습부진아에 대한 보충학습지도 |
|---|---|
| 계층 간 격차를 줄이기 위한 노력 | 저소득층의 취학 전 어린이들을 위한 보상교육, 기회균형 선발제 |
| 지역 간 격차를 줄이기 위한 노력 | 읍·면 지역의 중학교 의무교육 우선 실시, 농어촌 학생의 대학입시 특별전형 |

03. 교육과 평등

## 02 교육격차의 인과론

### 1. 지능결핍론
지능의 유전적 결핍이나 저소득 계층에 속한 아동들이 학교생활이나 교사 관계에서 다른 아동에 비해 빈약함으로 인해 학업 성취에서 실패함

### 2. 문화환경결핍론

(1) **문화실조론과 문화다원론**

① 문화실조론
   ㉠ 학교에서 가르치는 지식은 객관적이며 보편적 가치를 지닌 것 ◎ 적절한 학업 성취를 하지 못하는 아동들은 배워야 할 것을 배우지 못한 결핍된 존재
   ㉡ 학교에서 가르치는 문화를 배우지 못하면 학업결손이 생긴다고 봄
   ㉢ 문화실조 문제는 학교에 의해 해결 가능 ◎ 보상교육 프로그램 시행

② 문화다원론
   ㉠ 문화 간 우열은 없음. 학교가 특정계층의 문화를 가르침으로써 학습 결손 발생
   ㉡ 학교에서 강조하는 내용과 그들의 문화가 다르기 때문에 학업 성취가 낮게 나오는 것 ◎ 편향된 문화를 가르치는 학교의 문제
   ㉢ 여러 집단과 계층의 문화를 고루 다루어 해결

(2) **콜맨의 사회적 자본과 학업 성취**

가정배경이 학업 성취에 가장 큰 영향을 미치는 요인. 가정배경을 크게 세 차원으로 구분

① 경제적 자본: 가족의 부나 소득·재산으로 측정. 학생의 학업 성취를 도울 수 있는 물적 자원, 부모의 경제적 지원 능력
② 인적 자본: 부모의 교육수준(부모의 학력)으로 측정. 학생의 학업 성취를 돕는 인지적 환경 제공
③ 사회적 자본
   ㉠ 가족 내 사회적 자본: 부모와 자녀 간의 관계 및 상호작용. 부모가 자녀에게 투자하는 시간과 노력
   ㉡ 가족 밖의 사회적 자본: 부모의 사회적 활동이나 각종 모임이나 조직에의 참여. 어떤 이웃과 사는지, 어떤 학교 또는 지역사회에 거주하며, 어떤 친구를 사귀고 어떤 단체에 가입하고 있는지 등

---

**POINT**

**학습결손의 원인과 해결책**
- 원인
  - 문화실조론: 이상적 문화가 실조되었기 때문
  - 문화다원론: 학교가 특정 계층의 문화를 가르치기 때문
- 해결책
  - 문화실조론: 학교에 의한 보상교육 프로그램 시행
  - 문화다원론: 학교에서 여러 집단과 계층의 문화를 다룸

## 3. 교사결핍론(교사의 기대효과)

### (1) 로젠탈과 제이콥슨의 실험
학생에 대한 교사의 기대수준이 학생의 학업 성취에 강력한 예언력을 가짐
◉ 피그말리온 효과(Pygmalion effect)

### (2) 머튼(Merton)의 자기충족 예언
① 한 예언이 형성되면 그 예언이 인간행동에 어떤 구속력을 가하여 바로 예언 자체의 실현을 위한 강력한 수단이 된다는 것
② 의약계에서는 플라시보 효과(placebo effect)라 부름

### (3) 기대유지효과
학생이 어떤 향상을 보였을 때 교사가 학생의 향상 정도에 맞추어 학생에 대한 기대를 수정하지 않을 경우, 바뀌지 않는 교사의 기대가 학생의 성취를 교사의 기대수준에 계속 머물게 하는 것

# Chapter 04 현대사회의 교육 다양화

## 01 평생교육

### 1. 평생교육의 개념

"평생교육은 개인의 출생부터 죽을 때까지의 생애에 걸친 교육(수직적 차원)과 개인 및 사회전체의 교육(수평적 차원)의 통합"(Lengrand)

### 2. 평생교육 지향의 변천: 유네스코(UNESCO)의 영향

(1) 렝그랑

유네스코 '성인교육발전위원회'에 「평생교육」이라는 보고서를 유네스코 사무총장에게 권고안으로 제출

(2) 포르(Edgar Faure)

① 1972년 「존재를 위한 학습」이라는 보고서 발간
② 의의: 당시 교육제도의 대안으로 '학습사회(learning society)'를 지향해야 한다는 점 부각

(3) 들로(Jacques Delors)

① 1996년 「보물을 담은 학습」이라는 보고서 발표
② 21세기를 준비하는 네 개의 학습 제시(평생교육의 네 가지 기둥)
  ㉠ 알기 위한 학습(learning to know): 지식교육. 인간 개개인의 삶에 의미를 주는 살아 있는 지식의 습득을 위한 학습
  ㉡ 행동하기 위한 학습(learning to do): 직업기술 습득과 더불어 여러 상황에 대처하고 팀을 이루어 일할 수 있는 능력을 얻는 데 쓰임
  ㉢ 함께 살기 위한 학습(learning to live together): 공동체 속에서 다른 사람과 조화롭게 삶을 영위할 수 있는 능력. 타인을 이해하고 상호의존성을 인정하면서 이루어짐
  ㉣ 존재하기 위한 학습(learning to be): 교육의 궁극적 목표. 알기 위한 학습, 행동하기 위한 학습, 함께 살기 위한 학습의 세 가지 교육적 기능의 총체. 개인의 인성을 성장시키고 자율성과 책임감 있는 행동을 할 수 있게 해주는 학습

## 3. 평생학습사회를 위한 실현방안

① 학점은행제 : 학교 교육 이외의 다양한 학습경험을 제도적 인정 기준과 절차에 따라 평가하여 학점이나 학위, 학력 또는 국가 자격 등과 같은 사회적으로 공인된 교육결과로 인정하는 제도
② 독학에 의한 학위 취득제도 : 자학자습을 통해 대학 학위를 취득하려는 제도. 독학학위 취득을 위해서는 국립교육평가원 주관하에 실시되는 4단계의 시험절차를 거쳐야 함
③ 학습계좌제 : 개별적으로 취득한 학력, 자격 등 인증된 학습경험과 학교 외 교육경험 등에서 얻은 학습경험을 종합적으로 누적 기록·관리하고 이를 객관적으로 인증받도록 하기 위한 제도적 장치
④ 문하생 학력인정제도 : 「문화재 보호법」에 의해 국가가 인정한 무형문화재에게서 개인적으로 사사받은 기간도 정규학력으로 인정하는 제도
⑤ 유급교육휴가제 : 피고용자의 평생학습과 자기개발을 지원하기 위해 피고용자가 희망할 경우 일정기간 동안 교육휴가를 갖게 하는 제도. 근로자에게 일정의 임금을 지급하는 형태의 교육휴가제

## 4. 평생학습 관련 학습 이론

(1) 메지로우(Jack Mezirow)의 전환학습(transformative learning theory)
 ① 경험을 반성적으로 살펴보고 상황을 판단하여 삶에 대한 새로운 전략을 짜면서 관점을 전환해 가는 것
 ② 인간은 세상을 지각하고 해석하는 고유의 관점을 지니고 있으며, 이 같은 관점은 지속적으로 변화한다고 봄. 인간의 관점을 보다 성숙하고 합리적으로 하는 것이 성인 교육자의 역할

(2) 아지리스와 쉔(Argyris & Schön)의 이중고리학습(double loop learning)
 ① 경험은 두 가지 차원에서 동시에 이루어짐. 하나는 주어진 조건과 상황을 그대로 답습하는 경험이며, 다른 하나는 그러한 경험을 위에서 내려다보며 반성적으로 그 가정과 전제들을 의심해 보는 것
 ② 첫 번째 경험에 근거한 학습이 단일고리학습, 두 번째 경험에 근거한 학습이 이중고리학습

(3) 노울즈(Knowles)의 자기주도학습(self-directed learning)
 ① 자기주도적 학습은 안드라고지를 실현하는 구체적 도구
 ② 학습의 전 과정을 학습자가 주도권을 갖고 스스로 진행하는 학습. 메타인지 중시
 ③ 학습자의 주도적 역할, 학습자 스스로 학습하는 능력이 핵심

04. 현대사회의 교육 다양화

## 02 교육과 문화

### 1. 문화변화의 유형

① 문화전계(文化傳繼, enculturation): 문화가 담당 세대들로부터 다음 세대로 전달되고 계승되는 것. 개인이 속한 사회의 문화를 학습하여 그 문화에 동화되어 가는 현상

② 문화접변(文化接變, acculturation): 외부 영향으로 한 문화가 다른 문화와 장기간 접촉하여 한쪽 또는 양쪽의 문화가 변화하는 현상

③ 문화지체(文化遲滯, cultural lag): 물질적 문화(문명)는 빠르게 변화하는 데 반해 정신적 문화의 속도는 느리게 변화함에 따라 일어나게 되는 문제 현상

**POINT**
**문화지체**
물질문화나 새로운 기술의 도입에 문화가 충분히 적응하지 못하는 현상

### 2. 다문화의 이해

**(1) 다문화의 개념**
여러 유형의 이질적인 문화가 하나의 제도권 안에서 상호교류를 통해 형성되는 것

**(2) 다문화 이론**

① 용광로 이론(theory of melting pot): 동화교육. 사회를 하나의 거대한 용광로로 보고 이민자들을 주류 문화에 용해시키려는 이론

② 모자이크 이론(theory of mosaic): 캐나다에서 미국의 용광로 이론 비판. 여러 색상의 다양한 조각들인 이민자들이 모여 하나의 아름다운 모자이크를 완성할 것을 주장

③ 샐러드 볼 이론(theory of salad bowl): 여러 샐러드 재료들이 하나의 볼에 담기듯 이민자들이 모국의 문화와 언어를 유지하면서도 새로운 정주국의 구성원으로 살아갈 수 있도록 하자는 이론

④ 문화생태 이론(theory of eco-cultures): 생태계와 같이 서로 다른 문화적 배경을 가진 인간사회도 이를 둘러싼 제반 환경에 의해 적절히 균형 관계가 유지될 수 있다는 이론

**(3) 다문화 교육의 개념**
문화적 다양성의 존중과 이해를 위한 일련의 교육적 과정을 통해 문화적 차이에서 오는 사회적인 차별을 해결하고 궁극적으로 민주주의 가치를 실현하기 위한 교육전략

(4) **다문화 교육의 영역(뱅크스, 2002)**
    ① 내용통합 : 교육과정 및 교과서를 구성하거나 교육자료를 선정할 때 사회의 다양한 집단과 구성원의 역사, 문화, 가치와 관련된 내용을 교육과정에 반영하고자 함
    ② 지식 구성 과정 : 지식은 중립적이지 않으며 한 사회 내의 권력관계를 반영. 학교에서는 학생들에게 지식이 구성되는 과정, 지식 생산자들의 목적과 관점을 확인하는 방법, 스스로 현실을 해석하는 방법들을 가르쳐야 함
    ③ 편견감소 : 교수법과 자료를 활용하여 학생들이 다른 문화집단에 대해 긍정적이고 우호적인 태도와 가치를 발달시키도록 돕는 것
    ④ 평등한 교수법 : 소수집단 학생들의 학업 성취를 돕기 위해 교사가 자신의 교수법을 수정하는 것. 다양한 집단의 학습양식을 교수법에 반영하고 협동학습을 적용하고자 노력
    ⑤ 학교문화 개선 : 다양한 배경을 지닌 학생들이 학교에서 교육적 평등과 문화적 능력을 경험할 수 있도록 학교의 문화와 조직을 재구조화

(5) **다문화 교육의 방향**
    ① 현재의 다문화 교육은 다문화 가정 자녀와 다문화 가정 외국인의 언어 문제 해결, 한국 문화와 풍속 등을 이해시키는 데 중점. 다양한 문화의 공존과 차이 인정, 상호 존중의 태도, 나와 다른 것에 대한 관용의 자세 등에 대한 가치와 태도 교육 필요
    ② 문화적 차이만을 떼어놓고 실시하는 경향. 외국인 부모를 둔 아이들만 분리하여 따로 언어와 문화교육을 제공하게 되면 학생들 사이에 인종적 반목과 거리감을 높이는 부작용을 가져올 수 있음
    ③ 다문화 교육은 별도 교육 프로그램뿐만 아니라 모든 교과목에 접목되어야 함
    ④ 다문화 교육은 편견이 존재하는 사회의 구성원 모두에게 이루어져야 함

04. 현대사회의 교육 다양화

## 03 청소년 비행문화론

> **POINT**
> **비행의 원인**
> - **아노미 이론**: 문화적 목표와 제도화된 수단 간 괴리로 인해 아노미를 경험하게 되어서
> - **낙인 이론**: 특정 개인이나 집단이 일탈자로 규정되고 낙인찍혀서
> - **사회 통제 이론**: 사회적 통제가 약해지거나 끊어져서
> - **차별 접촉 이론**: 범죄나 비행을 정당화하는 사람들과의 접촉을 통해
> - **비행 하위문화 이론**: 하층 청소년들이 비행을 인정하는 자신들의 하위문화를 만들어서

### 1. 아노미 이론

**(1) 비행의 원인**

머튼(Merton). 문화적 목표와 제도화된 수단 간에 괴리가 생길 때 아노미 현상이 발생, 비행으로 이어짐
① **문화적 목표**: 한 사회에서 거의 모든 성원이 바람직하다고 규정한 것이며 동시에 소유하기를 원하는 대상
② **제도화된 수단**: 문화적 목표를 달성하는 합당한 방법
③ **아노미**: 뒤르켐이 처음 사용. 무규범 상태

**(2) 문화적 목표와 제도적 수단의 조합에 따른 적응양식 유형**

① **동조형(conformity)**: 목적과 수단을 수용
② **혁신형(innovation)**: 목적을 수용하고 수단을 거부
③ **의례형(ritualism)**: 목적은 거부하나 수단을 수용
④ **도피형(retreatism)**: 목적과 수단을 모두 거부
⑤ **반역형(rebellion)**: 현존하는 목적과 수단을 거부하고 새로운 목적과 수단으로 대치
◎ 동조형을 제외한 나머지 네 가지 유형은 모두 '일탈행위'로 규정

### 2. 낙인 이론

**(1) 비행의 원인**

비행아라고 낙인이 찍히면 그 꼬리표를 항상 달고 다니게 되고 자연히 정상적인 사회적 관습과 멀어져 범죄행위에 빠지게 됨

**(2)** 일탈행위란 사회가 낙인을 찍은 행위. 일탈자로 낙인을 찍는 것이 그 사람의 후속 행위를 또 다른 일탈행위로 결정하는 중요한 요인이 됨

**(3) 낙인을 붙이는 과정**

① **추측**: 학생들의 첫인상 형성
② **정교화**: 가설검증의 과정. 학생의 행동이 첫 판단과 일치되지 않으면 바뀔 가능성 있음
③ **고정화**: 학생들의 정체감에 대해 안정된 개념을 갖게 됨. 학생에 대한 신념은 바꾸기 어려움

## 3. 사회 통제 이론

### (1) 비행의 원인
① 사회통제이론은 "사람들이 왜 규범을 준수하는가?"에 관심. 사람들은 누구나 규범을 어기려는 충동이 있으나 사회적인 통제 때문에 지킴
② 내·외적 통제요인이 약화되거나 끊어지면 비행 발생

### (2) 중화 이론과 사회 연대 이론
① 중화 이론: 청소년기에는 자신의 비행을 합리화할 수 있는 기술(중화기술)만 있다면 일시적으로 비행을 저지르게 됨. 중화기술을 사용하여 자신의 문제를 합리화
　㉠ 책임의 부정: 비행을 하게 된 것은 세상 탓이고 무책임한 부모의 탓이라는 등 합리화하여 자기가 오히려 희생자라고 주장
　　예 부모의 애정결핍 때문에 그랬다.
　㉡ 가해의 부정: 자신의 행위로 인해 손상을 입거나 재산상 피해를 본 사람이 없음을 이유로 자신의 행위를 합리화
　　예 장난으로 때린 거다.
　㉢ 피해의 부정: 피해자가 비행을 자초했거나 유혹하였다고 주장하는 것. 여름에 심하게 노출된 옷을 입었기 때문에 성폭행을 했다고 피해자를 비난하는 경우
　　예 맞을 짓을 해서 때렸다.
　㉣ 비난자의 비난: 비행청소년들을 비난하는 교사, 경찰, 종교인 등이 더 나쁜 사람들이라고 비난. 비행을 저지르는 사람들이 많은데 왜 나만 나쁘다고 야단치느냐고 주장
　　예 왜 나만 문제 삼느냐
　㉤ 높은 충성심에의 호소: 자기가 속한 집단에 대한 의리 혹은 충성심 때문에 할 수 없이 나쁜 짓을 하게 되었다고 주장
　　예 동료들을 위해서 그런 것이다.

② 사회 연대 이론
　㉠ 허쉬(Hirschi)가 주장. 개인과 사회 간 결속이 강할수록 범죄를 저지르지 않게 되고, 결속이 완화될수록 범죄를 저지를 확률이 높아짐
　㉡ 비행성향을 통제하는 가정과 학교에서의 유대(애착, 참여, 관여)가 약해지면 비행을 저지르게 됨
　　예 부모, 친구, 교사와 관계가 좋지 않은 학생들에게서 비행이 발생하는 경우

### 4. 차별 접촉 이론

(1) **비행의 원인**

서덜랜드(Sutherland)에 의해 성립. 범죄는 친밀한 사람들과의 상호작용을 통한 학습으로 배우게 됨. 범죄에 대한 우호적인 태도와 비우호적인 태도를 '차등적'으로 개인과의 '접촉'을 통해 배움 ⊙ 근묵자흑

(2) 가난한 지역 아동들은 범죄에 대해 우호적인 가난한 지역의 문화와 접촉하게 됨으로써 일탈행동을 학습

### 5. 비행 하위문화 이론

(1) **비행의 원인**

코헨(Cohen)이 주장. 하층에는 중산층과는 다른 문화(하위문화)가 존재. 가난한 지역의 청소년들은 중산층의 문화가 지배적인 사회에서 자신들의 지위를 획득하기가 힘들어 자기들에게 유리한 비행 하위문화를 형성하게 됨

(2) 비행을 일반문화와 반대문화로서의 하위문화로 이해

# Mind Map

## 01 교육평가의 기초

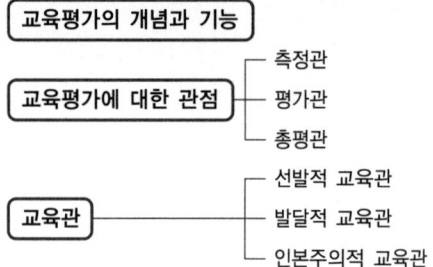

- 교육평가의 개념과 기능
- 교육평가에 대한 관점
  - 측정관
  - 평가관
  - 총평관
- 교육관
  - 선발적 교육관
  - 발달적 교육관
  - 인본주의적 교육관

## 04 교육평가의 영역

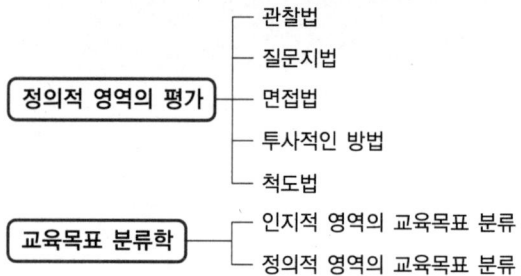

- 정의적 영역의 평가
  - 관찰법
  - 질문지법
  - 면접법
  - 투사적인 방법
  - 척도법
- 교육목표 분류학
  - 인지적 영역의 교육목표 분류
  - 정의적 영역의 교육목표 분류

## 02 교육평가 모형

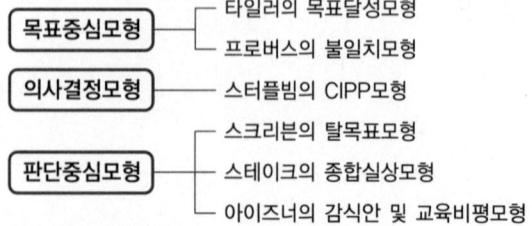

- 목표중심모형
  - 타일러의 목표달성모형
  - 프로버스의 불일치모형
- 의사결정모형
  - 스터플빔의 CIPP모형
- 판단중심모형
  - 스크리븐의 탈목표모형
  - 스테이크의 종합실상모형
  - 아이즈너의 감식안 및 교육비평모형

## 05 평가문항의 제작

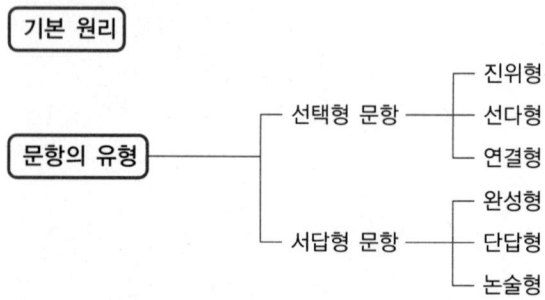

- 기본 원리
- 문항의 유형
  - 선택형 문항
    - 진위형
    - 선다형
    - 연결형
  - 서답형 문항
    - 완성형
    - 단답형
    - 논술형

## 03 교육평가의 유형

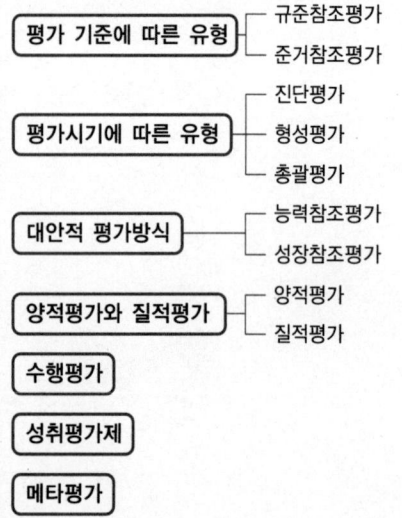

- 평가 기준에 따른 유형
  - 규준참조평가
  - 준거참조평가
- 평가시기에 따른 유형
  - 진단평가
  - 형성평가
  - 총괄평가
- 대안적 평가방식
  - 능력참조평가
  - 성장참조평가
- 양적평가와 질적평가
  - 양적평가
  - 질적평가
- 수행평가
- 성취평가제
- 메타평가

## 06 평가도구의 질적 요건

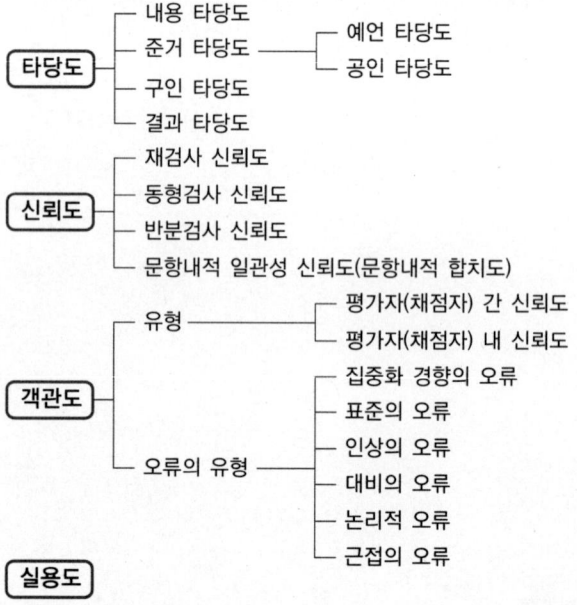

- 타당도
  - 내용 타당도
  - 준거 타당도
    - 예언 타당도
    - 공인 타당도
  - 구인 타당도
  - 결과 타당도
- 신뢰도
  - 재검사 신뢰도
  - 동형검사 신뢰도
  - 반분검사 신뢰도
  - 문항내적 일관성 신뢰도(문항내적 합치도)
- 객관도
  - 유형
    - 평가자(채점자) 간 신뢰도
    - 평가자(채점자) 내 신뢰도
  - 오류의 유형
    - 집중화 경향의 오류
    - 표준의 오류
    - 인상의 오류
    - 대비의 오류
    - 논리적 오류
    - 근접의 오류
- 실용도

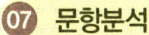 **문항분석**
- 고전검사이론
- 문항반응이론

 **교육통계**

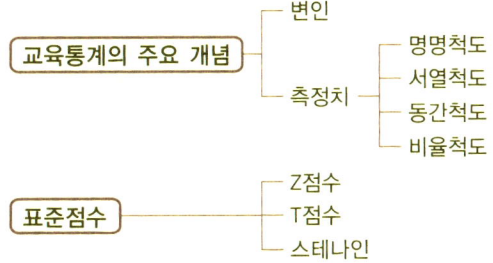

# PART 09

# 교육평가

chapter 01 교육평가의 기초
chapter 02 교육평가 모형
chapter 03 교육평가의 유형
chapter 04 교육평가의 영역
chapter 05 평가문항의 제작
chapter 06 평가도구의 질적 요건(양호도)
chapter 07 문항분석
chapter 08 교육통계

# Chapter 01 교육평가의 기초

## 01 교육평가의 개념과 기능

### 1. 교육평가의 개념

교육목적의 달성 정도를 판단하고, 일정한 기준을 가지고 교육활동과 그 결과에 대한 가치를 판단하는 체계적인 과정

### 2. 교육평가의 기능

① 학습자의 학업 성취도 평가
② 학습자의 학습방법을 개선하는 데 도움. 학습 결과에 피드백을 제공하여 학습 촉진
③ 학습자의 진로지도를 위한 정보 제공
④ 교수·학습방법 개선 및 수업의 질을 높임
⑤ 교육 프로그램의 교육적 효과 평가
⑥ 교육 제반 문제를 이해하고 올바른 교육정책을 수립하는 데 도움

### 3. 교육평가의 유사 개념

**(1) 측정**

일정한 법칙에 따라 사람이나 대상의 속성에 수치를 부여하는 과정. 측정 결과는 수량화되고, 규준자료에 비추어 해석됨

**(2) 검사**

측정도구. 측정이나 사정보다 좁은 의미

**(3) 사정(총평)**

① 개인에 대한 의사결정을 내리기 위해 다양한 방법으로 자료를 수집하고 종합하는 과정. 측정과 검사를 포함하는 개념
② 사정은 자료를 수집하고 종합하는 데 치중하는 과정이고, 평가는 가치판단에 치중하는 과정. 학교에서 다양한 방법으로 학생에 관한 자료를 수집하여 종합하는 것은 사정, 학생의 상태에 대해 가치판단하면 평가

---

**PLUS**

**교육평가의 기본 가정**
• 교육평가는 인간의 무한한 잠재 능력의 개발 가능성을 전제함
• 교육평가의 대상과 자료는 무한함
• 교육평가는 지속적으로 이루어져야 함
• 교육평가는 종합적인 과정이어야 함
• 교육평가는 더 나은 교육을 위한 수단으로 평가 자체에 목적이 있지 않음

01. 교육평가의 기초

## 02 교육평가에 대한 관점

> **POINT**
> - **측정관**: 양적
> - **평가관**: 양적 · 질적 + 가치판단
> - **총평관**: 양적 · 질적(다양한 방법 동원)

### 1. 측정관: 선발적 교육관

**(1) 개념**

어떤 대상이나 사건에 대해 체계적으로 숫자를 부여하는 것. 수량적 기술 과정으로 가치판단은 배제되거나 최소화

**(2) 특징**

① 신뢰성 및 객관성이 유지되느냐에 관심. 신뢰도가 타당도에 우선함
② 측정 절차나 방법에 표준화 요구
③ 외부 요인은 안정성을 위협하는 존재이므로 환경을 측정의 정확성을 저해하는 오차변인으로 간주
④ 결과는 주로 선발, 분류, 예언, 실험 등의 목적으로 사용

### 2. 평가관: 발달적 교육관

**(1) 개념**

양적 기술의 측정뿐만 아니라 질적 기술 포함, 양적 · 질적 기술에 대한 가치판단까지 포함

**(2) 특징**

① 존재하는 모든 실재나 인간의 행동 특성은 '변한다'는 관점에서 출발. 교육평가란 학습자에게 일어난 다양한 변화를 판단하는 일련의 절차
② 평가에서 가장 핵심적인 것은 평가도구의 타당성
③ 학생의 행동변화에 주된 관심, 환경은 중요한 변화의 자원
④ 평가결과는 평점, 자격수여, 배치, 지급 등 개인을 분류, 판단하는 데 있음. 교수방법, 교수 프로그램, 수업과정, 교사, 교육과정의 효율성 판단을 위해서도 사용

### 3. 총평관: 인본주의적 교육관

**(1) 개념**

① 인간의 특성을 여러 다양한 방법을 동원하여 종합적으로 평가하는 방법으로 '사정(assessment)'이라고도 함
② 개인의 행동 특성을 특별한 환경, 과업, 상황과 관련하여 의사결정하려는 목적의 전인적 평가

(2) **특징**
① 다양한 측정방법과 전체적, 직관적, 질적 평가방법 등을 사용
② 환경을 행동 변화를 강요하는 압력으로 간주. 환경이 요구하는 압력이나 역할을 먼저 분석하고, 그 후에 개인의 특성이 이에 적합한지 분석·결정
③ 개인과 환경 사이의 상호작용을 분석함에 있어 주로 구인 타당도를 활용
④ 총평 결과는 예언, 실험, 분류에 활용. 특히, 환경이 요구하는 준거나 역할에 비추어 개인을 진단하거나 예측

01. 교육평가의 기초

## 03 교육관

> **POINT**
> - 선발적 교육관: 능력 있는 일부만 목표 도달 가능
> - 발달적 교육관: 누구나 교육받을 능력을 가짐
> - 인본주의적 교육관: 누구나 교육받을 능력을 가짐

### 1. 선발적 교육관(측정관의 입장)

**(1) 개념**

학교에서 달성하고자 하는 교육목표에는 일부만이 도달할 수 있다는 신념을 가진 교육관

**(2) 특징**

① 소수의 우수자를 사전에 선발하기 위한 평가에 초점
② 학습자의 지적 능력에 의해 교육목표의 달성 여부가 결정된다고 믿음
③ 학교 교육의 성패에 대한 일차적 책임은 학습자에게 있음
④ 학습자의 특성과 학업 성취도의 관련성에 관심
⑤ 개별 학습자에 적합한 교수·학습방법 개발이나 학습부진아의 교육에 대해 무관심
⑥ 수월성 교육이나 엘리트교육을 학교에서 강조하게 된 논리 ⇨ 선발적 교육관에 바탕
⑦ 적합한 평가방식은 상대평가(규준참조평가). 학업 성취도는 정상분포를 이룸

### 2. 발달적 교육관(평가관의 입장)

**(1) 개념**

학교 교육의 주목적은 개별 학습자의 잠재가능성을 최대한으로 개발시키는 데 있다고 보는 입장. 모든 학습자에게 적절한 교수·학습방법만 제시될 수 있다면, 누구나 주어진 교육목표 달성 가능

**(2) 특징**

① 학교의 중심과제는 학생이 사회에 진출하여 잘 적응할 수 있도록 각자가 가진 잠재능력을 개발하고 다양한 특성을 길러주는 것
② 교육을 통한 인간행동의 변화 가능성에 대해 긍정적 태도
③ 교육에 대한 일차적 책임은 학교와 교사에게 있음. 학습자의 지적 능력과 학업 성취도 사이에 밀접한 상관관계가 있는 것으로 나타나면 일차적으로 교육은 실패한 것
④ 교육평가 방식은 절대평가(준거참조평가)
⑤ 평가관의 입장. 학업 성취도는 절대평가에 의한 부적편포를 이용

| Keyword |
| --- |
| #자아실현 #전인 #총평관 |

## 3. 인본주의적 교육관(총평관의 입장)

(1) 개념

교육을 자아실현의 과정이라고 믿는 교육관

(2) 특징

① 교육은 인성적 성장, 통합, 자율성을 꾀하고 자아 및 타인, 그리고 학습에 대한 건전한 태도를 형성해 가는 자아실현의 과정
② 모든 교육은 학습자가 원하고, 희망하고, 바라는 것에 의해 이루어져야 함
③ 타율적이고 수동적인 교육은 비인간적인 교육
④ 인간행동 특성을 전체적으로 이해하려는 총평관과 관련
⑤ 등급화에 대해 부정적인 시각

# Chapter 02 교육평가 모형

## 01 타일러의 목표달성모형

### 1. 개념
① 수업목표가 평가의 기준. 프로그램이나 수업 종료 후 교육목표가 달성된 정도를 확인하는 것
② 평가의 목적은 의도한 교육목표의 성취 여부 확인. 평가의 내용은 학생의 학업 성취도

### 2. 평가절차
① 교육목표 설정
② 설정된 교육목표의 분류
③ 분류된 교육목표를 행동적 용어로 진술
④ 교육목표의 달성이 측정될 수 있는 평가 장면의 설정
⑤ 측정도구의 개발·선택
⑥ 측정방법 및 도구를 사용하여 자료수집
⑦ 결과 해석 및 행동목표와 학생의 성취자료 비교

### 3. 특징
① 교육목표가 평가에서 핵심적인 역할
② 교육목표의 행동적 정의와 진술은 측정 및 평가를 용이하게 해주며, 평가의 효율성을 증대시켜 줌
③ 목표달성모형을 활용하면 교육목표와 학생 성취 간의 합치 여부를 체계적이고 논리적으로 검증할 수 있어 학교 현장에서 널리 사용될 수 있음

### 4. 의의
① 교육과정과 평가의 논리적 일관성을 유지해야 함을 강조
② 학교 교육의 효과적인 평가를 수행함에 있어 교육목표와 같은 명확한 평가 기준 제시의 필요성 강조

> **PLUS**
>
> **목표중심(달성)모형**
> - 목표를 미리 설정한 후 목표가 어느 정도 달성되었는가를 확인하는 데 초점을 둔 입장. 목표달성은 프로그램의 성공을 의미하는 반면, 목표의 미달은 프로그램의 부적합함을 의미
> - 타일러 모형에 근원을 두고 있는 목표중심모형은 프로버스의 불일치 모형으로 계승·발전되었음

③ 목표의 중요성을 강조함으로써 교육 프로그램 개발자나 교사들로 하여금 목표달성 여부의 확인을 통해 자신들의 교육 활동에 대한 책무성을 가지도록 함

## 5. 장점

① 교육목표, 교육내용, 교육평가 간의 논리적 일관성
② 명확한 평가 기준에 근거하여 평가에 과학적으로 접근
③ 평가를 통해 교육목표의 실현 정도 명확히 파악

## 6. 단점(비판)

① 행동 용어로 진술하기 어려운 교육목표에 대한 평가가 어려움. 학생이 이차방정식을 풀 수 있게 되었는가를 판단하기보다 학생의 도덕성이 함양되었는지 판단하기가 더 어려움
② 목표로 설정하지 않은 교육의 잠재적 효과에 대해서는 아예 평가하지 않는다는 비판(잠재적 교육과정에 소홀)
③ 목표가 도달된 결과에만 초점을 두어 교육의 과정 자체를 소홀히 하는 결과를 초래할 뿐 아니라 교육의 과정 자체에 대한 평가도 소홀히 한다는 한계

## 02 프로버스의 불일치모형

### 1. 개념
① 평가는 프로그램의 수행결과와 성취기준 사이에 불일치가 존재하는지 파악하여, 프로그램의 개선, 유지 및 종료 여부를 결정하기 위해 불일치에 대한 정보를 사용하는 과정
② 달성해야 할 표준이나 준거와 실제 수행성과 간의 차이, 괴리, 불일치를 분석하는 데 주안
③ 목표를 평가 준거로 삼고 있다는 점에서 목표중심 평가모형
④ 괴리모형, 격차모형, 간극모형이라고도 불림

### 2. 주요 개념
① 표준(standard) : 어떤 사상이 당연히 갖추어야 할 일련의 특징 또는 조건을 열거한 것
② 수행(performance) : 그 사상이 실제로 지니고 있는 특징이나 조건
③ 격차(discrepancy) : 표준과 수행 간의 차이 또는 불일치

### 3. 특징
프로버스와 타일러 모형은 목표를 준거로 삼고 있다는 점은 공통. 그러나 타일러는 목표가 달성된 정도의 측정을 강조하고, 프로버스는 목표와 수행성과가 불일치하는 부분과 그 정도 확인을 중시

02. 교육평가 모형

## 03 스터플빔의 CIPP모형

### 1. 개념

① 교육평가는 교육과 관련된 의사결정자에게 유용한 정보를 제공함으로써 의사결정을 촉진하는 활동 ◎ 의사결정모형
② 교육평가의 일차적인 기능은 교육목표의 달성도 확인이 아닌 교육에 관한 의사결정을 촉진하고 도와주는 관리적 기능(가치판단×, 정보 및 자료 제공)

> **암기비법**
> 계상이가 구토(투)를 하다가 실과실에서 순산했다.

### 2. 의사결정 유형

① 계획 의사결정(planning decision): 목표 확인 및 선정
② 구조화 의사결정(structuring decision): 목표달성에 적합한 절차와 전략 설계
③ 실행 의사결정(implementing decision): 수립된 설계와 전략 실천
④ 순환 의사결정(recycling decision): 목표의 달성 정도 판단 및 프로그램의 존속 혹은 변경 여부 판단

### 3. 평가 유형

(1) C 상황평가(context evaluation)
① 교육목표를 결정하는 합리적 기초나 이유 제공. 교육 상황의 당면문제와 요구사항을 다각적으로 분석하여 합리적 교육목표를 설정하도록 도움
② 계획 의사결정을 돕기 위해 실시
③ 평가방법: 체제 분석, 문헌 연구, 조사, 면접, 델파이 기법 등

(2) I 투입평가(input evaluation)
① 현재 무엇이 투입되고 있으며, 앞으로 무엇이 투입되어야 하는지 파악. 투입할 수 있는 자원, 시간, 예산에 비추어 여러 대안을 고려하고, 평가과정에서 발생할 수 있는 문제점 검토
② 구조화 의사결정을 돕기 위해 실시
③ 평가방법: 관련 문헌 및 기사 검토, 모범적인 프로그램 조사, 전문가 상담 등

(3) P 과정평가(process evaluation)
① 프로그램이 계획한 대로 실행되고 있는지 정보를 수집하여 피드백 제공. 프로그램의 운영방법과 절차를 수정하고 보완하는 데 필요한 정보를 수집하여 제공

> **PLUS**
> - 체제 분석: 관련 자료들을 체계적으로 수집, 조작, 평가하는 분석방법
> - 델파이 기법: 여러 전문가의 의견을 되풀이해 모으고, 교환하고, 발전시켜 예측하는 질적 예측 방법. 여러 전문가들을 대상으로 반복적인 질문을 통해 답변내용을 발전시켜 문제를 해결하려는 미래예측 방법

② 실행 의사결정을 돕기 위해 실시
③ 평가방법: 참여 관찰, 토의, 설문조사 등

(4) P 산출평가(product evaluation)
① 프로그램의 결과에 관한 정보를 제공할 목적으로 이루어지는 평가. 프로그램의 효과를 측정
② 순환 의사결정을 돕기 위해 실시
③ 평가방법: 미리 설정한 목표에 비추어 평가, 다른 유사 프로그램과 성과 비교

## 4. 장단점

(1) 장점
① 프로그램의 어느 단계에서나 평가 가능, 그 결과를 시기적절하게 송환시켜 프로그램의 관리와 개선에 매우 효과적
② 평가자와 의사결정자 간에 협조가 잘 이루어짐

(2) 단점
① 평가의 설계가 복잡하고 비용이 많이 들게 됨
② 평가의 봉사 기능만을 지나치게 강조 ⓥ 평가자의 역할 경시

02. 교육평가 모형

## 04 스크리븐의 탈목표모형

### 1. 개념

① 목표중심평가의 문제점을 보완하기 위해 프로그램이 의도했던 효과뿐만 아니라 부수효과(잠재적인 결과의 가치)까지 포함하여 실제 효과를 평가하는 방식
② 목표중심평가에서는 이차적 또는 잠재적 부수효과를 간과
  예) 프로그램이 의도한 목표는 달성했지만, 부수적인 부정적 효과 때문에 폐기될 수도 있음. 반대로 본래의 목표 달성에는 실패했지만, 그 외의 많은 긍정적인 효과를 수반하는 프로그램이 있다면 그 프로그램은 계속 채택될 것

### 2. 평가의 특징

① **탈목표평가와 목표중심평가 구분**: 탈목표평가는 의도된 성과뿐만 아니라 기대하지 않았던 성과의 평가도 고려하는 것. 이상적인 평가 설계에는 목표참조평가와 탈목표평가 모두 포함되어야 함
② **내재적 준거와 외재적 준거 구별**: 내재적 준거(내재되어 있는 기준, 즉 평가도구나 방법의 신뢰도와 객관도, 평가도구의 제작, 문항의 작성, 통계처리 등) 위주에서 탈피, 외재적 준거(프로그램이 발휘하는 기능적 속성, 즉 평가 자체의 효과, 평가에 의한 변화, 평가의 부작용 등)에도 관심을 기울여야 한다고 주장
③ **형성평가와 총괄평가 구별**: 개발 도중에 있거나 진행 중에 있는 수업과정을 증진시키기 위하여 형성적으로 노력하는 평가와 이미 끝나거나 완성된 수업과정의 가치를 총합적으로 판단하려는 평가를 구별할 것을 제안
④ **비교평가와 비(非)비교평가 구분**: 비교평가 강조. 프로그램 자체의 가치나 장단점, 효과 등을 따지는 비(非)비교평가뿐만 아니라, 다른 프로그램과 가치나 장점, 효과 등을 비교하는 비교평가도 중시
⑤ **목표의 질에 관한 평가 중시**: 스크리븐은 교육평가를 가치의 평가라고 생각. 정해진 목표의 성취수준이나 질만을 따지는 것이 아니라 '목표 그 자체의 가치'를 평가할 필요가 있음을 강조
⑥ **표적집단의 요구가 평가의 준거**: 프로그램의 효과를 목표 달성뿐만 아니라 프로그램의 부수효과까지 포함해서 확인해야 하는데, 이때 목표 대신 표적집단(교육관계자)의 요구를 평가의 준거로 사용. 이 점을 강조하기 위해 '요구 근거 평가(need based evaluation)'라고도 부름

---

**PLUS**

**판단중심모형**
평가를 평가자의 전문성을 이용하여 평가대상의 가치와 장점을 체계적으로 판단하는 활동이라 보며, 평가자의 전문적 판단을 강조하는 모형 → 스크리븐 탈목표모형, 스테이크 종합실상모형, 아이즈너 교육비평모형

**PLUS**

목표에 관한 정보가 전혀 없는 상황에서도 평가를 수행할 수 있다는 것을 입증 → 사전에 명시된 목표에 대한 정보나 참조 없이 여러 자료를 수집하여 프로그램의 효과(성과)는 무엇이며, 그것이 얼마나 성취되었는지, 가치가 무엇인지 등을 판단할 필요성도 있음

## 05 스테이크의 종합실상모형

### 1. 개념
① 대상을 평가할 때 프로그램의 모든 측면을 고려하여 전체적인 실상을 정확하게 파악하는 것이 중요하다는 입장
② '안면모형' 또는 '안모모형'(안모 : 얼굴, 즉 총체적 윤곽)
③ 평가를 공식적 평가와 비공식적 평가로 구분하고, 프로그램에 대한 합리적 판단을 위해서는 공식적 평가를 해야 한다고 주장
④ 공식적 평가를 위해서는 평가대상에 대한 기술(description) 및 판단(judgement)이 중요

### 2. 기술과 판단
① 평가의 기본 목적 또는 기능을 기술과 판단으로 규정. 기술과 판단이 평가의 두 가지 안모 즉, 얼굴 모습임
② 평가를 위해 수집하는 자료들 중 기술자료는 의도한 것과 관찰된 것으로, 판단자료는 기준과 판단 그 자체로 각각 구별
③ 기술자료와 판단자료는 다시 선행요건(antecedent), 실행요인(transaction), 성과요인(outcomes)의 세 가지 정보원으로 구분하여 합리적 근거와 함께 자료를 수집하는 것이 필요
    ㉠ 선행요건 : 프로그램 실시 전에 존재하는 학습자의 특성, 교육과정, 교육시설, 학교환경 등
    ㉡ 실행요인 : 학생과 교사 간, 학생 간의 우연적 상호작용을 비롯하여 질의, 설명, 토론, 숙제, 시험 등과 같이 프로그램 실행과정에 작용하는 변인
    ㉢ 성과요인 : 프로그램에 의해 나타난 학습자의 학업 성취도, 흥미, 동기, 태도 등의 변화를 포함하여 프로그램 실시가 교사, 학교, 학부모, 지역사회에 미친 영향

02. 교육평가 모형

## 06 아이즈너의 감식안 및 교육비평모형

### 1. 개념
① 예술작품의 비평과 같이 평가가 이루어져야 한다는 질적 접근의 비평적 평가 주장
② 예술교육에 대한 관점을 질적 형태로 조합하여 교육적 감식안과 교육비평이라는 평가관점 제시

### 2. 구성요소 : 감식안과 교육비평
(1) **감식안**
① 관찰대상의 특징을 이해하고 그들 사이의 관계를 깨닫는 감상술
② 평가하려고 하는 교육 현상의 미묘하면서도 중요한 자질을 인식하는 것

(2) **교육비평**
① 감식안을 통해 지각한 사건이나 사물의 특질과 중요성을 밖으로 표현하는, 특히 비판적인 글로 표현하는 일종의 표출의 예술로 공적인 성질의 행동
② 일반인이 평가대상이 지니고 있는 특성을 인식하도록 도와주는 교육적 과정. 비평이 제대로 이루어지기 위해서는 관찰대상에 대한 기술과 해석 및 평가가 모두 이루어져야 함
③ 교육비평의 세 측면
   ㉠ 기술적 측면: 교육현상을 사진을 보듯이 사실 그대로 묘사하고 표현하는 것
   ㉡ 해석적 측면: 교육현상에 대한 기술을 바탕으로 사회적 맥락 속에서 수행된 다양한 형태의 행동이 지닌 의미와 중요성을 이해하고 그 가치를 논리적으로 설명하는 것
   ㉢ 평가적 측면: 기술하고 해석한 현상에 대해 교육적 의미와 가치를 발견하고 질적으로 판단하는 것
   ◉ 감식안과 비평은 서로 관련되어 있음. 감식안은 비평 없이 이루어질 수 있으나 비평은 감식안 없이 이루어질 수 없음

### 3. 교육적 감식안과 비평모형의 특징
① 교육적 관찰에 대한 질적 해석 시도
② 평가자의 전문성에 대한 지나친 의존은 평가의 주관성 문제를 초래할 수 있으므로 공평함과 정확함이 요구되는 공적인 프로그램평가에는 적합하지 않음

# Chapter 03 교육평가의 유형

## 01 평가 기준에 따른 유형

### 1. 규준참조평가

**(1) 개념**
① 상대평가 혹은 규준지향평가. 개인의 점수를 규준집단(비교집단)에서의 상대적 위치에 비추어 해석
② 규준은 규준집단(비교집단)의 성질에 따라 달라지는 상대적인 성질을 지니고 있음. 원점수가 같은 경우에도 규준에 따라 평가결과가 달라짐
③ 선발적 교육관에 바탕. 학습자가 무엇을 얼마만큼 알고 있느냐보다는 개인의 성취수준을 비교집단의 규준에 비추어 상대적 서열을 판단하는 것에 관심

**(2) 특징**
① 검사의 신뢰도 강조. 학습자의 개인차를 얼마나 오차 없이 정확하게 측정하였는가에 중점
② 검사 점수의 정상분포 기대
③ 개인차를 극대화하는 선발적 기능 강조

**(3) 장점**
① 개인차 변별 가능
② 교사의 편견 배제 가능
③ 경쟁을 통한 학생들의 외적 동기유발에 유리

**(4) 단점**
① 교수·학습 이론에 부적절. 무엇을 얼마만큼 알고 있는지에 관심을 두지 않기 때문에 무엇을 가르치고 배워야 하는지에 대한 정보가 적음
② 참다운 의미에서의 학력 평가 불가능. 학습내용을 완전히 이해한 학습자라도 집단 전체가 우수하다면 학업 성취도가 낮은 것으로 분석
③ 과다한 경쟁 심리 조장으로 인성 교육 방해 우려
④ 인간의 발전성에 대한 신념이나 교육의 힘에 대한 신념을 흐리게 할 우려가 있음

> **Keyword**
> #상대적 위치
> #선발적 교육관
> #신뢰도 #정상분포

> **Keyword**
> #수업목표 달성도
> #발달적 교육관 #타당도
> #부적편포

## 2. 준거참조평가

### (1) 개념
① 절대평가 혹은 준거지향평가, 목표참조평가. 학습자의 현재 성취수준이나 행동목표의 도달 정도를 알아보기 위한 평가방법
② 발달적 교육관에 바탕. 학습자의 개인차 극복에 관심
③ 선발이 목적이 아니라 가능한 한 모든 학습자가 수업목표를 달성할 수 있도록 적절한 학습방법을 제공하기 위한 평가

### (2) 특징
① 검사의 타당도 강조. 원래 측정하려고 계획했던 수업목표를 얼마나 충실하게 측정하고 있느냐에 중점
② 검사 점수의 부적편포 기대

### (3) 장점
① 교수·학습 이론에 적합. 무엇을 알고 무엇을 모르는지에 대한 정보를 직접적으로 제공해 주기 때문에 무엇을 어떻게 가르쳐야 할 것인지에 대한 시사점 제시
② 교육목표·교육과정·교수방법 등의 개선에 용이
③ 상대평가에 치중하지 않으므로 이해·비교·분석·종합 등의 고등정신 능력 배양 가능
④ 학생들 사이의 경쟁심을 제거하고 협동적인 학습 가능
⑤ 학생들에게 보다 많은 성취감 또는 성공감을 갖게 해 줌

### (4) 단점
① 개인차 변별이 어려움
② 준거의 설정 기준이 문제가 될 수 있음. 교육에 있어서 절대 기준을 누가 정하느냐 또는 어떻게 정하느냐에 대한 합의가 어려움
③ 검사 점수의 통계적 활용이 불가능

## 3. 규준참조평가와 준거참조평가의 비교
① 평가 기준: 준거참조평가는 학습자가 '무엇을' 성취했느냐에 관심, 규준참조평가는 학습자가 집단 내 '어느 위치'에 있느냐에 관심
② 교육관: 준거참조평가는 적절한 교수전략과 교육환경을 투입하면 모두가 성공할 수 있는 발달적 교육관에 바탕, 규준참조평가는 평가 체제의 본질상 반드시 실패자가 존재하는 선발적 교육관에 기초

③ 인간의 본질에 대한 인식: 준거참조평가는 인간이 본성적으로 어떤 목표를 추구하려 하고, 그 목표를 지향하는 능동적인 존재라고 보는 반면 규준참조평가는 인간을 자극-반응의 원리에 지배되는 존재로 봄. 선천적으로 능력 있는 유기체는 성공하고, 그렇지 못한 유기체는 실패하게 된다는 관점

④ 교육목표의 중요성에 대한 인식: 준거참조평가는 학습자가 교육목표를 성취했느냐에 관심, 규준참조평가에서는 목표의 설정 자체가 무의미. 각 학습자가 다른 학습자에 비해 얼마나 더 혹은 덜 성취했느냐에 관심

⑤ 개인차를 보는 시각: 준거참조평가는 개인차란 교육의 누적적 실패(혹은 성공)에 의해서 생기는 것으로 교육적 노력에 의해서 해소될 수 있다고 봄. 규준참조평가는 집단을 대전제로 하기 때문에 개인차는 필연적으로 생기는 것이며, 개인차가 클수록 교육평가가 성공적인 것으로 봄

⑥ 평가와 수업의 관련성에 대한 인식: 준거참조평가는 평가와 교수·학습(수업)과정이 매우 밀접하며, 평가도구도 교수·학습 담당교사에 의해 제작되는 경우가 많음. 규준참조평가는 평가와 교수·학습 과정이 밀접히 관련된 것으로 보지 않으며, 교사 외의 다른 전문가가 평가도구를 제작해도 무방

⑦ 절대 영점에 대한 개념: 준거참조평가에서 0이란 교육목표를 하나도 성취하지 못한 상태이며 신뢰도보다 타당도 중시. 규준참조평가는 정상분포 모형에 기초하여 개인차를 잘 변별하면 좋은 평가도구이며 타당도보다 신뢰도 중시

⑧ 평가의 목적: 준거참조평가는 평가가 곧 교수·학습 과정의 한 변인이 되기 때문에 교육목표 달성에 도움을 주는 진단적 기능, 형성적 기능 강조. 규준참조평가에서는 수업이 시작되기 전과 수업이 끝난 후 학습자의 상대적 위치를 알아보는 데 관심이 있으며, 이 정보는 주로 분류, 선발, 정치와 같은 행정적 목적에 주로 이용

**+PLUS**

**평가목적**
- **규준참조평가**: 개인의 점수를 다른 사람들의 점수와 상대적으로 비교하여 서열 또는 순위 판정(개인차 변별)
- **준거참조평가**: 구체적인 지식이나 기능의 성취수준 확인, 교육목표의 도달도 확인, 개인을 목표 도달-미도달로 분류

03. 교육평가의 유형

## 02 평가시기에 따른 유형

### 1. 진단평가

(1) 개념
① 교수 활동 초기 단계에서 수업전략을 위한 기초자료를 얻고, 어떤 교수·학습방법이 적절한지 결정하기 위해 학습자의 기초 능력을 진단하는 평가
② 준비도 검사, 적성검사, 자기보고서, 관찰법 등 다양한 평가도구가 사용될 수 있음
  예 수업 전 쪽지시험, 퀴즈나 질문, 전 학년도 성적표나 생활기록부를 토대로 교사가 간단히 제작한 질문 혹은 시험 등

(2) 진단평가의 기능
① 학습의 예진적 기능(학습자의 기본적인 학습 능력, 학습동기, 선수학습의 정도를 확인하는 것)
② 선행학습의 결손을 진단, 교정과 보충학습을 위한 평가
③ 학습자의 흥미, 성격, 학업 성취 및 적성에 따라 적절한 교수처방을 내리는 데 사용
④ 학습 실패의 교육 외적 원인을 파악(신체적·정서적·환경적)하는 활동

### 2. 형성평가

(1) 개념
① 수업이 진행되고 있는 상태에서 교수활동이 계획한 대로 진행되고 있는지 확인하는 평가
② 준거참조평가로 실시
③ 형성평가가 의도한 기능을 제대로 수행하려면 ⅰ) 가급적 자주 실시, ⅱ) 평가결과 즉시 피드백, ⅲ) 평가결과를 최종 성적에 반영하지 않는 게 좋음
④ 수업 중이나 단원을 학습하는 도중 수시로 실시

(2) 형성평가의 기능
① 학습자의 학습 진행 속도 조절
② 학습자의 학습에 대한 강화. 설정된 학습목표를 거의 달성했다는 사실을 학습자가 확인함으로써, 이어지는 학습을 용이하게 해줄 뿐 아니라 학습동기유발
③ 학습 곤란을 진단하고 교정
④ 학습지도 방법 개선에 이바지

## 3. 총괄평가

**(1) 개념**

① 교수·학습이 끝난 후 교수목표 달성, 성취 여부를 종합적으로 판정하는 평가형태. 총합평가라고도 함
② 학습자가 도달하도록 의도된 교육목표를 어느 정도 성취했는지에 관심
③ 형성평가와는 달리 비교적 장기간에 걸친 학습성과를 총체적으로 나타냄
   예 학기말시험이나 학년말시험

**(2) 총괄평가의 기능**

① 성적 판정. 학생들의 성적, 등급, 평정을 부여하여 학생의 최종 성취수준 및 위치 결정
② 장래의 성적 예측. 학생들의 과거 성취와 현재의 성취, 현재의 성취와 미래의 성취는 높은 상관관계가 있으므로 총괄평가를 통해 학생의 장래 성공 여부 예측 가능
③ 집단 간 성취도를 상호 비교할 수 있는 토대 제공
④ 학습자의 자격을 인정하는 판단의 역할. 즉, 학습자가 지닌 기능이나 능력, 지식이 요구하는 정도의 자격에 부합하는지 판단할 경우 총괄평가의 결과가 도움이 됨

## 4. 진단평가, 형성평가, 총괄평가의 비교

| 구분 | 진단평가 | 형성평가 | 총괄평가 |
|---|---|---|---|
| 목적 | • 출발점 행동의 확인<br>• 학습중복 회피<br>• 학습 곤란에 대한 사전대책 수립 | • 적절한 교수·학습 진행<br>• 교수법(프로그램) 개선 | • 교육목표달성<br>• 교육 프로그램 선택 결정 |
| 기능 | • 정치(placement)<br>• 사전 학습성취수준 판정<br>• 학습 곤란의 심층적 원인 판명 | • 피드백 제공으로 학습 촉진<br>• 교수방법 개선 | • 성적판정<br>• 자격부여<br>• 수업효과 확인 |
| 시기 | • 단원, 학기, 학년 초<br>• 수업 중 학습이 이루어지지 않을 때 | 교수·학습 진행 도중 | 교수·학습 완료 후 |
| 평가방법 | 비형식적, 형식적 평가 | • 수시평가<br>• 비형식적, 형식적 평가 | 형식적 평가 |

**POINT**
- **진단평가** : 교수·학습 활동 전
- **형성평가** : 교수·학습 활동 중
- **총괄평가** : 교수·학습 활동 후

| 평가(채점) 기준 | 준거참조 | 준거참조 | 규준 혹은 준거참조 |
|---|---|---|---|
| 평가 문항 | 준거에 부합하는 문항 | 준거에 부합하는 문항 | • 규준참조: 다양한 난이도<br>• 준거참조: 준거에 부합하는 문항 |
| 보고방법 | 하위기능별 개인의 프로파일 | 학습위계 속의 과제에 대한 개인별 등락의 형태 | 총점 또는 목표별 하위 점수 |

[ 03. 교육평가의 유형 ]

# 03 대안적 평가방식

## 1. 능력참조평가

### (1) 개념
① 학생이 지니고 있는 능력을 기준으로 하여 얼마나 최선을 다했느냐에 초점
② '학생이 지니고 있는 능력을 최대한 발휘한 것인가?', '충분한 시간이 부여되었을 때 더 잘할 수 있었는가?'라는 질문 고려

### (2) 특징
① 우수한 능력을 지녔더라도 최선을 다하지 않은 학생과 능력이 낮더라도 최선을 다한 학생이 있을 때 후자의 성취수준이 낮더라도 더 좋은 평가결과를 얻을 수 있음. 능력참조평가는 각 학생의 능력과 노력에 따라 평가
② 장점: 개인을 위주로 개별적 평가 실시
③ 단점
  ㉠ 학습과제와 관련된 필수적인 능력이 무엇인지 명확하게 규정할 수 없음
  ㉡ 정확한 능력 수준 추정이 어려움
  ㉢ 능력참조평가는 학습자의 능력이 변하지 않는다고 가정하고 있으나, 이 가정에도 오류가 있음

> **POINT**
> **능력참조평가**
> 능력에 비추어 최선을 다했는가, 능력을 최대한 발휘했는가

## 2. 성장참조평가

### (1) 개념
① 얼마나 성장했느냐에 관심. 현재 성취수준을 과거의 성취수준과 비교하여 해석
② 능력의 변화 과정과 성장 정도까지 고려하므로 학습자는 물론 교수자에게도 더 많은 정보를 제공해 줄 수 있고, 이를 통해 개별화 교육을 촉진할 수 있음
③ 성장참조평가 결과가 타당하기 위해서는 사전에 측정한 점수와 현재 측정한 점수와의 상관이 낮아야 함. 상관이 높다면 이는 학생들의 성장에 의한 것이 아니라 관계에 의한 당연한 결과

### (2) 문제점
① 사람들은 성적을 성취수준과 동일시하고 있으므로 진보나 향상 정도를 기준으로 성적을 줄 경우 성적의 의미를 왜곡할 가능성이 있음
② 학생들이 사전검사에서 일부러 틀릴 가능성이 있음

> **POINT**
> **성장참조평가**
> 교육과정을 통해 얼마나 성장했는가

### 3. 능력참조평가와 성장참조평가 비교

① 둘 다 개별화된 평가. 고부담 검사(high-stakes test)와 같은 평가환경에서는 평가결과에 대한 공정성 문제가 제기될 수 있음
② 학생 개인에 초점을 맞추어 개인의 수행능력을 최대한 발휘하고, 성장과 변화의 기회를 부여한다는 측면에서 교육적인 평가방법
③ 실시를 위한 기본 전제 조건은 학생이 지니고 있는 능력에 대한 정확한 정보가 제공되어야 함. 학생이 소유한 능력의 정도, 능력의 변화 등을 측정하는 도구의 타당도와 신뢰도가 고려되어야 함

| 구분 | 능력참조평가 | 성장참조평가 |
| --- | --- | --- |
| 강조점 | 최대능력 발휘 | 능력의 변화 |
| 교육신념 | 개별화 학습 | 개별화 학습 |
| 비교대상 | 소유능력과 수행 정도 | 성장, 변화의 정도 |
| 개인 간 비교 | 고려하지 않음 | 고려하지 않음 |
| 이용도 | 최대능력 발화를 위한 교수적 기능 | 학습향상을 위한 교수적 기능 |

03. 교육평가의 유형

## 04 양적평가와 질적평가

> **POINT**
> - **양적평가**: 수량적 자료에 의존, 신뢰도 강조
> - **질적평가**: 기술적 자료에 의존, 타당도 강조

### 1. 양적평가

① 평가대상을 어떤 형태로든지 수량화하고, 이렇게 수량화된 자료를 가지고 통계적 기법을 이용하여 기술하고 분석하는 평가. 경험적, 실증적 탐구의 전통을 따르는 입장
② 수집된 자료는 수 혹은 양으로 표현. 관찰에 의해 외면적으로 나타나지 않고 실증적으로 제시될 수 없는 것들은 평가의 대상에서 제외하거나, 검증할 수 있도록 조작하여 측정하거나 제시
③ 양적평가에서는 여러 가지 형태의 객관적인 문항이 개발되고, 이들 형태에 의한 평가결과는 대부분이 수치로 나타남
④ 장단점
　㉠ 장점: 간결, 명료하고 분명. 주관성을 배제하고 객관성 확보 가능
　㉡ 단점: 전체적인 조화에서 나타나는 경향성 파악이 어려움

### 2. 질적평가

① 교육프로그램이나 교육활동에 관련된 질적 자료를 수집하여 분석·이해하고 그 가치를 판단하는 과정
② 소수의 사람들이나 사례, 프로그램, 프로젝트에 관하여 더욱 구체적이고 생생한 자료나 정보를 수집·분석해서 좀 더 심층적으로 파악함으로써 그들의 실체나 과정에 대한 이해를 높이는 데 목적을 두는 평가
③ 관련 당사자들의 상호주관적 이해에 바탕을 두고 교육현장 그 자체나 평가자의 경험을 통해 사실적으로 기술하고 해석. 현상적, 해석적 탐구의 전통을 따르는 입장
④ 장단점
　㉠ 장점: 전체적이며 종합적인 평가가 가능
　㉡ 단점: 객관성, 신뢰도, 시행의 어려움, 비용 등의 문제

### 3. 양적평가와 질적평가의 비교

① 양적평가는 수량적인 자료에 의존, 신뢰도 강조. 질적평가는 기술적인 자료에 의존, 타당도 강조. 양적평가에서는 관찰 가능하고 측정 가능한 행동에 관심. 질적평가에서는 수량화보다 인간의 행동을 기술적으로 제시하는 데 관심

② 양적평가는 객관성 강조, 질적평가는 주관성 강조. 양적평가에서는 의견보다 사실을, 직관보다 논리를, 인상보다 확증을 중심으로 주관성을 배제하고 객관성을 확보하고자 함. 질적평가에서는 필연적으로 가치판단이 개입, 상호주관성과 상호주관적 이해 강조
③ 양적평가에서는 법칙발견을 위한 노력으로 일반성 강조, 질적평가에서는 이해증진을 위한 노력으로 특수성 강조. 일반화를 목표로 하는 입장에서는 좀 더 큰 표집, 더 많은 연구사례, 연구대상과의 일정한 거리 유지, 자료의 수량화 등을 강조하며, 질적평가에서는 각 프로그램이나 평가 대상자가 지니고 있는 독특성과 개인차 중시
④ 양적평가는 연역적 경향, 질적평가는 귀납적 경향. 양적평가에서는 평가자가 자료수집 전에 특정한 이론적 틀에 근거하여 연역적으로 유도한 평가체제를 가지고 평가. 질적평가에서는 개방적 태도를 가지고 평가에 도움이 될 만한 자료를 제한 없이 수집하고 관찰된 개별적 사실에서 구체적인 개별사례를 분석·종합해 나가면서 중요한 변인을 찾아내고 변인 사이의 관계를 밝혀내므로 귀납법의 논리와 유사

| 구분 | 양적평가 | 질적평가 |
| --- | --- | --- |
| 탐구방법 | 경험적, 실증적 탐구 | 현상적, 해석적 탐구 |
| 신뢰도와 타당도 | 신뢰도 | 타당도 |
| 주관과 객관 | 객관성 강조 | 상호주관성과 상호주관적 이해 강조 |
| 평가목적 | 일반성 강조 | 특수성 강조 |
| 논리 | 연역법 | 귀납법 |
| 결과분석 | 통계분석 | 해석적 분석 |
| 부분과 전체 | 구성요소 분석에 노력 | 통합된 전체 이해 강조 |
| 과정과 결과 | 결과 중심 | 과정중심 |
| 자료수집 방법 | 실험적 방법, 질문지 등의 검사도구 | 심층면담, 참여관찰 |

03. 교육평가의 유형

## 05 수행평가

### 1. 수행평가의 개념

① 평가자가 피평가자들의 학습과제의 수행과정이나 결과를 직접 관찰하고, 그 관찰 결과를 전문적으로 판단하는 평가방식
② 학습자들이 교육의 목표인 높은 사고력이나 문제해결력 등이 있다는 것을 관찰할 수 있는 행동이나 산출물로 보여주도록 요청하는 평가방식
③ 학교 현장에서 이루어지는 수행평가는 학생들의 작품이나 활동을 직접 관찰하고, 관찰된 결과를 전문적, 주관적으로 판단함으로써 이루어지는 평가이며, 선택형 검사 이외의 다른 모든 방법으로 평가하는 방식을 말함

**PLUS**
**수행평가**
실제적 상황에서 학생들이 주어진 과제나 문제를 효과적으로 다룰 수 있는 지식과 기능을 얼마나 가지고 있는지 평가하는 것

### 2. 수행평가의 특징

① 수업과 평가를 유기적으로 통합하여 유의미학습 촉진
② 자유 반응형 과제를 사용하여 반응을 구성하거나 활동을 수행하도록 요구. 학생이 정답을 선택하게 하는 것이 아니라 스스로 답을 작성하거나 행동으로 나타내도록 하는 평가방식
③ 종합력, 추리력, 문제해결능력, 메타인지능력 등과 같은 고차적인 정신능력 측정
④ 학습의 성과는 물론 학습의 과정도 평가. 또 개인에 대한 평가는 물론 집단에 대한 평가도 중시
⑤ 단편적인 영역에 대해 일회적으로 평가하기보다는 학생 개개인의 변화·발달 과정을 종합적으로 평가하기 위해 전체적이고 지속적인 평가 강조
⑥ 학생의 지식이나 태도 등을 평가할 때 교사의 전문적인 판단에 의거하여 평가하는 방식

**PLUS**
**과정중심평가로서의 수행평가**
- **과정중심평가**
  - 교육과정의 성취기준에 기반한 평가계획에 따라 교수·학습 과정에서 학생의 변화와 성장에 대한 자료를 다각도로 수집하여 적절한 피드백을 제공하는 평가
  - 기존의 결과중심평가에 비해 학생의 학습 과정에서의 평가를 좀 더 강조
- **과정중심평가의 특징**
  - 결과와 함께 과정 중시
  - 교육과정-수업-평가의 연계 추구
  - 평가의 결과를 학생의 성장과 발달을 위한 피드백으로 활용
  → 수행평가는 과정중심평가의 대표적 평가방법

### 3. 수행평가 방법

**(1) 서술형 및 논술형 검사**

① 주관식 검사. 문제의 답을 선택하는 것이 아니라 직접 서술하는 검사
② 모범답안을 상정하고 있는 경우가 대부분이나 학습자가 단순히 암기하고 있는 수준이 아니라 문제해결의 과정을 제대로 이해하고 있는지를 파악하기 위한 것
③ 논술형 검사란 일종의 서술형 검사로 특별히 상정하고 있는 정답이 없는 상태에서 학생의 생각이나 주장을 창의적·논리적이면서도 설득력 있게 조직하여 작성해야 함을 강조

> **PLUS**
> **구술시험 평가 요소**
> • 내용 요소: 말하는 목적에 대한 명료성, 전달 내용 구조의 명료성, 관련 자료의 적절한 사용 여부 등
> • 전달 요소: 목소리 크기, 시선 처리, 어조, 발음 등

### (2) 구술시험
가장 오래된 수행평가의 한 형태. 학생들에게 특정 교육내용이나 주제에 대해서 자신의 의견이나 생각을 발표하도록 하여 학생의 준비도, 이해력, 표현력, 판단력, 의사소통능력 등을 직접 평가

### (3) 토론
특정 주제에 대해 학생들이 서로 토론하는 것을 보고 평가하는 것

### (4) 실기시험
① 수행평가에서 말하는 실기시험과 기존 실기시험의 가장 큰 차이점은 실기를 하는 상황이 다르다는 것
② 기존의 실기시험이 평가가 통제되거나 강요되는 상황이라면, 수행평가는 자연스러운 상황에서 실제로 하는 것을 여러 번 관찰하여 그 수행능력을 평가

### (5) 실험·실습
자연과학 분야에서 많이 사용. 어떤 과제에 대해 학생들로 하여금 직접 실험이나 실습을 하게 한 후 그 결과 보고서를 제출하게 하는 것

### (6) 면접
면접자와 피면접자의 대화를 통해 자료와 정보를 수집하는 방법

### (7) 관찰
① 나이가 너무 어리거나 지능이 지나치게 낮은 대상을 평가할 때 효과적
② 시간과 노력이 많이 소요. 관찰자의 주관이 개입되어 관찰결과가 왜곡될 수 있으며, 피관찰자가 평가받고 있다는 사실을 의식할 때 반응을 숨기거나 왜곡할 소지가 있음

### (8) 자기평가 및 동료평가 보고서
① 자기평가 보고서란 특정 주제나 교수·학습 영역에 대해 스스로 학습 과정이나 학습 결과에 대한 자세한 평가 보고서를 작성·제출하도록 해 평가하는 것
② 동료평가 보고서란 학습 과정에서 동료 학생들이 상대방에 대해 서로 평가하도록 하는 방법

### (9) 연구보고서
여러 연구 주제 중 학생의 능력이나 흥미에 적합한 주제를 선택하고 학습자 나름대로 자료를 수집하고 분석·종합하여 연구보고서를 작성·제출하도록 하여 평가하는 것

(10) **프로젝트법**
  ① 학생들에게 특정 연구 과제나 개발 과제 등을 수행하도록 한 다음, 과제 수행을 위한 계획서 작성 단계에서부터 결과물 완성 단계까지 전 과정과 결과물을 함께 평가하는 방법
  ② 사용 과제가 연구 과제일 경우 연구보고서법과 유사하고 개발 과제일 경우에는 만들기 과제와 유사. 그러나 결과물과 함께 계획서 작성 단계에서부터 결과물 완성 단계에 이르는 전 과정도 함께 중시해서 평가한다는 점에서 차이

(11) **포트폴리오 평가**
  ① 개념
    ㉠ 포트폴리오(portfolio) 평가란 학생 자신이 쓰거나 만든, 지속적이면서도 체계적으로 모아 둔 개인별 작품집 혹은 서류철을 이용한 평가방법
    ㉡ 단편적인 영역에 대한 일회적 평가가 아니라, 학생 개개인의 변화·발달 과정을 종합적으로 평가하기 위해 전체적이면서도 지속적인 평가를 강조하는 것으로 수행평가의 대표적인 방법 중 하나
  ② 특징
    ㉠ 자연스러운 학습상황에서 직접적이고도 실제적으로 수업과 평가가 연계됨. 수업과 평가가 분리될 수 없는 학습맥락에서 교사와 학생에 대한 포괄적인 관점을 제공하여 교실 수업개선의 효과도 지니는 평가방법
    ㉡ 개별화 수업에 적합. 학생마다 별도의 포트폴리오를 구성
    ㉢ 학생의 강점을 확인하는 데 주안점. 포트폴리오 평가는 학생이 잘할 수 있는 부분에 주안을 두므로 학생은 가장 우수한 작품을 선정하여 제출
    ㉣ 평가과정에 학생들을 적극적으로 참여시켜 스스로 강점과 약점을 평가하도록 함. 학생주도적이므로 학생들이 자율적으로 학습하고 평가하도록 조력
    ㉤ 학생 자신의 학습목표 진술지, 평가준거, 차시별 증거자료가 되는 작품, 즉 그림, 시, 글짓기, 독서기록, 과제 기록물, 연구보고서, 실험·실습 결과 보고서 등이 포함되며, 이외에도 교사·학생·학부모와의 면담기록, 학생의 학습활동을 기록한 오디오나 동영상, 도표나 차트, 자기평가 및 동료평가 보고서, 수행 일지 등의 내용으로 구성되어 포트폴리오로 만들어져 평가 가능
  ③ 장점
    ㉠ 장기간에 걸친 학생의 성장과 발달을 나타냄
    ㉡ 포트폴리오는 수업의 산출물로 구성되므로 수업과 평가를 적절하게 통합 가능

**POINT**

**포트폴리오**
- 일정 기간 동안 산출된 결과물을 누적하여 평가
- 학생의 성장 과정 파악 가능
- 시기별 적절한 피드백 제공

ⓒ 학생들이 자신이 만든 작품의 강점과 약점을 평가할 수 있는 기능 향상
ⓔ 작품을 선정, 평가하는 과정에서 학생들이 주도적인 역할을 하므로 학습동기를 높여줌
④ 단점
 ⓐ 시간과 노력이 많이 소요
 ⓑ 평가결과의 신뢰도가 낮고 불공정할 소지가 많음
 ⓒ 채점 및 평가가 어려움
⑤ 포트폴리오 평가 시 유의할 점
 ⓐ 장기간에 걸친 학생의 작품을 모아 성장 정도 반영
 ⓑ 그때 그때의 발전 과정을 제시
 ⓒ 학생의 강점과 약점을 확인하여 피드백
 ⓓ 전통적 학습에서 뒤처진 학생들에게 능력을 발휘할 수 있도록 기회 마련
 ⓔ 교사는 내용과 형태에 대해 학생과 미리 협의
 ⓕ 교사는 중간에 살펴보고 학생에게 피드백을 주면서 개선의 기회 제공

### 4. 수행평가의 실시 절차

(1) **평가목적 확인**

어떠한 용도로 사용할 것인지, 활용할 사람은 누구인지, 평가대상은 누구인지 구체적으로 서술

① 평가목적을 명확하게 규명
 **예** 학습자의 능력별 배치, 선행학습능력 진단, 수업의 개선, 목표의 달성 정도 가늠
② 평가결과를 활용할 사람을 구체적으로 서술
 **예** 교사, 평가자, 학생, 학부모, 교육청 등
③ 평가결과의 용도를 구체적으로 서술. 평가결과에 대한 가치 부여 혹은 해석방법에 따라 규준참조평가와 준거참조평가로 분류
④ 평가대상을 구체적으로 서술
 **예** 평가대상의 수, 학년, 특징 등

(2) **평가내용 결정**

평가내용 영역 및 기능을 제시한 후 수행과제를 선정하며, 수행준거 정의

① 평가의 일반적인 내용 영역 및 기능 제시: 내용 영역은 넓게는 교과, 좁게는 단원이나 제재가 될 수 있음. 기능에 대한 분류는 블룸(Bloom)의 인지적 영역의 교육목표 분류학, 크래쓰월(Krathwohl), 블룸과 마시아(Masia)가 제안한 정의적 영역의 행동목표 분류학이 있음
② 수행과제 선정: 과제가 의도한 결과를 잘 나타내고 있는지 고려

③ 수행준거 열거
　㉠ 수행의 주요 요소를 빠짐없이 망라하여 열거하고, 각 요소별로 가장 높은 수준의 수행과 가장 낮은 수준의 수행, 그리고 중간 수준에 해당하는 수행이 어떠한지 상세하게 정의 ▷ 수행준거
　㉡ 학생들의 수행과제 평가의 공정성과 정확성을 위해 루브릭(rubric) 이용
　　• 루브릭은 과제를 평가하는 데 필요한 일련의 평가 안내서. 일반적으로 과제의 각 수준마다 적용할 수 있는 평가척도를 포함
　　• 과제를 시작하기 전 학생들이 루브릭을 안다면, 기대된 것과 그 기대에 도달하기 위해 해야 할 것을 알게 됨

(3) **평가방법 설계**
성취 행동을 평가할 수 있는 방법을 결정하고 평가 시행의 공고 여부와 수집할 평가 자료의 양 결정
① 성취 행동을 가장 적절하게 평가할 수 있는 방법 결정(두 가지 이상의 평가방법 사용도 가능)
② 평가 시행의 공고 여부 결정. 공고를 하고 평가하는 경우와 그렇지 않은 경우로 구분하여 피험자의 동기유발과 시험 불안 정도를 비교할 수 있음
③ 수집할 평가 자료의 양 결정. 한 번의 성취 행동에서 한 개의 자료를 수집하거나, 한 번의 성취 행동에서 여러 개의 자료를 수집하거나, 여러 번의 성취 행동에서 여러 개의 자료를 수집할 수 있음

(4) **채점 계획의 수립**
어떤 형태의 점수가 필요하고, 누가 채점을 하며, 어떻게 채점자료를 기록할 것인지 결정
① 채점방법을 결정
　㉠ 총괄적 채점: 수행이나 산출물 전체를 채점단위로 하여 총체적 관점에서 판단
　㉡ 분석적 채점: 채점준거별로 채점한 후 합산
② 채점자를 결정
③ 평가의 기록방법을 명확히 밝힘
　㉠ 평가결과를 점수로 기록하거나, 성취 행동의 유무를 체크리스트에 표시하거나, 숙련된 정도를 평정척도에 표시할 수 있음
　㉡ 관찰 사항을 기록하거나, 포트폴리오로 보관 가능

> **PLUS**
> • **총괄적 채점**: 평가목적이 선발이나 배치, 순위를 필요로 하는 경우 적용
> • **분석적 채점**: 개인 및 집단의 진단이나 최소한의 숙련 정도를 파악하는 경우 적용

## 5. 수행평가의 장단점

### (1) 장점
① 인지적 능력, 정의적 특성, 심동적 특성을 모두 평가할 수 있는 총체적 접근
② 개방형 형태의 평가방법으로 다양한 사고능력 함양 가능
③ 검사결과뿐 아니라 문제해결과정도 분석 가능
④ 학습동기와 흥미 유발

### (2) 단점
① 수행평가도구 개발이 어려움. 수행평가도구를 개발하기 위해 교과 내용은 물론 학습자들의 인지구조, 그리고 학습과제들을 실생활에 적용하는 범위까지 고려하여야 하므로 전통적 방법에 의한 평가문항의 개발보다 수행평가도구의 개발이 어려움
② 채점기준, 즉 점수 부여 기준 설정이 어려움
③ 채점자 내 신뢰도와 채점자 간 신뢰도 확보가 어려움(주관이 개입될 소지가 많음)
④ 시간과 비용이 많이 필요
⑤ 점수결과 활용이 어려움. 학생과 학부모가 평가결과를 인정하지 않을 경우, 점수결과를 활용하는 데 많은 문제 야기

## 6. 수행평가의 고려사항

### (1) 비용 및 시간
채점의 공정성을 위해 많은 교사가 필요하고, 검사 소요시간과 채점 소요시간이 더 필요. 따라서 비용과 시간의 확보가 필요

### (2) 채점기준
① 부분 점수를 줄 때 어느 정도까지 몇 점을 주어야 하는지에 대한 판단 필요
② 채점자에 따라 다른 점수를 부여할 수 있으므로 점수 부여 기준을 명확히 결정해야 함

### (3) 타당도
① 수행평가는 학생들의 능력이나 기술에 대한 직접적인 측정이므로 전통적 검사도구에 비해 타당도가 중시됨
② 내용 타당도와 결과 타당도를 확보하는 것이 중요(평가점수의 범위가 좁고, 준거를 찾기 어려워서 구인 타당도나 준거 타당도의 추정방법을 사용하기 힘듦)

---

**PLUS**

**타당도 평가를 위한 고려사항**
- **내용의 질**: 다루는 내용이 얼마나 가치 있는 영역인지
- **내용의 범위**: 평가과제가 교육과정을 어느 정도 포함하고 있는지
- **유의미성**: 수행평가를 통해 가치 있는 교육적 경험을 할 수 있는지
- **인지적 복합성**: 복잡한 사고기능과 문제해결능력을 요구하는지
- **공정성**: 평가과제가 특정 학생에게 유·불리하지 않은지
- **전이 및 일반화 가능성**: 실제 상황에서 학습한 결과를 적용할 수 있는지

③ 내용 타당도는 평가의 구체적인 내용이 평가하고자 하는 구체적인 목표나 내용을 대표하고 있는지에 대한 전문가들의 주관적인 판단에 의존해 입증
④ 결과 타당도 확보를 위해서는 수행평가 실시 후 원래 의도한 학생 행동 변화의 교육 효과가 잘 나타나도록 시행

(4) **신뢰도**
① 신뢰도 확보를 위해 다수의 채점자 확보, 명확한 채점기준, 채점자 훈련이라는 별도의 노력이 필요
② 학생에 의한 자기평가, 동료에 의한 상호평가도 활용할 필요가 있음

03. 교육평가의 유형

## 06 성취평가제

### 1. 도입 이유
① 기존의 상대평가가 갖는 한계를 극복하여 학생의 성취 정도에 대한 구체적 정보 제공
② 성취수준에 적합한 다양한 학습이 가능하도록 하여 학생의 학습능력을 향상시키고, 학생들 간 무한경쟁을 탈피하여 중·고교 교육력 제고

### 2. 성취평가제의 의미
① 서열 위주의 평가방법을 지양하고 학생 개개인의 학업 성취도를 기준으로 평가하는 평가제도
② 국가 교육과정에 근거한 교과목별 성취기준, 성취수준을 토대로 학생의 학업 성취 정도를 평가하고, A-B-C-D-E 등의 성취수준을 부여하는 평가제도
③ 상대적 서열에 따라 '누가 더 잘 했는지'를 평가하는 것이 아니라 '학생이 무엇을 어느 정도 성취하였는지'를 평가하는 데 중점을 두며, 교육과정에 근거하여 개발된 교과목별 성취기준에 도달한 정도로 학생의 학업 성취 수준을 평가하는 제도
④ 학생들 간 상대적 서열 중심의 규준참조평가에서, 학생들이 성취해야 할 목표 중심의 준거참조평가로의 전환을 의미
　㉠ 성취기준: '각 교과목에서 학생들이 학습을 통해 성취해야 할 지식, 기능, 태도의 특성을 기술한 것'. 학생이 무엇을 공부하고 성취해야 하는지, 교사가 무엇을 가르치고 평가해야 하는지에 관한 실질적인 지침으로 교육과정을 재진술한 것. 교수·학습의 근거, 평가의 근거, 교수·학습 결과(평가의 결과) 진술의 근거로 활용
　㉡ 성취수준: 학생들이 '교과목별 성취기준에 도달한 수준'으로, 몇 개의 수준으로 구분하여 각 수준별 학생들의 지식, 기능, 태도의 특성을 설명

### 3. 생활기록부 기재
① 교과와 과목의 특성에 따라 성취수준을 A-B-C-D-E로 구분하여, 학교생활기록부의 '성취도'란에 입력

**PLUS**
성취기준은 국가수준에서 제공하는 성취기준을 참고하여 설정해야 하며, 국가수준에서 제공하는 성취기준을 활용할 수 없는 경우 교육과정의 교과목별 목표 및 내용을 토대로 개발해야 함

② 중학교는 성취도의 표기를 '수-우-미-양-가'에서 'A-B-C-D-E'로 변경하고, '석차'를 삭제하는 대신 '원점수/과목평균(표준편차)'를 병기하도록 하였으며, 고등학교는 '석차 등급'을 삭제하고 '성취도'(A-B-C-D-E)를 게재
③ 체육·예술교과는 기존의 '우수-보통-미흡'을 A-B-C로 표기

> **■ 고교학점제**
> - 학생들이 진로에 따라 다양한 과목을 선택, 이수하고 누적학점이 기준에 도달할 경우 졸업을 인정받는 제도(교육부, 2017)
> - 학생이 기초소양과 기본학력을 바탕으로 진로·적성에 따라 과목을 선택하고, 이수기준에 도달한 과목에 대해 학점을 취득·누적하여 졸업하는 제도(교육부, 2021)
>
> 1. **진로에 따라 다양한 과목 선택**
>    지금까지 고등학생들은 주어진 교육과정에 따라 수업을 들었으나, 고교학점제가 시행되면 자신의 진로에 따라 원하는 과목을 선택하여 수업을 듣게 됨
> 2. **목표한 성취 수준에 도달했을 때 과목 이수**
>    기존에는 학생이 성취한 등급에 상관없이 과목 이수 가능. 하지만 고교학점제가 시행되면 학생이 목표한 성취수준에 충분히 도달하였다고 판단하는 경우에 과목 이수를 인정. 배움의 질 보장 가능
> 3. **누적 학점이 기준에 도달한 경우 졸업**
>    기존 고등학교에서는 출석 일수로 졸업 여부를 결정. 하지만 고교학점제가 시행되면, 누적된 과목 이수 학점이 졸업 기준에 이르렀을 때 졸업이 가능. 졸업이 곧 본질적인 학력인정으로 이어질 수 있음

03. 교육평가의 유형

# 07 메타평가

**Keyword**
#평가에 관한 평가

## 1. 개념
① '평가에 관한 평가', 즉 평가의 유용성, 실용성, 윤리·기술적 적합성에 관한 정보를 수집, 제공, 활용하는 평가를 의미
② 학교 현장에서 이루어지는 평가는 평가목적의 확인 단계에서 평가결과의 활용 단계로 끝남. 교사는 각 단계가 제대로 이루어졌는지에 대한 평가가 필요한데, 이를 메타평가라고 부름

## 2. 목적
① 메타평가는 평가계획, 실시과정, 평가결과를 포함한 평가 전반에 대한 평가를 통해 평가의 질을 확인하거나 점검하여 평가의 질적 개선을 기하고 평가결과의 유용성을 제고시키기 위한 목적으로 이루어짐
② 평가자들의 자율적 규제의 수단으로써 평가자의 책무성을 보장하기 위한 목적으로도 활용

## 3. 평가에 대한 판단기준
① 실현성: 평가가 실현 가능하였는지 여부
② 실용성: 평가가 실제적으로 필요하였는지 여부
③ 적합성: 평가가 윤리적으로 실시되었는지 여부
④ 정확성: 정확한 정보를 전달하였는지 여부

## 4. 유형
① 진단적 메타평가: 평가가 실시되기 전 계획 단계에서 이루어짐. 평가를 어떻게 준비하고 계획했는지 평가 관련 변인들과의 관련성을 중시하면서 평가
② 형성적 메타평가: 평가를 실시하는 과정에서 평가자에게 피드백을 제공함으로써 평가활동을 개선하는 것이 목적
③ 총괄적 메타평가: 평가활동이 종료된 후 그 평가의 장단점을 총체적으로 판단함으로써 관련 당사자들에게 평가의 질에 대한 정보를 제공하기 위한 목적으로 수행

# Chapter 04 교육평가의 영역

## 01 정의적 영역의 평가

### 1. 정의적 특성 평가의 중요성
① 전인교육의 측면에서 정의적 교육목표의 달성 정도 평가가 중요
② 수업 과정에서 학습의 촉진제 역할. 정의적 특성이 긍정적인지 부정적인지는 학습활동의 성패를 결정짓는 중요 요인으로 작용
③ 학생들의 학습지도를 하는 데 유익한 정보 제공
④ 교육 프로그램의 개발, 교수방법의 고안 등에 유익한 정보 제공

### 2. 정의적 특성의 평가방법
(1) 관찰법
① 개념: 관찰자가 감각기관을 이용해서 피관찰자의 언어나 행동 등을 주의 깊게 지각해서 측정하는 방법
② 장단점
  ㉠ 장점
    • 무의식적 행동 혹은 말이나 글로 표현하기 어려운 행동에 관한 자료 수집
    • 연령, 배경, 지적 수준에 관계없이 다양한 상황에서 융통성 있게 적용 가능
    • 피관찰자가 반응을 왜곡할 소지가 낮음
  ㉡ 단점
    • 드러내기를 꺼려하는 사적 행동에 대한 자료를 수집하는 데 한계
    • 피관찰자가 관찰되고 있다는 사실을 인식할 경우 아예 행동하지 않거나 의도적으로 행동을 변화시키므로 관찰결과가 왜곡될 소지가 있음
    • 행동을 관찰하고 그 결과를 기록, 분석하는 과정에서 시간과 비용이 많이 소요
③ 유의사항
  ㉠ 관찰하려 하는 행동의 종류, 관찰방법, 관찰시간, 기록방법 등에 관한 관찰 계획을 구체적으로 수립

> **PLUS**
> **정의적 특성의 개념**
> • 감정과 정서를 포함하는 특성
> • 전형적인 감정이나 정서를 의미. 일관성 있고 안정된 특성을 지칭
> • 구체적인 대상·활동·장면·아이디어·사람과 관련. 불안을 예로 들면, 시험불안은 시험상황과 관련되며, 대인불안은 인간관계 상황과 관련됨
> • 학교 교육과 관련된 대표적인 정의적 특성에는 태도, 흥미, 불안, 동기, 가치관, 성격 등이 있음

　　　　　ⓒ 한 번에 하나의 행동만을 관찰, 기록
　　　　　ⓓ 관찰 즉시 결과를 기록, 요약하는 것이 바람직

　(2) **질문지법**
　　① 개념: 구체적 질문을 던져 응답하는 형태의 측정방법
　　　㉠ 개방형 질문지: 응답자가 주어진 질문에 대해 비교적 자유롭게 반응할 수 있도록 만든 형식
　　　㉡ 폐쇄형 질문지: 미리 반응이 나올 만한 여러 개의 선택지를 제시하고 그중에서 선택을 하게 하거나 서열을 매기도록 하는 방식의 질문지
　　② 장단점
　　　㉠ 장점
　　　　• 다양한 특성에 관한 자료수집 가능
　　　　• 익명으로 응답하도록 함으로써 솔직하고 성실한 자료수집 가능
　　　　• 비교적 짧은 시간에 많은 대상에게 실시 가능
　　　　• 우송으로도 실시 가능
　　　㉡ 단점
　　　　• 응답자가 일정 수준의 언어능력과 표현능력을 구비하고 있을 경우에만 실시 가능
　　　　• 면접과 달리 질문에 대한 응답에 따라 질문의 내용과 순서를 융통성 있게 조정할 수 없음
　　　　• 응답자의 허위반응 통제 불가능

　(3) **면접법**
　　① 개념: 직접 대면해서 여러 질의응답 과정을 통해 필요한 정보를 수집
　　　㉠ 구조화 면접: 질문의 형식, 내용 및 순서가 고정
　　　㉡ 비구조화 면접: 핵심이 되는 제한된 수의 질문만을 준비
　　　㉢ 반구조화 면접: 구조화 면접과 비구조화 면접의 장점을 살리기 위한 절충식 면접법. 사전에 면접에 관한 치밀한 계획을 세우고 시작하되 실제 면접 상황에서는 융통성 있게 진행시키는 방법
　　② 장단점
　　　㉠ 장점
　　　　• 자료수집에 융통성이 많음. 피면접자가 질문의 내용을 잘 이해하지 못할 경우 반복질문하거나 말을 바꾸어서 물어볼 수 있음
　　　　• 응답자의 비언어적 행동을 통해 응답에 대한 타당성 평가 가능
　　　　• 면접자가 면접상황을 조정 가능
　　　㉡ 단점
　　　　• 피면접자가 과묵한 성격인 경우, 별도의 조치나 분위기 조성이 필요함
　　　　• 피면접자가 질문에 응답해야 한다는 압력을 느낄 수 있음

---

**PLUS**
**자기보고법**
• 자신의 감정, 태도, 신념, 가치, 신체 상태를 스스로 표현하거나 기술하게 하는 방법
• 설문지나 면접을 통해 응답자에게 질문한 다음 질문에 대한 반응에 근거하여 태도 추론
→ 설문지, 척도, 면접

### (4) 투사적인 방법

개인의 욕구, 특수한 지각, 해석 등이 드러날 수 있는 자극을 피험자에게 제시함으로써 인간 내면에 숨어 있는 특성을 표출하게 하여 분석함으로써 인성을 측정하는 방법

① 주제통각검사(thematic apperception test ; TAT) : 30매의 모호한 그림과 한 장의 흰 카드로 구성. 불명료한 사진을 볼 때 표출되는 인간 무의식 속에 잠재된 인성의 여러 특성을 분석하여 인간의 성격이나 현재의 심리적 상태 등을 분석
② 로르샤흐(Rorschach) 잉크반점검사 : 잉크를 떨어뜨려 접어서 만들어진 대칭적 모양의 그림에 대해 형태, 음영, 색채, 그리고 이동 형태에 대하여 피험자가 반응하면, 반응결과를 축적된 임상결과에 의해 해석
③ 그림검사 : 피험자에게 어떤 그림을 그리게 한 뒤 그려진 그림을 보고 어떤 특성을 지니고 있는 사람들이 그리는 일반적인 그림의 경향에 의해 분석하는 방법

### (5) 척도법

① 리커트(Likert) 척도
  ㉠ 특정 대상(사람, 사물, 제도)에 관해 작성된 모든 진술문에 대해 동의하는 정도를 표시하도록 한 다음, 진술문들의 평정점수를 합산하여 종합평정법이라고 부름
  ㉡ 중립적인 진술문은 포함하지 않음
  ㉢ 제작절차
    • 진술문 작성
    • 진술문 검토 ▶ 3개 유목(긍정적 진술문, 부정적 진술문, 중립적 진술문)으로 분류
    • 중립적 진술문 제외
    • 선택지의 수 결정 ▶ 5개가 원칙이나 적절하게 조정 가능
    • 예비조사 실시 ▶ 예비척도를 완성한 다음 예비척도를 표본에 실시
    • 통계치 계산 ▶ 반응빈도, 백분율, 누적백분율 구함
    • 진술문의 선택지별 평정치 결정
    • 척도완성 ▶ 각 진술문에 대한 점수와 총점 사이의 상관계수를 구한 다음, 상관계수가 낮은 진술문을 삭제하고, 총점과 상관계수가 높은 진술문으로 척도 완성
  ㉣ 제작할 때 선택지의 평정치를 결정하는 방법으로는 선택지별로 각각 1, 2, 3, 4, 5(또는 0, 1, 2, 3, 4)를 부여하는 방법이 간단하기 때문에 널리 이용
    예 매우 찬성 ▶ 5점, 찬성 ▶ 4점, 모르겠다 ▶ 3점, 반대 ▶ 2점, 매우 반대 ▶ 1점

- ⑩ 총점과 상관이 높은 20~25개의 진술문으로 구성하되, 긍정문과 부정문의 수가 비슷하도록 구성
- ⑪ 모든 진술문에 대해 동의하는 정도를 평정하도록 하는 점이 리커트 척도의 가장 전형적인 특징. 개인의 태도점수는 모든 진술문의 평정치를 합한 값
- ⊘ 장점: 제작이 용이하고 다양한 대상, 장면, 상황에 융통성 있게 적용 가능
- ⊙ 단점: 응답자의 반응경향이 작용할 개연성이 높음
  - 예 모든 진술문에 대해 기계적으로 '3'을 선택할 소지가 있음

② 의미변별척도(의미분석법)
- ㉠ 오스굿(Osgood)이 발전시킨 방법
- ㉡ 양극적 의미를 갖는 형용사군으로 측정한 개념의 의미를 의미공간에 배치할 수 있다고 가정. 의미공간은 평가(좋은-나쁜), 능력(강한-약한), 활동(빠른-느린)의 3차원으로 구성된다고 가정(2차원 평면에서 분석하기도 함)
- ㉢ 의미변별척도에 포함되는 형용사쌍은 사물이나 사람의 어떤 의미차원을 측정하려고 하는가에 따라 결정됨

| 요인 | 대립적 형용사 |
| --- | --- |
| 평가요인 | 좋은-나쁜, 깨끗한-더러운, 귀한-천한, 밝은-어두운, 중요한-하찮은, 진실된-거짓된, 친절한-불친절한, 새로운-낡은 |
| 능력요인 | 큰-작은, 강인한-허약한, 높은-낮은, 유능한-무능한, 무거운-가벼운, 깊은-얕은, 굵은-가는, 똑똑한-어리석은 |
| 활동요인 | 진취적-보수적, 능동적-수동적, 적극적-소극적, 예민한-둔감한, 뜨거운-차가운, 복잡한-단순한, 남성적-여성적, 빠른-느린 |

- ㉣ 제작절차: 태도를 측정하려는 대상 결정 → 의미가 상반되는 양극적 형용사쌍 선택 → 선택지 작성(일반적으로 7단계로 작성) → 학생에게 느낌이나 감정에 해당되는 위치에 각자 표시하도록 함 → 점수계산 → 척도점수와 상관이 높지 않은 형용사쌍을 제외하고 척도 완성
- ㉤ 제작하고 실시하기가 쉽다는 장점이 있어 개념, 사물, 사람 등에 대한 태도를 측정하기 위한 방법으로 널리 활용

■ 수학교과에 대한 의미변별척도의 예시

| 수학교과 | | | | | | | |
|---|---|---|---|---|---|---|---|
| 좋은 | ☐ | ☐ | ☐ | ☐ | ☐ | ☐ | 나쁜 |
| 깨끗한 | ☐ | ☐ | ☐ | ☐ | ☐ | ☐ | 더러운 |
| 어두운 | ☐ | ☐ | ☐ | ☐ | ☐ | ☐ | 밝은 |
| 하찮은 | ☐ | ☐ | ☐ | ☐ | ☐ | ☐ | 중요한 |
| 생산적 | ☐ | ☐ | ☐ | ☐ | ☐ | ☐ | 비생산적 |
| 새로운 | ☐ | ☐ | ☐ | ☐ | ☐ | ☐ | 낡은 |
| 위험한 | ☐ | ☐ | ☐ | ☐ | ☐ | ☐ | 안전한 |
| 해로운 | ☐ | ☐ | ☐ | ☐ | ☐ | ☐ | 유익한 |
| 흥미있는 | ☐ | ☐ | ☐ | ☐ | ☐ | ☐ | 흥미없는 |
| 가치있는 | ☐ | ☐ | ☐ | ☐ | ☐ | ☐ | 가치없는 |

04. 교육평가의 영역

## 02 교육목표 분류학

### 1. 인지적 영역의 교육목표 분류

(1) **지식(knowledge)**
① 이미 배운 내용, 즉 사실, 개념, 원리, 방법, 유형, 구조 등의 기억. 지적 영역의 가장 낮은 수준
② '학생들이 교육과정 속에서 경험한 아이디어나 현상을 기억했다가 재생 또는 재인할 수 있는 것. 아이디어나 현상을 처음 접했던 것과 매우 비슷한 형태로 기억하는 것'(블룸)

(2) **이해(comprehension)**
① 의사전달의 내용이나 자료의 의미를 파악하는 능력
② '학생이 의사전달을 받게 되면 전달되는 내용을 알게 되고, 또 거기에 포함된 자료나 아이디어를 이용할 수 있는 능력'(블룸)
③ 이해의 수준: 번역, 해석, 추론
   ㉠ 번역(translation): 한 상징 상태에서 다른 상징 상태로 변환하는 능력
   ㉡ 해석(interpretation): 주어진 자료를 설명하고 요약하는 능력
   ㉢ 추론(extrapolation): 한 사건의 결과를 예언하고 미래의 경향을 예측하는 능력

(3) **적용(application)**
이미 습득하거나 배운 내용을 새로운 상황이나 문제에 사용할 줄 아는 능력. 문제를 완전히 새로운 상황에서 제시한다는 점에서 이해와 구분

(4) **분석(analysis)**
주어진 자료의 구성 및 내용을 분석하는 능력. 구성 부분을 확인하고 그 부분 간의 관계를 분석하여 구성 원리를 인지하는 능력
📕 정치연설을 듣고 정치인의 주장이 참인지 거짓인지 결정하는 능력

(5) **종합(synthesis)**
① 비교적 새롭고 독창적인 형태, 원리, 관계, 구조 등을 만들어 내기 위해 주어진 자료의 내용 및 요소를 정리하고 조직하는 능력
② 여러 개의 요소나 부분을 전체로서 하나가 되도록 묶는 능력. 독창적이고 독특한 산물을 만들도록 요구한다는 점에서 창의적 행동에 주안
📕 소설을 창작하는 능력

**PLUS**

분석
• 요소의 분석
• 관계의 분석
• 조직원리의 분석

### (6) 평가(evaluation)

일정한 기준에 따라 자료(논설, 시, 소설, 연구보고서)나 대상의 가치를 판단하는 수준의 행동. 어떤 목적을 갖고 아이디어, 작품, 방법, 소개 등에 관해 가치판단을 하는 능력

> **암기비법**
> 지·이·적·분·종·평
> → 지(금)이 적분 종평
> (편에 나온다!)

## 2. 정의적 영역의 교육목표 분류

### (1) 수용 또는 감수(receiving)

어떤 자극이나 활동을 기꺼이 받아들이고 자발적으로 주의를 기울이게 되는 민감성. 수업의 측면에서는 주의집중 및 유지와 관련
- 예 넘어진 아이를 보고 관심을 표현하는 것

### (2) 반응(responding)

어떤 활동이나 대상에 대해 적극적으로 참여하는 수준. 특정 대상에 주의를 집중할 뿐만 아니라, 그에 대해 특정 방식으로 반응하고 반응에 대해 만족을 얻음
- 예 넘어진 아이에게 가서 일으켜 주든지, 일어나라고 말하든지, 아니면 그냥 지나치는 것

### (3) 가치화(valuing)

여러 사건과 현상 중에 어떤 것이 가치 있는가를 구분하는 행동 특성. 이 수준의 행동은 일관성이 있고 안정성이 높아 신념이나 태도로 굳어지게 됨
- 예 넘어진 아이를 보고 관심을 갖는 행위와 약속을 지켜야 하는 경우 어떤 행위가 더 가치 있는가를 판단하여 가치를 부여하는 행위

### (4) 조직화(organization)

하나 이상의 가치가 조직되고, 그들 간의 상호관계 및 인위적 관계를 수립하는 것. 가치를 비교하고, 관련짓고, 통합하는 것을 강조
- 예 사형론의 찬반론을 비교하여 자신의 신념과 맞는 의견을 결정할 수 있음

### (5) 인격화(characterization)

이미 자리 잡혀 수용된 가치체계에 따라 일관성 있는 행동을 할 수 있도록 인격의 일부로 내면화한 상태
- 예 지역사회를 위해 봉사하는 것을 인생의 목표로 생각하고 행동

> **POINT**
> - 감수(수용) : 주의와 관심
> - 반응 : 관심의 수준을 넘어 반응
> - 가치화 : 사물, 현상, 사실에 대한 판단-값진 것
> - 조직화 : 가치체계의 조직-가치의 위계관계
> - 인격화 : 가치체계의 내면화

> **암기비법**
> 수·반·가·조·인
> → 수용(영)반 가조인
> (잉~!)

# Chapter 05 평가문항의 제작

## 01 문항제작의 기본 원리

### 1. 문항제작 시 고려사항
① 교육목표와 교육내용이 무엇인가를 정확히 파악
② 피험자의 독해력과 어휘력을 고려
③ 문항유형에 따른 특징, 장단점, 복잡성 고려
④ 피험자에게 미칠 수 있는 부정적 영향(윤리적으로 정의적 행동 특성에 영향을 줄 수 있는 부분) 고려

### 2. 좋은 문항의 조건
① 문항이 측정하고자 하는 내용과 일치 ◎ 검사의 타당도
② 복합성을 지닌 문항내용. 고등정신기능인 분석, 종합, 평가 등의 능력을 측정할 수 있는 문항
③ 적절한 난이도
④ 측정오차를 유발하지 않아야 함. 답을 알고 있음에도 문항제작 미숙으로 실수를 유발하지 않도록 해야 함
⑤ 문항이 검사의 사용 목적에 부합해야 함. 규준참조평가인지 준거참조평가인지에 부합하는 문항이어야 함

### 3. 문항제작절차(출제절차)

**(1) 검사목적 확인**

문항의 구체적인 특성은 검사의 목적에 따라 달라지기 때문

**(2) 문항형식 및 문항 수 결정**
① 객관식 문항은 평가의 객관성, 신뢰성, 신속성, 공정성을 기하고자 할 때 적합. 논술형 문항은 비판적인 사고 능력이나 종합력과 같은 고차적인 능력을 측정하고자 할 때 적합
② 문항 수는 검사목적, 시간, 문항 수준, 학생의 문제 해결 습관 및 속도 등을 감안

---

**PLUS**

**검사목적 확인**
- 수업 전 선수필수기능을 갖고 있는지 확인
- 수업 중 학습 진전도 점검, 학습오류 확인 및 동기유발
- 수업 후 성적 판정, 자격 부여, 수업 효과 확인

(3) **이원분류표 작성**
   ① **이원분류표의 의미**: 이원분류란 내용과 행동을 기준으로 수업목표를 분류하는 작업. 이원분류 결과 이원분류표 작성
   ② **목적**: 교수·학습 과정이나 평가과정의 지침으로 활용(분류 대상이 되는 교육목표는 최소한 단원목표나 수업목표 수준에서 진술되어야 하고, 목표의 수는 상당히 많아야 함)
   ③ **작성절차**
      ㉠ 수업목표 진술
      ㉡ 이원분류표의 내용분류항목 결정
      ㉢ 이원분류표의 행동분류항목 결정(교육목표분류학의 인지적 영역 분류 참고)
      ㉣ ㉡단계와 ㉢단계의 작업을 통합하여 이원분류표 형식 완성
      ㉤ 수업목표 하나하나가 이원분류표의 어떤 범주에 해당되는지 판정하여 기록
   ④ **용도**
      ㉠ 출제과정에서 청사진 역할
         • 문항을 수업에서 다룬 내용에 일치시킬 수 있음
         • 문항이 측정하는 인지수준을 수업목표에 일치시킬 수 있음
      ㉡ 수업목표 혹은 문항들을 골고루 표집하는 데 도움

(4) **문항작성**
   수업목표 도달도를 측정할 수 있도록 작성, 골고루 출제, 중요한 학습 성과를 측정할 수 있도록 작성, 간단명료하게 작성, 답을 하는 데 필요한 조건과 근거 명시, 하나의 내용만 재도록 작성, 단서가 포함되지 않도록 함, 응답요령·채점기준·배점 등을 명시

(5) **문항 검토 및 수정**
   ① **문항에 대한 질적평가**: 적절한 형식으로 출제했는지, 오답지의 매력도는 높은지, 문항의 표현은 정확한지, 곤란도는 적절한 수준인지, 중요한 학습 성과를 측정하고 있는지 등 검토
   ② **문항분석**: 고전검사이론에 입각한 분석방법과 문항반응이론에 입각한 분석방법

(6) **검사 편집 및 인쇄**

05. 평가문항의 제작

## 02 문항의 유형

### 1. 선택형 문항

(1) 개념

지시문 및 문두와 함께 여러 개의 선택지를 제시하고 조건에 맞는 선택지를 고르도록 하는 형식. 재인형, 객관형이라고도 함

(2) 장단점

① 장점
  ㉠ 객관적이고 신뢰도가 높은 채점 가능
  ㉡ 많은 문항을 출제할 수 있어 내용을 포괄적으로 다룰 수 있음
  ㉢ 채점 및 통계적 분석이 쉬움
  ㉣ 채점에 소요되는 시간과 노력이 적음
② 단점: 추측에 의해 응답 가능, 단순 지식의 암기력 측정 위험

(3) 선택형 문항의 유형

① 진위형: 진위, 정오 또는 긍정·부정에 대한 이분법적인 판단을 요구하는 형식
  ㉠ 문항제작 시 유의사항
    • 진술문에는 중요한 내용을 포함
    • 한 개의 진위형 문항은 하나의 내용만을 포함
    • 부정문의 사용은 가능한 한 줄이고 이중부정은 피할 것
    • 가능한 한 단순한 문장으로 간단명료하게 질문
  ㉡ 장점
    • 문항제작 용이
    • 채점의 객관성을 높일 수 있음
    • 짧은 시간 내 많은 문항 출제 가능
  ㉢ 단점
    • 추측에 의한 정답 확률이 1/2
    • 단순한 기억력을 요구하는 지식과 중요하지 않은 교수목표를 측정할 가능성이 높음
② 선다형: 여러 개의 선택지(답지)를 제시해 놓고 조건에 맞는 선택지를 고르도록 하는 형식
  ㉠ 문항제작 시 유의사항
    • 문두는 간결하고 단순하게 서술
    • 정답은 분명하고, 오답은 매력적으로 만들어져야 함

---

**POINT**

선택형 문항의 유형
• 진위형
• 선다형
• 연결형

- 정답을 고를 수 있거나 오답을 제거할 수 있는 단서를 주지 말아야 함
            - 답안의 형태나 길이는 서로 비슷해야 하며, 다를 경우에는 짧은 답안부터 배열하는 것이 바람직
            - 정답의 위치는 다양하게 배치
        ⓒ 장점
            - 학습내용의 많은 영역 측정 가능
            - 채점이 용이하고 채점의 신뢰도를 높일 수 있음
        ⓒ 단점
            - 주어진 답안에서 하나를 선택하므로 고등정신능력 측정에 한계
            - 문항제작에 많은 시간 소요
            - 추측으로 정답을 맞힐 확률이 있음
    ③ 연결형: 일련의 전제와 일련의 답안을 배열하여 전제에 대한 질문의 정답을 답안에서 찾아 연결하는 형태. 배합형이라고도 함
        ⓐ 문항제작 시 유의사항
            - 전제나 답안은 동질성을 가진 것끼리 제시. 동질성이 결여되면 정답의 단서를 주게 될 가능성이 커짐
            - 전제보다 답안 수가 많아야 함
            - 전제나 답안 수를 적절히 제한. 너무 많으면 피험자가 혼란스러워하고 싫증을 내게 되고, 동질성 유지가 어려워짐
        ⓑ 장점
            - 문항제작이 비교적 간편
            - 유사한 사실을 비교하고 구분하고 판단하기에 좋은 문항형태
            - 검사의 객관도 및 신뢰도를 높일 수 있음
        ⓒ 단점
            - 좋은 문항을 만드는 데 시간과 노력이 소요
            - 연결이 진행되면서 점차 연결 수가 줄어들어 추측 요인이 작용

## 2. 서답형(주관식) 문항

(1) 개념

문두만 제시하여 놓고 답을 스스로 생각해서 쓰도록 하는 형식. 재생형, 주관식이라고도 함

(2) 장단점
    ① 장점: 선택형 문항에 비해 고차적인 학습성과 측정 가능, 추측으로 정답 맞힐 가능성을 최소화
    ② 단점: 채점이 어렵고 객관도가 낮음

### (3) 서답형 문항의 유형

① **완성형**: 문장의 일부를 비워 놓고 빈자리에 단어, 구, 숫자, 기호 등을 써 넣어 완성하도록 하는 형식

㉠ 문항제작 시 유의사항
- 중요한 내용을 여백으로 두고 여백 수를 적절히 제한
- 진술문 가운데 답을 암시하는 내용이 없어야 함(조사가 답을 암시하지 않도록)
- 채점의 정확성과 체계성을 위해 여백 각각을 채점 단위로 함

㉡ 장점
- 추측 요인 배제
- 문항제작이 선다형 문항에 비해 비교적 쉬움
- 채점이 비교적 용이하고, 채점의 객관성을 유지할 수 있음

㉢ 단점: 단순한 지식, 개념, 사실을 측정할 가능성이 높음

② **단답형**: 문제를 의문문이나 명령문으로 제시한 다음 단어, 숫자, 기호 등으로 답하게 하는 형식

㉠ 문항제작 시 유의사항
- 간단한 형태의 답이 나올 수 있도록 문항제작
- 정답 수는 한 개 혹은 몇 개가 되도록 한정
- 수치나 계산문제에 관련된 문제에서는 기대하는 정확성의 정도 혹은 계산절차의 수준을 명시

㉡ 장점
- 문항제작 용이, 짧은 시간 내에 광범위한 검사를 하는 데 유용
- 추측 요인에 의해 정답을 맞힐 확률을 최대한 제거할 수 있음

㉢ 단점
- 단순 지식, 개념, 또는 사실만을 평가할 가능성이 높음
- 채점 시 선택형 문항과 비교하여 객관성 확보가 어려움

③ **논술형**: 문제 혹은 질문에 대해 짧게는 몇 개의 문장에서 길게는 여러 페이지에 걸쳐 논술식으로 답을 쓰도록 하는 형식. 허용되는 피험자의 반응 범위 제한 여부에 따라 제한 반응형과 확대 반응형으로 구분

| 제한 반응형 | 논술의 범위를 지시문에서 축소하거나 글자 수를 제한 |
|---|---|
| 확대 반응형 | 글자 수뿐만 아니라 지시문에 의한 서술 범위도 제한하지 않음 |

㉠ 문항제작 시 유의사항
- 피험자 집단의 특성 고려
- 질문의 요지가 분명하고 구조화되어야 함
- 문항은 난이도 순으로 배열
- 문항 점수를 제시
- 채점기준을 미리 마련

---

**POINT**

**서답형 문항의 유형**
- 완성형
- 단답형
- 논술형

ⓒ 장점
- 전체적 관련 속에서 전후가 논리성 있게 표현되는지 평가 가능
- 분석력, 조직력, 문제해결력, 작문능력 등 다양한 고등정신능력 측정 가능
- 선다형이나 단답형에 비해 상대적으로 문항제작이 쉬움

ⓒ 단점
- 교과 영역을 광범위하게 측정하기 어려움
- 문장력이 채점에 영향을 줄 수 있음
- 채점하는 데 많은 노력과 시간 소요
- 일관성의 문제

ⓔ 채점방법
- **분석적 채점방법**: 채점기준을 요소로 분석해 배점하고 기준에 의해 채점한 다음 종합
- **총괄적 채점방법**: 피험자의 응답을 전반적으로 읽은 후 전체적인 느낌이나 관점에 의해 채점

ⓜ 채점 시 유의사항
- 모범답안을 작성하여 채점의 기준을 미리 설정
- 채점 시 편견이나 착오가 작용하는 것을 피해야 함
- 답안지는 학생 단위로 채점하지 말고 문항 단위로 채점
- 혼자보다는 여러 사람이 채점해서 평균을 내는 것이 바람직

# Chapter 06 평가도구의 질적 요건(양호도)

## 01 타당도

**Keyword**
#충실히

### 1. 개념
타당도란 한 검사 혹은 평가도구가 측정하려고 의도하는 것을 어느 정도 충실히 측정하고 있는가를 의미

> 예 지능검사가 '지능'이라는 심리적 특성을 충실하게 재고 있다면 타당한 검사지만, '어휘력'을 잰다고 할 경우 타당한 검사라 할 수 없음

### 2. 타당도의 유형

**(1) 내용 타당도**

① 개념
  ㉠ 검사 문항들이 측정하려고 하는 전체 영역을 대표하고 있는가의 정도를 나타내는 타당도
  ㉡ '검사내용에 기초한 근거'라고 불리는 타당도로, 논리적 사고에 입각하여 판단하는 주관적인 타당도

② 특징
  ㉠ 검사가 측정하고자 하는 속성을 제대로 측정하였는지를 검사전문가가 주관적으로 판단
  ㉡ 교수·학습 과정에서 설정한 교육목표의 성취 여부를 묻는 학업 성취도 검사의 타당성 검증을 위해 많이 쓰임
  ㉢ 학업 성취도 검사의 내용 타당도는 검사 내의 문항들이 검사 제작 전에 작성된 이원(목적)분류표에 의하여 제작되었는지를 확인함으로써 검증될 수 있음

③ 장점: 계량화된 정보를 제공하지는 못하지만, 검사의 목적에 부합하는가의 여부를 검증할 수 있음

④ 단점
  ㉠ 전문가마다 다른 견해를 갖는 경우가 있으므로 각기 다른 결과가 나올 수 있음
  ㉡ 계량화되지 않았기 때문에 타당성의 정도를 표기할 수 없음

**PLUS**
**내용 타당도**
타당도의 개념을 내용적 측면에 적용한 타당도. 측정도구가 측정하고자 하는 속성을 내용적 측면에서 얼마나 충실하게 측정하고 있는가를 의미

**POINT**
내용 타당도 검증을 위해 문항 개발 시 '이원(목적)분류표'를 작성
→ 문항이 대표성을 띠도록 구성하는 데 도움을 주므로 내용 타당도 검증 시에도 이를 바탕으로 내용적 검증 절차를 거쳐야 함

(2) 준거 타당도
  ① 개념: 외적 준거를 이용하여 검사도구의 타당도에 대한 증거를 검토하는 것
  ② 예언 타당도
    ㉠ 평가도구의 검사결과가 피험자의 미래 행동이나 특성을 어느 정도로 예언하고 있느냐에 의해 결정되는 타당도. 이때 준거는 미래의 행동 특성
    ㉡ 예를 들어, 대학수학능력시험이라는 평가도구가 대학 입학 후 학습자의 수학능력을 예언하는 타당도가 있다고 할 때, 여기서 사용된 준거는 대학 입학 후의 수학능력
    ㉢ 추정방법: 피험자 집단에 새로 제작한 검사 실시, 일정한 기간이 지난 후 검사에서 측정한 내용과 관련된 행동을 측정한 후 검사 점수와 준거(미래 행동 특성의 측정치) 간 상관계수 추정
    ㉣ 장점: 검사도구가 미래의 행동을 예측해 주어 예언 타당도가 높으면 선발, 채용, 배치 등의 목적을 위하여 검사를 사용할 수 있음
    ㉤ 단점
      • 동시 측정 불가능
      • 일정 시간이 지난 뒤에 측정 행동과 검사 점수와의 상관을 계산해야 하기 때문에 검사 실시 후 인간의 특성이 변화되지 않았다는 것을 보장하기 어려움
  ③ 공인 타당도
    ㉠ 새로운 검사의 타당도를 기존의 타당성을 인정받고 있는 검사와의 유사성 혹은 연관성에 의하여 검증하는 방법
    ㉡ 추정방법: 새로 제작된 검사를 실시한 다음 동일 집단에게 현재 타당성을 인정받고 있는 검사를 실시한 후 두 검사 간의 상관계수 추정
    ㉢ 장점: 계량화되어 타당도에 대한 객관적 정도 제공
    ㉣ 단점: 기존의 타당성을 인정받고 있는 검사가 없을 경우 공인 타당도를 추정할 수 없음

(3) 구인 타당도
  ① 개념
    ㉠ 구인이란 과학적인 상상의 산물로 지능, 동기, 태도 등과 같이 직접 관찰하거나 측정할 수 없는 행동에 대한 이론적인 개념화, 즉 심리학적 구성개념
    ㉡ 구인 타당도는 조작적으로 정의되지 않은 인간의 심리적 특성이나 성질을 심리적 구인으로 분석하여 조작적 정의를 부여한 후, 검사점수가 조작적 정의에서 규명한 심리적 구인들을 제대로 측정하였는가를 검증하는 방법

**+PLUS**
**구인 타당도의 분석방법**
• **상관계수법**: 각 구인에 의해 얻은 점수와 심리특성을 측정하는 총점의 상관계수에 의해 타당도를 검증하는 방법
• **실험설계법**: 심리적 구인을 실험집단에는 처치하고, 통제집단에는 처치하지 않았을 경우, 실험집단과 통제집단의 심리적 구인에서 차이가 나면 그 구인을 심리적 특성을 설명하는 구인으로 보는 기법
• **요인분석**: 복잡하고 정의되지 않은 많은 변수 간의 상호관계를 분석하여, 상관이 높은 변수를 모아 요인으로 규정하고 그 요인의 의미를 부여하는 통계적 기법. 하위요인을 구성하는 문항 수준까지 구조를 파악할 수 있음

예 창의성 검사에서 창의성이 민감성, 유창성, 융통성, 독창성, 정교성으로 구성되어 있다면 이것들은 창의성을 구성하는 구인이라 할 수 있으며, 이 검사도구가 이 구인들을 제대로 측정하고 있는지를 밝히는 것이 구인 타당도를 검증하는 것

ⓒ 측정하고자 하는 특성의 구성 요인을 얼마나 충실하게 이론적으로 설명하여 경험적으로 측정하느냐의 문제

② 검증절차
㉠ 측정하고자 하는 심리적 특성을 구성하는 구인들이 무엇인지 이론적, 경험적 배경에 의해 밝힘 ⓞ 심리적 특성에 대한 조작적 정의 내림
㉡ 구인과 관련된 이론에 근거하여 구인을 측정할 수 있는 문항 제작
㉢ 구인을 측정하는 문항들로 검사 제작
㉣ 측정 대상에게 검사를 실시하여 응답자료 얻음
㉤ 응답자료를 분석하여 측정하고자 하는 구인들을 제대로 측정했는지 확인
㉥ 구인과 관계없는 문항을 제거하거나 수정·보완하여 검사 완성

(4) **결과 타당도**
① 검사결과가 검사의 목적과 얼마나 부합하는가, 즉 의도한 결과를 얼마나 달성하였으며 의도하지 않은 어떤 결과가 나타났는가에 대한 검증
② 평가활동이 원래 의도한 기능을 제대로 수행하거나 목적을 제대로 달성하고 있는가에 대한 증거를 수집하려는 과정
③ 검사를 실시한 후 그 결과에 대해 가치판단을 하는 것으로, 평가결과가 학생, 학부모, 교사, 학교, 사회에 미치는 영향을 토대로 검사도구의 타당성을 평가하는 방법
④ 결과 타당도 과정에서는 다음과 같은 문제를 검토할 수 있음
㉠ 평가가 실제로 교수·학습 과정을 개선시키고 있는가?
㉡ 교수·학습 과정을 개선시키고 있다면 어느 정도 영향을 주고 있는가?
㉢ 평가결과 활용의 부정적 영향이나 예기치 못한 영향은 무엇인가?

---

**POINT**

**타당도의 유형**
• 내용 타당도
• 준거 타당도 : 예언 타당도, 공인 타당도
• 구인 타당도
• 결과 타당도

06. 평가도구의 질적 요건(양호도)

## 02 신뢰도

### 1. 개념

타당도가 무엇(what)을 측정하고 있느냐의 문제라면 신뢰도는 평가도구가 '어떻게(how)' 측정하고 있느냐의 문제. 얼마나 일관성 있게, 얼마나 정확하게, 얼마나 오차 없이 측정하고 있느냐의 개념

**Keyword**
#정확 #일관성
#오차 없이

### 2. 신뢰도를 높이기 위한 방법

① 문항 수가 많은 검사로 측정 ▶ 측정 오차를 줄여 신뢰도를 높임
② 문항의 난이도가 적절해야 함. 검사가 너무 어렵거나 쉬우면 피험자의 진짜 능력을 측정하기 어렵기 때문에 신뢰도는 낮아짐
③ 문항변별도가 높아야 함
④ 검사도구의 내용이 보다 구체적이고 한정된 범위의 내용이어야 함 ▶ 문항의 동질성 유지
⑤ 검사시간을 충분히 주어 피험자가 역량을 충분히 발휘하게 할 때 응답의 안정성이 보장됨

### 3. 신뢰도의 유형

(1) **재검사 신뢰도**

① 한 개의 평가도구 혹은 검사를 같은 집단에 일정한 간격을 두고 두 번 실시해서 첫 번째 검사와 두 번째 검사 간의 상관계수를 산출하여 얻은 신뢰도
② 전과 후의 점수 사이에 어느 정도 안정성이 있느냐를 보는 관점이기 때문에 안정성 계수라고도 함
③ 오차의 근원은 시간간격. 실시 간격이 너무 짧으면 첫 번째 검사에서의 기억, 연습효과 등이 두 번째 검사에 영향을 미칠 가능성. 간격이 너무 길면, 측정하려는 행동 특성 자체가 변화될 가능성이 커짐
④ 재검사 신뢰도를 표시할 때는 실시 간격을 명시해야 하며, 검사의 목적에 따라 다르나 대개 2~4주가 적당
⑤ 장점: 추정방법이 간단
⑥ 단점: 검사를 두 번 실시해야 한다는 것, 연습효과나 기억효과, 실시 간격에 따라 신뢰도계수가 달리 추정됨

(2) 동형검사 신뢰도
① 미리 두 개의 동형검사를 제작하고 동일 집단에 실시해서 두 개의 동형검사에서 얻은 점수 간의 상관을 산출하는 방법
② 동형검사는 표면적인 내용은 다르지만 두 검사가 측정이론의 관점에서 동질적이고 동일하다고 추정할 수 있는 문항들로 구성된 검사로, 난이도, 검사내용, 문항형식, 문항 수 등이 같아야 함
③ 장점: 재검사 신뢰도의 문제점인 기억효과나 연습효과 및 시험 간격 설정의 문제해결
④ 단점: 검사를 두 번 제작·시행해야 하는 어려움, 동형의 검사를 제작하기 어려움

(3) 반분검사 신뢰도
① 한 개의 평가도구 혹은 검사를 한 피험자 집단에게 실시한 다음, 그것을 적절한 방법에 의해 두 부분의 점수로 분할하고, 이 분할된 두 부분을 독립된 검사로 생각해서 그 사이의 상관을 계산하는 방법
② 하나의 검사를 두 쪽으로 나누어 신뢰도를 구하는 일종의 간이 동형검사 혹은 축소판 동형검사 신뢰도 추정방법
③ 앞뒤로 정확하게 반이 되게 하거나, 짝수 문항과 홀수 문항으로 나누는 방법을 주로 사용. 주의점은 검사도구의 문항내용과 구성 면에서 양분된 두 부분이 서로 비슷하고 동질적이어야 함
④ 장점: 하나의 검사를 가지고 추정해 낸 동형검사 신뢰도라는 점에서 간편하고 경제적
⑤ 단점
  ㉠ 검사를 양분하는 방법에 따라 신뢰도계수가 달리 추정됨
  ㉡ 동질성이 낮은 문항으로 구성된 검사와 속도검사의 신뢰도를 추정할 때(전후 반분) 부적절

(4) 문항내적 일관성 신뢰도(문항내적 합치도)
① 검사 속의 한 문항 한 문항을 모두 독립된 한 개의 검사 단위로 생각하고 그 합치도, 동질성, 일치성을 종합하는 신뢰도
② 한 검사에 포함된 문항 간 반응의 일관성이 문항의 동질성 여부에 의해 결정되므로, 단일 특성을 재는 문항으로 구성되어야 함
③ 장점: 검사를 두 번 실시하지 않고 검사의 신뢰도 추정 가능
④ 단일 특성을 재지 않거나 문항의 곤란도가 일정하지 않을 때 문항내적 합치도로 신뢰도를 구하면 그 검사의 신뢰도는 과소평가될 우려가 있음
⑤ Chronbach a계수: 신뢰도 계수 추정을 위해 보편적으로 사용
  ㉠ Chronbach a계수는 부분점수를 부가하는 서답형이나 논문형 검사 또는 평정치(1, 2, 3, 4, 5)처럼 이분법적으로 채점되지 않는 경우에도 사용 가능

**PLUS**
내적 일관성 신뢰도
• 반분검사 신뢰도 + 문항내적 일관성 신뢰도
• 검사를 한 번만 실시
• 검사를 구성하는 부분 검사 또는 문항 간의 일관성 정도를 의미. 얼마나 일관성이 있는가

ⓛ 검사를 양분하지 않아도 되고, 문항 간의 일관성에 의해 단일한 신뢰도 추정 결과를 얻을 수 있는 장점이 있는 반면, 검사도구의 신뢰도를 과소 추정하는 경향도 있음. 그러나 검사도구의 질을 분석함에 있어 어느 정도의 엄격성이 요구되기 때문에 과소 추정되는 정보가 더 바람직

> **POINT**
> **신뢰도의 유형**
> • 재검사 신뢰도
> • 동형검사 신뢰도
> • 반분검사 신뢰도
> • 문항내적 일관성 신뢰도 (문항내적 합치도)

### 4. 타당도와 신뢰도의 관계

① 신뢰도는 타당도를 위한 필요조건이지만 충분조건은 아님. 신뢰도는 타당도의 선행조건
② 타당도가 높으면 신뢰도도 높으나, 신뢰도가 높다고 타당도가 높은 것은 아님
③ 타당도가 낮아도 신뢰도는 높을 수 있으나, 신뢰도가 낮으면 타당도도 낮음

06. 평가도구의 질적 요건(양호도)

## 03 객관도

### 1. 개념
① 객관도란 평가자 혹은 채점자 신뢰도라고 부르기도 하며, 검사의 채점자가 주관적 편견 없이 얼마나 공정하게 채점하느냐의 문제
② 평가자 간 신뢰도와 평가자 내 신뢰도
  ㉠ 평가자 간 신뢰도: 한 가지 반응결과에 대해 여러 사람의 채점 및 평가가 일치하는 정도
  ㉡ 평가자 내 신뢰도: 동일한 평가자가 시간적 간격이나 상황에 따라 많은 측정대상에 대해 계속적으로 일관성 있게 측정하였느냐의 문제
③ 평가의 결과가 등급으로 주어진다면 평정자 간 신뢰도 또는 평정자 내 신뢰도란 용어를 사용, 평가의 결과가 점수로 주어진다면 채점자 간 신뢰도 또는 채점자 내 신뢰도, 관찰에 의한 결과라면 관찰자 간 신뢰도 또는 관찰자 내 신뢰도라는 용어를 사용
④ 일반적으로 객관도가 낮은 이유는 평가도구 및 평가 기준이 비객관적인 경우나 평가자의 소양 부족에 기인

> **POINT**
> • 평가자 간 신뢰도: 평가자가 여러 명
> • 평가자 내 신뢰도: 평가자가 한 명

### 2. 객관도를 높이기 위한 방법
① 검사도구의 객관화
② 채점자의 소양을 높여야 함
③ 명확한 채점기준이 있어야 함
④ 여러 사람이 공동으로 채점해서 그 결과를 종합하는 것이 효과적
⑤ 반응내용에만 충실한 채점을 해야 함
⑥ 오류 제거

### 3. 오류의 유형

#### (1) 집중화 경향의 오류
① 평정이 중간 부분으로 지나치게 모이는 경향. 훈련이 부족한 평정자가 잘 저지르는 착오
② 오류의 원천은 주로 극단적인 판단을 꺼리는 인간심리와 피평정자를 잘 모르는 데에서 옴
③ 오류를 피하기 위해서는 중간에 선택할 수 있는 평정점이 여러 개가 되도록 간격을 넓게 잡는 것이 바람직(3단계 척도보다 7단계 척도가 더 바람직)

(2) 표준의 오류
① 평정자(채점자) 간 표준(채점기준)이 달라서 생기는 오류
② 여러 팀으로 나누어 면접시험을 치를 때, 어떤 평정자는 7단계 평점에서 3을 표준으로, 어떤 평정자는 5를 표준으로 삼을 수 있음

(3) 인상의 오류
① 평정자에게 피험자에 대한 선입견이 작용해서 생기는 오류. 결과물 자체보다 학생이 가진 배경 정보에 영향을 받아 잘못된 판단을 하는 경우
② E. L. Thorndike가 명명. 후광효과라고도 부름
③ 보다 좋게 하는 경우를 '관대의 오류'라 하고, 보다 나쁘게 평정하는 경우를 '엄격의 오류'라 함

(4) 대비의 오류
① 평정자와 피험자 사이에 공통된 견해나 다른 견해에 대해 인색하게 혹은 관대하게 평정하는 오류
② 평정자가 가진 견해와 일치하는 견해를 답지에 보이면 관대하게 평가할 수도 혹은 이미 나도 다 아는 사실이고 새로울 것이 없다고 생각하여 낮게(인색하게) 평정할 수도 있음

(5) 논리적 오류
① 명확하게 평정의 속성을 규정하지 못해 발생하는 오류로 평정자가 전혀 다른 두 가지 행동특성을 비슷한 것으로 생각해서 평정하는 현상. 평정자의 채점기준이 불명료하기 때문에 일어남
② "사교성이 있는 사람은 명랑하다.", "정직성이 낮은 사람은 준법성도 낮다.", "비판적인 글은 창의적이다."라는 논리적으로 모순된 판단이 평정 결과에 그대로 나타나는 경우

(6) 근접의 오류
① '시간적으로나 공간적으로' 가깝게 평정하는 특성 사이에 상관이 높아지는 현상
② 특정 피험자가 앞 문항에서 높은 점수를 받았다면 연이어 다음 문항에서도 잘 했으리라고 관대하게 평정하거나, 그 역의 방식으로 평정하는 것
③ 오류를 제거하기 위해서는 비슷한 성질을 띤 측정은 시간적으로나 공간적으로 멀리 떨어지게 하는 것이 바람직
④ 수험자별로 채점하기보다 문항별로 채점, 한 문항 채점이 끝나면 가급적 답안지의 채점 순서를 바꾸어 채점하면 좋음

06. 평가도구의 질적 요건(양호도)

## 04 실용도

### 1. 개념
① 검사도구의 실용적인 가치 정도
② 경비, 시간, 노력 등을 적게 들여서 평가의 목적을 충실하게 달성할 수 있어야 실용성이 있는 것

### 2. 실용도를 높일 수 있는 조건
① 검사의 실시와 채점이 쉬워야 함
② 해석과 활용이 용이해야 함
③ 비용, 시간, 노력 등이 절약되어야 함

# Chapter 07 문항분석

## 01 문항분석의 개념과 기능

### 1. 개념
검사의 개별 문항이 원래 의도한 검사도구의 목적을 제대로 수행할 수 있도록 만들어졌는지를 다양한 측면에서 확인하는 작업. 문항의 양호도 분석

### 2. 문항분석의 기능
① 문항 개선을 위해 실시. 문제가 있다고 판명된 문항을 수정·보완하거나 폐기함으로써 문항의 양호도를 높일 수 있음
② 문항분석 결과는 교수·학습 및 평가과정에 환류(feedback)시킴으로써 교수·학습 과정을 향상시키는 데 도움. 어떤 문항에 대한 학생들의 성적이 기대에 못 미치는 경우 이것이 학생들의 능력 부족 때문인지, 교사의 수업방식에 문제가 있는지, 평가방법이 잘못되었는지 등을 파악하여 그 결과를 향후 수업 및 평가과정에 환류
③ 교사의 전문성을 키우는 데 도움. 자신의 판단착오나 기술적 결함 등을 알 수 있어 문항개발 기술을 향상시키는 데 도움
④ 문제은행 구축에 필요. 양호도가 좋은 문항은 문항은행에 보관, 나쁜 양호도를 가진 문항은 수정·보완하여 문제은행에 보관해 두면 이후 필요할 때 문항을 다시 쓸 수 있음

**POINT**
**문항분석**
문항이 원래 의도한 기능을 제대로 수행하는지 통계적으로 분석하는 작업

**PLUS**
**문항에 대한 평가방법**
- **질적평가**: 내용 타당도 확인. 전문가의 판단에 의존
- **양적평가**: 피험자의 응답 결과를 검사이론에 입각하여 문항난이도, 문항변별도, 문항추측도 분석
→ 고전검사이론, 문항반응이론

07. 문항분석

## 02 고전검사이론

### 1. 개념
① 피험자들의 응답을 문항별로 채점한 후 총점에 의해 문항을 분석하는 방법
② 검사집단의 영향을 받게 됨. 같은 문항이라도 검사집단이 우수집단인 경우와 그렇지 않은 경우 난이도는 다르게 측정

### 2. 기본 가정
① 관찰 점수는 진점수와 오차 점수로 이루어짐. 어느 학생의 수학능력시험 언어영역 점수가 90점이 나왔다면 이 점수는 관찰된, 즉 측정된 점수. 측정된 점수는 알지 못하는 진짜 능력 점수와 검사를 실시하는 과정에서 발생할 수 있는 오차 점수로 구성
② 진점수는 무수히 반복하여 측정된 점수의 평균값. 오차 점수의 평균은 '0'
③ 관찰 점수의 분산은 진점수 분산과 오차 점수 분산으로 합성. 만약 오차 점수의 분산이 0이라면 관찰 점수와 진점수의 값이 같아지며, 이는 신뢰도가 완벽하여 측정오차가 전혀 없음을 의미

### 3. 문항난이도
① 문항의 어렵고 쉬운 정도. 총 피험자 중 정답을 맞힌 피험자의 비율, 즉 정답 확률로 설명
② 문항난이도는 0에서 1의 범위를 가지게 되며, 값이 클수록 그 문항은 쉽다는 의미
③ 규준참조검사에서는 학생들의 능력 차이를 구분해야 하므로 중간 수준의 난이도를 중심으로 검사를 제작하여야 함. 그러나 준거참조검사에서는 한 집단의 검사 점수의 평균이 높거나 혹은 낮은 것은 중요한 문제가 되지 않기 때문에 의도적인 난이도 조절은 불필요

$$P = \frac{R}{N}$$

$P$: 문항난이도
$N$: 총 피험자 수
$R$: 문항의 답을 맞힌 피험자 수

## 4. 문항변별도

① 문항이 피험자의 능력을 변별하는 정도를 나타내는 지수
② 능력이 높은 피험자가 문항의 답을 맞히고 능력이 낮은 피험자가 문항의 답을 틀렸다면 이 문항은 피험자들을 제대로 변별하는 문항으로 분석. 반대로 문항에 능력이 높은 피험자가 틀리고 능력이 낮은 피험자가 맞았다면, 이 문항은 부적 변별력을 가진 문항
③ 규준참조검사에서는 변별도가 문항의 질을 좌우, 준거참조검사에서 변별도는 부적 변별도가 나오지 않는다면 크게 문제가 되지 않음. 예를 들어, 어떤 문항에 대해 모든 학생이 답을 해서 변별도가 0이 나온다고 하더라도 그 문항이 교수목표와 일치한다면 좋은 문항

$$D.I. = \frac{R_U - R_L}{f}$$

$D.I.$ : 문항변별도 지수
$R_U$ : 상위 능력 집단의 정답자 수
$R_L$ : 하위 능력 집단의 정답자 수
$f$ : 각 집단의 피험자 수

④ 문항변별도 지수
  ㉠ 변산범위는 −1.00에서 +1.00이며, 0일 경우는 변별력이 없다고 보고, +1에 가까울수록 변별력이 큼
  ㉡ 문항변별도가 .20 미만인 문항은 수정하거나 제거하여야 할 문항이며, 특히 문항변별도가 음수인 문항은 나쁜 문항이므로 검사에서 제외. 문항의 문항변별도가 높으면 검사도구의 신뢰도가 높아짐

## 5. 문항반응분포

① 피험자들이 문항의 각 답안에 어떻게 반응하고 있는지 기술하고, 이를 기초로 분석하는 것
② 분석 대상은 문항 자체가 아니라 문항 속에 포함되어 있는 각각의 답안에 대한 반응. 각 답안의 오답이 얼마나 매력이 있으며, 정답은 얼마나 정답 구실을 했는지, 또 상위집단과 하위집단 간의 반응 형태는 어떤 차이가 있는지 등을 알 수 있음

> **POINT**
> 정답은 명확하게, 오답은 매력적으로

## 6. 오답안 매력도

① 선다형 문항의 경우 피험자가 오답지도 정답처럼 보여 택할 가능성. 오답안에 대한 응답비율에 의해 결정
② 오답안들이 그럴듯하고 매력적일 때 문항의 난이도는 높아지며 비교, 분석, 종합 등의 고등정신능력을 측정할 수 있게 됨
③ 매력이 전혀 없을 경우 답안의 기능을 상실. 따라서 선다형 문항에서 답안에 대한 분석은 문항의 질을 향상시키는 중요한 작업
④ 각 오답안이 매력적인지는 각 오답안에 대한 응답비율에 의해 결정되는데, 오답안에 대한 응답비율이 오답지 선택확률보다 높으면 매력적인 답안, 그 미만이면 매력적이지 않은 답안

$$P_o = \frac{1-P}{Q-1}$$

$P_o$ : 답안 선택 확률
$P$ : 문항난이도
$Q$ : 답안 수

## 7. 고전검사이론의 장단점

### (1) 장점

비교적 간단한 절차에 의해 문항분석과 검사분석 실시 가능

### (2) 단점

① 문항난이도, 문항변별도와 같은 문항의 고유한 특성이 피험자 집단의 특성에 따라 변화. 어떤 문항에 응답한 피험자 집단의 능력이 높으면 쉬운 문항으로 분석되고, 피험자 집단의 능력이 낮으면 어려운 문항으로 분석됨
② 피험자의 능력이 검사도구의 특성에 따라 달리 추정. 검사가 쉽게 제작되면 피험자 능력은 과대 추정되고, 검사가 어렵게 제작되면 피험자 능력이 과소 추정됨

## 03 문항반응이론

### 1. 개념

① 고전검사이론이 총점에 의해 문항을 분석하고 피험자 능력을 추정하는 검사이론이라면, 문항반응이론은 문항 하나하나에 근거하여 분석하는 이론
② 각 문항마다 고유한 문항특성곡선에 의해 문항 분석
③ 고전검사이론이 극복하지 못하는 문항특성의 불변성 개념과 피험자 능력 불변성의 개념을 극복하기 때문에 문항특성 추정과 피험자 능력 추정에 널리 사용

### 2. 기본 가정

① **일차원성 가정**: 검사가 측정하는 내용은 하나의 특성이어야 한다는 가정
  예 수리력을 측정하는 검사는 수리력을 측정해야지 어휘력이 영향을 주어서는 안 됨
② **지역독립성 가정**: 어떤 능력을 가진 피험자의 하나의 문항에 대한 응답은 다른 문항의 응답에 영향을 주지 않는다는 가정으로, 어떤 문항과 다른 문항의 답을 맞힐 확률은 상호 독립적

### 3. 문항특성곡선

① 어떤 문항에 반응하는 각 피험자는 얼마만큼의 기초 능력을 가지고 있으며, 각 피험자는 능력 척도상에서 어느 위치의 수치를 갖는다고 가정
② 이때 피험자의 능력은 $\theta$(theta)로 표기하고, 각 능력 수준에서 그 능력을 가진 피험자가 그 문항에 답을 맞힐 확률은 $P(\theta)$로 표기
③ 피험자의 능력과 문항특성에 따라 문항의 답을 맞힐 확률을 나타내는 곡선이 문항특성곡선

### 4. 문항난이도

① 문항이 어느 능력 수준에서 기능하는가를 나타내는 지수로 문항의 어려운 정도를 알려줌. 문항특성곡선이 오른쪽에 위치할수록 어려운 문항
② 문항반응이론에서 문항난이도란 문항의 답을 맞힐 확률이 .5에 대응하는 능력수준을 말하며 $\beta$혹은 b로 표기
③ 일반적으로 문항난이도는 $-2.0$에서 $+2.0$ 사이에 있으며 값이 커질수록 어려운 문항

**POINT**

**문항난이도**
- 정답을 맞히기 위해 어느 정도 수준의 능력이 필요한지를 나타냄
- 정답을 맞힐 확률이 0.5가 되는 지점에 대응되는 능력 수준의 값

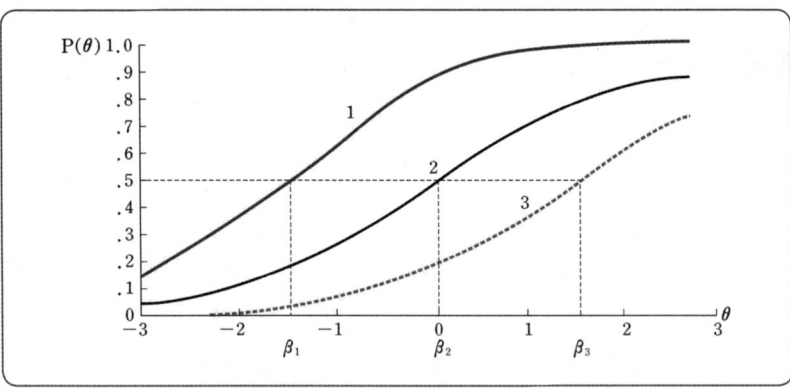

| 문항난이도가 다른 세 문항의 문항특성곡선 |

### 5. 문항변별도

① 문항변별도란 문항이 피험자를 능력에 따라 변별하는 정도를 나타내는 지수로 문항특성곡선의 기울기와 관련
② 기울기가 가파르면 문항변별도가 높아지고 기울기가 완만하면 낮아짐. 문항변별도는 문항특성곡선상의 문항난이도를 표시하는 점에서 문항특성곡선의 기울기를 말하며, α혹은 a로 표기
③ 일반적으로 문항변별도는 0에서 +2.0까지의 값을 가지며 지수가 높을수록 좋은 문항
④ 문항변별도가 음수값을 지니면 이는 검사에서 제외해야 할 문항

**POINT**

**문항변별도**
기울기가 가파를수록 문항의 변별도가 높음

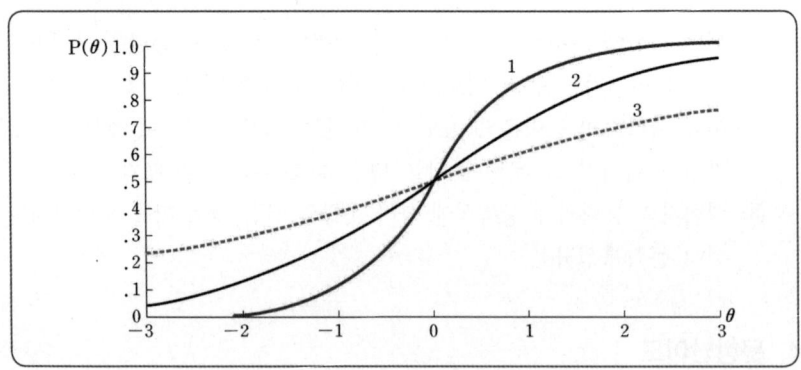

| 문항변별도가 다른 세 문항의 문항특성곡선 |

### 6. 문항추측도

① 능력이 전혀 없을지라도 문항의 답을 맞힐 확률, c로 표기
② 일반적으로 문항추측도는 .2를 넘지 않음
③ 값이 높을수록 좋지 않은 문항

# Chapter 08 교육통계

## 01 교육통계의 주요 개념

### 1. 변인(variable, 변수)

(1) 개념

변하는 수. 연구의 대상이 되는 개체를 서로 구별할 수 있는 속성

(2) 인과관계에 의한 변인 구분
   ① 독립변인: 영향을 주는 변인
   ② 종속변인: 영향을 받는 변인
      예 학력과 소득의 관계에 대한 연구 ⊙ 독립변인: 학력, 종속변인: 소득
      예 성별에 따른 임금 차 연구 ⊙ 독립변인: 성별, 종속변인: 임금

(3) 특성에 의한 변인 구분
   ① 양적변인: 수로 표기되는 변인
   ② 질적변인: 수로 표현할 수 없는 변수로, 사물을 구분하기 위한 변인
      예 성별, 인종, 색

### 2. 측정치

(1) 개념

측정치는 어떤 대상의 속성의 크기이며, 하나의 척도로 측정하여 얻은 수치

(2) 측정치의 종류
   ① 명명척도
      ㉠ 사물이나 사람을 구분하여 분류하기 위해 사용하는 척도. 사물이나 사람 등을 쉽게 식별하기 위해 숫자를 부여
      ㉡ 방향성이 없으며, 크기나 순서를 의미하지 않는 질적인 척도
         예 성별, 인종 등. 성별을 표시할 때 남자와 여자를 이름 대신 각각 1과 2로 표시하는 것
   ② 서열척도
      ㉠ 사물이나 사람의 상대적인 서열을 나타내기 위해서 사용되는 척도
      ㉡ 수치 간 양적 대소나 서열은 표시할 수 있지만, 수치 간의 간격이 같지 않기 때문에 측정 단위 간격 간의 동간성(同間性)을 갖고 있지 않음
         예 학생성적의 순위(등위)

**POINT**

측정치의 종류
• 명명척도
• 서열척도
• 동간척도
• 비율척도

③ 동간척도
   ㉠ 사물이나 사람에게 부여된 수치 간격이 동일한 차이를 부여하는 척도. 등간척도라고도 함
   ㉡ 임의 영점을 갖고 있으며 절대 영점은 갖고 있지 않음. 이 때문에 수치들을 더하고 빼는 것은 가능하지만 곱하고 나누는 것은 의미가 없음
   예 날씨의 온도, 달력의 날짜 등
④ 비율척도
   ㉠ 서열성과 동간성을 모두 갖고 있으면서 절대 영점인 원점을 갖고 있는 척도
   ㉡ 절대 영점은 실제 수치가 0을 의미하는 것으로 아무것도 존재하지 않는 것. 절대 영점이 존재하므로 덧셈, 뺄셈, 곱셈, 나눗셈의 수학적 계산 가능
   예 무게, 길이 등

08. 교육통계

## 02 원점수와 표준점수

### 1. 원점수
① 측정한 결과 얻게 되는 원래 점수, 다른 점수체제로 바꾸기 전의 점수
② 해석할 수 있는 기준점이 없기 때문에 각각의 원점수의 상대적 위치를 알 수 없음. 그래서 원점수를 백분위 점수, 표준점수로 환산하여 표시

### 2. 표준점수(standard score)

(1) 개념
원점수가 정규분포의 평균에서 떨어진 거리(정도)를 표준편차 단위로 표시한 값. 점수의 상대적 위치에 대한 정보 제공

(2) 종류
① Z점수

$$Z = \frac{X - M}{SD}$$

$X$ : 각 원점수, $M$ : 집단의 평균, $SD$ : 집단의 표준편차

② T점수

$$T = 10Z + 50$$

㉠ Z점수는 원점수가 평균보다 작을 경우에는 모두 음수로 표시되며, 대부분의 점수가 소수점으로 표시되는 불편함을 갖고 있음
㉡ 이러한 불편함을 해결하기 위해서 T점수는 평균을 50, 표준편차를 10으로 환산하여 얻은 표준 점수

③ 스테나인(stanine)

$$C = 2Z + 5$$

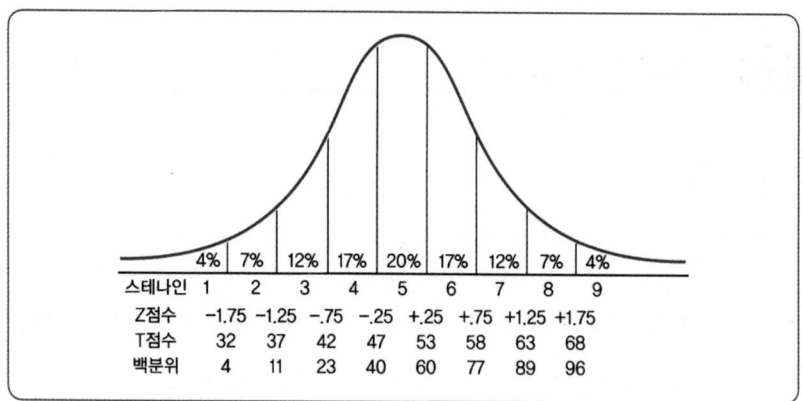

| 정규분포에서 스테나인, Z점수, T점수의 관계 |

- ㉠ 개념: standard와 nine의 두 단어를 합하여 만든 것. 정규분포를 .5표준편차 너비로 9개 부분으로 나눈 다음 각 부분에 순서대로 1부터 9까지 부여한 점수
- ㉡ 장점: 이해하기 쉽고, 수리적인 조작이 용이, 미세한 점수 차이의 영향을 적게 받음
- ㉢ 단점
  - 9개의 점수만 사용하므로 상대적 위치를 정밀하게 표현하기 어려움
  - 경계선에 위치하는 사소한 점수 차이를 과장할 수 있음
    - 예 백분위 88에 해당되는 학생의 스테나인 점수는 7이지만, 백분위 89에 해당되는 학생의 스테나인 점수는 8
  - 원점수를 환산하면 정보가 상실
    - 예 IQ가 127 이상인 학생들은 모두 9가 됨

# 한이수
# 교육학
# 요약집

**초판인쇄** | 2025. 5. 9.  **초판발행** | 2025. 5. 15.  **편저자** | 한이수
**발행인** | 박 용  **발행처** | (주)박문각출판  **등록** | 2015년 4월 29일 제2019-000137호
**주소** | 06654 서울시 서초구 효령로 283 서경 B/D 4층  **팩스** | (02)584-2927
**전화** | 교재 주문 (02)6466-7202, 동영상문의 (02)6466-7201

저자와의
협의하에
인지생략

이 책의 무단 전재 또는 복제 행위는 저작권법 제136조에 의거, 5년 이하의 징역 또는 5,000만 원 이하의 벌금에 처하거나 이를 병과할 수 있습니다.

정가 31,000원
ISBN 979-11-7262-786-7